甘地热点问题研究

GANDI REDIAN WENTI YANJIU

尚劝余　尚沫含 / 著

国家社会科学基金重点项目成果

项目批准号：14ASS002

纪念甘地诞辰150周年

人民出版社

目　录

前　言

本书是笔者主持的国家社会科学基金重点项目"甘地历史文献汉译与研究"（项目批准号：14ASS002）最终成果的组成部分。该项目最终成果由两部分组成，第一部分是五卷本译著《甘地文集》（由云南人民出版社出版），第二部分是一卷本论著《甘地热点问题研究》（由人民出版社出版）。下面就本项目作一简要介绍。

（1）甘地研究基础历史文献

甘地历史文献在国内的翻译和传播，迄今为止主要有三种。一是著名中印文化传播使者谭云山先生以及其他学者 20 世纪 20—30 年代翻译的甘地经典短篇名著《印度自治》等。二是《甘地自传》，20 世纪 20—30 年代国内翻译出版了几种《甘地自传》节选本，1959 年商务印书馆出版了国内第一部《甘地自传》全译本（杜危、吴耀宗合译），到目前为止，《甘地自传》至少有十几个翻译版本。三是《圣雄箴言录》和《圣雄修身录》（吴蓓编译），围绕甘地的部分思想编译而成。上述三种翻译成果成为我国重要的汉译甘地历史文献资料，在甘地研究方面发挥了重要作用，为本课题提供了基础和借鉴，但第一种目前已经很难获得，国内一些著名图书馆也没有收藏；第二种良莠不齐，存在误译漏译；第三种内容不全面不系统，无法体现甘地的主体思想。总体而言，国内甘地历史文献的翻译与研究仍然比较薄弱，无法满足学界对甘地研究的需求。

国外关于甘地历史文献的编撰自 20 世纪 20 年代开始，一直兴盛不衰，可以分为四类。第一类是根据甘地思想的某个主题编撰的单卷本，比如《和平与战争中的非暴力》(*Non-violence in Peace and War*)、《萨沃达亚》(*Sarvodaya*)、《甘地论神灵》(*Gandhi on God*) 等。第二类是普遍收集甘地各方面思想的单卷本，比如《人人皆兄弟》(*All Men are Brothers*)、《甘地基本作品集》(*Gandhi: Essential Writings*) 等。第三类是精炼涵盖甘地经典著述、全面反映甘地社会、政治、经济、文化、宗教等思想的多卷本选集，比如五卷本《圣雄甘地选集》(*Selected Works of Mahatma Gandhi*)。第四类是非常系统全面涵盖甘地所有著述、言论、书信的多卷本全集，比如 100 卷《圣雄甘地全集》(*Collected Works of Mahatma Gandhi*)。在上述四类甘地文献中，第三类即五卷本《圣雄甘地选集》是当前最流行、最有影响力的甘地经典历史文献，迄今为止已经七次重印，两次重版，并被翻译成泰卢固、孟加拉、泰米尔等印度语言和德语等国际语言，但尚无汉语译本，因此对该历史文献进行系统的汉译与研究显得十分必要，具有重要的学术价值和意义。

(2) 本项目的研究内容

本项目研究内容包括五卷本《甘地文集》和一卷本《甘地热点问题研究》。

第一卷《自传》(《我体验真理的故事》)：记述了甘地的早年生活、英国求学经历、南非斗争经历以及印度早期非暴力运动经历和第一次不合作运动经历，既是一部震撼人心的心灵独白，揭示了甘地如何从一位羞怯胆小的普通人转变为一位享誉印度和世界的伟人的人生经历，也是一部荡气回肠的"体验真理的故事"，揭示了甘地政治、社会、宗教等思想的形成和演进，揭示了作为甘地主义核心的非暴力不合作斗争策略的缘起、试验和应用，是研究甘地早期思想和学说的重要历史文献。

第二卷《南非非暴力抵抗运动史》(《我在南非的二十年》)：详细记述了甘地在南非二十年时间里为印度侨民争取政治权利而不懈斗争的艰苦历程，展现了甘地非暴力抵抗学说的形成和甘地非暴力抵抗运动的诞生及其实践，经过八年的非暴力抵抗斗争成功地迫使南非当局废除了种族歧视规定；同时也详述了甘地创办"凤凰新村"和"托尔斯泰农场"，将政治斗争与宗教道德教育及饮食试验结合起来，培养"坚持真理"的非暴力抵抗斗士，为他日后在印度国内进行大规模的非暴力抵抗运动奠定了基础，积累了经验。

第三卷《基本著作》（《东西方文明沉思录》）：收录了甘地一生所写的具有重要价值的小册子，包括《伦理宗教》《给那后来的》《印度自治》《来自耶罗伐达圣殿》《薄伽梵歌简论》《建设纲领》《健康之匙》；以独特的笔触和视角，系统展现了甘地独特的宗教、社会、政治、经济、哲学、健康等思想，是人类思想百花园中的一朵奇葩；特别是在所谓全球化、现代化、西化日益盛行的当今世界，甘地对伦理宗教、对现代西方文明、对自然疗法、对印度古典思想、对印度社会问题的独特思考和见解，无不闪烁着智慧的光芒，是东西方文化碰撞与交融的折射，为我们提供了无尽的感悟和思索。

第四卷《书信集》：收录了一百封甘地与印度和世界重要历史人物之间的来往书信，包括泰戈尔、尼赫鲁、真纳、托尔斯泰、罗曼·罗兰、丘吉尔、希特勒、蒋介石、蒙巴顿等，此外，还收录了近百篇书信摘录；这些书信和摘录蕴含着丰富的历史信息，涉及印度和世界重大历史事件，包括印度第一次非暴力不合作运动、手工纺织运动、"退出印度"运动、印巴分治、第二次世界大战等，为深入探讨这些问题提供了难得的独特的史料。

第五卷《真理的声音》（《演讲与箴言集锦》）：收录了甘地在一些重要历史时刻的著名演讲以及关于哲学、宗教、政治、经济、社会、教育、文化、艺术、文学、科学等问题的精辟言论；这些言论精选自甘地数量庞大的各种著作，是甘地思想精华的汇集，其中不乏警句箴言，高度凝练地展示了甘地关于各种重大问题的深刻见解，富有启发性，是理解甘地思想的重要文献。

《甘地热点问题研究》：收录了项目主持人相关研究成果，包括《中国的甘地研究：近百年的历程》《甘地与尼赫鲁：印度式社会主义道路的形成》《甘地与赫尔曼·卡伦巴赫关系探讨——兼论甘地"非暴力抵抗"运动的初步实践及甘地的性取向》《甘地与第二次世界大战——基于〈书信集〉史料》《甘地与印度民族独立运动：目标、方法、进程、影响》《甘地与"退出印度"运动：原因、进程、性质、影响》《甘地宗教和谐思想：内涵与实践》等，以五卷本《甘地文集》史料为基础，参考其他资料，对相关问题作了深入研究。

（3）本项目的研究思路及研究方法

其一，文献汉译。将《圣雄甘地选集》文献完整而准确地译为中文，是本课题的基础性工作。为此，本课题组充分发挥群体优势，协同合作、精心分工，以"功能主义翻译理论"为指导，综合凯瑟林娜·莱斯（Katharina Reiss）和克里斯蒂安·诺德（Christiane Nord）的文本（语篇）类型分析原则，对文献本身进行细致研读，判定文本类型，并遵循汉斯·弗米尔（Hans J. Vermeer）的"目的法则"、"连贯性法则"和"忠实性法则"，采用相应的翻译策略和技巧，将"源语文本"转化成"目标语文本"，高质量地完成该文献的汉译工作。

其二，文献注疏。《圣雄甘地选集》文献涉及甘地在英国、南非和印度不同历史时期的重大事件和经历，也涉及甘地与托尔斯泰、罗曼·罗兰、尼赫鲁、泰戈尔、真纳、印度总督等重要历史人物的通信，此外，还包含大量梵文、印地文、古吉拉特文等词语以及印度特有的文化概念等，所有这些对于中国读者而言都构成了难以逾越的阅读障碍。因此，本课题组查阅大量相关资料并结合相关研究成果，对该文献中的"阅读障碍"及其他各种问题作出恰如其分的注释，力争使该文献更易理解，更充实、更丰富、更完善。

其三，文本研究。作为精炼涵盖甘地经典历史著述、全面反映甘地哲学、宗教、文化、经济、政治、社会和教育等思想的多卷本选集，该文献涉及许多不同学科内容，其中有些文本是甘地在不同历史背景下用非英语文本写成，由他的秘书翻译成英文，有些论断在不同时期经历了变化和发展。为了便于读者更有效地阅读和理解该文献，课题组遵循"翻译文化转向"理路，对与该文献本身相关的文本、超文本、跨文本问题展开较为全面的分析和探讨，为读者提供一套译注与研究相结合的文献资料。

其四，文献汉译与印度和世界现代史研究相结合。《圣雄甘地选集》文献涉及印度现代史和世界现代史上的一些重大问题，因此，在译注与研究过程中，课题组结合甘地文献与印度及世界历史大背景，对相关问题进行深入探讨。例如，结合甘地的历史文献著作《南非非暴力抵抗运动史》《建设纲领》《印度自治》《来自耶罗伐达圣殿》等，对非暴力抵抗运动的起源、内涵和轨迹进行深入细致的探讨；结合甘地与尼赫鲁、泰戈尔、苏·鲍斯、真纳、蒙巴顿的通信，对印度民族独立运动的目标、方法、进程以及印巴分治等问题进行深入探讨；结合甘地给丘吉尔、蒋介石、希特勒，美国人、英国人、日本人的信件，对甘地在第二次世界大战中的作用及影响进行探讨等。

（4）本项目的资料收集和数据采集情况

其一，收集了印度最为权威的甘地文献出版社纳瓦吉万出版社为纪念甘地诞辰一百周年精选而成的五卷本《圣雄甘地选集》2011年版本。

其二，收集了数十本甘地研究方面的英文书籍和数十篇甘地研究方面的英文论文。

其三，收集了近百本甘地方面的中文书籍（专著和译著）以及数百篇有关甘地方面的中文学术论文和非学术文章。

（5）本项目的学术价值和意义

在我国学术界，对甘地经典文献进行系统翻译与研究尚处于空缺状态。本成果将向我国学界奉献第一套系统而全面的甘地经典历史文献中文译本和相关问题研究论文，具有较高的学术价值和社会影响。具体表现在如下几点。

其一，本成果系统而精炼地反映了甘地社会、政治、经济、文化、教育、哲学和宗教等思想，是研究甘地思想不可多得的资料，有助于深化我国的甘地研究。

其二，本成果涉及印度非暴力不合作运动、印度民族独立运动和印度现代史一些重大历史事件和问题，为研究这些问题提供了重要史料，有助于深化我国的印度史相关问题研究。

其三，本成果涉及南非非暴力抵抗运动以及世界现代史的一些重大历史事件和问题，有助于我国学界对南非和世界现代史相关问题进行研究探讨。

其四，本成果对国内现有汉译甘地文献的一些不足之处予以匡正和充实，有助于我国甘地历史文献积累和建设。

其五，本成果也将奉献出有关该历史文献的相关学术研究成果，有助于对相关学术问题进行新的探讨。

（6）本项目研究计划的执行情况

本项目自 2014 年 6 月下达以来，主持人按照预定计划逐步推进和开展相关研究工作，经过三年多的不懈努力，落实和完成了原定目标。

首先，对中国近百年来的甘地研究（20 世纪 20 年代至 21 世纪初）进行系统梳理，撰写五万余字的研究文章，精简整理成数篇论文，相继发表在印度权威的甘地研究专刊 *Gandhi Marg*（2015 年第 1 期）、教育部南亚研究基地刊物《南亚研究季刊》（2015 年第 2 期）、中国社会科学院刊物《南亚研究》（2018 年第 1 期）上，对中国的甘地研究的历史和现状、演进历程和渊源、基本特征和内容、主要成就和不足进行全面了解，掌握国内甘地研究的前沿动态，为后续研究廓清方向、奠定基础。

其次，对五卷本的甘地文献进行文本研究和分析，了解和掌握其语言特色、文体风格、文本内涵、翻译难点等；然后采用相应翻译策略和方法，进行客观完整的文本翻译，尽力争取做到"信""达""雅"。此外，对翻译过程中遇到的相关文本、超文本、跨文本问题和专有术语词汇，查阅相关资料，研究甄别，附加注解；为读者提供一套由五卷本组成的一百六十余万字的、附有翔实的注解、索引和词汇表的《甘地文集》汉语译著。

再次，结合甘地文献与印度及世界历史大背景，撰写三十万余字研究文章，分别对相关问题进行探讨，揭示甘地与尼赫鲁在印度式社会主义道路形成问题上的分歧与对话及对印度式社会主义道路形成的影响；甘地与赫尔曼·卡伦巴赫关系的实质及非暴力抵抗运动的早期实践及甘地的性取向；甘地在第二次世界大战时期对同盟国和轴心国的态度及其在第二次世界大战中的作用及影响；甘地与其他领袖在印度民族独立运动目标、方法、进程以及印巴分治问题上的分歧及影响；甘地在"退出印度"运动问题上的作用；甘地宗教和谐思想的内涵和实践及其当代意义；等等。

第一章　中国的甘地研究：近百年的历程

甘地研究在全球范围内一直方兴未艾，蔚为壮观。有关甘地研究成果可谓汗牛充栋，浩如烟海。迄今为止，全球有关甘地研究的著作超过了1000部，几乎涉及甘地生平和思想的方方面面，甚至包括他的"狂热"和"怪癖"等。从20世纪20年代至今，中国的甘地研究经历了近百年的曲折历程，也取得了不小的成就。然而，迄今为止，我国学界尚无系统梳理近百年来我国甘地研究的成果问世，这既不利于进一步推动我国的甘地研究，也妨碍了国外学界对我国甘地研究的全面认知。印度报业托拉斯的一份报道称，《甘地：杰出的领袖》（帕斯卡尔·艾伦·纳扎里斯著，商务印书馆2012年版）是中国出版的第二本有关甘地的汉语著作，印度对中国的甘地研究了解之匮乏由此可见一斑。[①] 位于柏林的甘地服务中心致力于推动全球范围的甘地研究，但苦于找不到有关中国对甘地研究的系统信息。因此，为了使国外学界能够客观了解中国的甘地研究的历史与现状，也为了进一步推动和深化中国的甘地研究，有必要对近百年来的中国甘地研究作一全面而系统的梳理。

自从20世纪20年代正式登上印度政治舞台中心，发动第一次非暴力不合作运动起，甘地就在中国引发了强烈反响，受到中国学界的普遍关注。从那时至今，随着国内形势和国际形势的发展变化，中国的甘地研究经历了跌

[①] K.J.M.Varma, "Book on Gandhi's Leadership to Hit Stands in China", *Outlook*, July 30, 2012.

宕起伏，几起几落。近百年来，中国的甘地研究可以划分为三个时期：20 世纪 20 年代初期至 50 年代中期；20 世纪 50 年代后期至 70 年代后期；20 世纪 80 年代初期至 21 世纪。在这三个不同时期，中国的甘地研究掀起了三次高潮，前两次高潮之后随之两次跌入低谷，第三次高潮则一直持续稳定发展。下面从纵向考察与横向剖析相结合、历时追溯与共时探究相兼顾的视角，对近百年来的中国的甘地研究作全面而系统的梳理，以期揭示中国的甘地研究的内在演进历程和渊源、基本特征和内容、主要成就和不足，从而为进一步推动和深化中国的甘地研究添砖加瓦。

第一节　20 世纪 20 年代初期至 50 年代中期

第一次世界大战后，殖民地和半殖民地国家民族独立运动风起云涌，一浪高过一浪。印度也相继爆发了由甘地领导的 20 世纪 20 年代的"非暴力不合作运动"、30 年代的"文明不服从运动"和 40 年代的"个人反战运动"及"退出印度"运动。[①] 甘地领导的独特的非暴力斗争引起世界各国的瞩目，也引发中国学界和政界的热烈反响与关注。这一时期，中国学界围绕甘地发动的历次非暴力运动，就甘地和甘地主义以及印度独立运动等相关问题展开了介绍、报道和探究。

从纵向历时的角度考察，这一时期是中国的甘地研究的第一个起落期，经历了 20 世纪 20 年代初至 40 年代末的高潮阶段和 40 年代末至 50 年代中期的低谷阶段。据不完全统计，在高潮阶段的 20 多年中，有关甘地传记及甘地主义介绍的书籍总共 27 种。这些书籍主要出版于 30 年代，共有 16 种，20 年代和 40 年代分别出版了 3 种和 8 种。此外，《东方杂志》《国闻周刊》《向导》《前锋》《少年中国》《中国青年》等报刊也发表了不少相关文章。仅当时在学

---

① 1920 年，甘地改组印度国大党，随之发动数次全国性的"非暴力"独立斗争，他本人成为印度国大党的灵魂和印度独立运动的精神领袖。1920 年至 1947 年这一时期，被称为印度历史上的"甘地时代"，他发动的历次运动亦被称为"甘地运动"。

界享有盛誉的历史最久的大型综合性杂志《东方杂志》（1904—1948）就发表了有关甘地和甘地主义以及印度独立运动的译介文章达 70 多篇，其中两期辟有甘地专栏和专辑。[①] 在低谷阶段，甘地研究基本处于沉寂状态，没有一本相关著作问世，相关文章也寥寥无几，与高潮阶段形成鲜明对照。

　　这一时期的起落历程与中国国内政治形势以及国际形势特别是共产国际形势的变化密切相关。就国内形势而言，20 世纪 20 年代初至 40 年代末，中国人民反帝反封建的民族民主运动如火如荼，国共两党两度合作又两度分道扬镳，中国的武装斗争与印度的非暴力斗争对比鲜明又殊途同归，中国学界和政界对甘地和甘地主义以及甘地领导的独立斗争热切关注和探究，源于被压迫民族的共同遭遇和相近的斗争任务，受到对中国革命运动现状的移情和思索的驱动。然而，1947 年和 1949 年印度和中国分别通过非暴力道路和武装斗争道路取得了民族独立，奉行不同的意识形态，走上不同的发展道路，主张非暴力的甘地与甘地主义遂淡出了中国学界视野。就国际形势而言，20世纪 20 年代，列宁曾在共产国际二大上肯定了甘地，认为他是革命者。但30 年代，斯大林在苏共十二大上全盘否定甘地，认为他是帝国主义的帮凶，这一观点在共产国际中长期流行并处于主导地位。[②] 中华人民共和国成立伊始，奉行向苏联一边倒的政策，在甘地的评价问题上追随苏联和共产国际。

　　从横向共时的角度考察，这一时期的高潮阶段具有一些共性，例如主要侧重对甘地和甘地主义以及印度独立运动的初步介绍和探讨；与中国革命现状相联系相呼应，借他山之石攻己之玉；具有较浓的主观感情色彩和时事报道评论性质，客观的学术研究色彩相对薄弱；等等。与此同时，高潮阶段的不同时代又体现出各自的鲜明特征，下面分而述之。

　　20 世纪 20 年代，标志着中国的甘地研究的肇始和起步。三本著作中有两本是甘地传记（一本译著，一本编著），[③] 另一本是甘地主义简介，

---

① 唐文权：《甘地两次不合作运动在当年中国的反响》，《南亚研究》1988 年第 4 期。

② 陈峰君：《关于评价甘地的四次争论》，《世界史研究动态》1984 年第 10 期。

③ ［法］罗曼·罗兰：《甘地小传》，谢颂羔、米星如编译，美以美会全国书报部 1925 年版；樊仲云：《圣雄甘地》，梁溪图书馆 1926 年版。

由七篇文章汇编而成，介绍了甘地的真理观，甘地与印度社会改造，甘地在法庭的自白，甘地给孟买人民的两封信，甘地会见记，甘地的不合作运动和略传等。① 这些著作基本上都对甘地和甘地主义持肯定和颂扬态度。

《东方杂志》发表了近 20 篇相关文章，其中第 19 卷第 10 期（1922 年 5 月出版）辟有《甘地与新印度》专栏，发表专文 7 篇。这一时期的文章就甘地和甘地主义展开了大争论。

对甘地本人的评价：大多数人对甘地持赞颂态度，称甘地为印度"思想界领袖"、"圣人"、"印度之王"、"自治运动中枢"、"不合作策略的首创者"，并将他比作"印度的卢骚"（因他倡导自然主义和反对现代文明）和"印度的托尔斯泰"（因他坚持真理和反对暴力）等；也有人认为甘地虽然人格高尚，但"完全是一个宗教家，没有政治家的才具"，中止非暴力不合作运动表明他的"落伍"，也表明资产阶级不能把印度引向胜利。②

对甘地非暴力不合作运动的评价：可以分为两派，肯定派赞扬甘地非暴力不合作运动，认为完成"反抗恶势力，灭除掠夺阶级"的革命任务，除了运用暴力革命一途，还有甘地所倡导的非暴力一途，这种依靠"各个人的人格和暴力反抗"解决社会问题的做法，同俄国采用"集中的暴力"作为解决手段，正是"东西两大社会改造理想的不同"，甘地主义代表"东方的静的文明"，非暴力不合作运动"全由英政府战后措施不当，激之使然"，非暴力不合作一定会给印度带来胜利；③ 否定派认为非暴力不合作的"性质皆为消极的，缺乏建设之要素"，具有"临机应变之妥协的特色"，断言不合作运动终难以非暴力达到目的。④

对甘地提倡手工纺织的评价：大多数人对此表示理解，并从经济斗争和发动群众的角度给予肯定；也有人认为甘地用手纺手织排斥大机器工业、排

---

① 高山等编：《甘地主义》，商务印书馆 1924 年版。
② 《东方杂志》1924 年第 21 卷，第 17 期。
③ 《东方杂志》1922 年第 19 卷，第 10 期和第 17 期。
④ 《东方杂志》1924 年第 21 卷，第 6 期。

斥西方文明"有悖于近代潮流"，是"开倒车"。[①]

革命先行者孙中山和左翼知识分子对甘地和非暴力不合作运动的评价特别值得一提。同为东方民族独立运动领袖，孙中山密切关注甘地领导的非暴力不合作运动，在 1922 年到 1924 年的数次讲演中一再谈到甘地领导的印度反英斗争。孙中山站在民族斗争的战略高度，充分肯定并赞赏甘地领导的非暴力不合作运动，认为"抵抗外国的方法有两种：一是积极的，这种方法就是振起民族精神，求民权、民生之解决，以与外国奋斗。二是消极的，这种方法就是不合作。不合作是消极的抵制，使外国的帝国主义减少作用，以维持民族的地位，免致灭亡"，并断言"假若全体国民都能够和印度人一样的不合作，又用宗教团体做基础联成一个大民族团体，无论外国用什么兵力、经济和人口来压迫，我们都不怕他"。[②]

但是，在民族斗争的具体策略问题上，孙中山与甘地存在分歧。例如，在抵制帝国主义"经济压迫"方面，甘地主张抵制洋货烧毁洋布，用手工自纺自织，振奋民族精神。孙中山则主张把解决政治问题，如废除不平等条约、收回海关、实行关税保护，作为经济问题解决的前提。孙中山对甘地及非暴力斗争的看法反映了东方民族主义和东方民族运动的统一性与多样性相结合的特征。左翼知识分子受到马克思主义影响，对甘地的非暴力主义持批判和否定态度，不过，中国马克思主义的理论队伍在当时尚未形成，因而这种批评的影响比较有限。[③]

20 世纪 30 年代，中国学界对甘地及其领导的民族独立斗争进一步关注，相关介绍和探讨进一步拓展和深入。这个时代出版的相关书籍可以分为四类：第一类有关甘地传记，其中《甘地自传》有 4 种不同译本，[④] 罗曼·罗

---

① 《向导》1923 年第 19 期。

② 《孙中山选集》，人民出版社 1981 年版，第 677—678 页。

③ 唐文权：《甘地两次不合作运动在当年中国的反响》，《南亚研究》1988 年第 4 期。

④ ［印］马帕特马·甘德：《甘地自传》，明耀五译，大东书局 1932 年版；［英］C.F. 安德鲁斯：《甘地自传》，向达译，中华书局 1934 年版；［英］C.F. 安德鲁斯：《甘地自传》，吴耀宗译，青年协会书局 1935 年版；［英］C.F. 安德鲁斯：《甘地自传》，南柳如编译，正中书局 1936 年版。

兰《甘地传》也有 3 种不同译本，[1] 此外，谭云山、储儿学、徐懋庸、陈清晨等学者也编著了甘地评传；[2] 第二类有关甘地主义和甘地代表作，如李圆净的编著以及谭云山和王昆仑的译作；[3] 第三类有关甘地与列宁、孙中山比较，如伍光健的译作和钱实甫的著作；[4] 第四类有关甘地与印度民族独立运动，如王森然的著作。[5]《东方杂志》围绕甘地发动的"文民不服从运动"发表相关文章 30 多篇，此外，《国闻周报》和《大公报》等报纸也发表相关文章，对甘地和甘地主义以及印度独立斗争展开讨论。

与 20 世纪 20 年代相比，30 年代中国学界对甘地和印度独立斗争的探讨具有以下两个显著特点。

其一，对甘地主义及甘地领导的独立运动的探讨较前深入透彻。学界所展现的资料和观点不像 20 世纪 20 年代主要是从西方观察家那里转手来的，而是出自居住在印度的中国学者或国内学有素养的专家之手。执教于印度国际大学的谭云山提供了大量有关甘地"文明不服从运动"的第一手信息资料和独到见解，例如关于人们对甘地为何以"食盐进军"方式开始文明不服从的疑问，《东方杂志》特约谭云山著文，对此做了精辟透彻的阐释。[6] 此外，多数论著开始摆脱 20 年代主观感情色彩很浓的局面，逐渐转向理性探求，不仅准确地捕捉了甘地文明不服从运动中出现的新特征（如运动不但得到学界和无产阶级的同情，还得到商人的赞助；印度各党派所采对英手段虽

---

① ［法］罗曼·罗兰:《甘地》，陈作梁译，商务印书馆 1930 年版;［法］罗曼·罗兰:《甘地奋斗史》，谢济泽译，卿云图书公司 1930 年版;［法］罗曼·罗兰:《甘地奋斗史》，米星如、谢颂羔编译，龙文书店 1935 年版。

② 徐懋庸:《甘地》，新生命书局 1933 年版;储儿学:《甘地》，大众书局 1933 年版;陈清晨:《圣雄甘地》，神州国光社 1934 年版;谭云山:《圣哲甘地》，正中书局 1936 年版。

③ 李圆净:《甘地的戒杀主义》，佛学书局 1932 年版;［印］甘地:《印度自治》，谭云山译，商务印书馆 1935 年版;［印］甘地等:《世界名著杰作选》第 1 集;［印］甘地:《伦理的宗教》，王昆仑等译，经纬书局 1937 年版。

④ ［奥］孚勒普密勒:《列宁与甘地》，伍光建译，华通书局 1930 年版;钱实甫:《孙文主义与列宁主义甘地主义》，民团周刊社 1939 年版。

⑤ 王森然编:《印度革命与甘地》，文化学社 1930 年版。

⑥ 《东方杂志》1930 年第 27 卷，第 13 期。

不同，但目的是一致的；在民众总动员中，妇女成为新的生力军等），而且对印度独立运动从政治、经济、思想等各方面作全方位的考察，将甘地的文明不服从运动纳入 30 年代初朝鲜、越南、菲律宾等亚洲被压迫民族反抗斗争的大范围之中思考。再者，对甘地主义的探讨不仅仅局限于甘地主义本身，而是将其置于世界近代主要思潮框架内进行比较探讨，揭示甘地主义的独特性。①

其二，在甘地评价问题上，开始接受共产国际"左"倾路线的影响，批判甘地"右派"立场。虽然仍有著述推崇甘地的人格并赞赏他对民族运动的贡献，称其为"当代的伟大，东方的圣洁"，但也有相当著述明显受到共产国际批判甘地的思想影响。特别是接受共产国际思想影响的一部分中国知识分子，同当时以甘地为主要斗争目标的印共相呼应，对甘地采取激烈的批判态度，抨击甘地派是印度民族运动中的"右派"代表。《东方杂志》分三期连载的洋洋数万言的愈之的《印度革命论》一文，把甘地划为代表"大地主、工商业主"利益，"所要求的是印度自治，而不是印度独立"，"只要政治改革达到目的"，而对"社会的经济的改革却全不措意"，因而"惧怕革命运动深入民众"。作者不但把甘地视为印度民族运动中的右翼势力，即"最妥协的，最温和的"政治派别，而且还把印度民族运动的挫折归咎于甘地等人，认为英政府利用甘地这一派"妥协分子""从中捣乱"，"数年中印度革命运动的几次挫折，大半是由于这缘故"。②

20 世纪 40 年代，中国学界对甘地、甘地主义及甘地领导的民族独立斗争的关注和研究比 30 年代大为逊色。主要成果有两部著作和一些报刊文章，此外还有一部借古讽今的穿越剧（粤剧），可以归纳为三个方面。

一、对甘地生平和思想的介绍以及悼念甘地逝世：《甘地论》一书正文以问答形式论述了甘地的政治思想及其所领导的政治运动，正文后附有甘地《建设方策之意义与地位》一文，卷首有《甘地致中国人民词》，书末有

---

① 林承节：《1930—1933 年甘地领导的文明不服从运动在中国的反响》，《南亚研究》1993 年第 4 期。

② 唐文权：《甘地两次不合作运动在当年中国的反响》，《南亚研究》1988 年第 4 期。

《甘地致美国人民函》《甘地致日本人民函》等书信 3 封，另有著者后记和又记；①《在甘地先生左右》一书正文介绍甘地的一生及其精神和人格、宗教思想、伦理思想、政治思想、社会思想，卷首有戴传贤《圣雄甘地颂》一文和作者自序，书末附录"圣雄证果记"共 6 篇；② 此外，《东方杂志》第 44 卷第 5 期（1948 年 5 月出版）辟有《追悼甘地专辑》，刊载各种纪念文章 13 篇，包括薛百生的《甘地的一生》，徐亚声的《甘地的苦行与非暴力》，罗家伦的《圣雄证果记》，糜文开的《圣雄甘地葬礼记》，吴泽炎的《甘地嘉言钞》，糜榴丽的《托尔斯泰给甘地的信》，汪家桢的《西方世界对甘地的评论》，郑鹤声的《中印两国在历史上之关系》，还有《斯诺论甘地》《影响甘地思想的三西哲》《甘地简要年谱》《我国各地追悼甘地逝世杂记》等。③

二、对甘地的评价：《追悼甘地专辑》对甘地给予高度肯定，认为"甘地不唯是印度民族运动的先导者，他热爱真理，主张容忍，抨击暴力，也是这个强权世界一片黑暗中的明灯。甘地的肉身可以死亡，但甘地的精神与理想，将与人类共存在"；④ 但大多数学者对甘地特别是甘地的非暴力不合作运动予以否定，认为"以印度的地大物博，人口众多，如果能够团结起来实行一种积极的有效抵抗，也许英国会早些退出印度，即使还未退出，也不会像现在这样容易统治。因为侵略者、压迫者、剥削者，最怕的是'以眼还眼，以牙还牙'而不是托尔斯泰等无抵抗主义和甘地的不合作运动。甘地的尚能见容于大英帝国，和印度尚难完全脱离大英帝国的统治，其主要原因皆在此"。⑤

三、甘地会西施：粤剧大师廖侠怀读了甘地被刺报道之后，于 1948 年写了一部穿越时空的粤剧《甘地会西施》并搬上了舞台。甘地在梦中来到中国，遇到了 2000 年前的西施（中国古代四大美女之一），一个是当代的救国圣雄，一个是古代的复国烈女，环境虽不同，年代又相距久远，但他们的精

① 止默：《甘地论》，美学出版社 1943 年版。
② 曾圣提：《在地先生左右》，真善美图书出版公司 1948 年版。
③ 参见林承节：《中印人民友好关系史：1851—1949》，北京大学出版社 1993 年版，第325—326 页。
④ 《东方杂志》1948 年第 44 卷，第 5 期。
⑤ 蔡尚思：《我不信仰甘地》，《文与时》1948 年第 2 卷，第 18 期。

神是一致的。该剧借甘地和西施之口，鼓吹兴邦复国，发愤图强，针砭时弊，抨击旧社会的腐败黑暗，表现了强烈的救国救民的爱国主义思想。当时就有人在《现象报》和《华商报》上撰文评论《甘地会西施》的爱国精神和艺术创新。当时印度领事馆人员看过《甘地会西施》演出，也对该剧大加赞扬。①

40 年代中国的甘地研究之所以逊色，主要与国内形势密切相关。40 年代前期中国正处于抗战最艰苦卓绝的时期，40 年代后期国共两党第二次合作破裂，陷入战局内战。对甘地的探讨被当时中国战事的隆隆炮声所湮没，学界目光急促焦灼地集中在中国大地出现的巨大历史事变上。1949 年新中国成立到 50 年代中期，中国的甘地研究陷入低谷阶段。

第二节　20 世纪 50 年代后期至 70 年代后期

20 世纪 50 年代后期，中国的甘地研究开始走出低谷，再次掀起新的高潮。

从纵向历时的角度考察，这一时期是中国的甘地研究的第二个起落期，经历了 20 世纪 50 年代后期的高潮阶段和 60 年代初至 70 年代末的低谷阶段。据不完全统计，在高潮阶段的 3—4 年中，共发表各类文章 20 多篇，其中译文 10 篇，1956 年和 1957 年各 4 篇，1958 年 2 篇；论文 11 篇，1957 年 8 篇，1958 年 3 篇。出版著作一部，即出版于 1959 年的《甘地自传》译本。在低谷阶段的近 20 年中，甘地研究趋于沉寂，只有一本译著问世，相关文章只有寥寥 3 篇。

这一时期的起落历程与国际形势特别是苏联形势的变化以及中国国内形势的变化密切相关。高潮阶段的到来，主要动因是苏联形势的变化。斯大林

---

① 阮励：《廖侠怀和他的〈甘地会西施〉》，《广东省戏剧年鉴》1981 年 1 月；《戏剧艺术资料》1981 年第 6 期。

去世后，赫鲁晓夫破除对斯大林的个人崇拜，全盘否定斯大林的一切做法，对甘地进行重新评价。苏共二十大（1956 年）前，苏联对甘地基本上持否定态度，二十大之后则持肯定态度。苏联学界对甘地评价的变化，受到了中国学界的效仿和赞同，中国学界随之掀起了重新研究甘地的高潮。① 低谷阶段的到来，主要动因则是中国国内形势的变化。20 世纪 60—70 年代，中国大部分时间处于"阶级斗争"挂帅的政治运动当中，特别是"文化大革命"十年浩劫，将一切学术研究打入了冷宫，主张非暴力和阶级调和的甘地更是被束之高阁。

从横向共时的角度考察，这一时期表现出一些有别于前一时期的明显特征，例如摆脱了前一时期明显带有时事评论和感情色彩的研究倾向，对甘地和甘地主义展开了更具学术意蕴的争鸣与探究；与前一时期高潮阶段明显长于低谷阶段相反，这一时期高潮阶段远远短于低谷阶段；与前一阶段著作文章平分秋色、众多作者参与探讨不同，这一阶段，著作寥寥无几，大多为论文（译文和著文参半），争鸣探讨仅限于少数学者之间；等等。这一时期高潮阶段的具体研究情况概述如下。

其一译文。10 篇译文拉开了甘地研究第二次高潮的序幕，这些译文可以分为三类：第一类是有关甘地在印度民族解放斗争中的历史作用的文章；第二类是有关甘地遇难十周年纪念的文章；第三类是关于甘地与托尔斯泰通信的文章。

第二类只有一篇文章，阐述了甘地之所以成功领导民族民主运动同时又限制民族民主运动发展并最终遇刺的根源，即他的"民族团结概念"（将国内各个阶级团体团结成为一条反帝战线，将印度形成一个统一的国家，打破种姓制度和宗教的障壁）。② 第三类有两篇文章，评述了甘地与托尔斯泰的通信，揭示了托尔斯泰对甘地的影响。③

---

① 黄思骏：《苏联印度学家对甘地评价的变化》，《世界史研究动态》1979 年第 9 期。

② ［印］南布迪里巴德：《圣雄甘地》，冯珹译，《史学月刊》1958 年第 5 期。

③ ［英］希弗曼：《印度的朋友：列夫·托尔斯泰——列夫·托尔斯泰同甘地的通信》，老九译，《国际问题译丛》1957 年第 8 期。

第一类有七篇文章，全是从苏联历史学家论文中翻译而来，反映了苏联学者对甘地历史作用的重新评价。其中，叶·茹可夫的几篇文章指出，必须客观正确地评价印度民族运动杰出的活动家圣雄甘地的历史作用，"甘地是争取印度民族权利、毕生为印度的幸福和繁荣而斗争的奋不顾身的战士，是印度民族解放运动的领袖"，他所领导的民族运动具有"真正人民的、反帝国主义的性质"。[①] 狄雅科夫的文章指出，应该从印度国情出发看待甘地和国大党在印度民族斗争中的作用，"甘地是无条件地忠诚于本国解放事业的爱国者"，甘地的行动是由他所代表的资产阶级观点决定的，不能被认为是"叛卖"活动，甘地在印度民族解放运动中"基本上起了肯定的作用"，甘地非暴力政策唤起了广大民众，赢得了民族斗争的成功。[②] 其它几篇译文也都对甘地在印度民族独立斗争中的作用给予了充分肯定。[③]

其二论文。十一篇论文掀起了甘地研究的第二次高潮，这些论文可以分为两类：第一类是有关苏联学界重新评价甘地的介绍文章；第二类是有关甘地研究的争鸣文章。

第一类有两篇报刊文章，简要介绍了苏联在甘地评价方面的新变化，即苏联对其东方学家前期全盘否定甘地的做法展开批判，号召对甘地进行重新评价。[④] 第二类有九篇文章，主要是王春良和王存华两位学者有关甘地研究的争鸣文章，可以归纳为三个方面。

第一个方面涉及甘地的历史作用，二人在这方面的争鸣主要表现在两点：关于甘地主义产生的时代背景的"社会性质"问题，王春良认为，甘地主义产生时期（十九世纪后半期和二十世纪初年）的印度社会性质发生了根本变化，不再是古老的封建社会，已经出现了近代生产方法的社会新元素，

---

① ［苏］叶·茹可夫：《关于圣雄甘地的历史作用》，于深译，《历史教学》1956 年第 10 期。

② ［苏］A.M. 狄雅科夫：《甘地在印度人民民族解放斗争中的作用》，王启民、赵克毅、彭树智译，《史学月刊》1957 年第 7 期。

③ ［苏］亚历山大·古别尔：《关于甘地在历史中的作用问题》，炳璋译，《国际问题译丛》1956 年第 7 期。

④ 《〈真理报〉著文批评东方学家，甘地和凯末尔应重新评价》，《解放日报》1957 年 6 月 16 日；《苏联东方学家对甘地做出新的评价》，《学习译丛》1957 年第 6 期。

而王存华认为，这一时期适合于印度社会发展的新的经济和社会制度并未相应产生；关于甘地和国大党唤起群众的"觉醒"问题，王春良认为，甘地和国大党唤起了群众特别是农民的"觉醒"，而王存华则认为此说有"夸大"之嫌，不符合印度的历史实际。[①] 随后，王春良又连续发表两篇文章，进一步对甘地的历史作用进行了探讨。他对苏联印度学家狄雅科夫和莱斯涅尔的个别论点提出了不同看法，认为印度资产阶级在民族斗争中确实存在着妥协派，只不过甘地不属于这一派；认为甘地的解放贱民运动（即哈里真运动）在一定意义上妨碍了印度民族运动，当民族矛盾居主要矛盾时，阶级解放应为民族解放之动力并服从民族解放。[②] 他还在系统探讨甘地思想和活动的基础上认为，作为甘地的历史作用，就时间论，二十世纪三十年代以来的作用远逊于二十世纪二十年代的作用；就性质论，作为思想家与社会改革家的甘地大大逊于作为爱国者与民族运动领导者的甘地。[③]

第二个方面涉及甘地以手工纺织为核心的经济思想，二人在这方面的基本观点应该说是一致的，即手工纺织是甘地经济思想的重要体现，虽然它在理论上是落后甚至反动的，但在客观实践上具有积极意义和进步作用，富于反帝国主义性质，激发了印度人民的爱国热情，推动了印度人民争取自由独立的解放斗争。二人在这方面的争鸣主要表现在三点：（一）方法论，王存华从分析手工纺织的"历史根源"入手，揭示甘地这一经济思想的产生和意义，而王春良认为更重要的是分析甘地所处的时代背景及其阶级根源，而后才是历史根源；（二）手工纺织的消极作用，王存华认为，甘地的"手工纺织运动，就某种意义来说，是违背印度社会发展要求的，因此它带有严重的落后性"，[④] 而王春良认为甘地的"手工纺织运动，从社会发展规律的观点出发，不是所

[①] 王春良：《有关甘地历史作用评价的几个问题——评王存华先生在论述甘地历史作用方面的几点认识》，《山东师范学院学报》1957 年第 1 期。

[②] 王春良：《对〈甘地在印度民族解放斗争中的作用〉一文的意见》，《文史哲》1957 年第 12 期。

[③] 王春良：《略论甘地的历史作用》，《文史哲》1958 年第 4 期。

[④] 王存华：《关于甘地的"手工纺织"运动》，《史学月刊》1957 年第 2 期。

谓严重的落后性，而是既反动又空想的"，[①]（三）手工纺织的积极作用，王存华认为，手工纺织运动对印穆团结起了相当作用，而王春良认为促使印穆合作的不是手工纺织运动本身，而是手工纺织运动的反帝性质，此外，王春良认为对农民问题极为重视的甘地经济思想，在唤起广大农民进行反帝斗争上，起了极大的作用，而王存华认为"甘地之所以能把广大群众吸引到自己方面来，决不单纯的是以'手工纺织'为中心的甘地经济思想的结果，如果我们夸大了甘地经济思想的作用，是会影响对甘地的正确评价的"。[②] 王春良后来又撰文，对甘地以手纺车为中心的经济理论进行了总结性阐发，详细阐述了甘地经济理论产生的社会背景、甘地经济理论在实践上对殖民地——印度的意义和作用，甘地经济理论所反映的阶级利益（既不是代表大地主、大资产阶级，也不是代表农民，而是代表着印度的民族资产阶级）。[③]

第三个方面涉及甘地的"非暴力抵抗"。王春良认为，萨特雅格拉哈（非暴力抵抗）是甘地主义或甘地非暴力主义的基础；甘地非暴力主义之所以在印度民族解放运动中如此广泛地被采用和当作指导思想，既有其思想渊源（印度的传统思想和印度广大居民所信仰的印度教教义，早期基督教的不抵抗思想和近代以托尔斯泰为代表的"和平主义"思想等），也有其时代背景（十九世纪末二十世纪初印度社会特点和当时的国际环境）；[④] 非暴力主义作为一种争取民族解放和阶级解放的指导思想、理论原则和意识形态，它是根本错误的，甚至是既空想又反动的，因为它从理论上甚至是实践上引导群众离开革命，离开革命的方法，使群众误入改良的道路；非暴力抵抗运动（不合作运动）的实践在当时印度的历史条件下作为民族解放斗争的手段之一，在印度民族解放运动中起过积极的进步作用，因为它具有反帝国主义的性质，具有群众性，同时它也具有局限性和消极影响。[⑤]

---

① 王春良：《关于甘地的经济思想——对〈关于甘地的"手工纺织"运动〉一文的意见》，《史学月刊》1957 年第 6 期。

② 王存华：《我对〈关于甘地的经济思想〉一文中的几点意见》，《史学月刊》1957 年第 6 期。

③ 王春良：《甘地的"手工纺织"运动》，《历史教学问题》1958 年第 3 期。

④ 王春良：《试论甘地所倡导的"萨特雅格拉哈"》，《山东师范学院学报》1957 年第 1 期。

⑤ 王春良：《略谈甘地所倡导的"非暴力抵抗"》，《史学月刊》1958 年第 1 期。

其三著作。出版于 1959 年的吴耀宗和杜危合译的《甘地自传》是中国第一部《甘地自传》全译本，之前的多部甘地自传都是节译本。[①] 这部全译本成为甘地研究的主要资料来源之一，直到 43 年后才陆续有了其他全译本问世。

这一时期的低谷阶段，主要成果为一本译著和三篇论文。其中，译著《圣雄甘地与甘地主义》（系印度共产党领导人南布迪里巴德重新评价甘地与甘地主义的论文集）和文章《甘地的人生观》见诸 20 世纪 60 年代初，[②] 其实是 20 世纪 50 年代后期高潮阶段的余音。其余两篇文章《苏联印度学家对甘地评价的变化》和《印度作家阿巴斯论托尔斯泰和甘地》见诸 20 世纪 70 年代末，其实是 20 世纪 80 年代初开始的甘地研究第三次高潮的序曲。[③]

第三节　20 世纪 80 年代初期至 21 世纪

从 20 世纪 80 年代初开始，中国的甘地研究走出了前一阶段将近 20 年的漫长低谷时期，掀起了新的高潮，而且持续发展。

从纵向历时的角度考察，这一时期是中国的甘地研究的第三个高潮期，而且持续不断，一浪高过一浪，不断拓展和深化。据不完全统计，在这一时期的 30 余年里，出版书籍近 60 部，其中，80 年代 4 部，90 年代 17 部，21世纪 37 部；发表学术研究论文近 160 篇，其中，80 年代 63 篇，90 年代 29 篇，21 世纪 66 篇；发表非学术研究作品 140 多篇，其中，80 年代 22 篇，90 年代 7 篇，21 世纪 114 篇。

这一阶段的高潮期之所以持续延绵，不断拓展深化，主要与中国的国内

---

① ［印］甘地：《甘地自传》，吴耀宗、杜危译，商务印书馆 1959 年版。

② ［印］南布迪里巴德：《圣雄甘地与甘地主义》，何新译，三联书店 1961 年版；《甘地的人生观》，《国外学术资料》1963 年第 7 期。

③ 黄思骏：《苏联印度学家对甘地评价的变化》，《世界史研究动态》1979 年第 9 期；林凡：《印度作家阿巴斯论托尔斯泰和甘地》，《外国文学动态》1979 年第 4 期。

形势和学术环境的变化密切相关。20 世纪 70 年代末 80 年代初期，中国的历史掀开了新的一页，步入了改革开放的新时代，"政治运动挂帅"和"阶级斗争为纲"的时代一去不复返，学术环境和气氛日趋活跃，对外学术交流日益频繁，人们的思想观念日益更新，科学探究精神日益昌盛。当然，国际形势的变化也起了一定作用。随着冷战时代的结束，对抗思维和意识形态色彩日渐淡化，多元化探索蔚为大观。

从横向共时的角度考察，这一时期表现出一些有别于前一时期的明显特征，例如日渐摆脱前一时期感性的争鸣色彩，逐步趋向理性的学术探讨；与前一阶段争鸣探讨仅限于少数学者之间并针对个别传统研究问题不同，这一时期的研究可谓百花齐放，研究队伍空前宏大，研究视域空前拓展；与前一时期高潮阶段远远短于低谷阶段不同，这一时期的研究持续高涨，而且一浪高过一浪。与此同时，这一时期研究高潮的不同时代也体现出各自的鲜明特征，下面分而述之。

20 世纪 80 年代，标志着甘地研究第三次高潮的迅猛到来。这个时代的成果多出自南亚学界大家之手，在许多方面为以后的研究提供了范本和参照。下面分学术研究和非学术研究两大方面述之。

在学术研究方面，可以归纳为如下八个层面。（一）甘地生平研究与介绍。主要包括三个方面：第一，有关甘地的传记和研究论文集。四部著作中，有三部是甘地传记，系统展示了甘地的一生，[①] 一部是甘地研究论文集，收录了甘地学术研讨会论文 15 篇，涉及甘地研究的方方面面，其中有些论文发表在其它相关学术刊物上。[②] 第二，有关国内外甘地研究状况的介绍和评析，包括美国学者对甘地的研究，[③] 苏联和共产国际关于甘地评价的四次

---

① [法]拉皮埃尔、[美]柯林斯：《圣雄甘地》，周万秀、吴葆璋译，新华出版社 1986 年版；[英]布里利：《甘地》，粟旺等译，中国电影出版社 1988 年版；任鸣皋：《圣雄甘地》，商务印书馆 1987 年版。

② 任鸣皋、宁明主编：《论甘地——中国南亚学会甘地学术讨论会论文集》，上海社会科学院出版社 1987 年版。

③ 张东春：《美国学者对甘地的认识和研究》，《吉林大学学报》1986 年第 2 期。

争论，①我国甘地研究情况综述，②有关甘地研究书籍介绍。③第三，甘地生平研究与探讨。包括对甘地独特品格的探讨（坚毅爱国、禁欲苦行、不谋私利、谦虚和蔼），④对甘地之死的探讨（刺客和被刺者在政治上代表了两种不同的现代印度文化的矛盾和冲突），⑤对甘地绝食斗争的探讨，⑥对甘地在南非斗争的探讨，⑦对甘地建设性纲领的探讨，⑧对甘地生平的简介。⑨

（二）对甘地的评价。主要分为三种观点：第一种观点认为，从印度民族运动的全过程看，甘地是高举民族主义旗帜、把反英斗争坚持到胜利的最关键人物，"从结束英国对印度近百年的殖民统治、促进印度民族独立事业实现的贡献衡量，给甘地以确切、肯定的评价是符合历史实际的"；⑩甘地一生对英帝国的立场和态度在他正式登上印度民族运动舞台前后是不同的，是向前发展的，是"从一个忠诚的亲英分子和合作主义者变成一个坚定的不满分子和不合作主义者"，从甘地一生的主流来看，他的活动是应该肯定的。⑪第二种观点认为，作为资产阶级的代表，甘地具有两面性，即革命性和妥协性，他对印度民族运动的功绩是应该肯定的，而他对运动的消极影响也必须

① 陈峰君：《关于评价甘地的四次争论》，《世界史研究动态》1984 年第 10 期。

② 杨玉圣：《近十年来甘地研究综述》，《南亚研究》1989 年第 3 期；黄思骏：《评说甘地有新意——印度历史讨论会侧记》，《世界史研究动态》1985 年第 5 期；彭树智主编：《甘地研究》，《陕西历史学年鉴》1989 年 1 月；杨玉圣：《我国建国后甘地研究论文资料索引》，《南亚研究季刊》1989 年第 3 期。

③ 梁漱溟：《读有关圣雄甘地事迹的几本书》，《南亚研究》1988 年第 2 期；袁传伟：《甘地研究最近书目简介》，《南亚研究》1988 年第 1 期。

④ 培伦、董本建：《论甘地的独特品格》，《史学集刊》1986 年第 1 期。

⑤ 金克木：《略论甘地之死》，《南亚研究》1983 年第 4 期。

⑥ 任鸣皋：《甘地的绝食斗争》，《外国史知识》1986 年第 9 期。

⑦ 颜芙：《南非印度人的早期遭遇及在甘地领导下的反抗斗争》，《亚非问题研究》1980 年第 2 期。

⑧ 胡少华：《对甘地建设性纲领的一些看法》，《史学月刊》1984 年第 2 期。

⑨ 贺璋瑢：《甘地》，《历史教学》1983 年第 11 期；许瑞闽：《印度圣雄甘地》，《南亚研究》1984 年第 3 期；耕砚：《印度国父圣雄甘地》，《世界知识》1983 年第 1 期。

⑩ 李达三：《甘地是应该肯定的历史人物》，《河北大学学报》1981 年第 1 期。

⑪ 吴成平：《再谈对甘地评价的几点看法》，《上海师范学院学报》1981 年第 4 期；吴成平：《甘地评价再论》，《世界现代史论文集》1982 年 8 月。

指出。①第三种观点认为，"甘地是一种反动势力的代表"，②"甘地虽然不失为民族解放运动的一位著名领袖，并占有领导的宝座，但是，他却站在民族运动队列中的右翼方面"③，甘地运动的两重性"实不足以使人惊异，问题在于目前存在着把这种运动颂扬到相当高度，使它离开了历史实际而成为半理想的东西"。④

（三）甘地的非暴力。主要涉及四方面内容。第一，甘地非暴力主义的渊源。有两种看法，一种看法认为，甘地非暴力主义源于印度教、佛教、耆那教、基督教等宗教教义以及托尔斯泰学说，其中印度教影响最大；⑤另一种看法认为，甘地的"非暴力主义"扎根于印度宗教特别是印度教教义之中，从而具有广泛群众基础的看法值得商榷，甘地关于非暴力是印度教精神的说教不符合印度的历史实际。⑥

第二，甘地非暴力主义的含义。甘地的"非暴力"是一个十分复杂的概念，它并不仅仅是相对于"暴力"的一种政策，它和真理、爱、神是同一的，都是抽象的概念、一种精神力量，坚持真理就是坚持非暴力，亦即以爱求得和平，"非暴力"与"坚持真理"是完全等同的；⑦甘地的非暴力有三重含义，既是思想信条，又是道德规范，更是政治手段，有其特定的内涵，而不容任意解释；甘地非暴力的实际内容有：要自洁、要文明、要自愿受苦、要自愿服从国家法律。

第三，甘地非暴力主义的实践（即甘地非暴力抵抗或不合作运动）。有学者对甘地的历次非暴力抵抗运动进行了系统探讨，认为空前的群众性、长期的连续性和独具的多样性是非暴力抵抗运动的三个显著特点，其主要内容

---

① 高鲲：《甘地与印度民族独立运动》，载《论甘地》，上海社会科学院出版社 1987 年版。
② 汤宜庄：《对甘地的一点看法》，《世界历史》1981 年第 3 期。
③ 汤宜庄：《略评二十世纪二十一三十年代甘地的政治作用》，《史学月刊》1983 年第 6 期。
④ 汤宜庄：《关于甘地、国大党评价问题小议》，《苏州大学学报》1987 年第 2 期。
⑤ 汤宜庄：《浅析甘地非暴力主义的思想渊源》，《宁夏大学学报》1982 年第 3 期；蔡元土：《略论甘地的非暴力思想主张》，《福州师大福清分校学报》1986 年第 3 期。
⑥ 王纯：《"非暴力"寓于印度教义之中吗?》，《世界历史》1986 年第 9 期。
⑦ 朱平平：《关于甘地的"非暴力"概念的涵义》，《历史教学问题》1988 年第 5 期。

是"总罢业"，非暴力抵抗运动并不是纯粹失败的记录，也不完全是妥协的记录，同样不是保守的记录，它是持续了四分之一世纪的、印度人民民族解放运动的重要形式；[①] 有学者对"退出印度"运动做了考察，揭示了甘地非暴力理想的破灭，认为甘地的非暴力原则遭到了致命打击，这场运动宣告甘地 20 年来所抱的期望破灭了，"最后决战"没有能使英国退出印度，却使他的非暴力原则从国大党人心目中最终退了出去；[②] 有学者对甘地早期的非暴力抵抗运动做了探讨；[③] 此外，也有学者对甘地非暴力不合作主义与运动以及训练基地做了简述。[④]

第四，甘地非暴力主义的评价。大多数学者认为，虽然甘地非暴力主义有一定的阶级局限性，但其主流是进步的、革命的，具有明显的反帝反殖民地性质，不是阻碍而是推动了印度民族解放运动的发展，"在印度历史上起过一定的进步作用，应该基本肯定"；[⑤] 甘地的非暴力主义的客观积极性、历史进步性不容抹杀；[⑥] 也有学者认为，甘地的非暴力主义作为指导民族解放的理论原则和意识形态，具有一般意义的对历史潮流的反动，应该说非暴力主义实践的结果是不成功的。[⑦]

（四）甘地主义。主要涉及四方面内容。第一，甘地主义的形成和来源。主要论点有：甘地主义是印度民族矛盾和阶级矛盾交织发展的产物，是适应印度民族资产阶级的需要而"创制"出来的；甘地主义是在解决两大历史任

① 彭树智：《论甘地的非暴力抵抗运动》，《历史教学》1986 年第 1 期。

② 林承节：《"退出印度"运动与甘地非暴力理想的破灭》，《南亚研究》1987 年第 1 期。

③ 袁伟传：《1917 年印度昌巴兰靛蓝农民的抗租斗争——兼评甘地在比哈尔的一次"坚持真理"运动》，《世界史论集》1983 年版；袁传伟：《甘地与比哈尔靛蓝农民运动（1917—1918）》，《南亚研究》1987 年第 6 期。

④ 黄思骏：《甘地与非暴力不合作运动》，《外国历史知识》1983 年第 2 期；孙兰英：《试论甘地"非暴力不合作主义"》，《洛阳师专学报》1985 年第 1 期；任鸣皋：《甘地训练非暴力抵抗战士的基地》，参见任鸣皋、宁明主编：《论甘地——中国南亚学会甘地学术讨论会论文集》，上海社会科学院出版社 1987 年版。

⑤ 张一平：《对非暴力主义应基本肯定》，《世界历史》1981 年第 3 期；张一平：《甘地非暴力主义评价问题再探讨》，《河南师范大学学报》1985 年第 2 期。

⑥ 张佩侠：《关于甘地非暴力主义问题的争鸣》，《聊城师范学院学报》1988 年第 3 期。

⑦ 汤宜庄：《论甘地的非暴力主义》，《南亚研究》1987 年第 3 期。

务（争取印度民族独立和建立一个什么样国家）的过程中形成的；甘地主义的形成受各方面的影响，但决定其发展方向的是印度当时社会经济发展的不平衡性和他在南非及印度的实践地位；甘地主义来源既有印度传统因素，也有外来因素。[①]

第二，甘地主义的定义和实质。主要论点有：甘地主义是 20 世纪初期产生于印度的以非暴力主义为核心的反对殖民统治、争取印度自治和独立的一种思想体系；甘地主义是一个完整的思想体系，它涉及社会生活的各个领域，但又以不太完整的形式表达出来；甘地主义是典型的印度民族资产阶级意识形态，是印度大资产阶级在民族运动中的思想武器；甘地主义不仅是印度民族解放运动的指导思想和理论武器，而且也是印度独立后国家政治生活的指导原则。[②]

第三，甘地主义的内容与核心。主要论点有：甘地主义主要包括宗教化的真理观、印度自治论、非暴力不合作的政治策略、手工纺织的经济思想、社会"托管"的社会理论、甘贫乐道的生活原则、难能可贵的独特品格、民族统一阵线策略思想（"消灭不可接触制""印穆团结"）等，甘地主义的核心是真理和非暴力，信条、纲领、策略路线"三位一体"，是其最突出的特征。[③]

第四，甘地主义的作用和地位。主要论点有：评价甘地主义的作用要注意三个原则，即抓准甘地主义的精髓、区分甘地主义的主流和支流、从发展的观点把握甘地主义。甘地主义的主流是争取印度自由，反对殖民统治，在印度历史上起到了反对民族压迫、反对帝国主义的进步作用；甘地主义不仅在印度而且在世界特别在亚洲东方一些国家中有着重要的影响，它是人类文明宝库的重要遗产；甘地主义也有消极影响，并具有浓厚的乌托邦式的空想

---

① 林承节：《甘地主义的形成和甘地领导权的确立》，《南亚研究》1985 年第 1 期；董本建：《论甘地主义的产生及其历史作用》，参见任鸣皋、宁明主编：《论甘地——中国南亚学会甘地学术讨论会论文集》，上海社会科学院出版社 1987 年版。

② 峰均：《甘地主义介评——纪念甘地诞辰 120 周年》，《国际政治研究》1989 年第 3 期。

③ 吴成平：《论甘地和甘地主义》，《上海师范学院学报》1980 年第 1 期；陈广充：《从〈甘地自传〉看甘地主义》，《西南民族学院学报》1985 年第 4 期。

成分。①

（五）甘地思想。主要涉及四方面内容。第一，甘地思想体系。主要涉及甘地思想体系的形成背景和渊源，以及内容和特征。甘地思想体系形成于1888 年至 1914 年间（留学英国到第一次世界大战前），源于多种渠道和多种形式（印度历史文化传统和西方因素），但基本轴心却始终是印度的民族传统思想，充分表现了它的复杂性和独特性；甘地思想体系由哲学思想（以"爱"为核心的宗教与政治相结合的真理观）、政治思想（以"自治"为核心的非暴力的村社地方分权观）、经济思想（以"手工纺织"为核心的经济自主观）和社会思想（以反对歧视"不可接触者"和主张"印穆团结"为核心的社会和谐观）四方面整体构成，其复杂之处不仅体现了宗教和政治的交织，而且体现了资产阶级思想与小生产者思想的并存。②

第二，甘地政治思想。主要涉及甘地在南非的早期政治思想，以及甘地的印度自治思想及其国家观。甘地在南非形成了一个有统一核心的早期政治思想模式，即英国资产阶级的法制思想是核心，斗争目标是印度人与英国人在同一帝国的法律中地位平等（首先是在南非巩固立足点），斗争的战略思想是费边主义的持久渐进、战术思想是力求将分裂的印度人统一起来，并争取最多的人直到包括对方在内的所有的人到一条战线上；③ 甘地的政治思想集中表现在他的"印度自治"思想上，包括两层含义，首先是民族独立，为达到这个目标，以 1919 年为界分为基本合作与基本不合作两个阶段，又包括在英帝国范围内的自治领地位和以后完全独立的要求，其次是印度独立后建立什么样国家的问题，也就是甘地的具有印度特色的无政府主义类型的国家观（特别是非暴力的、小而独立的、自给自足的村社自治思想）。④

第三，甘地经济思想。主要涉及甘地经济思想的主要内容和影响，以及

---

① 王春良：《试论有关甘地主义的两个问题》，《历史教学》1982 年第 9 期；宁明：《甘地主义评价》，参见任鸣皋、宁明主编：《论甘地——中国南亚学会甘地学术讨论会论文集》，上海社会科学院出版社 1987 年版。

② 彭树智：《甘地思想的整体性和独特性》，《历史研究》1985 年第 6 期。

③ 金克木：《略论甘地在南非早期政治思想》，《南亚研究》1983 年第 3 期。

④ 彭树智：《甘地的印度自治思想及其国家观》，《史学集刊》1989 年第 1 期。

甘地的农村经济思想及其道德观。甘地经济思想由八根支柱构成，即机器的作用、农业思想、工业思想、经济制度、托管理论、共同繁荣、经济平等、低消费观，甘地的经济思想在印度有着广泛影响，受到推崇和推广，人民党政府制定的《第六个五年计划草案》即是明证；[①] 甘地经济思想的独特之处表现在它的农村经济模式上，其特点是以小农家庭村社为最基本生产单位、寓农业和手工业于一体的生产结构、保持农村经济与城市大工业的平衡、维护道德精神与物质生活的和谐，其中尤为独特的是农村经济与道德观之间关系的构思与实践（对西方物质文明的批判是甘地农村经济思想的出发点，经济正义和经济平等是甘地农村经济思想的主要理论支柱，"手工纺织运动"是甘地农村经济思想的主要实践活动，甘地的农村经济思想及其道德观是东方大国印度在西方资本主义现代化浪潮冲击下的社会文化反映和社会改革思潮的主要表现之一）。[②]

第四，甘地哲学社会宗教伦理思想。主要涉及甘地哲学、宗教、社会、伦理思想以及苦行观的主要内容和特征。甘地哲学思想由"真理"和"非暴力"两个原则组成，真理是目的，非暴力是手段；甘地社会思想由"不合作主义"、"变心说和托管说"、"共同繁荣的"社会主义等原则组成；[③] 甘地宗教思想的主要内容有：印度教—道德宗教、神—真理、非暴力—爱、苦行—自我净化，甘地宗教思想的基本特征为：坚持印度教传统、宗教道德化、世俗政治化、神秘主义化；[④] 甘地道德伦理思想的要素如下：神启论的道德起源说是其核心，人性善是其道德学说的基础，爱是人类行为的基本准则，苦行是实行爱的基本手段，非暴力、禁欲、无畏、自我牺牲、忍耐、忠诚、爱劳动、男女平等、敬神是甘地提倡的主要道德规范，甘地的道德伦理学说虽然具有浓郁的神秘主义色彩和明显的宗教伦理形式，但也包含着许多积极和

---

① 杨仁德：《印度近现代经济思想史上的著名人物和甘地的经济思想》，《南亚研究季刊》1986 年第 3 期。

② 彭树智：《甘地的农村经济思想及其道德观》，《南亚研究》1989 年第 3 期。

③ 黄心川：《甘地哲学和社会思想述评》，《南亚研究》1985 年第 1 期。

④ 王辉云：《甘地宗教思想的主要内容及其特征》，《世界历史》1986 年第 9 期。

进步的内容，反映出甘地要求民族独立和渴望社会平等的进步愿望；[①] 甘地的苦行观具有广泛的含义，从直接意义上讲，它包括节制欲望、守贫食素、忍受磨难、宽容克制和牺牲献身等，从总体意义上讲，它同追求真理、非暴力不杀生、博爱这类信念具有密切联系，甘地的苦行观不只是信仰意义上的表达，而且也是现实社会状况中实践行为的原则和积极有效的政治武器。[②]

（六）甘地的阶级属性。分为两种观点。第一种观点认为，甘地是资产阶级的代表，其中又具体分为三种不同看法：一种认为"甘地主要代表了印度民族资产阶级的利益，是资产阶级在民族运动中理想的政治领袖"；[③] 一种认为"甘地是民族资产阶级的代言人，更确切地说，是民族资产阶级上层的代表人物"[④]；一种认为"甘地是印度资产阶级的代表，主要代表大资产阶级的利益"（因为印度资产阶级是一个整体，并不像中国分为民族资产阶级和买办资产阶级，而且印度资产阶级以大资产阶级为主）。[⑤] 第二种观点认为，甘地是农民阶级的代表："甘地既不是印度资产阶级的代表，也不是印度地主阶级的代表，而是印度农民小生产者的代表"，[⑥]"主要反映了印度农民小生产者的利益、愿望和要求"，[⑦]"是小农的代言人"。[⑧]

（七）甘地与国大党的关系。有学者对甘地与国大党长达 30 多年的"联盟"关系做了考察，认为"甘地成了印度资产阶级及其政党国大党梦寐以求的理想人物，但在印度资产阶级及其政治家们的思想深处，甘地和非暴力主义只不过是工具而已，在这种情况下，甘地与国大党之间一次又一次的'决

---

① 朱明忠：《论甘地的道德伦理思想》，《南亚研究》1988 年第 3 期。

② 张力：《论甘地思想中的苦行主义因素》，《南亚研究季刊》1988 年第 4 期 。

③ 林被甸：《对几种不同意见的剖析》，《世界历史》1981 年第 3 期。

④ 王藻：《甘地浅议》，《史学集刊》1981 年第 1 期。

⑤ 黄思骏：《论甘地的阶级属性——兼论印度资产阶级的性质》，《世界历史》1986 年第 12 期。

⑥ 贺圣达：《甘地是印度农民的伟大代表》，《世界历史》1981 年第 3 期；贺圣达：《试论莫·卡·甘地的阶级性》，《南亚研究》1986 年第 1 期。

⑦ 王存华：《甘地并非印度民族资产阶级的政治代表——兼论甘地的阶级属性问题》，《史学月刊》1987 年第 5 期。

⑧ 罗传芳、张光明：《甘地阶级属性再探讨及其评价》，《史学月刊》1984 年第 5 期。

裂'就再所难免了"，甘地1934年宣布退出国大党直到1948年被刺杀，一直不是国大党的正式党员，但"纵然这样，他还继续是国大党的当然领导人和顾问"，因为在必要的时候国大党的政治家们还需要甘地和非暴力主义，印度独立后印度资产阶级把"国家权力既已掌握在自己手中，再也没有发动任何群众运动的必要了"，甘地与国大党的"联盟"关系也就结束了；[①] 也有学者考察了1939—1942年甘地与国大党的关系，揭示了甘地在第二次世界大战前期两次被免职又两次复出执掌国大党领导权的前因后果，认为"甘地既是国大党的精神领袖，又是国大党的政治工具，一切依国大党的政策目标为准则，或奉为领袖，或弃若工具，国大党领导机构始终是主宰者"。[②]

（八）甘地与中国。袁传伟在《甘地与中国》一文中，对甘地与中国的关系做了初步梳理和探讨：1.甘地同情南非华工遭遇，谴责英国鸦片贸易；2.关心中国社会进步，鼓励吸取西方先进经验；3.声援中国人民抗战，期待兄弟般友好合作；4.珍惜中印世代友谊，渴望访问伟大中国。指出"我们缅怀他为争取印度独立而作出的伟大贡献，尤其缅怀他在中国人民遭逢民族灾难的日子里对中国人民的同情、鼓励和声援"。[③]

林承节以《甘地对中国人民的友好感情》为题，也对甘地与中国的关系做了较为系统的梳理与探讨（林先生的成果见诸于90年代初期，也是此后唯一探讨甘地与中国关系的成果，所以放在这里一起论述）：1.帮助中国人民，关心中国进步；2.同情中国反帝爱国斗争；3.反对日本侵略中国；4.关心促进中印文化交流；5.未能实现的珍藏愿望。指出"中国人民对甘地是很敬重的，为了他对印度民族独立所做的一切，也为了他为发展中印友谊所做的贡献"。[④]

---

① 王纯：《试论甘地与国大党的关系问题》，《史学月刊》1985年第2期。

② 闵光沛：《甘地被免职前后——简析1939—1942年甘地与国大党的关系》，参见任鸣皋、宁明主编：《论甘地——中国南亚学会甘地学术讨论会论文集》，上海社会科学院出版社1987年版。

③ 袁传伟：《甘地与中国》，参见任鸣皋、宁明主编：《论甘地——中国南亚学会甘地学术讨论会论文集》，上海社会科学院出版社1987年版。

④ 林承节：《中印人民友好关系史——1851—1949》，北京大学出版社1993年版。

　　黄心川也对甘地与中国的关系做了简要论述，指出"甘地对我国人民怀有强烈的友好感情，一直关切着中国革命的发展，甘地在中国最艰苦的年代所给予我们道义和物质上的支持，中国人民记忆犹新"。①魏风江以自己的亲身经历，回顾了甘地对中国人民的友好感情。②

　　在非学术研究方面，可以归纳为两个方面。一是甘地影评。1982年英印合拍的影片《甘地》生动真实地刻画了甘地感人的一生，获得奥斯卡八项金奖，轰动全球，也在中国引起热烈反响。有十几篇文章就此予以介绍、抒发感想和评论，包括电影开拍情况、③影片介绍、④演员介绍、⑤轰动原因、⑥脚本翻译感想等，⑦不一而足。二是甘地趣闻轶事与散记。主要涉及甘地推荐尼赫鲁的事迹，⑧甘地与陶行知的故事，⑨甘地喜欢吃的菜，⑩甘地论账簿，⑪甘地故居和陵墓谒拜，⑫从甘地被刺"旧闻"中学习如何写综合新闻。⑬

　　20世纪90年代，中国的甘地研究在80年代研究的基础上进一步拓展和

①　黄心川：《甘地哲学和社会思想述评》，《南亚研究》1985年第1期。
②　魏风江：《在甘地先生家里》，《南亚研究》1985年第1期。
③　《〈甘地〉开拍》，程清摘译，《电影评介》1981年第8期。
④　李庄藩：《英国影片〈甘地传〉》，《世界电影》1983年第3期；谢榕津：《〈甘地〉（影片介绍）》，《世界电影动态》1983年第4期；张治平：《影片再现了印度圣雄的一生，在他遇刺日看〈甘地〉》，《文汇报》1983年2月12日。
⑤　子青：《扮演甘地的出色演员本·金斯利》，《文化译丛》1983年第4期。
⑥　邹杰等：《〈甘地〉何以轰动了世界影坛》，《电影评介》1983年第6期；李庄藩：《轰动世界影坛的〈甘地传〉》，《文汇》1983年第6期；[印]劳尔·辛格著：《〈甘地传〉——一部与众不同的影片》，唐桂青译，《文化译丛》1983年第4期；杨克方等：《〈圣雄甘地〉击败〈星外来客〉》，《电影评介》1983年第4期。
⑦　朔望：《电影脚本〈甘地〉与我》，《读书》1987年第5期。
⑧　黄子都：《〈让后浪越过我〉——甘地推荐尼赫鲁的事迹》，《外国历史知识》1983年第1期。
⑨　《中印友谊、一代风范：陶行知与甘地、泰戈尔》，《外国历史知识》1983年第1期。
⑩　《甘地也喜欢吃的黄花菜》，邑夫译，《文化译丛》1989年第3期。
⑪　罗丽萍：《甘地论账簿》，《四川档案》1987年第2期。
⑫　高树茂：《在甘地墓前》，《人民日报》1981年4月27日；李楠：《访圣雄甘地的故居》，《瞭望周刊》1986年第28期。
⑬　何成：《怎样写综合新闻——从甘地被刺"旧闻"中学到的东西》，《对外报道参考》1981年第1期。

深化，体现出两个显著特点。其一，有关甘地的著作数量剧增，达到 17 部，涉及甘地生平，多为系列丛书，读者群扩大；其二，有关甘地的研究论文数量减少，但是研究领域却进一步扩大，既涉及甘地非暴力和思想研究领域，也涉及甘地比较研究领域。下面分学术研究和非学术研究两大方面述之。

在学术研究方面，可以归纳为如下四个方面。一是甘地生平研究与介绍。在 17 部著作中，基本都是传记性的甘地生平研究与介绍。其中，译著 6 部，4 部属于一般性生平传记，2 部侧重于甘地的领导力。[①] 编著 11 部，10 部属于一般性生平传记，1 部是甘地青少年时代传记。[②] 值得一提的是，这些甘地传记大多是各种不同类别的系列丛书之一，包括《世界名人传记丛书》《世界历史名人丛书》《世界巨人传记丛书》《世纪人物传记故事丛书》《世纪的回溯：二十世纪名人传略》《外国名人传记口袋书系列》《外国历史人物丛书》《中外英雄人物故事丛书》《中外名人丛书》《中外名人的青少年时代系列丛书》《布老虎传记文库·巨人百传丛书》《"帮助过世界的人们"传记丛书》。此外，有两篇文章分别评述了甘地文明不服从运动在中国的反响，以及甘地由合作主义者向不合作主义者的转变。[③]

---

① ［印］克里帕拉尼：《甘地》，陈武俊、李运民译，中国人民大学出版社 1992 年版；［美］米歇尔·尼科尔森：《甘地传》，侯敏跃译，世界图书出版公司 1997 年版；［德］海默·劳：《甘地》，孙咏梅、张韶光译，河北教育出版社 1999 年版；［瑞］伊克纳斯·伊斯沃兰：《圣雄甘地：非暴力之父》，林东涛译，中国言实出版社 1998 年版；［美］凯夏文·纳尔：《甘地式领导：更高层的人生哲学》，黄进发译，专利文献出版社 1997 年版；［美］史提夫·艾柏赫特＆约翰·柯力蒙：《不朽的智慧：领导力的启示：柏拉图、莎士比亚、金恩、克劳塞维兹、邱吉尔、甘地……》，李宛蓉译，昆仑出版社 1999 年版。

② 尹子云：《甘地》，国际文化出版公司 1996 年版；尤利伟：《甘地》，中国国际广播出版社 1996 年版；刘雨宁编著：《印度圣雄甘地》，书目文献出版社 1996 年版；徐友珍：《甘地传》，湖北辞书出版社 1996 年版；米克威等：《圣雄甘地》，时事出版社 1997 年版；孟昭慧：《甘地》，海天出版社 1997 年版；刘雨宁：《印度圣雄：甘地》，北京图书馆出版社 1997 年版；宋子刚：《甘地》，辽海出版社 1998 年版；罗益聪等：《甘地的故事》，汕头大学出版社 1998 年版；赵贵玉：《甘地》，晨光出版社 1998 年版；邱立君等：《甘地的青少年时代》，现代出版社 1997 年版。

③ 林承节：《1930—1933 年甘地领导的文明不服从运动在中国的反响》，《南亚研究》1993 年第 4 期；李向阳：《试论甘地从"合作主义者"向"不合作主义者"的转变》，《山西大学师范学院学报》1993 年第 2 期。

二是甘地的非暴力研究。这方面的研究基本上是 80 年代的延续，主要涉及三点。第一，甘地非暴力主义的渊源。甘地"非暴力主义"并非甘地本人一时冲动的创造，也不是出于十分偶然的机遇，而是与印度的宗教传统、政治社会状况以及甘地个人复杂的经历和社会交往有着直接的关系。① 第二，甘地非暴力主义的评价。对甘地非暴力主义的评价基本趋于一致，认为甘地是印度现代史和亚非拉民族解放运动史上有重大影响的历史人物，他所倡导的非暴力不合作运动对印度历史的发展起过一定作用，甘地的非暴力主义应基本肯定。② 第三，甘地非暴力主义的特征。甘地的非暴力主义是建立在宗教的基础上，是一种爱的宗教，其中的博爱精神及世俗化倾向给予了他强烈的救世情怀；甘地的爱国主义和民族主义也因为其特殊的宗教观而非同寻常，超越了狭隘国家意识，而更具有世界主义的意蕴。③

三是甘地思想研究。主要涉及五方面内容。第一，甘地思想形成因素和精髓。甘地思想体系具有复杂性和矛盾性，是印度当时特定的社会历史条件、印度教传统文化、西方思想文化、印度早期国大党政治家的思想以及甘地本人在南非和印度的实践活动等诸因素影响的结果；④ 对人的价值和能力的重视是甘地思想的中心和精髓，突出体现在甘地独特的国家观、人性观和分权观上。⑤

第二，甘地宗教思想。主要探讨了甘地的宗教观、宗教人生观、甘地宗教思想与政治思想的关系，认为甘地的宗教观以宗教信仰的主体（个人）为中心，神是非神秘性的真理即道德；⑥ 甘地思想体系大厦的基石是甘地独特

---

① 冯春龙：《略论甘地"非暴力主义"的渊源》，《洛阳师专学报》1999 年第 6 期。

② 郭秀如：《甘地的非暴力主义应基本肯定》，《福州师专学报》1994 年第 3 期；王尚清：《关于甘地非暴力思想的新认识》，《雁北师院学报》1996 年第 5 期。

③ 李义中：《浅谈甘地非暴力主义的宗教性与民族性》，《安庆师院学报》1996 年 4 期。

④ 余敏娟等：《影响甘地思想体系形成的诸因素初探》，《台州师专学报》1999 年第 4 期。

⑤ 尚劝余：《人——甘地思想的精髓》，《南亚研究季刊》1991 年第 3 期。

⑥ 方尔加：《论甘地的宗教观》，《中国青年政治学院学报》1997 年第 1 期。

的人生观，而甘地的人生观之所以独特就在于它是以宗教道德为基础的；[1]甘地的宗教思想与政治思想密切相关，既互相矛盾又互相依存，前者主要源于后者，后者又对前者产生影响，甘地从政治斗争的需要来解释宗教，其政治哲学思想是一种宗教哲学思想，核心是"非暴力"或"爱"，甘地毕生使命就是实现宗教与政治的结合。[2]

第三，甘地反工业主义思想。甘地的反工业主义思想是一位东方殖民地思想家在大英帝国统治下所作的悲歌绝唱：带着对民族独立的向往和对传统难以割舍的依恋痛诋工业化、都市化赤裸的现实，它跨越了地域界限和时代界限，在同时代的其它后发展国家中一部分思想家那里听到了重重的回音。[3]

第四，甘地教育思想。甘地的教育思想可归纳为"四层次"（学前教育、学校教育、成人教育、自学）、"五要素"（精神训练、智力训练、体力训练、职业训练、美育训练），它是甘地思想体系不可分割的组成部分，不仅有其自身独特而完备的内容，而且从一个侧面体现和充实了甘地的哲学思想、政治思想、经济思想和社会思想，成为甘地思想体系大厦的柱石之一。[4]

第五，甘地妇女观。甘地的妇女观是其思想体系的重要组成部分，由于时代和阶级的局限，甘地的妇女观未能跳出两性传统性别角色的窠臼，也未能指明实现男女平等的根本途径，归根结底，它是为甘地领导的非暴力不合作运动服务的。[5]

四是甘地比较研究。涉及六方面内容。第一，甘地与尼赫鲁。尚劝余的博士学位论文《尼赫鲁与甘地》对二人的关系做了系统探讨，认为尼赫鲁与甘地之间的政治合作关系以分歧和对话相交织为特征：他们之间的分歧不仅

---

[1]　尚劝余：《圣雄甘地独特的宗教人生观》，《世界宗教文化》1997 年第 2 期。

[2]　吴宏阳：《甘地宗教思想与政治思想的关系》，《南亚研究季刊》1991 年第 3 期；李桔芬：《浅论甘地思想中的宗教与政治》，《上海师范大学学报》1992 年第 3 期。

[3]　何新华：《评甘地主义的反工业主义思想——对世界反现代化思潮的一个分析》，《南亚研究季刊》1999 年第 1 期。

[4]　尚劝余：《甘地教育思想初探》，《南亚研究》1992 年第 3 期。

[5]　肖莎：《圣雄甘地妇女观评析》，《浙江学刊》1999 年第 1 期。

贯穿始终，而且涉及面广，既表现在民族民主运动目标和方法上，也表现在未来社会设想上，他们之间的对话不仅表现在实际行动方面，而且表现在思想观念方面；尼赫鲁与甘地产生分歧，有其深刻的内在原因，其根源既可追溯到他们的出身环境和早期经历，也可追溯到他们的思想特征和政治风格诸方面；差异如此之大的两个人之所以从未决裂，始终如一并肩战斗、真诚对话，其原因主要出于政治上的考虑，出于对民族独立事业的共同热爱，同时与个人因素也有一定关系；尼赫鲁与甘地之间的分歧与对话，其实质和意义远远超出了个人范围，具有高度而深远的民族含义，他们之间的关系并非一方支配另一方，一方从属另一方，而是相互妥协和影响，彼此补充和依存；他们之间的分歧与对话实质上是印度民族民主运动中现代主义与传统主义两种不同趋势之间的冲突与交融；他们之间的分歧与对话不仅保证了现代印度民族民主运动的健康发展，而且奠定了当代印度的基础。[①] 此外，对甘地与尼赫鲁围绕国旗的争论做了探讨，认为这场争论从一个侧面反映了甘地与尼赫鲁在政治思想方面的某些差别、对印度文化传统的不同理解以及对独立运动的不同看法。[②]

第二，甘地与托尔斯泰。主要探讨了甘地与托尔斯泰的宗教思想和世界观，托尔斯泰对甘地的影响等，认为在所有西方文化的源流中，对甘地思想影响最深刻、最广泛的莫过于托尔斯泰，可以说，甘地全面地继承和深化了托尔斯泰的宗教伦理思想，发扬和实践了托尔斯泰的社会思想，但是由于不

---

① 尚劝余：《尼赫鲁与甘地在未来社会设想方面的分歧》，《南亚研究》1994 年第 3 期；尚劝余：《尼赫鲁与甘地在印度民族民主运动方法问题上的分歧》，《南亚研究季刊》1996 年第 1 期；尚劝余：《尼赫鲁与甘地在印度民族民主运动目标和方法问题上的分歧》，《湛江师范学院学报》1996 年第 3 期；尚劝余：《论尼赫鲁与甘地的思想特征和政治风格》，《湛江师范学院学报》1997 年第 1 期；尚劝余：《论尼赫鲁—甘地关系的实质及意义》，《南亚研究季刊》1997 年第 2 期；彭树智：《论尼赫鲁与甘地之间的历史交往》，《南亚研究季刊》1997 年第 2 期；尚劝余：《尼赫鲁与甘地在印度民族民主运动中的合作关系略论》，《湛江师范学院学报》1998 年第 1 期；尚劝余：《尼赫鲁与甘地的历史交往》，四川人民出版社 1999 年版。
② 庄友桂：《印度独立运动的标志和象征——甘地、尼赫鲁与印度国旗》，《国际政治研究》1990 年第 2 期。

同的生活背景和独特的个人因素，他们的宗教思想不可避免地存在某些差异，甘地宗教思想不是托尔斯泰思想的简单重复，而是完善和超越；托尔斯泰的世界观既具有农民社会主义的、民主性的批判成分，也有农民的浓厚宗教意识以及其他消极成分，托尔斯泰世界观的二重性也不可避免地发生在深受其影响的甘地身上，甘地与甘地主义都有二重性。①

第三，甘地与孙中山。主要探讨了甘地和孙中山所设想的社会主义，认为甘地和孙中山都批判西方文明、向往社会主义，他们所说的"社会主义"含义丰富，涉及面广，主要有三个方面，即经济观（相同点：甘地的"不占有"和"经济平等"与孙中山的"天下为公"和"均贫富"，甘地的"托管制"与孙中山的"平均地权"和"耕者有其田"，二人都主张全国大工商业国营；不同点：甘地的"复兴农村"与孙中山的"实业救国"），自由平等博爱观（都倡导自由、平等、博爱，强调官吏应该是为人民服务的公仆，人民是国家的主人，人们不仅在政治上平等，而且在经济上平等），国家观（相同点：都认为国家是一台暴力机器，都批判欧美议会制度的虚伪性、自私性和霸道本质，都主张尽量缩小中央权力，实行最大限度的权力分散，以至最后消灭国家；不同点：甘地主张在国家独立后就尽量限制国家权力，尽快向"无政府过渡"，但孙中山却认为消灭国家是在遥远的未米）。②

第四，甘地与凯末尔。主要比较了甘地与凯末尔的经济思想，认为两种经济思想之间存在着较大的差异：在工业方面，甘地极力反对资本主义工业化，主张复兴印度农村工业（以手工纺织业为代表的小工业），凯末尔则倡导使用大机器、新技术和其他现代工业生产工具，实行工业化，发展现代资本主义工业生产，实现土耳其的经济现代化；在农业方面，甘地主张恢复封

---

① 张倩红、刘银萍：《托尔斯泰对甘地的影响初探》，《史学月刊》1989 年第 3 期；张倩红、刘银萍：《甘地与托尔斯泰宗教思想之比较》，《南亚研究季刊》1990 年第 3 期；李义中：《托尔斯泰的宗教思想与"南非时代"的甘地》，《安庆师院学报》1997 年第 3 期；胡光利：《论甘地与托尔斯泰世界观的二重性》，《辽宁大学学报》1995 年第 1 期。

② 李平民：《甘地和孙中山所设想的社会主义》，《中国青年政治学院学报》1993 年第 5 期。

建宗法制的农业组合，使之与他所主张恢复的行会式工业组织相结合，复兴农业与手工业相结合的自给自足的自然经济，凯末尔则革故鼎新，主张用新技术和机器装备农业，采用资本主义生产方式，发展资本主义农业。另外，甘地和凯末尔经济思想有一个共同的根本的主张，即发展自主的民族经济，实现民族经济的独立。这充分体现了东方民族主义思潮多样性与统一性相结合的特征。①

第五，甘地与安倍德卡尔。主要探讨了甘地与安倍德卡尔在拯救贱民运动问题上的分歧，认为甘地和安倍德卡尔同为解放贱民的目标而努力，但在看法和做法上却有很大不同，甚至互相对立，主要体现在三个方面：如何看待种姓制度（甘地肯定种姓制度，安倍德卡尔否定种姓制度），关于拯救贱民的道路（甘地主张说服教育的方法，安倍德卡尔主张坚决斗争的方法），贱民解救与民族斗争的关系（甘地主张先民族斗争，安倍德卡尔主张先解放贱民），他们的分歧和对立是次要的，实现贱民解放和民族解放的目标是一致的，是主要的。②

第六，甘地与马丁·路德·金和纳尔逊·曼德拉。主要探讨了他们所领导的 20 世纪反殖民反种族主义三大非暴力抵抗运动成功的原因，即三国具有一定的法制背景和民主传统是开展非暴力反抗直至获得成功的前提；三位领袖对事业的正义性所抱坚定的信念、不屈不挠的精神并因此在国内外获得广泛的支持是成功的基础；历史和现实斗争中存在的一定的暴力抵抗是成功的重要辅助因素。③

在非学术研究方面，可以归纳为三点。1.散论。评述了甘地未获诺贝尔和平奖的内幕。④ 2.音像制品。音像公司出版了有关甘地的影像制品，有的

① 戴家墨、尚劝余：《甘地与凯末尔的经济思想之比较》，《海南师院学报》1999 年第 3 期。
② 林立：《甘地、安倍德卡尔与拯救贱民运动》，《南亚研究季刊》1992 年第 3 期。
③ 骆晓会：《20 世纪反殖反种族主义三大非暴力抵抗运动成功原因探析》，《湖南教育学院学报》1998 年第 4 期。
④ 黄灵：《甘地未获诺贝尔和平奖内幕》，《档案与建设》1999 年第 1 期。

是甘地专辑，有的是合辑。①3. 与甘地有关的建筑介绍。如甘地纪念碑和研究所等。②

进入 21 世纪，中国的甘地研究在 20 世纪 90 年代研究的基础上进一步拓展和深化。在学术研究方面，著作数量达到 56 部，比前两个十年的总和还多，而且不仅涉及甘地生平传记，还涉及甘地研究的其他方面；有关甘地的学术研究论文不管是数量还是研究领域都有所拓展和深化。在非学术研究方面，成果更是突飞猛进，文章数量逾百篇，是前两个十年的四倍，而且涉及范围空前广泛。此外，还有一些相关活动，下面具体述之。

在学术研究方面，可以归纳为如下七个层面。这些研究既有上一阶段研究的延续，也有新的拓展和深化。

（一）甘地生平研究与介绍。主要包括三个方面。第一，有关甘地自传和传记。在 56 部著作中（著作 8 部，译著 35 部，编著 12 部，原著 1 部），有 45 部是传记性的甘地生平研究与介绍。可以分为两类。第一类是甘地自传，共有 18 部各种版本的全译本。③ 第二类是甘地传记，共有 27 部，其中，

---

① 《甘地——帝国的终止》（录像制品），辽宁文化艺术音像出版社 1998 年版；《政坛名人录》（录像制品），上海录像公司，1998 年。

② ［美］斯坦因、多西、巴拉：《印度艾哈迈达巴德甘地劳动研究所》，《世界建筑》1990 年第 6 期；［印］V.G. 布匹塔、刘彤昊：《德里圣雄甘地纪念碑》，《世界建筑》1991 年第 2 期。

③ ［印］甘地：《甘地自传》，刘宇来译，北方妇女儿童出版社 2002 年版；［印］甘地：《姆·克·甘地自传》，吉力译，时代文艺出版社 2003 年版；［印］甘地：《甘地》，鲁良斌译，国际文化出版公司 2003 年版；［印］甘地：《甘地自传：我体验真理的故事》，叶李、简敏译，长江文艺出版社 2007 年版；［印］甘地：《甘地自传》，钟杰译，吉林出版集团有限责任公司 2009 年版、安徽人民出版社 2012 年版、北京联合出版公司 2014 年版、2015 年版、2018 年版；［印］甘地：《我体验真理的故事：甘地自传》，马丹译，江苏文艺出版社 2014 年版；［印］甘地：《甘地自传：我追求真理的历程》，启蒙编译所译，上海社会科学院出版社 2015 年版；［印］甘地：《甘地——苦行的圣雄》，禾白编译，中华工商联合出版社 2015 年版、2016 年版；［印］甘地：《甘地自传》，徐翠荣译，西苑出版社 2016 年版；［印］甘地：《甘地自传》，吴晓静译，云南人民出版社 2016 年版、上海社会科学院出版社 2016 年版；［印］甘地：《甘地自传》，洪晓然译，中国书籍出版社 2016 年版。

编著 15 部，① 译著 11 部，② 原著 1 部。③ 与前一时期同类著作相比，这一时期体现出如下特征。1.著作数量剧增。20 世纪共出版同类书籍 40 余部，21 世纪前 18 年出版的同类书籍是 20 世纪 70 余年的总和。2.大部分著作并非单册出版，而是各种不同类别的系列丛书。例如，《二十世纪军政巨人百传》《世界伟人传记》《图说世界名人》《先锋经典文库》《10 大传记系列》《昨天和今天的世界领袖丛书》《心理传记学译丛》《世界名人画传丛书》《我最喜爱的名人故事（中英双语）》《名人名传丛书插图英文本》等。3.侧重于面向广大中小学生和青少年。例如，《世界名人传记丛书（少年励志版）》《历史的丰碑丛书（少年读物）》《中外名人的青少年时代丛书》《少儿成长必读的励志书》《少儿注音名人故事丛书》《世界名人大传少年版》《世界名人传记青少年必读》《世界名人传记学生版》《青少版世界名人传记》《中小学生必读丛书》《中小学课本里的名人传记丛书》等。4.有些著作是中小学生必读

---

① 张先德：《甘地》，中国少年儿童出版社 2000 年版；朱秀芳：《甘地》，北方妇女儿童出版社 2001 年版和 2008 年版、陕西人民出版社 2014 年版；燔焕强主编：《圣雄甘地》，浦东电子出版社 2002 年版；海音主编：《甘地》，内蒙古人民出版社 2002 年版；侯书雄主编：《甘地》，远方出版社 2002 年版；许学东：《甘地传》，内蒙古人民出版社 2002 年版；世界人物传记研究促进会编：《甘地》，西北大学出版社 2002 年版；王国富：《甘地》，延边大学出版社 2003 年版；吴倩：《甘地》，华夏出版社 2008 年版；何茂莉编著：《印度人民的精神领袖：甘地》，吉林人民出版社 2011 年版；文景主编：《甘地》，中国人口出版社 2012 年版；皮波人物国际名人研究中心：《甘地》，国际文化出版公司 2012 年版；《图说世界名人》编委会：《甘地：和平变革的代表》，江西高校出版社 2014 年版。

② 刘雨宁：《印度圣雄：甘地》，阿布都克力木·马木提译，新疆人民出版社 2000 年版；[意] 詹尼·索弗里：《甘地与印度》，李阳译，三联书店 2006 年版；[印] 拉吉莫汉·甘地：《我的祖父圣雄甘地》，邓俊秉、周刚、周巨洪译，国际文化出版公司 2009 年版；[韩] 金善姬：《甘地》，林嘉渼译，西安交通大学出版社 2009 年版；[美] 凯瑟琳·布什：《甘地》，董佩琪译，中国工人出版社 2010 年版；[美] 埃里克·埃里克森：《甘地的真理：好战的非暴力起源》，吕文江、田嵩燕译，中央编译出版社 2010 年版；[美] 威廉·夏伊勒：《甘地的武器：一个人的非暴力之路》，汪小英译，中国青年出版社 2012 年版；[印] 帕斯卡尔·艾伦·纳扎里斯：《甘地：杰出的领袖》，尚劝余等译，商务印书馆 2012 年版；[韩] 刘光南：《杰出偶像：甘地》，孙倩译，北京联合出版公司 2014 年版；[印] 克里希纳·克里帕拉尼：《甘地传》，张罗、陆赟译，四川人民出版社 2017 年版；[印] 亚伦·甘地：《愤怒是生命给你最好的礼物》，宣奔昂译，海南出版社 2018 年版。

③ [法] 罗曼·罗兰：《甘地传》，Catherin D.Groth 译，北京广播学院出版社 2002 年版。

书籍，纳入《教育部重点推荐的新课标同步课外阅读书籍》《人教统编教材推荐必读书籍》《中小学生同步课外阅读书籍》《北京市优秀青少年读物》等。

5.语种增多。除了汉语版本和中英双语以及英文版本之外，还有由汉语译为维吾尔语的少数民族语言版本。

第二，有关国内外甘地研究状况介绍和评析。包括 1922—1949 年《申报》对甘地的报道趋势，[①] 1919—1948 年甘地在中国的思想解读与形象变迁，[②] 20 世纪 20 年代初至 70 年代末中国的甘地研究，[③] 20 世纪 80 年代初至90 年代末中国的甘地研究，[④] 国外学界甘地研究新动态，[⑤] 早期印度英语小说作品中的甘地形象。[⑥]

第三，有关甘地著作翻译。包括《圣雄修身录》[⑦]《圣雄箴言录》[⑧]《甘地文集》[⑨]《南非非暴力抵抗运动史》[⑩]《甘地书信集萃》[⑪]，这是我国学界首次系统翻译甘地著作，具有很高的学术价值。

（二）甘地的非暴力研究。可以归纳为两个方面：第一，甘地非暴力主

---

① 应厚非、陈舒慧：《人物、报媒与时代——〈申报〉甘地报道趋势研究（1922—1949）》，《兰州学刊》2015 年第 4 期。

② 周永生：《甘地在中国：思想解读与形象变迁（1919—1948）》，复旦大学 2014 年硕士学位论文。

③ Shang Quanyu, "Mahatma Gandhi in Mainland China: Early 1920s to Late 1970s", *Gandhi Marg*, Volume 35, Issue 2, July – September, 2013；尚劝余：《中国的甘地研究：20 世纪 20 年代初至 70 年代末》，《南亚研究季刊》2015 年第 2 期。

④ Shang Quanyu, "Mahatma Gandhi in Mainland China: Early 1980s to Late 1990s", *Gandhi Marg*, Volume 36, Issue 1, April – June, 2014；尚劝余：《中国的甘地研究：20 世纪 80 年代初至 90 年代末》，《南亚研究》2018 年第 1 期。

⑤ 尚劝余：《浅析国外学界甘地研究新动态》，《南亚研究季刊》2013 年第 3 期。

⑥ 张玮：《早期印度英语小说 M.R. 安纳德作品中甘地形象分析》，《安徽工业大学学报》2016 年第 2 期。

⑦ ［印］甘地：《圣雄修身录——甘地论道德、修养以及健康》，吴蓓译，新星出版社 2006 年版。

⑧ ［印］甘地：《圣雄箴言录》，吴蓓译，新星出版社 2007 年版。

⑨ ［印］甘地：《甘地文集》，尚劝余、黄迎虹主编和主译，云南人民出版社 2019 年版。

⑩ ［印］甘地：《非暴力抵抗的诞生——南非非暴力抵抗运动史》，宋晓堃、尚劝余译，中国书籍出版社 2019 年版。

⑪ ［印］甘地：《甘地书信集萃》，宋晓堃、尚劝余译，三联书店 2019 年版。

义思想与实践总体研究。主要涉及甘地非暴力主义的哲学基础（神性无所不在，人性同一，人性本善），核心要素（博爱与感化），实际应用（非暴力不合作，文明不服从，绝食），历史作用（既有积极作用：对动员广大民众投身民族斗争起了推动作用，为国大党提供了斗争武器、使国大党转化为具有群众基础的政党，给英国殖民统治造成强大的政治压力、促进了民族独立的进程；同时也有消极影响：以违背"非暴力"原则为由中止运动、挫伤了群众的斗争积极性，在某种程度上限制了群众运动的发展，但两者比较，积极的作用是主要的），非暴力抵抗和不合作的理论基础与深层原因（政治层面：殖民者与被殖民者的深度较量；宗教层面：佛教精神与基督教精神的深度契合；人类良知：超越政治和宗教的终极真理；精神力量、和平主义、苦感文化）。[1]

第二，甘地非暴力政治变革模式和解决冲突方法研究。有学者以甘地绝食理论与实践为例，探讨了甘地非暴力感化型政治变革模式，认为革命（血泪挣扎的暴力变革）与改革（反复回旋的渐进变革）是现代政治变革的两难抉择，而感化型政治是一种独特的政治变革模式，其变革意义在于规避革命与推动改革。[2] 有学者从解决冲突方式角度，探讨了甘地的非暴力政治伦理，认为甘地作为一位和平主义者，用其近五十年的持续斗争，给冲突提供了一种可能的解决方式，即无法抵抗的非暴力力量也是一种方式，它使暴力失去存在的空间，非暴力具有一种内在的力量可以使暴力冲突得以转化，它强调

---

① 朱明忠：《甘地的非暴力主义及其影响》，《南亚研究》2002 年第 4 期；佟延春：《对甘地及其非暴力思想的新认识》，《牡丹江师范学院学报》2002 年第 3 期；王钊：《试分析甘地非暴力不合作思想的形成及其实践》，《沧州师范专科学校学报》2008 年第 1 期；黄迎虹：《〈精神的力量〉：甘地非暴力反抗运动的理论基础》，《政治思想史》2012 年第 3 期；梁燕丽：《甘地为什么"非暴力不合作"？》，《福建理论学习》2011 年第 5 期；姬遇：《歧视引发的非暴力行动》，《世界文化》2011 年第 5 期；尹继武：《非暴力，甘地的精神起源》，《读书》2010 年第 12 期；王孟懿、陆文林：《论印度的苦感文化与甘地的非暴力主义》，《黔南民族师范学院学报》2013 年第 4 期；孙艺桐：《甘地和平主义研究》，北京外国语大学 2015 年硕士学位论文。

② 黄迎虹：《感化型政治：以圣雄甘地绝食的理论与实践为例》，上海人民出版社 2012 年版。

忍受痛苦，遵循爱的原则，投入正义的活动中，他把非暴力当作一种斗争方式，同时也当作一种生活方式，非暴力作为传统暴力方式的有效替代给现代和平运动提供了政治伦理资源。① 有学者从人类公德和伦理的角度对甘地非暴力主义与国际恐怖主义进行了比较研究，认为甘地的非暴力主义与当代国际恐怖主义都含有民族主义性质和带有宗教色彩，但在道德伦理上却具有爱与恨、善与恶、正义与非正义的天壤之别，具体言之，在历史渊源上表现为爱与恨的差异，在实施手段上表现为善与恶的权衡，在追求目标上表现为正义与非正义的较量。② 有学者从当前新疆维稳角度出发，对甘地用非暴力方法解决印度族际、教派冲突进行了探讨，对当前新疆维稳的实践工作进行思考和探索。③

（三）甘地思想研究。可以归纳为四个方面。第一，甘地主义。主要探讨了甘地主义与马克思主义和后殖民主义之间的关系，甘地主义与印度乡土文学之间的关系，认为马克思主义和后殖民主义是从西方文化和社会历史发展的角度谈论印度社会变化特别是印度村社命运的，而甘地主义则从印度文化的同化功能上强调印度的自主性和印度村社，正因如此，在后殖民文化研究中，甘地和甘地主义一直处于缺失状态；④ 甘地主义不是文化学说，而是契合于印度社会实际的政治学说，它将乡村与城市对立起来，乡村代表着印度的真理和尊严，城市则是殖民主义的产物，是城市破坏了印度社会的基础，印度乡土文学作家并没有盲从于甘地主义，其作品主要表现的是农民的现实生活、处境和命运，关注的是乡村世界在城市文明的侵袭下所发生的变化。⑤

---

① 杜星、王巍：《非暴力作为解决冲突之法：甘地的政治伦理》，《社会科学论坛》2010 年第 3 期。
② 骆娴梅：《人性与兽性的典型——甘地非暴力主义与国际恐怖主义之比较》，《湖南工业大学学报》2003 年第 3 期。
③ 李晓鹏：《甘地非暴力思想指导下的新疆维稳研究》，《喀什师范学院学报》2015 年第 3 期。
④ 石海峻：《甘地主义、马克思主义和后殖民主义》，《南亚研究》2004 年第 1 期。
⑤ 石海军：《甘地主义与印度乡土文学》，《大连大学学报》2008 年第 2 期。

第二，甘地宗教思想。主要探讨了甘地宗教哲学思想，特别是其宗教和谐思想及其当代意义，认为甘地宗教哲学思想的渊源既有东方因素（印度教、耆那教、佛教、伊斯兰教、琐罗亚斯德教以及印度伟人的生平和学说），也有西方因素（基督教、通神学和无神论的说教，以及古代和现代西方伟人的生平和思想），这种渊源的多样性构成甘地宗教和谐思想的基础；甘地宗教哲学思想的核心要素体现在神灵观（真理—非暴力—爱、实在—知识—欢乐、造物之主—宇宙法则—法则制定者、最高精神—至善至慈—救世之主、普遍自我—内心声音—唯一挚友）和体悟神灵的途径（非暴力与博爱、信仰与直觉、沉默与祈祷、纯洁与谦逊、为人类服务）两个方面，他的神灵观和体悟神灵的途径体现出明显的包容性；甘地宗教哲学思想的特征可以归结为两个方面，一是对宗教和谐与宗教多样性统一的重视，包括宗教统一、宗教平等和宗教宽容，二是对人的解放和人的价值的重视，包括宗教实践和宗教人道主义；甘地宗教哲学思想的意义体现在它是甘地思想体系和行为方式的基石与源头，是甘地非暴力不抵抗运动的理论源泉，宗教和谐是甘地对世界宗教做出的不朽贡献。[①] 此外，也有论文探讨了甘地的宗教思想及其对印度民族解放运动的影响，甘地宗教思想与政治的关系，甘地宗教哲学的圣俗之间特征。[②]

第三，甘地教育思想、妇女观、农村经济思想、自治思想渊源以及甘地思想的复杂性。认为甘地教育思想主要体现在非暴力不合作教育思想（倡导

[①] 尚劝余：《圣雄甘地宗教哲学研究》，中国社会科学出版社 2004 年版；尚劝余：《圣雄甘地的神灵观》，《南亚研究》2001 年第 1 期；尚劝余：《甘地宗教哲学中的神的概念》，《南亚研究季刊》2004 年第 2 期；尚劝余：《论甘地对世界宗教文化的兼容并蓄》，《甘肃社会科学》2004 年第 6 期；尚劝余：《圣雄甘地宗教思想探源》，《重庆工学院学报》2004 年第 5 期；尚劝余：《论甘地宗教和谐思想的内涵》，《南亚研究季刊》2005 年第 1 期；尚劝余：《论甘地宗教和谐思想的实践》，《史林》2009 年第 3 期；张来仪：《宗教和谐：圣雄甘地对世界宗教的不朽贡献》，《世界宗教文化》2008 年第 3 期；张来仪、尚劝余：《甘地宗教思想特征探析》，《历史教学》2008 年第 4 期；Shang Quayu, "Gandhi's Religious Thought and Its Significance to World Peace", in Zeenat Shaukat Ali (ed.), *Healing Memories: Civilizations and Dialogue*, Mumbai: Wisdom Foundation, 2013.

[②] 杨梓：《论甘地的宗教思想及其对印度民族解放运动的影响》，云南大学 2011 年硕士学位论文；范君：《试析甘地宗教思想与政治的关系》，《魅力中国》2011 年第 11 期；周骅：《圣俗之间：甘地宗教哲学的特征》，《湘潭大学学报》2013 年第 3 期。

对英国殖民教育的消极方面进行非暴力不合作的抵制，特别是抵制英语作为教学语言的殖民做法）和基础教育思想（倡导身体、心理和精神的全面训练；促进教育平等与学校经济自立；将基础教育扩大至四个阶段，即前基础教育、基础教育、后基础教育、成人教育；课程设置以手工劳动为中心）两个方面，在印度教育史上占有重要位置。[①] 甘地妇女观可谓丰富而庞杂，既有对传统宗教习俗的无情抨击，具有现代气息，同时又融汇了传统的宗教观念，构成新与旧的独特结合，呈现出浓郁的矛盾性，正是这种传统因素与现代观念相结合的妇女观，更容易为深受传统习俗影响而又强烈渴望新生的印度广大妇女阶层所认同和接受，更富感召力和影响力，从而产生了强大的社会效力。[②] 对西方物质文明的批判是甘地农村经济思想的出发点，对农村小农经济的重视尤其是手工纺织的重视是甘地农村经济思想的一大特色，对未来印度的设计是甘地农村经济思想的集中体现，甘地农村经济思想的空想性揭示了其整体思想的复杂性。[③] 甘地有关印度自治的思想表现在早期对"斯瓦拉吉"和后来对"罗摩盛世"的相关论述中，这些自治思想，无论是对西方文明的批判，提倡非暴力抗争，还是对未来理想国的描绘，都借用了印度传统宗教的术语和理念，它提升了精英化的印度国大党动员底层民众的能力，在推动印度民族独立运动发展的同时，又推进了印度传统宗教的现代性转化。[④] 甘地思想的复杂性体现在"非暴力不合作"政治策略、政治宗教化与伦理化主张、《印度自治》价值取向三个方面，甘地思想的复杂性的价值在于它的兼容并蓄，成功地实现了民族独立运动时期的社会动员。[⑤]

　　第四，甘地新闻思想和社会主义思想。有文章探讨了甘地办报活动、办报思想及其渊源，认为甘地不仅是伟大的政治家，也是经验丰富的办报人（亲手创办过六种报刊，做过编辑，写过专栏，在报刊上发表的文章和演讲

---

① 　向蓓莉：《甘地教育思想述评》，《〈教育史研究〉创刊二十周年论文集（16）》2009 年 9 月。

② 　尚劝余：《圣雄甘地妇女观初探》，《南亚研究季刊》2001 年第 2 期。

③ 　胡波：《浅谈甘地的农村经济思想》，《长春市委党校学报》2006 年第 3 期。

④ 　周骅：《从"斯瓦拉吉"到"罗摩盛世"——甘地印度自治思想的宗教渊源》，《湘潭大学学报》2012 年第 4 期。

⑤ 　谢敏华：《浅析甘地思想的复杂性》，华中师范大学 2006 年硕士学位论文。

稿超过 100 册），在长期的办报实践中形成了自己的新闻思想（反对新闻控制，主张报刊自律；彻底排斥商业广告，保证报刊经济独立；重视发挥报刊的政治鼓动作用；服务读者，依靠读者；新闻写作要客观准确，通俗易懂），并在很大程度上影响了独立后印度的新闻制度；[①] 有文章探讨了甘地"社会主义"思想形成的历史背景、甘地所设想的"社会主义"和甘地通往理想王国的方略，认为甘地一生致力于反对经济剥削和政治不公，提倡社会主义，但他反对阶级斗争和暴力革命，幻想通过贫富之间的"诚信"实现社会主义，不理解生产关系的决定因素是生产力而不是道德或所谓的"诚信"，他的社会主义思想带有很大的空想性。[②]

（四）甘地比较研究。涉及十三方面内容。第一，甘地与孙中山。有文章主要探讨了甘地与孙中山思想形成因素、经济思想分歧、对俄国社会主义革命回应等，认为甘地主义（非暴力主义）与孙中山思想（三民主义）的形成不仅植根于本国传统文化和当时特定历史条件，而且受到西方文化思想和自身实践活动的影响，既吸收和融汇了其他众多思想营养又鲜明地表现出自身的独特性，在同时代的亚洲民族主义思潮中独树一帜；[③] 甘地与孙中山经济思想分歧突出表现在对资本主义大机器生产的批判认识上（甘地主张避开资本主义大机器生产，回到古朴的经济形态中去，而孙中山却主张发展资本主义大机器工业，发展资本主义经济），分歧的根源与其幼年生活、学习和革命经历以及对本国社会现状认识密切相关；[④] 甘地与孙中山都同情和赞赏社会主义理想，然而对俄国社会主义革命方法的态度却大相径庭，甘地反对任何政治暴力，孙中山则效法俄国经验，结果导致中印两国分别走上了不同的社会政治变革道路，即非暴力抵抗和暴力革命。[⑤]

---

① 王生智：《甘地新闻思想述论》，《安庆师范学院学报》2009 年第 4 期。

② 李平民：《甘地的"社会主义"思想》，《历史教学问题》2011 年第 6 期。

③ 郭晋平：《甘地主义与孙中山思想形成诸因素之比较》，《沧桑》2008 年第 5 期。

④ 徐卫洪：《略论甘地和孙中山在经济思想上的分歧》，《安徽文学》2010 年第 9 期。

⑤ Huang Yinghong, "Socialism, Revolution and Non-violence: A Comparison of Mahatma Gandhi and Sun Yat-sen's Responses to Socialism and the Russian Revolution of 1917", *Gandhi Marg*, No.3, 2010.

第二，甘地与凯末尔。主要对他们的政治思想进行了比较研究，认为甘地和凯末尔的政治思想存在着很大差异，表现在对独立含义的理解、政治思想的实现途径和政治思想的实践效果三个方面；这些差异是由各自所在的国家不同的国情和本人的出身环境、成长历程这两个因素合力作用造成的，这正反映了东方民族主义思潮的多样性；但是，甘地和凯末尔的政治思想又体现出争取本民族本国的独立和自由的共同点，从而反映了东方民族主义思潮的统一性；这表明东方民族主义思潮是多样性和统一性的结合体。①

第三，甘地与真纳。主要探讨了他们之间的异同，认为甘地与真纳在个性、思想和斗争方式诸方面迥然不同，甘地奉行非暴力不合作道路，真纳则崇尚宪政议会道路，然而二人都依靠宗教信仰发动群众，宗教与政治的紧密结合导致印度独立之日恰是印巴分裂之时。②

第四，甘地与提拉克。主要对甘地与提拉克的"宗教民族主义"思想做了探讨，认为以提拉克和圣雄甘地为代表的宗教民族主义者诉诸印度宗教传统的精神力量，以此唤起印度的民族自尊心和自豪感，鼓起民众的凝聚力和行动勇气，并提出独特的非暴力策略，对印度的民族解放与独立斗争起到了重要的和不可替代的作用。③

第五，甘地与黎萨尔。主要探讨了甘地与黎萨尔非暴力原则的异同，认为甘地与黎萨尔以其在各自国家反帝反殖的民族运动中遵循一条独特的非暴力原则而著称，但甘地的非暴力原则建立在"宗教道德型"的民族主义之上，而黎萨尔的非暴力原则建立在"改良主义型"的民族主义之上，他们的非暴力原则对各自国家的民族独立运动产生了不同的影响。④

第六，甘地与恩克鲁玛。主要探讨了甘地与恩克鲁玛非暴力和平斗争成败之因，认为甘地和恩克鲁玛都主张用非暴力手段达到自治，但其结果却大

---

①　尚劝余、赖海波：《甘地与凯末尔政治思想之比较》，《南亚研究季刊》2001 年第 1 期。

②　纪立新：《甘地与真纳之比较》，《宁波高等专科学校学报》2002 年第 3 期。

③　欧东明：《近代印度的宗教民族主义——以提拉克和甘地为例》，《南亚研究季刊》2004 年第 1 期。

④　黄维民：《论甘地与黎萨尔非暴力原则的异同》，《西安教育学院学报》2001 年第 1 期。

相径庭（甘地领导了印度的"非暴力不合作"运动，"震撼了全印度"，而恩克鲁玛领导加纳通过"以一切合乎宪法的手段"，建立了非洲第一个共和国），这是因为：恩克鲁玛的政治目标比甘地更激进；甘地和恩克鲁玛的民族主义思想存在很大差异；恩克鲁玛比甘地在策略上灵活得多；最重要的一点是两者所面临的时代和国际背景不同。[1]

第七，甘地与马丁·路德·金。主要探讨了甘地与马丁·路德·金非暴力变革方法的当代意义和梭罗对甘地与马丁·路德·金的政治影响，认为甘地和金这两位非暴力主义的真诚斗士为了自己坚定奉行的非暴力主义付出了生命的代价，在21世纪新时代，非暴力主义的斗争方式会日益深入人心，最终得到社会的普遍认同；[2] 梭罗的文明不服从主张对甘地和马丁·路德·金产生了重要影响。[3]

第八，甘地与梁漱溟。主要探讨了甘地与梁漱溟的现代化思想，认为东方国家20世纪上半叶出现了反现代化的思潮，梁漱溟和甘地是中印两国的突出代表，在排斥现代工业文明，批判西方文化、提倡本国文化，主张乡村重建方面，他们的基本观点是一致的，但也存在一定的区别，梁漱溟不像甘地那样排斥工业化，认为西方必将被迫接受中国文化，在乡村重建的经济方面主张"中道"即不排斥工业化，但又反对过度工业化，提倡分散、中小规模的工业化。[4]

第九，甘地与安倍德卡尔。主要从宗教净化与公民权利角度探讨了甘地与安倍德卡尔在贱民问题上的不同立场，认为甘地从印度教内部改革的立场出发，希望通过宗教自我净化的方式来解放贱民，而安倍德卡尔则从现代公民所应该具有的自由、平等的理念出发，为贱民争取单独的选举权，预留议会席位；甘地反对安倍德卡尔从选举政治角度解决贱民问题，安倍德卡尔反

---

① 车效梅：《从甘地到恩克鲁玛看二十世纪民族解放运动的轨迹》，《山西师范大学学报》2000年第1期。

② 祝大同：《格瓦拉、甘地和金——二十一世纪的选择》，《社会科学论坛》2002年第2期。

③ 刘倩倩：《梭罗对甘地和马丁·路德·金的政治影响》，北京外国语大学2010年硕士学位论文。

④ 陈辉宗：《梁漱溟与甘地现代化思想之比较》，《新东方》2000年第4期和第7期。

对甘地从宗教改革的角度解决贱民问题，但正是两位领导人之间的相互交锋、辩驳，使得印度贱民的政治权利、宗教地位得到改善与提升。①

第十，甘地与毛泽东。主要从现代国家建构角度探讨了甘地与毛泽东政治哲学，认为甘地和毛泽东的政治哲学是对本民族政治传统的创造性转换，强化了对本国中下层民众的政治动员与掌控能力，推进了庶民阶层向公民身份的转变，有利于封建帝国向现代民族国家的转型；甘地与毛泽东的国家观不仅对中印两国现代国家的建立居功甚伟，也对当下中印两国的政治格局与实践产生持续而深远的影响。②

第十一，甘地与尼赫鲁。主要探讨了甘地、尼赫鲁与印度式社会主义道路的形成，认为印度式社会主义道路形成于印度民族独立运动时期，深深打上了甘地与尼赫鲁分歧和对话的印记，体现在财产所有制、阶级斗争、计划思想、议会制度、工业文明诸方面，甘地与尼赫鲁在社会主义问题上的分歧与对话为印度式社会主义道路的形成奠定了基础。此外，也探讨了甘地和尼赫鲁对印度的影响。③

第十二，甘地与孔子。主要从两部电影形象探讨甘地和孔子两位圣人的异同，认为甘地深受西方文化的影响，包括他在英国所受的教育，特别是受到基督教与托尔斯泰的影响，而孔子则深含着中国传统文化中至今不变的基因；分析二者的异同对思考中西文化的差异，特别是现代化过程中的中国传统文化的现实意义有着重要的理论价值与现实意义，如怎样评价目前流行的红色经典的问题等。④

---

① 周骁：《宗教净化与公民权利：甘地和安倍德卡尔贱民立场比较》，《东南亚南亚研究》2013 年第 4 期。

② 孟桢、周骁：《毛泽东与甘地政治哲学比较：基于现代国家建构的视角》，《毛泽东思想研究》2013 年第 1 期。

③ 尚劝余：《甘地、尼赫鲁与印度式社会主义道路的形成》，《南亚研究》2017 年第 2 期；徐瑾：《甘地与尼赫鲁对印度有何影响》，《中国经营报》2016 年 11 月 14 日；程世杰：《圣雄甘地和独立总统尼赫鲁》，中国戏剧出版社 2005 年版；邱立君、徐景芬、袁学哲、林乾：《甘地、尼赫鲁》，山西人民出版社 2012 年版。

④ 邹广胜：《关于圣人形象的叙事——从电影〈孔子〉与〈甘地〉看中西圣人之不同》，《温州大学学报》2013 年第 1 期。

第十三，甘地与丘吉尔。主要探讨两人为本民族利益与对方博弈，及其对两国历史产生的影响，认为甘地和丘吉尔只有一面之交，却终生都在为本民族的利益与对方博弈，他们领导各自的民族承受了种种痛苦，经历两次世界大战；他们之间意志力的比拼，最终决定了两个国家乃至整个世界的格局，两位巨人获得了巨大的成功，也同时遭到惨痛的失败。①

（五）甘地与国大党的关系。对两者的关系做了系统探讨，认为 1920 年到 1934 年是甘地在国大党力量的高峰时期，各方面工作基本上都是按照甘地的意志在进行；1934 年到 1942 年是甘地和国大党不断妥协斗争的时期，斗争轨道日益沿国大党设想的方向前进；1942 年以后甘地主要从事印穆团结，1947 年印度独立后甘地已退居国大党幕后，国大党掌握在他的继承者手里；甘地与国大党的整个博弈可以看成是印度现代化过程的一个缩影。②

（六）甘地与印巴分治。主要探讨了甘地对印巴分治的责任，有两种不同观点。一种观点认为，印巴分治是当时印度历史发展的必然结果，甘地无法阻止这一历史发展趋势，况且甘地在印度民族运动的不同阶段，为避免印巴分治做出了不懈努力，因此，甘地不应该对印巴分治负有责任。③另一种观点认为，甘地虽然为印度的民族独立作出了独特的贡献，但他和穆斯林联盟及国大党大多数主要领导人一样，对于印度的分裂应该负有一定程度的责任，因为他对于加速印度分裂的因素（即真纳由民族主义者转变为种族主义者以及穆盟势力的增强）的成长起了很大作用，在关键时刻没有利用自己在印度国民中的威望和影响尽可能避免分裂局面的出现。④

（七）甘地与现代印度。主要探讨了甘地与现代印度民主政治发展的关系问题和甘地种姓意识与现代印度社会结构变化问题，认为从甘地本人的政

---

① 佘涛：《甘地与丘吉尔：命运的双螺旋》，《中华读书报》2017 年 4 月 12 日；[美] 阿瑟·赫尔曼：《甘地与丘吉尔：抗争与妥协的政治史诗》，刘畅译，上海社会科学院出版社 2016 年版。

② 李林涛：《甘地与国大党的关系》，云南大学 2009 年硕士学位论文；李林涛：《甘地和国大党的博弈》，《社会科学论坛》2007 年第 8 期。

③ 王晓建：《圣雄甘地与印巴分治》，华中师范大学 2009 年硕士学位论文。

④ 谌焕义：《论甘地与印巴分治》，《南亚研究季刊》2004 年第 1 期。

治风格和政治信条来看，他似乎不是印度现代民主政治的塑造者，但是根据现代民主政治理论，甘地作为印度民族运动中的个人魅力型领袖，在印度当时的民主式政治过程中发挥了"安全阀"的功能，而他的非暴力主义意识形态则为印度民主政治的制度化提供了适当的政治文化，在这两种意义上，甘地都是印度民主政治的塑造者；[①] 甘地反对贱民制而不反对种姓制，这是他的政治斗争策略，他首次使印度人的种族意识真正觉醒，正是种族意识的觉醒和实践使印度摆脱了殖民统治（非暴力不合作与反对贱民制是印度自治运动相互补充、缺一不可的两个方面，前者是抵御外来力量，后者则是印度自身的完善），种姓制与贱民制在印度当代社会中早已不再表现为残酷森严的等级壁垒，但种姓意识的消失则是一个长期过程。[②] 此外，有文章还探讨了甘地与印度独立及战后民主建设的关系，当代印度社会对甘地的接受。[③]

在非学术研究方面，可以归纳为五个层面。（一）甘地与中学教学。有30多篇文章涉及甘地与中学历史、语文和英语教学。有关中学历史教学，主要涉及高中教材中《圣雄甘地》一课的教与学，[④] 以《圣雄甘地》一节为例谈"学趣识一体"课堂教学模式的实践，[⑤] 从《圣雄甘地》一课的设计与实施，探索和思考"中外历史人物评说"教学，[⑥] 以人民版教材《甘地》一节为例谈人文素养教育在高中历史课堂教学中的实践，[⑦] 以人教版选修《圣雄甘地》为

[①]　王立新：《甘地：印度民主政治的反对者，还是塑造者？——一项对个人魅力型权威与政治发展关系问题的个案研究》，《史学集刊》2003年第1期。

[②]　石海军：《甘地的种姓意识与现代印度社会结构的变迁》，《南亚研究》2007年第1期。

[③]　裴莉然：《苦行僧与印度的双重"解放"——浅论甘地与印度独立及战后民主建设的关系》，《黑龙江史志》2013年第4期；张玮：《从一部印度电影谈当代印度社会对甘地的接受》，《吉林省教育学院学报》2015年第8期。

[④]　赵庆东：《活动助推专业成长且行且思深化教研——兼谈〈圣雄甘地〉一课的教与学》，《中学历史教学参考》2011年第1期。

[⑤]　曹红晓：《以"圣雄甘地"为例谈"学趣识一体"课堂教学模式的实践——探究高中历史人文精神目标的有效落实》，《投资与创业》2012年第3期。

[⑥]　程昱：《"中外历史人物评说"教学的探索与思考——从〈圣雄甘地〉一课的设计与实施说开去》，《中学历史教学参考》2009年第12期。

[⑦]　刘开梅：《人文素养教育在高中历史课堂教学中的实践与思考——以人民版〈甘地〉为例》，《课程教育研究》2012年第8期。

例，引导学生更加历史地评说历史人物，[①] 从《圣雄甘地》一课的教学思考甘地非暴力思想取得成功的条件，[②] 从甘地《印度"非暴力不合作运动"》的教学，感知"精神的力量"和仁爱情怀，[③] 以《圣雄甘地》一课为例，探索历史解释过程和历史细节、[④] 教学立意与学科素养、[⑤] 人文教育和人文关怀以及德育渗透，[⑥] 人物史教学凸显"人"的核心地位。[⑦] 中学历史教材中甘地年龄质疑，[⑧] 教学片段《对话甘地》赏析，[⑨] 高考中涉及的甘地。[⑩] 有关中学语文和英语教学，主要涉及作文和阅读，包括《甘地被刺》一课的教学思路及课堂实录，[⑪] 甘地

① 费元度、卞张芳：《引导学生更加历史地评说历史人物——以人教版选修〈圣雄甘地〉为例》，《江苏教育研究》2014 年第 8 期。

② 陈水土：《试论甘地非暴力思想取得成功的条件是什么——〈圣雄甘地〉一课教后感》，《中学教学参考》2015 年第 4 期。

③ 杨国纬：《感知"精神的力量"——浅论〈印度"非暴力不合作运动"〉的教学创意》，《历史教学》2015 年第 8 期；王汕环、吕准能：《仁爱化身心灵灯塔——走近圣雄甘地》，《中学历史教学参考》2015 年第 1 期；朱其兵：《历史教学要有"根"的情怀——以人教版选修四〈圣雄甘地〉教学为例》，《中学历史教学》2016 年第 2 期。

④ 孙梅：《历史解释的过程比结论更重要——以选修四〈圣雄甘地〉一课为例》，《中学历史教学》2017 年第 8 期；钟金珠：《用历史细节打造鲜活的历史课堂——以〈圣雄甘地〉一课为例》，《中学教学参考》2018 年第 16 期。

⑤ 刘夏亲：《基于独特视角的教学立意与实施——以人教版〈圣雄甘地〉一课为例》，《中学历史教学》2017 年第 4 期；章光伟、施国芳：《基于学科素养对"圣雄甘地"一课的教学探讨》，《教学月刊·中学版》2017 年第 3 期；冯一下：《在理解与解释之间合理选择——试说〈圣雄甘地〉一课的教学主题（立意)》，《中学历史教学》2018 年第 1 期。

⑥ 金明强：《人文关怀：历史人物教学育人价值的归宿——以顾维钧、吴佩孚、甘地为例》，《基础教育课程》2017 年第 10 期；兰桂莎：《以"圣雄甘地"为例谈高中历史课堂的人文教育》，《中学历史教学参考》2017 年第 16 期；王亮：《回归人性探究教学——从德育渗透的视角解读"圣雄甘地"》，《中学历史教学参考》2018 年第 5 期。

⑦ 郑婷婷：《人物史教学凸现"人"核心地位的教学策略——以"圣雄甘地"一课为例》，《中学历史教学参考》2016 年第 15 期。

⑧ 田占军：《关于〈圣迹图〉的内容及"圣雄"甘地的年龄》，《中学历史教学》2006 年第 12 期；张裕伟：《甘地的年龄问题》，《中学历史教学》2009 年第 8 期。

⑨ 赵文龙：《心会跟爱一起走——教学片段〈对话甘地〉赏析》，《历史教学：中学版》2009 年第 3 期。

⑩ 顾蔼：《为真理而战的勇士和先知——甘地》，《新高考：政史地》2012 年第 3 期。

⑪ 余文浩：《〈甘地被刺〉教学思路及课堂实录》，《语文教学与研究：综合天地》2007 年第 8 期。

箴言和演讲，① 甘地故事、启示和哲理，② 甘地介绍。③ 此外，还有班主任如何化解班内的"甘地主义"，如何处理与学生的冲突。④

（二）甘地的趣闻轶事和书评影评。有关甘地的趣闻轶事主要有：甘地与泰戈尔侄女萨拉拉德维·克奥德丽的爱情插曲，甘地纺线，甘地不为人知的"人性化"生活，甘地与裸女同眠共枕，陶行知拜访甘地；⑤ 有关甘地的书评影评主要有：评《尼赫鲁与甘地的历史交往》，评《甘地的真理——好战的非暴力起源》，评《甘地的武器——一个人的非暴力之路》，《我的祖父圣雄甘地》评介，评《甘地自传》，评《圣雄甘地》，评电影《甘地》。⑥

（三）甘地与当代世界。甘地对当代世界产生了重大影响，这一影响可以从如下两方面的报刊文章中得以感受。其一，有关当代世界一些国家涌现

---

① 许文龙（选）：《圣雄甘地箴言》，《英语知识》2005 年第 11 期；Michael Angier：《如果你想改变世界》，《新东方英语中学版（中英文版）》2010 年第 6 期；剑外有剑：《改变历史的精彩演讲》，《初中生学习：新概念中考》2011 年第 11 期；余秋雨：《甘地遗言》，《课堂内外：初中版》2004 年第 9 期。

② 余平：《重小事，成大器——甘地的故事》，《七彩语文（小学中高年级）》2010 年第 6 期；武宝生：《甘地与鞋的故事》，《优秀作文选评：高中版》2008 年第 6 期；晓谕：《捡鞋与扔鞋》，《课外阅读》2009 年第 22 期；《甘地扔鞋》，《人力资源》2011 年第 1 期；《甘地的启示》，《作文新天地：高中版》2012 年第 4 期；《小哲理》，《中学生：初中作文版》2011 年第 12 期；《甘地与凶手》，《读写月报：初中版》2011 年第 6 期。

③ 戴尔·卡耐基、石井：《圣雄甘地》，《中学生阅读：高中版》2004 年第 3 期；《非暴力不合作运动的倡导者——甘地》，《中学生阅读：新视窗》2007 年第 7 期。

④ 陈红梅：《班主任如何化解班内的"甘地主义"》，《中学文科：教研论坛》2007 年第 6 期。

⑤ 《圣雄甘地的一段爱情插曲》，《新闻世界》2007 年第 3 期；陈仲丹：《甘地纺线》，《领导文萃》2007 年第 4 期；《甘地不为人知的"人性化"生活》，《报刊荟萃》2010 年第 8 期；《圣雄甘地常与裸女睡觉挑战自制力》，《看世界》2010 年第 12 期；《陶行知在印度与友人合影》，《生活教育》2010 年第 8 期。

⑥ 李利安：《南亚研究领域的一部开拓创新之作——评〈尼赫鲁与甘地的历史交往〉》，《南亚研究季刊》2000 年第 1 期；何怀宏：《心灵的伟大——读〈甘地自传〉与〈圣雄甘地〉》，《教师博览》2006 年第 9 期；刘昱君：《追求真理的一生——〈甘地自传〉评析》，《时代文学》2007 年第 6 期；文珊：《战胜自我——读〈甘地〉有感》，《癌症康复》2006 年第 5 期；《甘地的真理——好战的非暴力起源》，《理论与当代》2010 年第 8 期；邓俊秉：《好船夫——圣雄甘地扬帆来到中国》，《当代世界》2010 年第 11 期；《被夸大的甘地》，《新京报》2012 年 7 月 28 日；邹林珊：《和平的理性：谈〈甘地〉并及太虚》，《电影评介》2006 年第 18 期；日深：《世间几人如甘地》，《电影评介》2005 年第 7 期。

出的甘地式人物和深受甘地影响的人物。例如，当代印度的甘地：2011 年，许多报刊发表大量文章，论及印度知名社会活动家阿纳·哈萨雷的反腐绝食斗争，盛赞他为当代印度"新甘地"；还有印度软件业巨子"IT 甘地"那拉亚那·莫西；在乡村创办"赤脚大学"的班克·罗伊。① 当代缅甸、中国、巴尔干、美国的甘地：昂山素季被誉为缅甸甘地式的女性，梁漱溟被誉为中国的甘地，卢剑波被巴金视为中国的甘地，鲁戈瓦被誉为巴尔干的甘地，比尔·德雷顿被誉为美国的甘地信徒。② 其二，有关解决当代世界政治冲突的甘地之路。例如，有文章主张巴以双方应该学习甘地，有文章探究巴勒斯坦为何不会追随甘地。有文章报道，泰国前总理他信呼吁效法甘地，进行非暴力不合作。有文章称，阿拉伯人要甘地，不要格瓦拉。③

（四）与甘地相关的报道。这一时期，不少报刊发表了与甘地相关的形形色色的报道，足见甘地影响之广泛。主要涉及如下几方面。第一，有关甘地用品拍卖、纪念币发行、陈列馆失窃、诞辰纪念的报道。例如，印度欲阻

① 吴琦：《"当代甘地"来了》，《南方人物周刊》2011 年第 30 期；和静钧：《"当代甘地"：反腐是一项全民事业》，《廉政瞭望》2011 年第 9 期；张喆：《印度"新甘地"绝食五天反腐败》，《东方早报》2011 年 4 月 11 日；钱平广：《反腐风暴席卷印度"新甘地"获准绝食 2 周》，《第一财经日报》2011 年 8 月 19 日；周戎：《"新甘地"反腐初步获胜》，《光明日报》2011 年 8 月 31 日；《印度人反腐争戴"甘地帽"》，《天津支部生活》2011 年第 11 期；廖政军、赫英：《把 400 多贪官赶下台的"新甘地"》，《国防时报》2011 年 9 月 2 日；吴挺：《人民赢了！印度新甘地停止》，《东方早报》2011 年 8 月 28 日；赵干城：《甘地的悲剧》，《东方早报》2011 年 8 月 31 日；中英：《一半比尔·盖茨，一半圣雄甘地：印度软件业巨子那拉亚那·莫西》，《电脑报》2001 年 2 月 5 日；张芸：《与甘地赤足同行》，《东方企业家》2008 年第 12 期。

② 蔡晓玮：《吕克·贝松：昂山素季是甘地式的女性》，《东方早报》2011 年 8 月 12 日；吴波：《梁漱溟：中国的甘地》，《社区》2008 年第 2 期；戚业男、罗俊荷：《卢剑波：巴金眼中的"中国甘地"》，《成都日报》2012 年 2 月 13 日；张芸，Ashoka（图）：《比尔·德雷顿：甘地的美国信徒》，《东方企业家》2007 年第 10 期；吴蕙仪：《"巴尔干的甘地"——鲁戈瓦》，《博览群书》2006 年第 7 期。

③ 王锁劳：《巴以双方可否学学甘地——从以色列总理访问印度谈起》，《世界知识》2003 年第 19 期；郭宇宽：《为什么我们不会追随"甘地"——与一个来自巴勒斯坦被占领土青年记者的对话》，《南风窗》2004 年第 8 期；胡若愚：《阿披实不惧示威照样出访，他信吁效法甘地》，《新华每日电讯》2010 年 3 月 27 日；[叙利亚]：《要甘地，不要格瓦拉》，阿多尼斯、薛庆国译，《西部》2011 年第 10 期。

止拍卖甘地用品，甘地亲笔信将撤出英国拍卖会，甘地怀表创纽约拍卖新高，甘地遗物拍卖记，甘地纪念币发行，印度—陈列馆甘地眼镜丢失，印度儿童扮甘地庆祝圣雄诞辰。① 第二，与甘地相关的企业、促销策略、购物袋设计、获奖等报道。例如，印度"甘地式创新"与中国企业的包容性增长，爱克发印艺收购甘地创新公司资产，空中客车公司带着甘地照片兜售飞机，墨西哥甘地书店购物袋设计，张金哲教授获印度小儿外科甘地奖。② 此外，也有崇拜甘地的 NBA 明星访谈。③

（五）有关甘地的散论。有30多篇散论性的文章，涉及甘地的方方面面。第一，甘地的政治品格。主要包括：甘地表现出来的妥协、让步与平衡的政治智慧，坚持非暴力的羊性领袖品格，杰出的社会企业创业者，以绝食为武器，不合作精神，一个人维和，民族精神的支柱，以个人之力抗拒专制、拯救民权和个人自由的不朽的象征。④ 第二，甘地的人生智慧。主要包括：甘

---

① 郜婕：《印度欲阻止拍卖甘地用品》，《财经参考报》2009 年 3 月 2 日；《印度国父圣雄甘地亲笔信将撤出英国拍卖会》，《收藏拍卖》2007 年第 8 期；《真力时"圣雄甘地怀表"创纽约拍卖新高》，《董事会》2009 年第 5 期；顾育豹：《印度圣雄甘地遗物拍卖记》，《国际市场》2009 年第 11 期；《印一陈列馆圣雄甘地眼镜丢失》，《新华每日电讯》2011 年 6 月 15 日；蔡俊良：《印度民族独立运动领袖甘地纪念币》，《新疆钱币》2001 年第 4 期；《印度儿童扮甘地庆祝圣雄诞辰 140 周年》，《少年大世界：小学 4—6 年级》2009 年第 12 期。

② 周阳敏、谢俊俏：《印度"甘地式创新"与中国企业的包容性增长研究》，《科技进步与对策》2012 年第 3 期；《爱克发印艺收购甘地创新公司资产》，《印刷杂志》2009 年第 12 期；《爱克发收购大幅面喷墨印刷系统领导者甘地创新控股有限公司》，《印刷工业》2009 年第 12 期；谭棠：《带着甘地照片去兜售——空中客车公司的公关促销策略》，《华商》2002 年第 2 期；吴柳：《符号学视角下墨西哥甘地书店购物袋设计的解读》，《河南广播电视大学学报》2011 年第 2 期；《张金哲教授荣获印度小儿外科 2002 年甘地奖》，《中华小儿外科杂志》2002 年第 6 期。

③ 亚佳：《"圣雄甘地"：我心目中的最佳得分后卫——史蒂夫·纳什访谈》，《体育博览》2002 年第 10 期。

④ 摩罗：《甘地的政治智慧》，《读书》2000 年第 7 期；《100 年来的羊性领袖》，《市民》2006 年第 7 期；《甘地身后的无形之手》，《文化纵横》2010 年第 1 期；右卫门：《甘地，你永远不会独行》，《数码设计：surface》2009 年第 7 期；孙艳兰：《"不合作精神"的成功样本》，《观察与思考》2006 年第 23 期；李开周、叶来舟：《一个人的维和》，《视野》2009 年第 4 期；陈鲁民：《由印度人捍卫甘地想到的》，《政工研究文摘》2007 年第 2 期；周振玲：《印度人的崇拜·圣雄甘地》，《智力：普及版》2010 年第 11 期。

地的舍弃精神，从放弃中得到快乐，要想正人必先正己，在普遍宗教伦理中完成东西方边际的求索，甘地的七项告诫。① 第三，甘地与性。主要包括：甘地的禁欲之路，甘地带有鲜明苦行色彩的禁欲生活，甘地是"双性恋"吗？② 第四，甘地的另一面。主要包括：甘地的非暴力中包含着暴力，甘地的非暴力有其限度，甘地遥不可及，甘地精神的胜利仿佛只是一个特例，今天我们所需要的是另一个甘地。③ 第五，怀念甘地。主要包括：在甘地陵前的沉思，向甘地塑像致敬，在孟买遇见甘地，去北京看看寂寞的甘地。④

在相关活动方面，可以归纳为五点。第一，民间组织从事的甘地作品译介项目。2004—2006 年，关注环境问题的志愿者组织"瀚海沙"，在"瀚海沙心灵环保项目"中翻译了一些甘地的作品，相关成果发表在北京大学环境伦理中心、自然之友、光明观察、世纪中国、乡村建设等网站，瀚海沙电子刊物《山水间》，《天涯》杂志，以及《圣雄修身录》和《圣雄箴言录》两本书中。第二，高校座谈活动。2005 年 11 月 12 日，原中国青年政治学院文学社葵社组织了"圣雄甘地"座谈会，吴蓓、孟登迎、尚劝余受邀参加了座谈讨论。⑤ 第三，社区治理活动。将甘地的非暴力方法应用于社区治理上，

---

① 崔鹤同：《舍与得》，《知识就是力量》2006 年第 1 期；黄平：《有一种快乐叫放弃》，《当代电大·追梦》2006 年第 4 期；田源：《甘地：边际、普遍两思索》，《东方养生》2012 年第 6 期；《甘地的告诫》，《领导文萃》2002 年第 3 期。

② 吴蓓、朱生坚：《圣雄甘地的禁欲之路》，《看世界》2010 年第 14 期；杨曙晨、胡册丽：《甘地与情欲》，《书屋》2010 年第 1 期；别傲：《圣雄甘地是"双性恋"吗？》，《看世界》2011 年第 8 期。

③ 林达：《另一个"圣雄"甘地》，《同舟共进》2009 年第 3 期；狄马：《甘地的限度》，《领导文萃》2002 年第 1 期；周成林：《圣人之路》，《学习博览》2012 年第 6 期；逸文：《圣雄甘地——逝去的神话？》，《领导文萃》2004 年第 10 期；朱生坚：《另一个甘地》，《读书》2009 年第 3 期。

④ 张国斌：《国父·圣雄·传道士——甘地陵前的沉思》，《管理与财富》2007 年第 8 期；庄丽雯：《向圣雄甘地致敬》，《检察风云》2010 年第 16 期；庄礼伟：《在孟买遇见圣雄甘地》，《南风窗》2008 年第 3 期；徐迅雷：《去北京看看寂寞的甘地》，《同舟共进》2005 年第 11 期。

⑤ 吴青阳：《三学者与我院学生畅谈甘地》，《中国青年政治学院报》2005 年 11 月 17 日，http://www.cunews.edu.cn/html/xypd/20051117/151905.html。

维护小区业主的合法权益。北野从圣雄甘地那里得到灵感，提出在建设和谐社区的过程中，我们的口号是："非暴力，要合作，追求社会正义"，北野还在他的网页上组织甘地爱好者俱乐部。① 第四，乡村建设活动。吴蓓和林炉生放弃京城生活，回到各自农村老家，开办学堂，从事公益，践行甘地"简朴生活，高尚思想"的理想。② 第五，BBC 采访。2018 年 6 月，甘地诞辰150 周年纪念活动之际，BBC 记者采访了尚劝余、吴蓓、梁昊文，报道了中国的甘地研究和甘地理想的实践情况。③

五、结　语

综上所述，近百年的中国甘地研究历程可谓跌宕起伏，数起数落。总体而言，中国的甘地研究在曲折中不断进步，取得了显著成就，主要体现在如下几个方面。

其一，经历了由浅入深、由感性认识到理性探讨的发展历程。第一时期的探讨，从总体上看，带有特定的时代政治烙印，具有时事报道评论性质和较浓的主观感情色彩。这一时期，中国学界和政界对甘地及其领导的非暴力抵抗运动的探究，既交织着深切的关注之情，也包含着借他山之石攻己之玉的迫切愿望。此外，国际形势的变化也对中国的甘地研究产生了影响。第二时期的探究，摆脱了前一时期明显带有时事评论和感情色彩的研究倾向，向

---

① 北野：《"非暴力，要合作，为建设和谐社会做出贡献"——2006 年的维权口号 》，http://blog.sina.com.cn/s/blog_4db023030101g4po.html；https://bj.focus.cn/ms-gview/1855/ 41880635.html；http://beiyeblog.blog.sohu.com/120880992.html 2005-12-29。

② 吴蓓：《幸福的日子》，http://blog.sina.com.cn/s/blog_4d2f3dc80100nyvz.html 2011-01-31；吴蓓：《我有一个银色的梦》，http://blog.sina.com.cn/s/blog_4d2f3dc80102xic1.html 2017-06-04；《林炉生：14 年，就做公益这一件事》，http://blog.sina.com.cn/s/blog_68c251950102wwgg.html 2017-02-16。

③ https://www.facebook.com/BBCnewsHindi/videos/2138898502808380/；https://www.bbc.com/hindi/international-44823196.

着更具学术意蕴的理性探究的轨道迈进。这一时期，苏联政治局势和随之而来的学术环境的变化给中国学界带来了客观理性地研究甘地的新高潮，然而，中国国内政治局势的发展演化斩断了这一高潮的势头，使其昙花一现，停滞在理性探讨的门槛前，并陷入了漫长的低谷阶段。虽然如此，前两个时期在甘地研究历程中仍然占有重要地位，是客观而理性的甘地研究的先导和序曲，为后来的甘地研究打下了基础，铺垫了道路。第三时期，随着中国改革开放的到来、学术气氛的活跃和观念的更新，以及国际形势的变化，中国的甘地研究遂进入了客观理性探讨的时期，并且形成了春风化雨、千帆竞发、百舸争流之势。

其二，研究队伍和受众队伍不断壮大。在第一时期，甘地研究者和受众基本上是知识分子、民族主义者和革命志士。在第二时期，甘地研究者和受众主要是专家学者、知识分子，特别是高校和科研机构的知识群体。在第三时期，甘地研究者和受众空前扩大，呈现出明显的普及化和年轻化的趋势，包括高校和科研机构的专家学者以及大学生和研究生（出现了甘地研究方面的硕士和博士学位论文），广大的中小学老师和学生（许多与中小学教学相关的刊物发表了大量中小学教师写的与甘地相关的教学方面的文章，此外，出版了大批与甘地传记和生平故事相关的青少年和儿童丛书），民间组织和自由职业者（环保组织，自由撰稿人、诗人等）等各个社会群体和各行各业人士，甚至普及到少数民族地区（如维吾尔族），大量非学术性成果的涌现再好不过地表明了受众队伍的空前扩大。

其三，研究领域不断拓展和深化。第一时期，研究领域主要涉及甘地生平、甘地主义、甘地非暴力运动、甘地手工纺织运动等的介绍与评价，甘地主义与孙中山主义和列宁主义之比较，以及借古讽今的甘地会西施。第二时期，研究领域虽然没有拓展，但是对某些问题的探讨较前深化，例如，甘地历史作用的评价，甘地以手工纺织为核心的经济思想，甘地的非暴力抵抗。第三时期，研究领域空前拓展，而且大大深化，不但体现在对前两个阶段所涉及的研究领域内容的拓展和深化，而且体现在对新的研究领域的拓展和深化。主要涉及甘地生平，甘地评价，甘地的非暴力，甘地主义，甘地思想，甘地阶级属性，甘地比较研究，甘地与国大党的关系，甘地与中国，甘地与印巴分治，甘地与现代印度等。

其四，研究方向日趋客观和多元。逐渐摆脱了政治因素的影响，摆脱了苏联的学术影响，摆脱了阶级分析方法的影响，20 世纪 80 年代关于甘地阶级属性（资产阶级：民族资产阶级、民族资产阶级上层、大资产阶级；农民阶级）的大争论可以看作是这种传统方法的最后绝唱。不论是对甘地生平的探讨，还是对甘地主义和甘地思想等的探讨，都不仅仅限于对其本身进行探讨，而且置于更为广阔的视野和背景中进行多元探讨。例如，对甘地本人的探讨不仅仅局限于对其进行孤立的肯定、否定或既肯定又否定，而是与其他当代人物进行比较研究（甘地与尼赫鲁、甘地与托尔斯泰、甘地与孙中山、甘地与凯末尔、甘地与安倍德卡尔、甘地与马丁·路德·金和纳尔逊·曼德拉、甘地与真纳、甘地与提拉克、甘地与黎萨尔、甘地与恩克鲁玛、甘地与梁漱溟），从而多视角多维度地揭示甘地的独特之处。再如，对甘地思想、甘地主义、甘地非暴力的探讨，不仅仅局限于其本身（例如，思想体系、政治思想、经济思想、社会思想、哲学伦理思想、宗教思想、教育思想、新闻思想、社会主义思想、妇女观；甘地主义的形成和来源、定义和实质、内容和核心、作用和地位；甘地非暴力的渊源、含义、特征、实践、评价），而且置于更广阔的范围内（甘地主义与马克思主义和后殖民主义之间的关系；作为政治变革方式和解决冲突方法，甘地的非暴力是一种独特的感化型政治变革模式，为当代冲突的解决提供了政治伦理资源），从而揭示其在当代社会政治思潮中的独特地位。

虽然中国的甘地研究取得了不小成就，但还存在不少明显的弱点和缺陷，有待进一步加强和改进。

其一，甘地研究领域和成果有待提升。甘地一直是全球研究热点，甘地生平和思想独特而丰富，是一个挖掘不尽的资源宝库。与国外甘地研究相比，我国的甘地研究相形见绌，在研究领域和成果方面有待进一步提升。近百年来，国内出版的有关甘地的 80 余本著作中，绝大多数是甘地传记和甘地本人著述之类的著作（包括编著和译著不下 60 本），真正有分量的甘地研究专著寥寥无几。在 20 世纪 80 年代以来出版的 50 多本著作中，只有区区 4 本研究专著（包括 1 本论文集）。此外，有关甘地的领导力、甘地与环境保护和生物多样性等众多研究领域尚无人涉足。

其二，甘地研究队伍弱小分散。国内一直没有形成长期稳定的甘地研究队伍，从事甘地研究者都是短期行为，零敲碎打，没有长期规划和打算。即使 20 世纪 80 年代出现的一批甘地研究专家，后来也都改变了研究方向或研究兴趣，没有继续从事甘地研究。从目前形势看，对甘地感兴趣的人不少，但真正投入甘地研究的人不多。而且，从事甘地研究的人员之间缺乏联系，缺乏交流，孤立分散，没有形成一个有机群体。这些都限制了我国的甘地研究。

第二章 甘地与尼赫鲁：印度式社会主义道路的形成

甘地与尼赫鲁既是印度民族民主运动的杰出领袖，也是现代印度的国父和奠基者。甘地与尼赫鲁合作共事、并肩战斗长达四分之一世纪之久，他们之间的政治合作关系成为印度现代历史上的一个引人注目的现象。甘地与尼赫鲁之间的政治合作关系以分歧与对话交织为特征，不仅体现在实际行动方面而且体现在思想观念方面。甘地与尼赫鲁在思想观念方面的分歧与对话，既是他们个人关系特征的反映，也是现代印度民族民主运动轨迹的写照，同时也是传统印度与现代印度之间碰撞与汇流的折射。[1] 长期以来，我国学界主要关注甘地与尼赫鲁的分别研究，很少关注甘地与尼赫鲁关系的研究，有关甘地与尼赫鲁在思想观念方面的分歧与对话的研究更是付之阙如。其实，印度式社会主义道路的形成，就深深地打上了甘地与尼赫鲁之间分歧与对话的印记。本章以五卷本《甘地文集》等资料为基础，试图在这方面做一初步探讨，既就教于学界，亦期抛砖引玉。

第一节 国际和国内背景

1919—1947 年，是印度现代民族独立运动风起云涌的时代，是印度人

---

[1] Verinder Grover, *Political Thinkers of Modern India*, Vol.10, *Jawaharlal Nehru*, New Delhi: Deep & Deep Publications, 1990, p.728.

民奋起反抗英国殖民统治的大变革时代，也是甘地与尼赫鲁并肩战斗的时代。在这个历史大转折时期，印度不仅面临争取民族独立的问题，同时也面临建设什么样的国家的问题。这是新旧印度交替的时代，各种社会力量和社会思潮并存，既有现代新印度的呼声，又有传统旧印度的抗争。印度式社会主义道路的形成，就是这一大变革时代的产物。

印度式社会主义道路的形成有其深刻的国际和国内背景。就国际背景而言，马克思社会主义、费边社会主义等各种社会主义思潮起源并盛行于欧洲，而与欧洲有千丝万缕联系的印度民族主义者很早就受到了社会主义思潮的熏陶。从1889年到1905年，孩提和少年时代的尼赫鲁就在非常欧化的家庭环境中长大，受到欧洲家庭教师的启蒙熏陶。[1] 1905年到1912年尼赫鲁在英国求学7年，有三种社会思潮对他产生了终生的影响。一是西方自由主义传统，即强调自由、平等、民主的价值。二是费边社会主义，在政治上主张议会道路，扩大选举权，经济上主张实行工业、铁路和土地社会化，方法上主张采取"渐进主义"和改良主义。[2] 三是"福利国家论"，主张"混合经济"，"充分就业"，"收入再分配"和"社会福利设施"。[3] 在英国所受的教育给尼赫鲁思想打上了深深的烙印，他在《自传》中曾写道："就我个人来说，我在思想方面深受英国的影响，因而永远不能和它完全分开。同时，无论如何，我也不可能摆脱我在英国学校和大学里所养成的那种思想习惯以及对其他国家和生活进行一般评价时所使用的那种标准

---

[1] 15岁以前，尼赫鲁一直接受欧洲家庭教师的启蒙教育，其中对尼赫鲁影响最大的是布鲁克斯，他是费边社成员、通神学创立者安妮·贝赞特夫人的忠实信徒。参见尚劝余：《尼赫鲁早期生活探微》，《南亚研究季刊》1993年第1期。

[2] 参见 [英]马格丽特·柯尔：《费边社史》，商务印书馆1984年版，第20—28页。

[3] "福利国家"一词首先出现在德国，以后流传到英语国家。20世纪初，英国费边社会主义者提出了一些福利设施作为"社会主义"目标，并要求政府付诸实施。英国现代著名资产阶级经济学家庇古建立了资产阶级福利经济学的理论体系，庇古的福利经济学的哲学基础是边沁的功利主义。尼赫鲁在英国求学时读过边沁的著作，受到边沁思想的影响。尼赫鲁赞成庇古和英国工党思想家提倡的"福利国家"思想。此外，尼赫鲁研究了萧伯纳、罗素、斐德、王尔德等人的思想，受到费边社会主义影响。参见 V. T. Patil, *Studies on Nehru*, New York:1987, pp.139, 215。

和方法。"①

第一次世界大战催生了第一个社会主义国家苏联，使马克思社会主义由理论变成现实，打破了资本主义一统天下的世界格局。苏联的社会主义实践给当时的世界，特别是受到西方殖民统治的亚非国家产生了深远影响。1926—1927年的欧洲之行，是尼赫鲁思想发展中的一个重大契机。在布鲁塞尔被压迫民族代表大会上，他第一次接触了来自亚非的共产主义者、社会主义者和激进民族主义者，受到这些人激进思想的影响，他"自然而然地怀着善意，转向共产主义。因为尽管共产主义有缺点，至少它不骗人，它不是帝国主义"②。布鲁塞尔大会后，尼赫鲁对莫斯科进行了短访。"俄国的发现"无疑对他的政治和经济思想产生了影响。他亲眼目睹了苏维埃的伟大成就，苏联的社会主义实践给他留下了深刻印象，他更加坚信，政治自由必须与社会主义相联系。1927年，他带着新的视野，"精力充沛，生气勃勃"地回到印度，他在《自传》中写道，"我的眼界比以前广阔些，在我看来，民族主义似乎过于狭窄，不能解决问题。政治自由和独立当然十分需要，不过它们只是朝着正确方向走的步骤而已。没有社会自由，社会和国家没有社会主义机构，无论国家或个人都不可能有很大的发展"。③社会主义成为尼赫鲁民族主义的一个重要组成部分。不仅尼赫鲁接受了社会主义，而且甘地也接受了社会主义。甘地自己宣称，他很早就是一位社会主义者："远在我认识的那些人在印度公开宣传他们的信条之前，我就已经声称自己是一个社会主义者了。当我还在南非的时候，我就已经接受了社会主义的理论。"④当然，甘地和尼赫鲁所理解的社会主义并不完全相同。

就国内背景而言，印度民族民主运动的发展，将社会主义变革提上了议

---

① [印]尼赫鲁:《尼赫鲁自传》，张宝芳译，世界知识出版社1956年版，第477页。

② [印]尼赫鲁:《尼赫鲁自传》，张宝芳译，世界知识出版社1956年版，第184页。

③ [印]尼赫鲁:《尼赫鲁自传》，张宝芳译，世界知识出版社1956年版，第188页。

④ M.K.Gandhi, *The Selected Works of Mahatma Gandhi*, Volume V, *Voice of Truth*, Shriman Narayan (ed.), Ahmedabad: Navajivan Publishing House, 2011, pp.201–202.

事日程，成为民族民主运动的一个重要内容。[①] 印度民族独立运动从 19 世纪 70 年代兴起，到 1947 年印度获得独立，大体经历了三个阶段。19 世纪 70 年代至 90 年代，是国大党温和派居主导地位的时期，此期的民族运动脱离广大民众，局限在资产阶级上层，仅限于在报刊上进行宣传，向英国议会提交请愿书，每年召开国大党年会。19 世纪 90 年代至 1919 年，是国大党激进派逐渐居主导地位的时期，此期的民族运动获得了一定的社会基础，得到了民众的支持，使印度民族主义运动出现了第一次高潮。1919 年至 1947 年，是甘地掌握领导权的时期，此期的民族运动获得了广泛的社会基础，得到了全国民众的热情支持和参与，使印度民族主义运动成为名副其实的群众运动，社会变革成为民族运动不可分割的一部分，掀起了印度民族独立运动一次又一次高潮，最终取得了民族独立。[②]

20 世纪 20 年代，印度民族独立运动日益注入社会经济内容，社会主义变革逐渐提上日程。1919—1922 年，甘地发动了全国规模的第一次"非暴力不合作"运动，将印度民族运动推向了一个新高潮。[③] 在不合作运动期间，甘地和国大党提出了"到农村去"的口号。国民志愿队深入每一个村庄，发动农民参加不合作运动。许多国大党领袖积极响应号召，深入农村，尼赫鲁即是其中之一。他发现了真正的印度，即贫穷的农村，这一经历成为他政治生涯和思想发展中的一个分水岭。他在《自传》中写到，在此之前，他完全不了解工厂和田地里的劳动情况，政治见解也完全是资产阶级的观点，自从亲历农村，耳闻农民的悲惨遭遇，目睹农村的穷苦景象之后，他所看到的景象不可磨灭地印在了他的脑海，一想到印度，他心中就出现了这些衣不蔽

---

① 这里所说的社会主义变革，以及本书中多处提到的社会主义，其含义均为带有印度特色的"印度式社会主义"，并非一般传统意义上的社会主义。

② 有关印度民族独立运动的三个阶段的论述，参见朱明忠、尚会鹏：《印度教：宗教与社会》，世界知识出版社 2003 年版，第 79—86 页。

③ M.K.Gandhi, *The Selected Works of Mahatma Gandhi*, Volume I, *An Autobiography or The Story of My Experiments with Truth*, Shriman Narayan (ed.), Translated from the Original in Gujarati by Mahadev Desai, Ahmedabad: Navajivan Publishing House, 2011, pp.557–560.

体、食不果腹的农民群众。[①]他对劳苦民众产生了深刻的同情，产生了一种新的责任感，即结束印度的贫困状态。这次经历也使他开始转向马克思的学说，成为他信奉社会主义的契机之一。[②]

20世纪20年代后期，随着印度工农运动的勃兴、工农党的建立、共产主义运动的发展、青年运动的高涨，印度国大党内青年独立派异军突起，给印度民族运动注入了新的活力。青年独立派的主要代表人物是尼赫鲁和苏·鲍斯，他们大力宣传民族主义运动的双重目标——政治独立和社会主义变革，一方面在全国各地大量巡游，主持省代表会议、青年团会议和学生会议，在各种重要集会上发表演说，号召反对英国统治必须在政治和经济两条战线上进行。另一方面，在国大党会议上提出一系列争取社会经济自由的决议，在民族运动骨干中传播社会主义思想。1927年底的国大党马德拉斯年会标志着国大党左翼激进力量即青年独立派的崛起，1929年底的国大党拉哈尔年会则标志着国大党左翼独立派的重大胜利。尼赫鲁第一次担任国大党主席，国大党讲坛上第一次传来了左翼独立派的声音。尼赫鲁的主席致辞全面阐述了左翼独立派的观点，是国大党历史上空前激进和猛烈的主席致辞，是对帝国主义、资本主义和印度封建主义的直接进攻，是对社会主义信念的表白。在尼赫鲁的努力下，1929年的孟买全印国大党委员会虽然认为在现阶段没有必要实行详细的社会变革行动纲领，但仍接受了尼赫鲁提议的联合省国大党委员会决议序言："本会议认为，印度人民的巨大贫困和灾难不仅由于外国对印度的剥削，而且由于外国统治者为了继续他们的剥削而支持的社会经济结构。因而，为了消灭贫困和灾难，为了改善印度人民大众的状况，必须对社会的目前经济和社会结构进行革命性变革，消灭所有不平等。"[③]这是国大党历史上第一次接受必须对社会经济结构进行革命性变革，即进行"社会主义"变革。

20世纪30年代，印度民族独立运动掀起了新一轮高潮，社会主义变革

---

① [印]尼赫鲁：《尼赫鲁自传》，张宝芳译，世界知识出版社1956年版，第56、64页。

② Bimal Prasad, *Gandhi, Nehru and J.P.*, Delhi: Chamakya Publishers, 1985, p.87.

③ 尚劝余：《尼赫鲁与甘地的历史交往》，四川人民出版社1999年版，第135页。

的呼声也空前响亮。1931 年国大党卡拉奇会议通过了尼赫鲁起草并得到甘地支持的《基本权利和经济与社会变革决议》，卡拉奇决议是尼赫鲁等为首的左翼民族主义者的社会经济思想首次被国大党最高会议所采纳、被民族主义运动部分接受的第一个具体例证，它在当时是一个广泛的超出了纯政治目标的国大党纲领，成为自由印度的福利目标，1951 年国民计划和 1955 年"社会主义类型的社会"决议都可以追溯到 1931 年卡拉奇决议。[1] 尼赫鲁写道："一直到现在为止，国大党仅仅考虑到民族问题，并且除了鼓励农村手工业和国货运动外，一向避免接触经济问题。在卡拉奇大会决议中，国大党朝着社会主义的方向跨了一步。"[2]

1934 年，在尼赫鲁和鲍斯等左翼领袖的影响下，一部分左翼人士在孟买成立了印度国民大会社会党，简称"国大社会党"，在国大党内形成了一个全印社会主义政党，宣布要在印度为实现社会主义目标而斗争，纳拉扬当选为党主席。尼赫鲁出狱后，国大社会党人邀请他加入该党并担任领导。尼赫鲁婉拒了，因为从保持国大党团结考虑，如果置身于一个党内有争议的派别之中，将不利于维护党的团结统一。而且，国大党左翼中有相当部分人只是激进的民族主义者，并不赞成社会主义目标，如果参加国大社会党，将会失去这一大批追随者。不过，虽然没有加入国大社会党，但尼赫鲁仍然被视为国大社会党的思想领袖。他与之保持密切关系，有时参加他们的会议，并发表讲话。正因如此，国大党右翼也常常指责他是国大社会党的后台。1936年，尼赫鲁再次就任国大党主席，在国大党勒克瑙会议主席致辞中，充分表达了他的激进观点。他坚信解决世界问题和印度问题的唯一钥匙在于社会主义，主张对政治和社会结构进行革命性变革，消灭农业和工业中的既得利益集团以及印度封建土邦制度，消灭私有财产，建立社会主义新秩序。他希望国大党成为一个社会主义组织，与世界上为社会主义新文明工作的其他力量携起手来。尼赫鲁的社会主义宣传引起了右翼保守派的不满和反攻，普拉萨

---

[1] Michael Brecher, *Nehru: A Political Biography*, London: Oxford University Press, 1969, p.76.

[2] [印] 尼赫鲁:《尼赫鲁自传》，张宝芳译，世界知识出版社 1956 年版，第 302 页。

德、拉贾、帕特尔等给尼赫鲁上书联名信，批评他的"社会主义"宣传有损于国家的最高利益和民族自由斗争的成功，并提出集体辞职。[①] 年底，尼赫鲁主持了国大党法伊兹浦尔大会，虽然他本人仍然坚信社会主义，但是出于全局考虑，他降低了调子，甘地也表示了他对社会主义的看法。1937 年，国大党在 9 个省成立了省政府，实行了一系列政治、社会、经济方面的改革措施。1938 年，国大党主席鲍斯任命成立国家计划委员会，尼赫鲁任该委员会主席。国家计划委员会委任了 29 个分会，在全国进行调查，各分会向委员会提交报告，最后从这些报告中拟定综合报告。

20 世纪 40 年代，第二次世界大战期间，甘地和尼赫鲁等国大党领袖均被捕入狱。尼赫鲁在狱中深入研究了印度历史文化哲学，也对印度民族民主运动和印度式社会主义道路进行了思考，撰写了他的第三部鸿篇巨著《印度的发现》。此时，尼赫鲁对社会主义的看法不像 20 世纪二三十年代那样激进，他在民主与社会主义之间进行调和。在他看来，民主与社会主义并不冲突，而是协调一致的。他之所以信仰社会主义，是因为他认为社会主义能使无数个人从经济和社会束缚中解脱出来，并提供更好的机会发展个人自由。社会主义是民主价值的实现，而民主是迎接社会主义的媒介。此外，他也注意到，"单纯政治上的民主制度所有的一切弊病在美国是很显著的；而由于缺乏政治上的民主所产生的一些弊病在苏联也存在着"，因而，必须将民主制度与社会主义二者结合起来，即在保持个人自由和创造性的同时，在国家和国际方面对国民经济实行集中的社会管理和计划，实行"民主社会主义"。[②] 在 20 世纪 40 年代，甘地也对印度的社会主义做了大量思考和论述，集中收录在五卷本《甘地文集》中的第五卷《真理的声音》中。[③] 这种民主社会主义也就是尼赫鲁后来所说的"社会主义类型的社会"，或介于正统社

---

① R.C.Dutt, *Socialism of Jawaharlal Nehru*, New Delhi: Shakti Malik Abhinav Publications, 1981, p.103.

② ［印］尼赫鲁：《印度的发现》，齐文译，世界知识出版社 1956 年版，第 12 页。

③ M.K.Gandhi, *The Selected Works of Mahatma Gandhi*, Volume V, *Voice of Truth*, Shriman Narayan（ed.）, Ahmedabad: Navajivan Publishing House, 2011, pp.198–210.

会主义和资本主义实践之间的"中间道路或第三条道路",亦即学者们所说的"印度式社会主义"或"甘地—尼赫鲁社会主义"。

第二节　分歧与对话

在印度式社会主义问题上,甘地与尼赫鲁最初存在着分歧,尼赫鲁的社会主义观点与甘地的社会主义设想发生冲突,引起甘地的反对。然而,通过对话,他们在许多方面程度不同地改变了看法,达成了某种程度的共识。甘地与尼赫鲁在印度式社会主义问题上的分歧与对话,体现在如下几个方面。

其一,关于财产所有制。20世纪20—30年代,是尼赫鲁大力倡导"社会主义"的激进时期。他主张彻底变革现存社会经济秩序,消灭资本主义,消灭财产私有制,实行国有制。尼赫鲁指出,私有财产制度使个人有控制整个社会的危险的权力,财产私有制本身就是一种形式的暴力,它意味着不断剥削他人,因此必须立刻予以废除,"唯一的选择就是某种形式的社会主义即生产资料和分配国家所有制"。[1]

甘地则反对彻底变革现存社会经济秩序,反对国有制,为私有制辩护。如尼赫鲁所说,甘地有时自称为社会主义者,但他是在他自己独特的意义上使用这一词语的,它通常"只具社会主义之名,并不触动社会经济结构"。[2]甘地之所以反对国有制,原因在于他认为"国家根植于暴力之中","国家以集权和有组织的形式体现暴力",国家权力的强制性和掠夺性剥夺了个人行动的道德价值,"人是有灵魂的,而国家是无灵魂的机器,它决不可能放弃它赖以生存的暴力"。[3]因此,他所设想的社会主义社会由合作联邦构成,以私有制为基础。他明确指出,"社会主义社会是合作联邦,在这个联邦中,

---

① Vishnu Dutt, *Gandhi, Nehru and the Challenge*, New Delhi: Abhinav Publications, 1979, p.114.

② R.C.Dutt, *Socialism of Jawaharlal Nehru*, New Delhi: Abhinav Publications, 1981, p.82.

③ Ram Chandra Gupton, *Great Thinkers of the East and West*, Agra: Raja Mandi, 1980, p.108.

生产资料私有制仍然存在"。[1] "如果国家压制资本主义，它就会陷入暴力的漩流之中，私有制的暴力比国家暴力危害小"。[2] "我必须承认我至今还没有完全理解布尔什维主义的含义。我所知道的就是，它以废除私人财产所有制为目标。就我对布尔什维主义的了解，它不仅没有阻止暴力的使用，反而直率地支持暴力来没收私有财产并维持国家集体所有制。如果情况真的是这样，我会毫不犹豫地说，当前这种形式的布尔什维克政体不会长久。"[3]

后来，随着印度民族独立运动的发展以及甘地和尼赫鲁思想交流的加强，甘地和尼赫鲁的观点发生了不同程度的变化。在1931年的国大党卡拉奇会议前夕，尼赫鲁与甘地进行了多次交谈，说服甘地接受了包括主要工业、矿产资源等实行国有制的社会经济变革决议。后来，甘地明确声明："我了解社会主义者和共产主义者，他们信仰生产资料全民所有制，我是其中的一员。"[4] 他表示支持最低程度的国有制："用于公共事业的重工业要实行国家所有"，"基本生活必需品的生产资料由群众控制"。[5] 尼赫鲁则在20世纪40年代指出，社会主义并不一定意味着财产私有制的废除，而是意味着一些基本而主要的工业收为国有，意味着土地的合作化或集体管理。[6]

甘地提出了用托管制来解决财产所有制问题："1.托管制提供了一种方法，把当前资本主义社会秩序，转变成一个人人平等的社会秩序。它绝不容忍资本主义，但给予当前的有产阶级一个改过自新的机会。它建立在这样一个信念基础之上：人类的本性绝不是不可拯救的。2.它不承认任何私有财产，除非是为了社会自身的福利而被整个社会所允许。3.它不排除使用立法的方式来管制

---

[1]　B.K.Gogal, *Thoughts of Gandhi*, *Nehru and Tagore*, Delhi: Shiora Publications, 1984, p.40.

[2]　Shivlal, *Indian Political Thought*, New Delhi: Vikas Publishing House Pvt.Ltd., 1989, pp.40–41.

[3]　M.K.Gandhi, *The Selected Works of Mahatma Gandhi*, Volume V, *Voice of Truth*, Shriman Narayan (ed.), Ahmedabad: Navajivan Publishing House, 2011, p.205.

[4]　N.B.Bose, *A Study of Gandhism*, Ahmedabad: Navjivan Press, 1947, p.92.

[5]　N.B.Bose, *A Study of Gandhism*, Ahmedabad: Navjivan Press, 1947, pp.48, 51.

[6]　Jawaharlal Nehru, *The Discovery of India*, New Delhi: Penguin Books, 2004, p.532.

所有权以及对财富的使用。4.在受国家调节的托管制度下，个人不能自由地持有或使用他的财富，来满足他的私欲，或者罔顾社会的利益。5.正如有人提议规定一个可接受的最低生活工资，也有人提出要规定适用于社会中任何人的最高收入限制。最低收入和最高收入之间的差距必须是合理的、公平的，并且能够与时俱进，以至于使发展的趋势走向差距的消除。6.在甘地经济秩序之下，生产的特征将由社会需要来决定，而不是取决于个人的一时兴起或贪婪。"①

甘地和尼赫鲁在财产所有制问题上的对话，形成了后来印度式社会主义"混合经济"的基础。

其二，关于阶级斗争。20世纪20年代，尼赫鲁不仅接受了马克思主义的社会发展观，而且接受了马克思主义的阶级斗争学说。他认为阶级斗争是资本主义的必然现象，阶级冲突不可避免，他说："阶级斗争不是我们的创造。它是资本主义的创造，只要资本主义存在，它就存在。"② 尼赫鲁指出，印度现存社会结构是英国殖民结构的组成部分，印度的贫困不仅是由于英国殖民统治，而且"是由于既得利益集团……因而，争取自由成为一个剥夺既得利益集团的问题"。"如果本国政府代替了外国政府，而不触动所有既得利益集团，那么这并不是自由"。③ 尼赫鲁坚信，经济利益决定各阶级的政治观点，理智或道德的考虑不能超越这种利益，企图纯粹靠理智的辩论或诉诸正义来感化特权阶层自动放弃其权利或财富，是一种幻想，必须动用压力或强制，剥夺既得利益集团。他怀疑用民主方法实现社会主义的可能性，他指出虽然民主方法取得了许多成就，但迄今为止它尚未成功地解决国家或社会基本结构方面的冲突，控制着国家机构的集团或阶级不会因为大多数人的要求而自愿放弃他们的权力。④ 因此，"阶级斗争是现行制度固有的，试图改

---

① M.K.Gandhi, *The Selected Works of Mahatma Gandhi*, Volume V, *Voice of Truth*, Shriman Narayan (ed.), Ahmedabad: Navajivan Publishing House, 2011, p.319.

② R.C.Dutt, *Socialism of Jawaharlal Nehru*, New Delhi: Abhinav Publications, 1981, p.49.

③ Verinder Grover, *Political Thinkers of Modern India*, Vol.10, *Jawaharlal Nehru*, New Delhi: Deep & Deep Publications, 1990, p.508.

④ N.G.Rujurkar, S.N.Kurundkar, *Jawaharlal Nehru, The Thinker and the Statesman*, New Delhi: Har-Anand Publications Pvt. Ltd., 1985, p.29.

变现行制度并使它符合现代需要，都遇到统治阶级或有产阶级的猛烈反对，这是当今冲突的逻辑，它与个人的善恶毫无关系。个人也许有能力超越阶级忠诚，但是整个阶级将团结一致，反对变革"。[1]

甘地否认阶级斗争的不可避免性，宣扬阶级调和，反对剥夺特权阶层。甘地声明，印度的社会主义应该以非暴力为基础，以劳资之间、地主和佃农之间的合作为基础，只要将非暴力作为行为准则，就能够避免阶级斗争。[2]他大力提倡封建王公、大地主、资本家的托管制观念，号召富人作穷人的托管者，主张感化富人，反对剥夺有产阶级的私有财产。甘地指出，实行托管制就是为了避免剥夺，保留原来所有者的权利，使之能用于社会，他向有产阶级保证他会尽力阻止阶级斗争。"对于当前财富的所有者而言，他们不得不做出他们的选择：阶级战争还是自愿地转变成为财产的受托人。他们将被允许保留他们的财产管理者身份，并使用他们的才干在没有剥削的情况下增长财富，这是为了民族的利益而不是自己的利益。托管制学说所要发挥的作用，就是要避免私人财产被没收充公，它为社会保留原财产所有者的能力，作为他自己的权利。"[3]他说："社会主义是一个美丽的词语。就我所知，社会主义认为所有的社会成员都是平等的，没有人高贵，没有人低贱。在一个人的身体中，头不会因为它是身体的顶部而高贵；同样，脚板也没有因为它们接触地面而低贱。正如一个人的身体各部分是平等的，社会各成员也同样如此。这就是社会主义。在这个社会中，王公与农民，富人与穷人，雇主与雇员都处于同等层级。用宗教的术语来说，在社会主义里没有'二元性'。所有人都是一体的。这种社会主义纯洁如水晶，因此它要求有水晶般纯洁的手段来实现它。不纯洁的手段会带来不纯洁的结果。因此，砍掉王公的头并不会使得王公与平民平等化；同样，通过一个剥夺的程序，也无法使雇主和

---

[1] Verinder Grover, *Political Thinkers of Modern India*, Vol.10, *Jawaharlal Nehru*, New Delhi: Deep & Deep Publications，1990, p.511.

[2] Shivlal, *Indian Political Thought*, New Delhi: Vikas Publishing House Pvt.Ltd.，1989, p.42.

[3] M.K.Gandhi, *The Selected Works of Mahatma Gandhi*, Volume Ⅴ, *Voice of Truth*, Shriman Narayan（ed.），Ahmedabad: Navajivan Publishing House，2011, pp.316, 320.

雇员平等化。一个人不可能通过与真理相反的方式来获得真理。因此，只有真诚的、非暴力的和心灵纯洁的社会主义者，能够在印度和全世界建立一个社会主义社会。"① 有人问甘地："关于社会主义的观点，你和贾瓦哈拉尔·尼赫鲁之间有什么不同？"他回答："确实有不同，但只是着重点的不同。他可能看重于结果，而我看重手段。也许在他看来，我过分强调非暴力了，而他，尽管信仰非暴力，或许会通过其它手段实现社会主义，如果社会主义不可能通过非暴力来实现的话。当然，我对非暴力的强调已经成为一个原则。即便有人使我确信，我们能够通过暴力的方式来获得独立，我也会拒绝拥有它。因为它不是真正的独立。"②

1933 年 8 月，尼赫鲁与甘地进行了长谈，后来又互相通信，坦诚交换了观点。尼赫鲁指出，要改善群众的状况，提高他们的经济地位给他们以自由，就必须剥夺既得利益集团的许多特权和特殊地位，他补充说，我们不想伤害任何阶级或集团，剥夺应当尽可能温和，努力避免伤害。但是，显然，剥夺不可避免地要给以群众利益为代价而享有特权的阶级或集团造成损失。而且显然，必须尽快加速剥夺进程，以解除群众的痛苦。③ 对话的结果，甘地接受了尼赫鲁的观点，同意必须取消既得利益，他在回信中声明他同意尼赫鲁所说的，不对既得利益集团进行实质性的修正，群众的状况决不可能得到改善，但他强调应当采用说服方法，而不应当用强迫方法。后来，甘地进一步声明："如果有关人士充当其剩余财富的托管人我会非常高兴，但是，如果他们不这样做，我认为我们将不得不通过国家使用最低限度的暴力来剥夺他们的财产。"④

尼赫鲁思想也发生了巨大转变，在二战时期长期监禁期间，他潜心研究印度宗教、哲学和历史，对印度民族运动以及世界历史发展进行反思，对印

---

① M.K.Gandhi, *The Selected Works of Mahatma Gandhi*, Volume V, *Voice of Truth*, Shriman Narayan (ed.), Ahmedabad: Navajivan Publishing House, 2011, pp.198–200.

② M.K.Gandhi, *The Selected Works of Mahatma Gandhi*, Volume V, *Voice of Truth*, Shriman Narayan (ed.), Ahmedabad: Navajivan Publishing House, 2011, p.204.

③ R.C.Dutt, *Socialism of Jawaharlal Nehru*, New Delhi: Abhinav Publications, 1981, p.83.

④ N.B.Bose, *A Study of Gandhism*, Ahmedabad: Navjivan Press, 1947, p.107.

度未来社会前景进行思考，面对变化了的国际国内局势，尼赫鲁放弃了阶级斗争原则，认为马克思主义的阶级斗争学说已经过时，资本主义本身已发生了许多变化，主张用甘地的非暴力方法实行社会变革，深信可以通过民主方法实现社会主义，他在《印度的发现》中指出，当今的核心问题就是"如何将民主与社会主义结合起来"。[①]

甘地和尼赫鲁在阶级斗争问题上的对话，形成了后来印度式社会主义"社会变革方式"的基础。

其三，关于工业文明。甘地最初强烈谴责工业文明，否定工业化、大机器、铁路、邮电等。他在《印度自治》中，对西方工业文明进行了无情批判。此外，《真理的声音》第46节"工业主义的罪恶"和第47节"机器的地位"中对西方工业文明进行了控诉。他声明他"关心的是不惜任何代价摧毁工业主义""我担心工业主义将要成为人类的一个祸害。工业主义的未来是黑暗的。"[②]"印度的得救在于抛弃它五十年来所学到的东西。铁路、电报、医院、律师、医生等等都必须丢开"，"如果印度没有铁路，我不会流一滴泪"。[③] 他将机器指责为"黑色魔鬼"，认为以大机器为象征的西方资本主义工业文明是导致印度衰落和贫困的根源，主张恢复以手纺车为象征的农村工业，来对抗西方工业文明。他写道："铁路、律师和医生使我们变得贫困交加，以至如果我们不及时地觉醒，我们将被他们毁灭。""铁路传播了腺鼠疫。没有铁路，群众就不能从一个地方到另一个地方。他们携带着传染的病菌。以前我们有自然的隔离方法。铁路还导致了饥荒频频发生。由于交通工具的便利，人们把出售的谷物送往价格最昂贵的市场。他们缺乏深谋远虑，因此饥荒的压力增加了。铁路使人的罪恶天性膨胀。坏人可以迅速地实现他们罪恶的计划。印度的圣地变得不再神圣。以前，人们拜访圣地，一路上要历经千难万险，通常只有真正的虔诚者才能到达圣地朝拜。如今流氓恶棍访问圣

---

① Bimal Prasad, *Gandhi*, *Nehru and J.P.*, Delhi: Chamakya Publishers，1985, p.96.

② M.K.Gandhi, *The Selected Works of Mahatma Gandhi*, Volume V, *Voice of Truth*, Shriman Narayan（ed.），Ahmedabad: Navajivan Publishing House，2011, pp.321，323.

③ K.R.Kripalani, *Gandhi*, *Tagore and Nehru*, Bombay: Hind Kitabs，1949, p.22.

地只为了胡作非为。铁路可能成为罪恶的传播机构。我说铁路加重了饥荒也许会引起争论，但不可否认的是它扩散了罪恶。""我坚定地相信是律师剥夺了印度的自由，加剧了印度教和伊斯兰教的冲突，树立了英国的权威。关键是要记住没有律师，就没有法院，或法院就不起作用，没有了法院，英国人就无法统治。我关于律师的看法也适用于法官，他们是堂兄弟，互相吹捧勾结。""医院是传播罪恶的机构。人们缺乏对自己身体的关怀，道德堕落日益严重。医生违背了我们的宗教直觉。他们绝大多数的医药，既含有动物脂肪又含有酒精成分。事实上是医生诱惑我们去放纵，结果我们被剥夺了自我控制能力，变得萎靡不振。""关于机器，我想不出哪怕它的一项优点。它的罪恶真是罄竹难书。机器已经开始使欧洲荒芜，丧钟已经在敲英国的大门。机器是现代文明的主要象征，它代表了滔天的罪恶。机器就像是一个蛇洞，可能窝藏着 1 至 100 条蛇。我们不能把机器当作一项恩惠来欢迎，而要把它看作是一种罪恶，应该彻底遭到摒弃。"①

　　尼赫鲁与甘地的观点截然不同，他不赞同甘地对机器和工业文明的旧观点，他赞成大机器和现代交通工具。② 他将工业化看成是巩固国家独立、促进国民福利、稳定国际局势的必要条件，是现代社会中居支配地位的经济形式，其他经济形式只起着补充作用；他深信消灭贫穷、巩固政治独立和防止国家成为经济帝国主义的猎物的唯一途径就是迅速工业化，特别是建立大工业和重工业；③ 恢复农村工业是倒退到工业化以前的时代，它无法同机器竞争，不会有什么成就；以农舍工业和小工业为基础建立国家经济注定要失败，它既不能解决国家的基本问题也不能维护自由和独立，只能使国家处于殖民地附属国地位；为了同贫穷作斗争，为了提高生活水平，为了保卫国家安全，抵抗外国的政治经济侵略以及其他各种目标，必须不仅发展基础工业，而且建立高度发达的工业制度。④ 关于甘地与尼赫鲁在工业文明方面的

---

① 参见［印度］甘地：《基本著作》第三部分《印度自治》，纳瓦吉万出版社 2011 年版。
② Jawaharlal Nehru, *An Autobiography*, New Delhi: Penguin Books, 2004, p.43.
③ Jawaharlal Nehru, *An Autobiography*, New Delhi: Penguin Books, 2004, p.345.
④ 尚劝余：《尼赫鲁与甘地在未来社会设想方面的分歧》，《南亚研究》1994 年第 3 期。

分歧，甘地本人这样说："潘迪特·尼赫鲁想要工业化，因为他觉得如果它被社会主义化，就能够避免资本主义的罪恶。我自己的观点是，这些罪恶是工业主义内在固有的，再多的社会主义化也无法根除它们。"①

后来，经过与尼赫鲁交换观点，甘地对工业文明的态度逐渐发生了变化，他写信告诉尼赫鲁，他并不排斥使用大机器或现代通讯工具，"可以构想铁路、邮电等"。他也指出，他反对的是对机器的疯狂，而不是机器本身。如果每一个村民家庭都有了电，他不反对村民用电来使用他们的器械和工具。②"机器有它的地位，它已经扎下根来了。机器的使用如果促进所有人的利益，它就是合法的。"③ 他在 20 世纪 20 年代曾大力推行手工纺织运动，但在 1930 年的著名的"11 点要求"中没有提及手工纺织。以后进而主张农村手工业与大工业并存，他宣布"我的确设想电力、造船、钢铁厂、机器制造等与农村手工业并存"，④ 并进一步提出以小工业补充大工业，实现农村工业与大工业的和谐化与综合。他指出："小工业不会代替大工业，而只是对它的补充。"⑤

1938 年《印度自治》修订版中记载了甘地与提问者的一段对话，从中可以看出甘地对机器的态度的变化。提问者问他是否反对所有机器时，甘地回答说："当我知道，就连我们的身体都是一台非常复杂的机器时，我怎么可能反对所有机器呢？纺车是机器；一个小小的牙签也是机器。我反对的是对机器的狂热，而不是机器本身。人们一直在'节省劳动力'，直到成千上万的人失去了工作，被抛到街头饿死。我希望节省时间和劳动力；不是为一小部分人，而是为所有人。我希望财富不要集中在少数人手中，而是集中在

---

① M.K.Gandhi, *The Selected Works of Mahatma Gandhi*, Volume V, *Voice of Truth*, Shriman Narayan（ed.）, Ahmedabad: Navajivan Publishing House, 2011, p.323.

② N.G.Rujurkar, S.N.Kurundkar, *Jawaharlal Nehru*, *The Thinker and the Statesman*, New Delhi: Har-Anand Publications Pvt. Ltd., 1985, p.17.

③ M.K.Gandhi, *The Selected Works of Mahatma Gandhi*, Volume V, *Voice of Truth*, Shriman Narayan（ed.）, Ahmedabad: Navajivan Publishing House, 2011, p.324.

④ N.B.Bose, *A Study of Gandhism*, Ahmedabad: Navjivan Press, 1947, p.89.

⑤ Vyas ed., *Self Rule of Village*, Ahmedabad: Navjivan Press, 1962, p.150.

所有人手中。今天，机器只是帮助少数人压迫千百万人。它背后的动力不是节省劳动力的慈爱，而是贪婪。我不遗余力地反对的，就是这一本质。最重要的考虑是人，机器不应该使人的四肢萎缩。例如，我会进行明智的保留。以辛格缝纫机为例，它是人类所发明的为数不多的有用之物之一，而且这个机器本身是一个传奇。""但是"，提问者说，"必须有生产这些缝纫机的工厂，而且工厂必须容纳普通型的电力驱动机器。""是的"，甘地回答说。"但是，我是一个十足的社会主义者，我可以告诉你，这些工厂应该国有化，由国家控制。节省个人劳动力应该成为目标，而不应该以人类的贪婪为动机。因此，例如，我会随时欢迎能够使弯曲的纺锤变直的机器。这并不是说，铁匠将停止制造纺锤；他们将继续提供纺锤，但是当纺锤坏了的时候，每个纺织工将有一台机器使其变直。因此，用爱取代贪婪，一切都会正确。""但是"，提问者说，"如果你保留了辛格缝纫机和你的纺锤，那么这些保留还有尽头吗？""一旦它们不再有助于个人，并侵犯了他的个性，就不保留了。不应该允许机器削弱人的四肢。""但是，理想地说，难道你不会排斥所有的机器吗？当你保留缝纫机时，你将不得不保留自行车、汽车，等等。""不，我不会"，他说，"因为它们没有满足人的任何基本需求；因为用汽车快速穿越距离不是人的基本需求。相反，针正好是生活中必不可少的东西，是基本需求。""但是"，他补充说："理想地说，我会排斥所有机器，甚至就像我会摒弃我的肉体一样，肉体无助于解脱，无助于追求灵魂的绝对解放。从这个观点来看，我会摒弃所有机器，但是，机器将会保留下来，因为正像肉体一样，它们是不可避免的。正如我告诉你的，肉体本身是最纯洁的机器；但是如果它妨碍了灵魂的最高提升，那么就必须摒弃它。"①

甘地在《印度自治》修订版说明中指出："这本小册子强烈地抨击了现代文明。虽然它写于1908年，但如今我的信念比以往任何时候更加坚定。我不知道印度是否愿意抛弃'现代文明'，只有抛弃'现代文明'她才能获益。

① M.K.Gandhi, *The Selected Works of Mahatma Gandhi*, Volume III, *The Basic Works*, Shriman Narayan (ed.), Ahmedabad: Navajivan Publishing House, 2011, pp.74–75.

但是，我要告诫读者，不要以为我的奋斗目标还是书中所描述的自治。我知道印度还没有成熟到能够实现它的地步。这么说也许显得有些傲慢，但我的确深信不疑。我个人是向着书中描绘的自治努力。但现在为了顺应印度人民的愿望，我的公共活动毫无疑问地奉献给了争取议会自治。我的目的不是要消灭铁路和医院，虽然我欢迎它们自然毁灭。无论是铁路还是医院，都不是一个高级和纯洁文明的标准。顶多它们是一种必需的罪恶。对这两者的应用，丝毫不会提高一个民族的道德境界。我的目的也不是要永久消灭法院，虽然我将法院的永久毁灭视为恳切期望的好。我更不想消灭所有的机器和工厂。今日的印度人民还没有准备好去满足自治所要求的更严格的简朴和自我约束。"①

尼赫鲁则逐渐对甘地的农村工业计划持肯定态度，他在 1939 年指出："我们决不可能仅仅通过增加大工厂来推动印度农村群众的利益，它只能通过手纺车和农村工业来实现，让工厂主和小手工业者各自在他自己的地方和合法领域内发挥作用。二者之间没有内在矛盾。"② 尼赫鲁在《印度的发现》中进一步指出，如果要立即解救大批失业者或半失业者，如果要改善村民的生活水准，而又没有多少资金的话，除了甘地提出的手纺车和农村工业计划外，别无他途。电力作用的增加促进了小工业的发展，使它在经济上有可能与大工业竞争，不论重工业在印度如何飞速发展，小工业和农村工业仍有极广阔的发展余地，它可以被用来配合大工业。③ 因此，必须在印度既发展大工业又发展家庭工业，并对二者慎重计划，以免冲突。④

甘地和尼赫鲁在工业文明问题上的对话，形成了后来印度式社会主义"工业化原则和工农业协调发展原则"的基础。

---

① M.K.Gandhi, *The Selected Works of Mahatma Gandhi*, Volume III, *The Basic Works*, Shriman Narayan (ed.), Ahmedabad: Navajivan Publishing House, 2011, pp.82–83.

② Vishnu Dutt, *Gandhi*, *Nehru and the Challenge*, New Delhi: Abhinav Publications, 1979, p.113.

③ Jawaharlal Nehru, *The Discovery of India*, New Delhi: Penguin Books, 2004, p.336.

④ M.S.Khan, *J.Nehru: The Founder of Modern India*, New Delhi: Shree Publishers & Distributors, 1989, p.20.

其四，关于议会制度。尼赫鲁崇尚政治民主，崇尚议会制度。他指出，一般来说，民主意味着政治民主，赋予每个人以选举权，而在所有的民主政府形式中，议会民主是最好的民主形式。首先，议会民主包含和平的行动方法，和平接受所作出的决定，并再努力通过和平方式改变这些决定。其次，人类历史的主旨在于进步，而议会民主能更好地争取进步。没有哪一种民主形式像议会民主那样，有更大的讨论、辩论和达成一致决定的余地。再次，议会民主政府总是恪尽职守，总是对人民代表负责，因而，议会政治制度比其他任何形式的民主政府更能保证公众利益。①

甘地虽然信仰民主，但最初反对西方议会民主形式。他将英国议会比作不生育的妇女和娼妓，她不生育，是因为没有外界压力，她就做不了一件好事；她没有道德基础，是因为议员不是根据是非曲直投票，而是受政党纪律的束缚。《印度自治》第五章"英国的状况"中以编辑与读者对话的方式，详细阐述了甘地的观点："读者：从你的叙述中，我推论英国政府不是我们所向往的政府，不值得我们模仿。编辑：你的推论是正确的。目前英国的情况令人感到可怜。我祷告神，但愿印度千万别落入那种困境中。你认为的议会之母就像一位不能生育的妇女和娼妓。这两个词都很刺耳，但用于这种情况却恰如其分。迄今为止议会还没有主动做过一件好事。因此我把它比做一位不会生育的妇女。没有了外界压力，议会什么也做不了。说它像个娼妓，是因为它受到部长的控制，部长经常更换，今天可能是 Asquith 先生，明天又换成 Balfour 先生。读者：你说得很尖刻。把议会比做'不生育的妇女'欠妥。议会是由人民选举的，它必须在公众的压力下工作。这是它的特色。编辑：你错了。让我们进一步来探讨。被大家选举出来的人，想必是最优秀的人。议会成员分文不取地为大家服务，因而他们想必只为大众谋福利。合格选举出来的人被认为是有教养的人，因此我们应该假定他们在做选择时，一般不会出错。这样的一种议会不需要请愿的鞭策，或其它任何压力。它的工作如此一帆风顺，以至它的效果日益显著。但事实上众所周知，议员们虚伪又自

---

① 尚劝余：《略论尼赫鲁思想的基本内容》，《南亚研究》1992 年第 4 期。

私。每个人只考虑自己的蝇头小利。恐惧成了主导动机。今天做了的事明天也许做不了。我们绝对找不出一个例子，能够预言出议会工作的最终结局。当讨论到最严肃的问题时，人们可以看到议员们伸懒腰、打瞌睡。有时候议员们谈得没完没了，直到听众极其厌烦。卡莱尔（Carlyle）把议会称作'世界聊天室'。会员不假思索地投自己党派的票。他们所谓的纪律使党员们盲目服从。如果出现例外情况，某个党员投了独立的一票，他就被认定为党的叛徒。如果把议会浪费的金钱和时间委托给少数几位出色的人物，那么今日英国的地位会重要得多。议会只是国家昂贵的玩具。这些想法绝不是我一人才有。一些伟大的英国思想家表达过这些观点。最近一位议员说一位真正的基督徒是不会成为议员的。另一人说议会还是个婴儿。如果它存在了700年还仍然是个婴儿，那它什么时候才能脱离婴儿期？读者：你得让我想想，你不会期望我马上接受你所有的想法。你的观点我前所未闻，我需要时间消化它们。现在你愿意解释一下为什么用'娼妓'一词吗？编辑：你不能立刻接受我的观点是对的。如果你读一些关于议会的著作，你会有所理解。议会有一位外界的真正主人。在首相的控制下，它的活动不稳定，像是一位饱受折磨的娼妓。首相对自己权力的关心超过了议会的利益。他的精力全部投入确保自己党派的胜利。他关注的并不总是议会秉公办事。众所周知，首相使议会只为了党派利益服务。这些都值得反复思索。"①

后来甘地与尼赫鲁多次交换意见，甘地的观点开始发生变化，他在《印度自治》再版序言中说，如果有什么要修改，那就是要将在谴责英国议会时用的"娼妓"一词换掉。他原则上承认西方议会民主，主张实行代议制，但附加了许多限制条件。他主张实行以潘查雅特为基础的间接选举制，选民必须是从事过体力劳动的人，没有财产和地位的限制，年龄在18—50岁之间。②

甘地和尼赫鲁在议会制度问题上的对话，形成了后来印度式社会主义

① M.K.Gandhi, *The Selected Works of Mahatma Gandhi*, Volume III, *The Basic Works*, Shriman Narayan（ed.）, Ahmedabad: Navajivan Publishing House, 2011, pp.96—98.

② *Harijan*, March 2, 1947.

"议会民主制"的基础。

其五，关于计划思想。20 世纪 20 年代末，尼赫鲁访问苏联之后，对苏联的社会主义计划产生了浓厚兴趣，竭力主张在印度普及计划思想。1938年，在尼赫鲁的极力倡导下，国大党成立了以尼赫鲁为主席的国家计划委员会，设立 29 个分会，着手拟定计划。独立后，尼赫鲁指出："我们对贫穷和失业的斗争，以及我们改善人民经济的努力，从而成为主要目标。这是继政治独立历程后下一个重大阶段。这只能通过经济计划取得。"[①] 计划的实质就是国家干预经济生活，对公有经济和私有经济成分的发展实行国家管理与控制，由国家进行调节，以避免生产的盲目性和无政府状态。

甘地最初反对尼赫鲁的计划思想，他向尼赫鲁明确指出，他不理解国家计划委员会的工作和目的，在他看来，这是将财力和物力浪费在毫无结果的事情上。[②]

后来，通过与尼赫鲁对话，甘地放弃了原来的立场，原则上赞成计划思想，他在独立前夕明确表示："真正的计划在于充分利用印度的整个人力。"[③]

甘地和尼赫鲁在计划思想问题上的对话，形成了后来印度式社会主义"计划经济"的基础。

总之，甘地与尼赫鲁在社会主义问题上的分歧与对话的结果是相互影响，彼此补正，使各自的思想深深打上了与对方对话的烙印。通过对话，尼赫鲁发展了甘地主义，使甘地思想更趋合理，更符合现代精神；甘地充实了尼赫鲁的思想，使尼赫鲁思想更趋现实，更符合印度的传统与国情。尤为重要的是，他们之间的对话，为当代印度建设"社会主义类型社会"奠定了基础，议会民主、计划经济、公私成分并存的混合经济、大工业与村社工业并存、农村发展规划、以和平民主方式进行土地改革和国有化等政策措施，都深深打上了甘地与尼赫鲁对话的印记。

---

① R.C.Dutt, *Socialism of Jawaharlal Nehru*, New Delhi: Abhinav Publications, 1981, p.203.

② Verinder Grover, *Political Thinkers of Modern India*, Vol.10, *Jawaharlal Nehru*, New Delhi: Deep & Deep Publications, 1990, p.498.

③ B.R.Nanda, etc., *Gandhi and Nehru*, Delhi: Oxford University Press, 1979, p.57.

尼赫鲁家族三代执政时期，一直基本沿用"甘地—尼赫鲁社会主义"体制。从 20 世纪 90 年代经济改革与转型开始，印度式社会主义发生了巨大变化。虽然印度仍然坚持议会民主政治制度，但是教派政治和种姓政治在议会选举中日益彰显。[①] 虽然印度还在实行混合经济模式，但是私营经济逐渐占据主导地位，计划经济也日益让位于市场经济，对外开放和吸引外资力度空前增强。"甘地—尼赫鲁社会主义"体制日益走上尽头。这个问题容当另文论述。

---

① Rakhahari Chatterji ed., *Politics India: The State-Society Interface*, New Delhi: South Asian Publishers, 2004, pp.160–161.

第三章　甘地与赫尔曼·卡伦巴赫关系探讨

——兼论甘地"非暴力抵抗"运动的初步实践及甘地的性取向

第一节　问题缘起

美国作家约瑟夫·勒利维尔德撰写的甘地新传《伟大的灵魂：圣雄甘地与印度的斗争》2011 年 3 月在美国出版（Joseph Lelyveld, *Great Soul: Mahatma Gandhi and His Struggle With India*, New York: Alfred A Knopf, March, 2011）。[①] 随之，英国历史学家安德鲁·罗伯茨在《华尔街日报》上发表书评《甘地新揭秘》（Andrew Roberts, "New Revelations about Gandhi", *Wall Street Journal*, 28 March, 2011）。[②] 这本新书及这篇书评在印度乃至全球引发了一场前所未有的争议。印度古吉拉特邦（甘地出生在该邦）和马哈拉施特拉邦（孟买位于该邦）呼吁印度中央政府采取措施在印度全国范围禁止该书发行，并要求作者公开道歉。印度和西方主要媒体及读者也纷纷发表评论，表达看法。[③]

[①]　本章的写作得到《赫尔曼·卡伦巴赫：圣雄甘地在南非的朋友》一书的作者克里斯提安·巴托夫博士的帮助，在此表示衷心感谢。

约瑟夫·勒利维尔德（1937—　），毕业于哈佛大学，《纽约时报》前驻印度和南非记者及执行编辑，曾获美国普利策新闻奖及其他多项奖项。

[②]　安德鲁·罗伯茨（1963—　），获剑桥大学博士学位，主要著作有《战争风暴：第二次世界大战新史》等。

[③]　Corey Flintoff, "Gandhi Biography Causes Furor In India", *NPR*, April 4, 2011.

实事求是地讲，引发这场争议的真正源头并非这本新书，而是这篇书评。安德鲁·罗伯茨在其两千多字的书评中并未对该书进行认真评价，而是大量引用书中有关甘地自我矛盾或行为怪异的事例，强调甘地的性格怪癖和政治缺陷。安德鲁·罗伯茨在书评中给甘地扣了三顶大帽子：一，甘地是一位有性怪癖的人；二，甘地是一位政治上不合格的人；三，甘地是一位偏执狂。① 在这三顶大帽子中，后两顶不少西方作家和学者已经在他们的著述中屡屡提及，可谓老生常谈，不足为奇。引起争议的主要是第一顶帽子，即所谓的甘地的性怪癖。

安德鲁·罗伯茨在其书评中多处提到甘地的性怪癖。一，甘地要求他的追随者，即使是已婚者，也必须宣誓禁欲独身，他说："我想象不出还有什么比男女性交更丑恶的事"。二，甘地为了禁欲，发誓不喝牛奶，甚至不吃盐，因为牛奶中含有引起性欲的物质，食盐也会刺激感官。三，甘地70多岁时与他17岁的侄孙女曼努以及其他年轻女子赤身裸体同床共枕，并说："虽然我做了最大努力，但是我的生殖器依然有反应。这完全是一次奇怪而耻辱的经历"。四，甘地终生所爱的人是一位犹太裔德国建筑工程师和业余健身师赫尔曼·卡伦巴赫，因为他，甘地于1908年离开了他妻子。②

在这些"性怪癖"中，安德鲁·罗伯茨着力描述了甘地与赫尔曼·卡伦巴赫的亲密关系，不厌其烦地引述了甘地写给赫尔曼·卡伦巴赫的信件中的几段话。一，甘地在给赫尔曼·卡伦巴赫的信中写道："你的肖像（唯一的肖像）放在我卧室的壁炉台上，壁炉台在床的对面"。二，甘地在给赫尔曼·卡伦巴赫的信中还写道："你是何等地完全拥有了我的身体。这是出乎意料的奴役状态"。三，甘地戏称自己是"上院"，赫尔曼·卡伦巴赫是"下院"，他让"下院"保证不"好色地关注其他任何女子"。四，甘地和赫尔曼·卡伦巴赫俩人誓言给予彼此"更多的爱，这种爱如他们所希望的，是全世界不曾见过的"。③

---

① Andrew Roberts, "New Revelations about Gandhi", *Wall Street Journal*, March 28, 2011.

② Andrew Roberts, "New Revelations about Gandhi", *Wall Street Journal*, March 28, 2011.

③ Andrew Roberts, "New Revelations about Gandhi", *Wall Street Journal*, March 28, 2011.

安德鲁·罗伯茨之所以对甘地与赫尔曼·卡伦巴赫通信中的这几段话详加引述，乐此不疲，用意不言自明，昭然若揭，即甘地是同性恋者或双性恋者。正因如此，安德鲁·罗伯茨的书评发表之后，一石激起千层浪，西方和印度媒体纷纷报道，一时间甘地是同性恋者或双性恋者的争论铺天盖地。如，《华尔街日报》报道"新书引发疑问：甘地是同性恋者？"[1]《每日邮报》报道"新书称甘地离开妻子与一位男性爱人同住"，[2]《今日美国报》报道"印度禁书，因为该书暗示甘地有同性恋爱人"，[3]《印度快报》报道"书信暗示甘地是双性恋者：普利策奖作者"。[4]

也正因为安德鲁·罗伯茨在书评中对甘地与赫尔曼·卡伦巴赫所谓的同性恋关系的大肆渲染，激起了印度国大党、印度人民党、印度民众以及热爱甘地的人对约瑟夫·勒利维尔德《伟大的灵魂：圣雄甘地与印度的斗争》一书的同声讨伐。[5] 其实，不管是西方和印度媒体的报道，还是印度政党和民众的讨伐，都是源于安德鲁·罗伯茨的书评，人云亦云，以讹传讹，没有人真正阅读过约瑟夫·勒利维尔德的著作《伟大的灵魂：圣雄甘地与印度的斗争》。约瑟夫·勒利维尔德在后来接受采访时明确表示，他的书被媒体误解了，"双性恋者"和"同性恋者"在他的书中压根儿没有出现过，他的书之所以引起争议，是由英国历史学家安德鲁·罗伯茨的书评引发的。[6] 他指出，"争议源于对《华尔街日报》上发表的诋毁甘地的书评的报道，该书评没有

[1] Tripti Lahiri, "New Book Raises Question: Was Gandhi Gay?", *Wall Street Journal*, March 29, 2011.

[2] Daniel Bates, "Gandhi 'left his wife to live with a male lover' new book claims", *Daily Mail*, March 28, 2011.

[3] R.K.Misra and Aijaz Ansari, "India state bans book for hinting Gandhi had gay lover", *USA Today*, March 30, 2011.

[4] Mandakini Gahlot, "Letters suggest Gandhi was bisexual: Pulitzer Prize author", *Express India*, March 29, 2011.

[5] Insiya Amir, "Gandhians slam US author for putting gay tag on the Mahatma!", *Mail Today*, March 29, 2011.

[6] Deep K. Datta-Ray, "If it's wrong to discuss sex and Gandhi, I'm guilty: Lelyveld", *The Times of India*, April 6, 2011.

特别诋毁我的书，而是引用书中的一些资料对甘地进行了诋毁"。①

那么，甘地与赫尔曼·卡伦巴赫的关系到底如何？对这个问题的探讨不仅有助于理解甘地与赫尔曼·卡伦巴赫之间的个人友谊，厘清甘地与赫尔曼·卡伦巴赫关系的本质，而且有助于从一个侧面揭示甘地"非暴力抵抗"学说和方法的形成与初步实践。下面以五卷本《甘地文集》等文献资料为基础，就此做一初步探讨，就教于学界。

第二节　相识相知

甘地与赫尔曼·卡伦巴赫是在南非相识相知的，他们之间的深厚友谊和真挚感情与他们在南非共同生活共同战斗的岁月密不可分，从一个侧面揭示了甘地"非暴力抵抗"学说和方法的形成与初步实践。五卷本《甘地文集》中的第一卷《自传》、第二卷《南非非暴力抵抗运动史》、第四卷《书信集》等都程度不同地论及甘地与赫尔曼·卡伦巴赫的关系。

众所周知，1893—1914年，甘地在南非生活和工作了21年。在此期间，甘地为提高印度侨民地位、反对种族歧视进行了不懈的斗争，形成了他独特的"萨提亚格拉哈"（即"坚持真理"或"非暴力抵抗"）学说和方法，为日后在印度大规模发动反抗英国殖民统治的"非暴力抵抗"运动奠定了基础。②一方面，甘地创办《印度舆论》周刊，撰写《向南非的英国人呼吁》《印度人的选举权》《印度自治》，阐述自己的思想；组织政治团体"纳塔尔人大会"，领导印侨从事"萨提亚格拉哈"运动，最终迫使南非当局让步，废除了种族歧视规定。另一方面，甘地在南非建立了"凤凰村"和"托尔斯泰农场"，

① Corey Flintoff，"Gandhi Biography Causes Furor in India"，*NPR*，April 4，2011.

② "萨提亚格拉哈"（Satyagraha）的字面意思是"坚持真理"，一般翻译为"非暴力抵抗"。有关"萨提亚格拉哈"（Satyagraha）名称的起源以及甘地在南非的"非暴力抵抗"运动详情，参见 M.K.Gandhi，*The Selected Works of Mahatma Gandhi*，Volume II，*Satyagraha in South Africa*，Shriman Narayan（ed.），Translated from the Original in Gujarati by Valji Govindji Desai，Ahmedabad: Navajivan Publishing House，2011.

不但为入狱的非暴力抵抗者的家庭提供庇护所，而且进行精神道德试验，为未来的坚持真理的非暴力抵抗运动提供训练。[①] 许多国际人士来到甘地身边，与甘地共同生活共同工作，成为甘地的挚友和追随者，赫尔曼·卡伦巴赫即是其中之一。

赫尔曼·卡伦巴赫（1871—1945），出生在德国一个犹太家庭，大学主修建筑专业。1896 年，他来到南非投奔他叔叔，定居约翰内斯堡，从事建筑业，成为一名成功的建筑工程师。赫尔曼·卡伦巴赫在南非拥有大批地产，过着贵族般富有而安逸的生活，喜欢溜冰、游泳、骑车和健身，酷爱奢侈与挥霍，每个月个人开销达 1200 卢比。然而，与甘地相识之后，赫尔曼·卡伦巴赫的生活发生了重大转变。[②]

有关甘地与赫尔曼·卡伦巴赫关系的记载，最初散见于甘地撰写的著作《南非非暴力抵抗运动史》《甘地自传》《圣雄甘地全集》及甘地创办的周刊《印度舆论》当中，而其他各种甘地传记以及报刊文章中有关甘地与赫尔曼·卡伦巴赫关系的描述都是作者对上述原始资料中的相关信息的引述、引申与演绎。下面根据散见于这些著述中的信息资料，就甘地与赫尔曼·卡伦巴赫之间的交往，特别是在南非时期的交往，做一历时性梳理。

关于甘地与赫尔曼·卡伦巴赫相识的时间，不同资料说法不一。据《赫尔曼·卡伦巴赫：圣雄甘地在南非的朋友》一书记载，甘地与赫尔曼·卡伦巴赫相识于 1903 年；据《印度舆论》记载，他们相识于 1904 年；也有一些资料记载他们相识于 1906 年。[③] 甘地与赫尔曼·卡伦巴赫初次相识的情景，在《甘地自传》中有详细的记述。他们二人相识颇有机缘，赫尔曼·卡伦巴赫是可汗的朋友，可汗发现赫尔曼·卡伦巴赫有脱世的气概，便把他引荐给

---

① 尚劝余：《尼赫鲁与甘地的历史交往》，四川人民出版社 1999 年版，第 160 页。

② Isa Sarid and Christian Bartolf, *Hermann Kallenbach: Mahatma Gandhi's Friend in South Africa*, Selbstverlag: Gandhi-Informations-Zentrum, 1997, pp.10–13.

③ K.Donaldson, *South African Who's Who（Social & Business）1927-28*, Cape Town: Cape Times Ltd., 1928, p.163.

了甘地。[①] 甘地与赫尔曼·卡伦巴赫初次见面时，赫尔曼·卡伦巴赫问了许多有关宗教的问题，他们一见如故，非常投缘，成为至交好友。用甘地自己的话说，"认识卡伦巴赫先生之初，我便被此人对奢侈的迷恋和其放肆的言行所震惊。但在我们第一次见面时，他询问了我一些关于宗教的问题，问题很有深度，我们不经意间谈到乔达摩佛陀的出家，便越来越投缘，成了非常要好的朋友，好到我们不但思想一致，而且他深信凡是我生活中正在发生的改变，他本人也一定要随我一起身体力行。"[②]

可以说，志趣相投，情投意合，是甘地与赫尔曼·卡伦巴赫之间建立深厚友谊的基石。从 1903 年（或 1904 年、1906 年）相识到 1914 年离开南非，甘地与赫尔曼·卡伦巴赫并肩战斗了十余年。无论是在腥风血雨的政治斗争中，还是在艰苦卓绝的生活试验中，他们都同甘共苦、风雨同舟，在南非这块土地上留下了他们共同战斗的足迹。甘地在《南非非暴力抵抗运动史》第 23 章"欧洲人的支援"中这样介绍卡伦巴赫："早在运动之前，我就认识他了。他是德国人，如果不是因为那场大战，他会继续留在印度。他至情至性、悲天悯人，心灵纯洁犹如稚童。他是位专业建筑师，但在他眼里，无论多么低微的工作，都同样地令人尊重。我关闭在约翰内斯堡的事务所后，就与他住在一起。如果我表示要分担住宿费用，他会感到难受；他为我能帮他节省开支而倍感开心。这确实符合事实——但这里不是大谈特谈我与欧洲朋友亲密关系的地方。当我们考虑如何安置约翰内斯堡被囚同志的亲属时，卡伦巴赫免费把他的大农场借给我们。过了一段时间，戈克利访问约翰内斯堡，我们把他安置在卡伦巴赫的别墅里。这个尊贵的客人非常喜欢那里。戈克利离开时，我和卡伦巴赫一起把他送到了桑给巴尔岛。卡伦巴赫也曾和波拉克一起被

---

① 甘地这里所说的可汗可能指的是卡兹·比劳尔·汗（Kazi Behlol Khan），参见 K.Donaldson, *South African Who's Who (Social & Business) 1927-28*, Cape Town: Cape Times Ltd., 1928, p.163。

② M.K.Gandhi, *The Selected Works of Mahatma Gandhi*, Volume I, *An Autobiography or The Story of My Experiments with Truth*, Shriman Narayan (ed.), Translated from the Original in Gujarati by Mahadev Desai, Ahmedabad: Navajivan Publishing House, 2011, p.368.

捕而遭至牢狱之灾。最后，当我离开南非前往英格兰会见戈克利时，卡伦巴赫与我同行。但当我们要返回印度时，因为战争关系，他被禁止与我同行。他和其它德国人一样被滞留英格兰，直到战争结束，他才返回约翰内斯堡重操旧业。"①

当时的南非是个充满种族歧视的英属殖民地，白人统治当局通过了数十项种族歧视法令，对有色人种进行种种限制。早在 1860 年左右，南非政府就招募印度人来南非种植园从事苦力劳动，印度侨民遂成为南非有色人种的重要组成部分。印度侨民在南非遭受种种歧视，他们的公民自由和政治权利在很大程度上被限制和剥夺。②

1904 年，甘地创办《印度舆论》周刊，在印侨中宣传反抗南非种族歧视的斗争。同时，他在拉斯金的著作《给那后来者》的感召下，③ 决心根据这本书中所倡导的"万人之福"和"面包劳动"的理想改变生活，于是在德班附近建立"凤凰村"，通过体力劳动，进行道德实验。在"凤凰村"，所有人都以为农场做工和印刷《印度舆论》为生，献身于社会服务，过着简朴和苦修的生活。赫尔曼·卡伦巴赫愉快地加入了这一新生活，做起了泥瓦工和

---

① M.K.Gandhi, *The Selected Works of Mahatma Gandhi*, Volume II, *Satyagraha in South Africa*, Shriman Narayan (ed.), Translated from the Original in Gujarati by Valji Govindji Desai, Ahmedabad: Navajivan Publishing House, 2011, pp.190–191.

② M.K.Gandhi, *The Selected Works of Mahatma Gandhi*, Volume II, *Satyagraha in South Africa*, Shriman Narayan (ed.), Translated from the Original in Gujarati by Valji Govindji Desai, Ahmedabad: Navajivan Publishing House, 2011, pp.7–102；Isa Sarid and Christian Bartolf, *Hermann Kallenbach: Mahatma Gandhi's friend in South Africa*, Selbstverlag: Gandhi-Informations-Zentrum, 1997, pp.34–35.

③ 甘地在《自传》中用一整章描写了拉斯金的著作《给那后来者》对他的影响，这一章的标题是"一本书的魔力"。这本书对甘地产生了直接的影响，改变了他的生活。用甘地自己的话说："我相信我在拉斯金这部伟大的著作中发现了反映我自己的一些最深切的信念，这就是它之所以能够吸引我并使我改变生活的原因。"甘地将《给那后来者》翻译成了古吉拉特文，起名为《萨沃达亚》（即《万人之福》）。参见 M.K.Gandhi, *The Selected Works of Mahatma Gandhi*, Volume I, *An Autobiography or The Story of My Experiments with Truth*, Shriman Narayan (ed.), Translated from the Original in Gujarati by Mahadev Desai, Ahmedabad: Navajivan Publishing House, 2011, pp.254–265。

木工，为"凤凰村"人建造简朴的棚屋。①

1906 年，德兰士瓦政府制定了一项《亚细亚法案》，规定印侨居留 8 年以上者始可定居德兰士瓦，并须在警察局户籍簿上注册登记，领取带有个人手印的特别身份证，否则，将处以 100 英镑罚款或三个月拘役甚至驱逐出境。为此，甘地组织印度侨民发起轰轰烈烈的抵抗运动，并将抵抗运动正式命名为"萨提亚格拉哈"，②掀起了南非"非暴力抵抗运动"的高潮。至 1909 年，甘地五次被捕三次入狱。其他非暴力抵抗运动领导及成员也纷纷被捕入狱，入狱人数高达数百。③

在这个多事之秋，赫尔曼·卡伦巴赫成为甘地的坚强后盾和精神伴侣。甘地在《自传》中写道："我的家拆散和我第一次出狱以后，我们（指甘地与赫尔曼·卡伦巴赫——笔者注）便住在了一起。我们当时的生活确实艰苦。"④ 此外，由于甘地经常被捕入狱，赫尔曼·卡伦巴赫便担起编辑《印度舆论》的工作重任。作为一个白人，赫尔曼·卡伦巴赫不会受到南非法律的惩罚。这让白人统治者无限痛恨，但是赫尔曼·卡伦巴赫一如既往地与甘地并肩战斗。⑤

1910 年，甘地在约翰内斯堡附近建立了"托尔斯泰农场"，对他坚持真理的非暴力哲学思想进行实践和实验。"托尔斯泰农场"的建立与赫尔曼·卡伦巴赫有着密不可分的关系。甘地与赫尔曼·卡伦巴赫两人都深受托尔斯泰作品和哲学的影响，都与托尔斯泰保持着通信联系，并都立志实践托尔斯泰

① Ms Rita Roy，"Everyone's Gandhi"，Transmitted by GPF and Press Trust of India，http://www.mkgandhi.org/associates/kallenbach.htm.

② 甘地认为，"萨提亚格拉哈"意味着坚持真理，意味着爱和非暴力，意味着自我受苦，意味着灵魂力量，也就是"由真理与爱及非暴力所产生的力量"。参见 Shanti Sadiq Ali ed.，*Gandhi & South Africa*，Delhi: Hind Pocket Books，1994，pp.131–134。

③ 尚劝余：《圣雄甘地宗教哲学研究》，中国社会科学出版社 2004 年版，第 283—284 页。

④ M.K.Gandhi，*The Selected Works of Mahatma Gandhi*，Volume I，*An Autobiography or The Story of My Experiments with Truth*，Shriman Narayan（ed.），Translated from the Original in Gujarati by Mahadev Desai，Ahmedabad: Navajivan Publishing House，2011，p.368.

⑤ Ms Rita Roy，"Everyone's Gandhi"，Transmitted by GPF and Press Trust of India，http://www.mkgandhi.org/associates/kallenbach.htm.

的非暴力以及甘贫乐道的理想。因此，赫尔曼·卡伦巴赫将他自己位于约翰内斯堡附近的 1100 英亩（4 平方公里）农场无偿捐赠给甘地和非暴力抵抗事业。他们两人协商一致，将这个农场命名为"托尔斯泰农场"。①

甘地在 1910 年 8 月 15 日写给托尔斯泰的具有历史意义的信件中，谈到了建立"托尔斯泰农场"一事。他在信中这样写道："卡伦巴赫已经向您写信谈了托尔斯泰农场的事情。我和卡伦巴赫是多年的朋友。我要说的是，您在《我的忏悔》一书中生动描述的大部分经历，卡伦巴赫已经践行了。您的作品对卡伦巴赫触动之深，是其他任何作品无法企及的。为了进一步努力践行您给世人树立的理想，他与我商量之后不揣冒昧将他的农场命名为托尔斯泰农场。"②

《印度舆论》1910 年也刊发了一篇文章，谈到赫尔曼·卡伦巴赫无偿捐赠建立"托尔斯泰农场"的情况："卡伦巴赫先生将他的农场捐赠给非暴力抵抗者家庭，他给该农场起名'托尔斯泰农场'。他笃信托尔斯泰的学说，并努力付诸实践。他本人想生活在农场，过简朴生活。卡伦巴赫先生似乎将逐渐放弃他作为建筑师的工作，转而生活在赤贫之中"。③

卡伦巴赫为托尔斯泰农场设计了房子，大家齐心协力自力更生建造房子。甘地写道："如前所述，即便是建造房子这样的事情上，我们也尽可能自食其力。卡伦巴赫先生是我们的建筑设计师，他设计了一栋欧式建筑。一位古吉拉特木工——纳拉扬达斯·达玛利亚无偿为我们工作，并请来了给我们低价优惠的其它同伴。居民们对这种工作虽不熟练，但也踊跃参与。我们

---

① M.K.Gandhi, *The Selected Works of Mahatma Gandhi*, Volume II, *Satyagraha in South Africa*, Shriman Narayan（ed.）, Translated from the Original in Gujarati by Valji Govindji Desai, Ahmedabad: Navajivan Publishing House, 2011, p.273.

② M.K.Gandhi, *The Selected Works of Mahatma Gandhi*, Volume IV, *Selected Letters*, Shriman Narayan（ed.）, Ahmedabad: Navajivan Publishing House, 2011, p.17；B.S.Murthy, *Mahatma Gandhi and Leo Tolstoy Letters*, California: Long Beach Publications,1987, p.32.

③ *Indian Opinion*, 18.6.1910；M.K.Gandhi, *The Collected Works of Mahatma Gandhi*, Volume 10, New Delhi: Publications Division, Ministry of Information and Broadcasting, Government of India, 1956–1994, p.272.

当中有些人心灵手巧，简直可以创造了奇迹。"①

托尔斯泰农场建立后，非暴力抵抗者家属陆续搬进新村居住。托尔斯泰农场成为一个大家庭，甘地是一家之主，赫尔曼·卡伦巴赫则是甘地的得力助手。"托尔斯泰农场"的居民大约有 50—75 人，来自印度和世界各地，他们具有不同的肤色，不同的种姓，不同的宗教派别。他们奉行素食，过着节俭和艰苦的生活，实际上比监狱的生活还要苦。所有的居民包括儿童在内，都要从事体力劳动，自力更生，自给自足。他们共同生活和劳作，从事农业和其他工业，生产他们所需要的物品。②

甘地在《南非非暴力抵抗运动史》中写道："至于住宿，从一开始，我们就决定，必须男女分开居住。因此，我们盖了两栋相隔一段距离的宿舍，按当时标准，这些宿舍足以供十个女人和六十个男人居住。接着，我们又盖了一栋供卡伦巴赫先生居住的房子，并在旁边建造了一座校舍和一个供木工、鞋匠等使用的工作坊。这里的定居者有古吉拉特人、泰米尔纳德人、安得拉省人和北印度人，有穆斯林、印度教徒、帕西人和基督教徒，总共近四十个青年男子、二三位老年男子、五个女子和二三十个小孩子（包有五个小女孩）。基督教徒和其他妇女是肉食者，卡伦巴赫先生和我认为，最好在农场里禁止供肉。但是如果我制定一条法则——不允许吃肉，那么我们只能依靠素食者开展运动，这显然是荒谬的——要知道，这个运动是代表全印度人而发起的。很快地，我就清楚了自己的职责。如果基督教徒和穆斯林甚至要求牛肉，我也必须向他们提供。毫无疑问，农场不能拒绝他们的要求。"③

甘地与赫尔曼·卡伦巴赫以身作则，甘贫乐道。甘地自愿停止了他年

---

①　M.K.Gandhi, *The Selected Works of Mahatma Gandhi*, Volume II, *Satyagraha in South Africa*, Shriman Narayan（ed.）, Translated from the Original in Gujarati by Valji Govindji Desai, Ahmedabad: Navajivan Publishing House, 2011, p.253.

②　R.R.Diwakar, *Gandhi's Life*, *Thought and Philosophy*, Bombay: Vidya Bhawan, 1963, pp.47–48.

③　M.K.Gandhi, *The Selected Works of Mahatma Gandhi*, Volume II, *Satyagraha in South Africa*, Shriman Narayan（ed.）, Translated from the Original in Gujarati by Valji Govindji Desai, Ahmedabad: Navajivan Publishing House, 2011, pp.251–252.

薪 6000 英镑的律师业务，每月只领 3 英镑的生活费，全部积蓄也都用于公益事业。赫尔曼·卡伦巴赫放弃了富有闲适、酷爱运动的生活，在农场与甘地一起过起了简朴的生活，将每个月个人开销从 1200 卢比减少到 120 卢比。他们自力更生，亲力亲为，甚至自己动手打扫厕所，这是当时大多数人不做的事情。

甘地在《南非非暴力抵抗运动史》中，动情地叙述了卡伦巴赫生活方式的转变。"卡伦巴赫先生能与我们一起在农场生活，并几乎成为我们的一分子，这简直是个奇迹。卡伦巴赫先生出身豪门，从不知贫贱为何物。相反，他奢侈成性，应有尽有，只要金钱能购买到的舒适，他都毫不犹豫去获取。这样的人物竟与印度人一起在农场里同吃同住，这确实不同寻常。印度人为此惊叹，但有些欧洲人则认为他非癫即狂，另外一些则赞美他有克己忘我之德。卡伦巴赫从不觉得自己的这种舍弃有什么难受的。事实却是，他比以往更热爱生活。每当谈到简朴生活时，他总会欣喜若狂，听众们也会为之吸引。无论男女老少，他都与他们打成一片，以至于如果他出外办事，大家都会觉得空荡荡的。卡伦巴赫先生喜爱果树，为此亲自负责果树部门。每天早晨，他会督促众人看护果树。他常催促大家努力干活，但因他品行温和，总是面带笑意，所有人都喜欢跟他一起工作。卡伦巴赫先生同时也是经常于凌晨两点离开农场赶往约翰内斯堡的人之一。"①

"托尔斯泰农场"为非暴力抵抗者家庭的青少年儿童开办学校，主要由甘地和赫尔曼·卡伦巴赫负责授课。课程包括精神训练、智力训练、体力训练、职业训练等各个方面，既重视心灵的培养和智力的形成，也将手工劳动作为课程的必不可少的组成部分。为此，赫尔曼·卡伦巴赫专门到位于松城的一个德国天主教特拉普派修道院学习做鞋的手艺，然后教给甘地，他们再传授给学生。

甘地在《自传》"当校长"一章中写道："我渐渐认识到文化教育也必不

---

① M.K.Gandhi，*The Selected Works of Mahatma Gandhi*，Volume II，*Satyagraha in South Africa*，Shriman Narayan（ed.），Translated from the Original in Gujarati by Valji Govindji Desai，Ahmedabad: Navajivan Publishing House，2011，pp.266–268.

可少，于是在卡伦巴赫先生和普拉吉·德赛先生的帮助下开了几个班，与此同时，体育锻炼也没有落下，就贯穿在孩子们的日常生活中。农场里还有很多果树需要照看，也得做些适当的园艺工作。卡伦巴赫先生爱好园艺这块，他以前在政府的一个示范花园也从事过相关工作。我有意让每个人都学点有用的手艺。因此，卡伦巴赫先生特地跑到一个名为特拉比斯特修道院学习做鞋。我也从他那儿学会了这项手艺，并传授给想学习的人。卡伦巴赫先生和一个农场人会一点木工，因此我们就开了个木工班。"①

甘地在《南非非暴力抵抗运动史》中也做了比较详细的记载："我们决定学习制作凉鞋。松镇旁边有个玛利亚山，山下有座德国天主教特拉普派修道院，有人在那里制作凉鞋。卡伦巴赫先生从那里学会制作凉鞋，回来把它教给了我，再由我传授他人。这样，好几个年轻人掌握了这项技术。我们开始制作凉鞋，把它卖给朋友。毋庸置疑，我的许多学徒在这个技艺上青出于蓝。另外一项必须学会的手工活是木活，在村庄里，我们需要木凳、木箱等木具，这些我们全部自己制作。前面我们谈及的那些无私的木工，帮了我们几个月。卡伦巴赫先生是木工部门的头目，他对此有着无比精确的判断力和精湛的技艺。对年轻人和小孩而言，学校是不可或缺的。这是最困难的工作，只是临近结尾，我们才获得成功。教学工作主要落在卡伦巴赫先生和我身上。学校在午间上课，当时我和卡伦巴赫先生已被早上的活累坏了，学生也同样如此。因此老师会在教学中瞌睡。我们只好涂点水在眼皮上带领孩子玩耍，以使他们（及我们）不会瞌睡，但这样做有时也会失效——我们的身体亟需休息，不容任何抗拒。卡伦巴赫先生和我经常必须为公事前往约翰内斯堡。"②

---

① M.K.Gandhi, *The Selected Works of Mahatma Gandhi*, Volume I, *An Autobiography or The Story of My Experiments with Truth*, Shriman Narayan（ed.），Translated from the Original in Gujarati by Mahadev Desai, Ahmedabad: Navajivan Publishing House，2011，pp.373–374.

② M.K.Gandhi, *The Selected Works of Mahatma Gandhi*, Volume II, *Satyagraha in South Africa*, Shriman Narayan（ed.），Translated from the Original in Gujarati by Valji Govindji Desai, Ahmedabad: Navajivan Publishing House，2011，pp.256–257.

甘地在《自传》"粮莠之分"一章中还记叙了卡伦巴赫对他儿子教育问题的关切。"那是在托尔斯泰农场，卡伦巴赫先生提到了一个我从未在意的问题，引起了我的关注。我曾说过，农场有的孩子顽劣，个性鲁莽，也有的游手好闲。我的三个儿子整天和他们玩在一起，其他跟我儿子年纪相仿的孩子也一样成天和他们接触。这些让卡伦巴赫先生很是担心，但是他的注意力集中在我的孩子和那些不守规矩的少年郎们混在一起这是不好的。有一天他对我说：你把自己的孩子跟那些野性难驯的小子们放在一起这种教育方法我反对。这只会有一个结果：他们将来会学坏的。我不记得他的问题是否让我顿生疑惑，我只记得我是怎么回答他的：'我怎能把我的孩子和那些游手好闲的孩子区别对待呢？他们都是我的责任，这些年轻人之所以会来是因为我邀请了他们。如果我用钱打发了他们，那他们会毫不犹豫地逃到约翰内斯堡过回他们原来的生活。实话跟你说，他们和他们的监护人都很有可能认为孩子们来到了这里，倒是送了我一份人情了。你我都非常明白，他们在这里要忍受诸多的不便。但是我的责任很明显，我必须把他们留在这里，我的孩子也必须跟他们生活在一起。当然，我相信你也不愿意我告诉自己的儿子他们比那群孩子要优越，灌输这种优越感会使他们误入歧途。跟其他孩子们的交往对他们是有益的，他们将会用自己的标准来区分好与坏。我们为什么就不相信，如果他们身上真的有闪光点，那么就一定能投射到他们的同伴身上呢？然而也可能会像你所说的那样，但我也无法不把他们留在这里，如果这样是一种冒险，那这个险必须冒。卡伦巴赫先生直摇头。'"①

甘地与赫尔曼·卡伦巴赫也一起进行饮食和绝食试验。甘地在《自传》中多处写到他们的试验。他在"关于饮食的一些体验"一章中写道："我在进行这些试验的时候，都有一些同伴，其中主要的是赫尔曼·卡伦巴赫。卡伦巴赫先生无论是绝食还是改变膳食，他总与我一起。在非暴力抵抗运动达

---

① M.K.Gandhi, *The Selected Works of Mahatma Gandhi*, Volume I, *An Autobiography or The Story of My Experiments with Truth*, Shriman Narayan（ed.）, Translated from the Original in Gujarati by Mahadev Desai, Ahmedabad: Navajivan Publishing House, 2011, pp.380–381.

到巅峰时，我在他家与他同住。我们谈论着膳食的变化，并探讨、发现着新膳食与上一种比起来独特的美味与品尝它们的乐趣。当时我们说得兴味益然，我也没有觉得这是什么不恰当的行为。"[1] 他在"绝食"一章中写道："就在我停止喝牛奶和不吃谷物并开始试验以水果为主食的时候，我开始把绝食当作自制的一种手段，卡伦巴赫也参加一起绝食。我和卡伦巴赫先生还有几户一同进行非暴力抵抗的家庭一起（包括年轻人和孩子），在托尔斯泰农场把这些意义重大的绝食付诸了实践。"[2]

停止喝牛奶是饮食试验中的一个重要部分。1912年，在读了几本谈到母牛受饲养人折磨的情形的书之后，甘地同赫尔曼·卡伦巴赫认真讨论了是否有权利和有必要喝牛奶的问题。赫尔曼·卡伦巴赫建议放弃喝牛奶，[3] 对于这个建议，甘地感到惊喜，他热烈欢迎这个建议。最终，他们决心从此不再喝牛奶。而且，他们一致同意只吃新鲜水果和干果，不吃烹饪食品。甘地在《自传》中这样写道："那时他还是个单身汉，一月的花销竟有1200卢比之多，还不包括房租。在我第一次入狱被释放后，我家庭失散，我和他开始住一起，那时生活相当艰苦。在此期间我们谈论牛奶，卡伦巴赫先生说：'我们老说牛奶这不好那不好，干脆以后不喝算了，喝牛奶实在是没必要啊。'对这个建议，我是又惊又喜，十分赞同。因此，我们俩都决心不再喝牛奶。这是1912年发生在托尔斯泰农场的事情。"[4]

---

[1] M.K.Gandhi, *The Selected Works of Mahatma Gandhi*, Volume I, *An Autobiography or The Story of My Experiments with Truth*, Shriman Narayan (ed.), Translated from the Original in Gujarati by Mahadev Desai, Ahmedabad: Navajivan Publishing House, 2011, p.369.

[2] M.K.Gandhi, *The Selected Works of Mahatma Gandhi*, Volume I, *An Autobiography or The Story of My Experiments with Truth*, Shriman Narayan (ed.), Translated from the Original in Gujarati by Mahadev Desai, Ahmedabad: Navajivan Publishing House, 2011, p.370.

[3] M.K.Gandhi, *The Selected Works of Mahatma Gandhi*, Volume II, *Satyagraha in South Africa*, Shriman Narayan (ed.), Translated from the Original in Gujarati by Valji Govindji Desai, Ahmedabad: Navajivan Publishing House, 2011, pp.391-392.

[4] M.K.Gandhi, *The Selected Works of Mahatma Gandhi*, Volume I, *An Autobiography or The Story of My Experiments with Truth*, Shriman Narayan (ed.), Translated from the Original in Gujarati by Mahadev Desai, Ahmedabad: Navajivan Publishing House, 2011, p.367.

甘地在《南非非暴力抵抗运动史》中这样写道:"我曾苦思良久,也阅读了大量关于是否该饮用牛奶的素食主义文献。在农场期间,我从一些书籍或报纸上得知,加尔各答人为挤出最后一滴牛奶,如何不人道地采取残忍可怕的'普尔卡'方法虐待母牛。我曾经与卡伦巴赫先生讨论过饮用牛奶的必要性,我告诉他这种挤奶方法如何可怕,并指出停止饮用牛奶在精神上有所益处,建议如果可能,我们应该停止饮用牛奶。卡伦巴赫先生赞同我的观点,并依着侠义心肠,马上停止饮用牛奶。他和我同一天停止食用牛奶,最后我们限制自己只吃新鲜或干水果,尽量避免吃煮过的东西。"①

第一次忏悔绝食则是绝食试验中最重要的一次。1913 年,非暴力抵抗运动者陆续从监狱里出来,甘地动员大家重新搬到凤凰村生活。当时,甘地往来于约翰内斯堡和凤凰村农场之间。他在约翰内斯堡听说凤凰村里有两个人犯了"道德过失",这对他来说这无异于一个晴天霹雳。他当日乘火车赶回凤凰村,赫尔曼·卡伦巴赫看到甘地当时的神情,不忍心甘地一人独往,便与甘地一起同行。甘地觉得,被监护人或学生的堕落,做监护人或教师的要承担一部分责任。为此,他决定进行忏悔绝食,不但连续绝食 7 日,而且在 4 个半月内日食一餐。赫尔曼·卡伦巴赫最终赞成甘地这一忏悔举措,并坚持与甘地一起绝食。甘地在《自传》"绝食当作救赎"中做了详细记述:"非暴力抵抗者从监狱释放出来,托尔斯泰农场几乎没剩下几个人了。剩下的几个可以说都是凤凰村的,所以我把他们转移到那里。那儿还有一大难关,等着我来闯。那段日子,我不得不穿梭于约翰内斯堡和凤凰村两地。当我身在约翰内斯堡时,收到消息称有两个孩子出现了不良行为,此消息一出犹如晴天霹雳。即使在非暴力抵抗运动中彻底失败或者节节败退,我都不会感到这般震惊。于是就在当天,我搭上了回凤凰村的火车,卡伦巴赫先生坚持陪我一同前去。他看到我的神情,不忍我只身独往,因为带来这个令人惶惶不安

① M.K.Gandhi, *The Selected Works of Mahatma Gandhi*, Volume I, *An Autobiography or The Story of My Experiments with Truth*, Shriman Narayan (ed.), Translated from the Original in Gujarati by Mahadev Desai, Ahmedabad: Navajivan Publishing House, 2011, pp.274–275.

的消息的人正是他。我觉得让犯罪的人知晓我的痛苦和了解他们偏离正轨渐行渐远的行为，唯一方法是进行忏悔。于是，我开始了为期七天的绝食，而后日食一餐，维持了四五个月。卡伦巴赫先生试着劝我放弃，这无非是徒劳。最后他也赞同自我惩罚是一种救赎的方式，坚持加入我的行列，我无法拒绝他满溢的爱。我觉得无比轻松，因为这个决定让我如释重负。对于犯罪者的愤怒渐渐平息，取而代之的是单纯的怜悯之情。我的心因此倍感轻松，满载着这份心情我到达了凤凰村。"①

　　甘地与卡伦巴赫在托尔斯泰农场也进行驯养和放生蛇的试验。甘地写道："卡伦巴赫经常与我讨论宗教问题，我们聚焦于诸如非暴力或爱、真理等核心问题。当我说伤害蛇或其它动物是有罪时，和其他欧洲朋友一样，卡伦巴赫感到震惊，但最终他还是在观念上接受了这个原则。在我们结识之初，卡伦巴赫先生就认为，经过理智确认的正确和恰当的原则，在实际行动中必须予以实行，因此他毫不犹豫地对生活进行重大调整。卡伦巴赫认为，既然伤害蛇或其它动物是不对的，那么我们就该善待它们。他开始收集关于蛇的书籍来辨别其种类。他从书中得知，并非所有蛇都有毒，有些还有益于庄稼。他教会我们如何识别各种蛇。有一次，他在农场驯化了一只巨大的眼镜蛇。卡伦巴赫先生每天亲手给它喂食。我小心地告诉他：'虽然您觉得自己出于友爱这样做，但是在眼镜蛇的眼里，却未必如此——尤其当您的友爱中仍带有恐惧时更是如此。无论你我，都没有勇气在它自由时与它嬉耍，但这种勇气却是不可或缺的。因此，虽然您对它存有善意，然而驯蛇本身毫无善意而言。我们该让眼镜蛇明白我们行动的含义。正如大家经常看到的，各种动物常因人们的喜好或惧怕，而随意遭至抓捕。再者，也许你不觉得眼镜蛇恶毒，只不过是为了观察其习性而圈养它。如果这样，这种出于嗜好的行为，就毫无友爱可言了。'卡伦巴赫先生接受了我的观点，但无法马上放走

---

① M.K.Gandhi, *The Selected Works of Mahatma Gandhi*, Volume I, *An Autobiography or The Story of My Experiments with Truth*, Shriman Narayan（ed.）, Translated from the Original in Gujarati by Mahadev Desai, Ahmedabad: Navajivan Publishing House, 2011, pp.282, 283, 306.

眼镜蛇。我并不想给他施压。我也对眼镜蛇的生活习性颇感兴趣，孩子们当然更对它有着无限热情。我们禁止任何人刁难它，它也尝试逃脱出去。不管是否因为有人疏忽在无意间打开笼子，还是眼镜蛇自行逃离，几天后，当卡伦巴赫先生准备喂食他的朋友时，发现笼子已经空空如也。卡伦巴赫先生对此很是开心，我也是。"

"由于这次驯养经历，蛇逐渐成为我和卡伦巴赫先生的日常话题。这些经历令我们不再像以前那么害怕蛇了，但是不要以为所有人都不怕毒蛇，或者说我们会禁止伤害它们。要人们相信做某事粗暴或有罪是一回事，而是否有能力去实践它则是另一回事。一个怕蛇的人，如果不想妄自丧命，在情急关头，难免会伤害它们。我记得在农场曾发生过这样的事情。正如读者所知，农场里潜藏着许多蛇。在我们到来之前，这里渺无人烟、荒废已久。有一天，一只蛇躲在卡伦巴赫先生房间的某个角落，我们绞尽脑汁、想尽办法也无法抓住或驱逐它。一个学生跑来请示，他希望我能同意杀死它。就算未经许可，他也能杀死它，但是无论是学生或别人在没有征询我的意见之前，居民们是不会随意行动的。我意识到，自己必须准许学生这样做，因此同意了。即便现在描述这些时，我也不觉得这样做有什么不对。因为当时我没有勇气空手抓蛇，或有其它办法为居民排除危险——即便今天我也无法做到。这里到处是蛇，卡伦巴赫先生为此给我一个手电筒，自己也留一个。我睡觉时把这手电筒放在身边。"[1]

甘地欣慰地总结了托尔斯泰农场种种试验对非暴力抵抗运动的作用和贡献。"这些危险的试验只能存在于一个视纯洁为核心要素的运动中。托尔斯泰农场被证明是运动中精神净化和苦修的最后堡垒。我一直怀疑，如果没有托尔斯泰农场的存在，这个运动如何可能维系八年，我们去哪里寻求资助，我们又怎能让几千人投入运动中来？托尔斯泰农场从来不是什么焦点，但'是金子自然会发光'。印度人最终发现，托尔斯泰农场的居民们能人所不

---

① M. K. Gandhi, *The Selected Works of Mahatma Gandhi*, Volume II, *Satyagraha in South Africa*, Shriman Narayan (ed.), Translated from the Original in Gujarati by Valji Govindji Desai, Ahmedabad: Navajivan Publishing House, 2011, pp. 268–270.

能，克服了种种艰难。1913 年，当我们再次大举发动新运动时，这种公众的信心成为一种巨大财富。人们无从知晓，自己是否能拥有，或何时才能拥有这种财富？但我从不怀疑，也劝告读者不要怀疑，这种神赐的财富确凿无疑地存在。"①

甘地与卡伦巴赫也一起接待前来南非访问的印度著名政治家戈克利。"我曾请求戈克利及其它领袖前来南非，研究这里的印度侨民问题。戈克利来信，告知他离开南非的时间，并让我为他安排六周行程。我们乐坏了！在这之前，没有任何印度领袖到过南非或者其它地区研究当地的侨民问题。""约翰内斯堡火车站公园站的装饰工作，花费了两周时间，在那里建造了一座由卡伦巴赫先生设计的教堂式拱形迎客门。戈克利于 1912 年 10 月 22 日到达开普敦。当意识到该给戈克利先生更多个人独处和休息时间时，我马上修改了所有计划。在他整个访问期间，我全程担任秘书。志愿者们（包括卡伦巴赫先生）都被告知必须注意这一点。戈克利被安置在卡伦巴赫先生离约翰内斯堡五公里外一座小山头上的房子里。那里风景怡人、空气清新，房子虽然简陋，但装饰满工艺品。戈克利很快喜欢上那里。"②

"我们在农场期间，戈克利曾到访南非。天意弄人，那天恰好下雨，我没能及时做出安排。他积劳成疾，犯了风寒。我们不能将他安置在厨房或客厅，只好让他住在卡伦巴赫先生的房间里。卡伦巴赫先生和我请求允许为他按摩脚部。他甚至不让我们去触碰他。没有介绍戈克利之行，托尔斯泰农场的回忆就不完整；同样，如果漏掉了卡伦巴赫先生的品性和行动，那也是有缺憾的。他能与我们一起在农场生活，并几乎成为我们的一分子，这简直是个奇迹。戈克利对日常小事并不在意，但是，还是为卡伦巴赫先生的巨大变

---

① M.K.Gandhi, *The Selected Works of Mahatma Gandhi*, Volume II, *Satyagraha in South Africa*, Shriman Narayan (ed.), Translated from the Original in Gujarati by Valji Govindji Desai, Ahmedabad: Navajivan Publishing House, 2011, p.270.

② M.K.Gandhi, *The Selected Works of Mahatma Gandhi*, Volume II, *Satyagraha in South Africa*, Shriman Narayan (ed.), Translated from the Original in Gujarati by Valji Govindji Desai, Ahmedabad: Navajivan Publishing House, 2011, pp.276–277.

化惊讶不已。"①

"在欧洲人、印度人的一片倾心之下，戈克利于 1912 年 12 月 17 日离开了南非。他要求我和卡伦巴赫先生陪行，直到桑给巴尔岛为止。在轮船上，我们为他安排适宜的伙食。在返回印度途中，他受到了德拉瓜湾、伊尼扬巴内和桑给巴尔岛以及其他港口人们的热烈欢迎。"②

1913 年 3 月—12 月，甘地为抗议歧视印度侨民的法律，再次发起非暴力抵抗运动。他组织数千人（其中男子 2037 人，妇女 127 人，儿童 57 人）从纳塔尔至德兰士瓦进行长途示威游行，长征途中，甘地先后于 11 月 6 日、8 日、9 日三次被捕，最后一次被捕被判 9 个月苦役。甘地入狱后，纳塔尔二万工人罢工。南非政府派出军队，武力镇压罢工工人，罢工群众死伤无数，当地监狱人满为患。南非当局的暴行，激起了印度人民的愤怒，纷纷声援南非非暴力抵抗运动。

赫尔曼·卡伦巴赫完全投身到印侨非暴力抵抗运动之中，他不仅将位于约翰内斯堡"山景"上的房子让给印度侨民家庭使用，而且与甘地一起参加抗议游行，为游行队伍安排食宿，与白人闹事者抗争，为印度侨民利益奋斗，并因此而被捕入狱。甘地与赫尔曼·卡伦巴赫曾一度被关在同一监狱，后来被押往不同监狱。③ 赫尔曼·卡伦巴赫在狱中以日记的形式给他妹妹简妮特写了一系列长信，详细阐述了印侨非暴力抵抗运动的缘起、进展和胜利。④

甘地描述了他和卡伦巴赫等投身非暴力抵抗运动的情景。"我的同志中

---

① M.K.Gandhi, *The Selected Works of Mahatma Gandhi*, Volume II, *Satyagraha in South Africa*, Shriman Narayan (ed.), Translated from the Original in Gujarati by Valji Govindji Desai, Ahmedabad: Navajivan Publishing House, 2011, p.265.

② M.K.Gandhi, *The Selected Works of Mahatma Gandhi*, Volume II, *Satyagraha in South Africa*, Shriman Narayan (ed.), Translated from the Original in Gujarati by Valji Govindji Desai, Ahmedabad: Navajivan Publishing House, 2011, p.287.

③ M.K.Gandhi, *Satyagraha in South Africa*, Triplicane Madras: S.Ganesan Publisher, 1928, pp.457–474.

④ Isa Sarid and Christian Bartolf, *Hermann Kallenbach: Mahatma Gandhi's Friend in South Africa*, Selbstverlag: Gandhi-Informations-Zentrum, 1997, pp.34–61.

提前抵达查尔斯镇的有：卡伦巴赫先生，还有史丽新小姐——她的勤快、朴实和细心是无与伦比的；印度人中，我记得还有已故的纳杜先生、阿尔伯特·克里斯托菲先生等，还有许多其他默默无闻、无私奉献的人们。此时局势并不明朗，没人知道政府何时逮捕我们。但在与政府进行一两次通讯后，我们无法继续等待了。我们决定，如果短时间内未被捕，就离开查尔斯镇，进入德兰士瓦；如果路上仍未被捕，我们就日行二十四英里前进，在八日后抵达托尔斯泰农场，随后我们在那里耕种定居，直至运动结束。卡伦巴赫先生未雨绸缪，已准备好一切。我们计划让这些'朝圣者'自己建造土屋。造屋期间，老弱者住在帐篷里，身强体壮者则露天而居。唯一的难题是，有时间或会有倾盆大雨，到时大家需要地方避雨。不过，卡伦巴赫先生显然对此胸有成竹了。"①

"大军依时出发。查尔斯镇一英里外有条小河。越过小河，我们便进入了沃尔克斯拉斯特或德兰士瓦。一队骑马巡警早在边境上严阵以待。我要求'大军'未经我示意不可越境，然后便上前交涉。交涉正在进行时，队伍突然骚动起来，大家蜂拥而上越过边界。警察将他们围住，但群情汹涌，难以遏制。警察表示无意逮捕我们。于是，我让大伙冷静下来，努力恢复秩序，直到一切井然有序后，我们才进入德兰士瓦。两天前，沃尔克斯拉斯特的欧洲人曾召集一次会议，他们在会上百般威胁印度人。有人说，一旦印度人进入德兰士瓦，他们就会向印度人开枪射击。卡伦巴赫先生参加了会议，他竭力向欧洲人解释，但是欧洲人不为所动。事实上，有人站出来试图袭击他。卡伦巴赫先生是运动专家，他曾接受过健美训练，所以毫不畏惧。当一个欧洲人要求与他决斗时，卡伦巴赫先生答道：'我已信仰和平，绝不接受这种挑战。你们想怎样处置我，悉听尊便。但我仍要在这会上说几句公道话。你们公开邀请所有欧洲人参加会议，在这里，我要告诉你们，并不是所有欧洲人都愿意对这些无辜的人施以毒手。这里有个欧洲人要说，你们对印度人的

---

① M.K.Gandhi, *The Selected Works of Mahatma Gandhi*, Volume II, *Satyagraha in South Africa*, Shriman Narayan（ed.），Translated from the Original in Gujarati by Valji Govindji Desai, Ahmedabad: Navajivan Publishing House，2011，pp.318–319.

指控完全立不住脚。印度人不像你们想象的那样，他们不想与你们争斗或者淹没这个国家。他们是并且只是为了寻求公义而已。他们进入德兰士瓦，目的不是要迁居此地，而是要极力抗议施加在他们身上的不公正税收。他们英勇无畏。他们不会伤害你们人身、财产，也不会和你们打斗，但即便迎着枪口，他们也要进入德兰士瓦。你们的子弹或剑矛绝不能使他们屈服。他们只不过要——在我看来他们确实也能够——通过自己的受难融化你们的心。我的话说完了。我相信这样做的出发点，也是为你们好的。请三思而行，别一错再错。'说完后，卡伦巴赫先生回到座位。在场的人都显得局促不安。那位试图挑战卡伦巴赫的人，最后也与他化敌为友了。"①

"卡伦巴赫先生已经为我准备好一辆车，马上送我加入'入侵'大军。一位《德兰士瓦领袖》的记者也想一同前行。我们便让他随车同去。大伙看到我非常激动，兴高采烈地继续前行。这位记者撰写了一篇关于事件、行军以及对行军者访谈的生动报道。卡伦巴赫马上赶回沃尔克斯拉斯特，他必须照顾滞留或新到查尔斯镇的印度人。"②

"政府总是朝三暮四、朝令夕改。最后，他们决意阻止波拉克先生前往印度，将他连同为印度人鞠躬尽瘁的卡伦巴赫先生一起关押起来。波拉克先生在查尔斯镇等候火车时被捕了。卡伦巴赫先生也遭到逮捕，他们被关押在沃尔克斯拉斯特的监狱里。13 日我被从敦提押解到沃尔克斯拉斯特。令人兴奋的是，在那里我与卡伦巴赫先生和波拉克在狱中会合了。有趣的是，法庭对我的指控材料，全部来自我自己在克伦德拉埃提供的证据。卡伦巴赫先生也想与队伍同甘共苦，所以自愿认罪。我向法庭提供卡伦巴赫先生的罪证，同时担任波拉克的证人。当月 14 日，法庭完成对我的判决，15 日、17日分别完成对卡伦巴赫、波拉克先生的审判，我们都被判处三个月监禁。我

① M.K.Gandhi, *The Selected Works of Mahatma Gandhi*, Volume II, *Satyagraha in South Africa*, Shriman Narayan (ed.), Translated from the Original in Gujarati by Valji Govindji Desai, Ahmedabad: Navajivan Publishing House, 2011, pp.321–322.

② M.K.Gandhi, *The Selected Works of Mahatma Gandhi*, Volume II, *Satyagraha in South Africa*, Shriman Narayan (ed.), Translated from the Original in Gujarati by Valji Govindji Desai, Ahmedabad: Navajivan Publishing House, 2011, p.324.

们在沃尔克斯拉斯特监狱中度过一段愉快的时光。政府不愿看到人们就这样被'教唆'着去谋求入狱，也不愿看到我的信息被传出监狱，因此将我和卡伦巴赫、波拉克分开关押。我被送到了布隆方丹，在那里我感受到了难以想象的孤独。至于卡伦巴赫先生，则被押解到比勒陀利亚，波拉克先生被送到了杰米斯顿。"[①]

"史沫资将军任命了由三名成员组成的委员会。对此，印度人宣布，除非政府接受自己的要求，否则，将不配合这个委员会的工作。其中包括释放非暴力抵抗人士，以及在委员会中任命至少一位印度代表。某种意义上，委员会接受了第一个要求，它建议政府无条件释放卡伦巴赫、波拉克和我，这样'调查才可能彻底到位'。政府同意了，并于1913年12月18日（即我们被关押了6个星期后）将我们三人同时释放。"[②]

1914年1月21日，甘地与南非政府首脑史沫资将军最终达成协议，政府释放了所有被捕人员，甘地也停止了非暴力抵抗运动。26日，南非联邦政府最终通过一项《改善印度人待遇法案》，取消了3英镑人头税，承认印度人的合法婚姻，同意印度人按了指模之后即可进入南非。甘地冒着生命危险组织的非暴力抵抗运动，从1906年9月到1914年1月，历时7年多，终于取得了胜利。

1914年7月，甘地告别生活、战斗了21年的南非，取道伦敦回国。赫尔曼·卡伦巴赫陪同甘地夫妇乘船离开南非，到达伦敦。赫尔曼·卡伦巴赫原本计划陪伴甘地去印度生活，但是被英国当局拒绝了。[③] 因为第一次世界大战爆发，英国和德国成为交战国。赫尔曼·卡伦巴赫是德国人，所以被拒

[①] M.K.Gandhi, *The Selected Works of Mahatma Gandhi*, Volume II, *Satyagraha in South Africa*, Shriman Narayan (ed.), Translated from the Original in Gujarati by Valji Govindji Desai, Ahmedabad: Navajivan Publishing House, 2011, pp.330–333.

[②] M.K.Gandhi, *The Selected Works of Mahatma Gandhi*, Volume II, *Satyagraha in South Africa*, Shriman Narayan (ed.), Translated from the Original in Gujarati by Valji Govindji Desai, Ahmedabad: Navajivan Publishing House, 2011, pp.341–342.

[③] Joseph Lelyveld, *Great Soul: Mahatma Gandhi and His Struggle With India*, New York: Alfred A.Knopf, March, 2011, p.132.

绝进入印度。甘地不无伤感地写到他与赫尔曼·卡伦巴赫分离的情景：与卡伦巴赫先生分离我感到很难过，但是我能看得出他比我还要难过。倘若他到印度来，今天肯定过着简朴而快乐的农夫和纺织者的生活。

甘地在《自传》中详细描述了他与卡伦巴赫乘船前往英国的旅程。"1914年非暴力抵抗运动结束后，我接到戈克利的指示，要绕道伦敦返回印度。因此七月份，嘉斯杜白、卡伦巴赫和我踏上了去英国的旅程。此次海上之旅，还是有几件值得记录的事情。卡伦巴赫先生钟爱双筒望远镜，也拥有一两个价格不菲的。我们每天总会又一次谈论到这个问题，我试着强调拥有此类奢侈品和我们正追寻的节俭似乎南辕北辙。有一天，我们站在船舱边缘讨论，并进入到一个白热化阶段。'与其让这些东西夹在我们中间成为争议的焦点，倒不如把它扔到海里。'我说。'是该把这该死的东西抛掉，'卡伦巴赫先生回应道。'我正是此意。'我说。'我也是此意。'他毫不犹豫地回答道。我径直地把它们都扔进海里，价值7英镑的玩意儿，但是卡伦巴赫先生对于它们的钟爱远远超越了其本身的价格。然而，丢了，他也从不后悔。这是众多发生在我和卡伦巴赫先生间的事情之一。每一天，我们都是以这样的形式学到新的东西，因为我们俩都朝着寻求真理之路前行。在前行途中，愤怒、自私、怨恨等都自动绕道而行，如果不这样，我们将无法实现我们的目标。一个人，他或许初衷纯良，话语真实，但是如果为情感所左右，那么他将永远无法找到真理所在。成功地寻求到真理意味着，能在爱与恨、幸福与悲伤这样截然不同的两种情感中自由穿梭。"[①]

甘地在《自传》中也叙述了他与卡伦巴赫在伦敦仍然坚持饮食试验。"我已说过我在英国害了一场胸膜炎，不久戈克利便回到伦敦来了，卡伦巴赫和我常常去拜访他。我们谈话的内容大多围绕战争的问题，由于卡伦巴赫对德国的地理非常熟悉，游历欧洲时去过很多地方，他常常在地图上为他指出与战争有关的一些地点。自从我得了胸膜炎，我的病也成为了日常的谈资。我

---

① M.K.Gandhi, *The Selected Works of Mahatma Gandhi*, Volume II, *Satyagraha in South Africa*, Shriman Narayan（ed.）, Translated from the Original in Gujarati by Valji Govindji Desai, Ahmedabad: Navajivan Publishing House, 2011, pp.384–385.

的饮食实验在那个时候也在进行，我的饮食包括花生、煮过的和新鲜的香蕉、柠檬、橄榄油、西红柿、葡萄等等。我完全远离了牛奶、谷物、豆类等食物。齐弗拉兹·梅赫达医生为我治疗，他总苦口婆心地劝我喝牛奶吃饭，但我却坚决不干。此事传到戈克利那里，对于我偏爱水果节食的理由他一向不多问，只是劝我遵照医生为我的健康所指定的食谱。那天晚上，卡伦巴赫和我回到家里，我们便商量我究竟怎么办才好。饮食实验他一直都陪我一起做，他喜欢这个实验，但是我知道如果我的健康需要的话，他是赞成我停止实验的。所以，我得听从内心的真实的声音来做决定。那天晚上，卡伦巴赫和我到国立自由俱乐部去见戈克利。他劈头第一句话便问我：'嗯，你已经决定接受医生的劝告了吗？'我轻声但是坚决地回答说：'所有的意见我都愿意接受，只有一点，我请求你不要勉强我。我决不喝牛奶，不吃奶制品或肉。如果不吃这些东西我就会死去，我觉得我宁可死去。'"①

甘地在《自传》中写到他与卡伦巴赫分别时的痛苦与悲伤。"卡伦巴赫先生原打算去印度的，却陪我去了英国。我们相互做伴，当然想乘同一艘船。然而，德国人遭到了严密的监视，我们怀疑卡伦巴赫先生能否顺利拿到护照，为此我竭尽全力帮忙。罗伯茨先生非常愿意帮助卡伦巴赫先生，并向该区的总督发出电报寻求帮助。但哈定基勋爵直接回绝：很遗憾地告诉你，印度政府不会冒此风险。我们都明白这答复的确切含义。与卡伦巴赫分开，我感到万分痛苦，对于卡伦巴赫来说更是一种折磨。如若他不来印度，今日他便可以在家中过着安逸的生活，耕田劳作。如今在南非，他重操旧业，当一名建筑师，生意也很好。"②

赫尔曼·卡伦巴赫在伦敦被当作"敌侨"拘留，1915—1917 年，作为战俘关押在马恩岛。第一次世界大战后，他回到南非，在约翰内斯堡重操旧

① M.K.Gandhi, *The Selected Works of Mahatma Gandhi*, Volume II, *Satyagraha in South Africa*, Shriman Narayan (ed.), Translated from the Original in Gujarati by Valji Govindji Desai, Ahmedabad: Navajivan Publishing House, 2011, pp.398–399.

② M.K.Gandhi, *The Selected Works of Mahatma Gandhi*, Volume II, *Satyagraha in South Africa*, Shriman Narayan (ed.), Translated from the Original in Gujarati by Valji Govindji Desai, Ahmedabad: Navajivan Publishing House, 2011, pp.401–402.

业，继续保持与甘地的联系。纳粹主义的兴起和希特勒的反犹宣传震惊了赫尔曼·卡伦巴赫，使他重新发现了他的犹太人身份。他成为一位坚定的"犹太复国主义者"（Zionist），在"南非犹太复国主义联盟执行委员会"任职，计划定居巴勒斯坦。他希望在那里建立一个没有国家、没有军队、没有工业、没有殖民主义的社会。《每日邮报》这样写道："他是一位犹太复国主义者，但是犹太复国主义对他来说并非一个负面现象。在他看来，现代巴勒斯坦是犹太人和世界的一个道德与社会实验。"①

在后来的岁月里，赫尔曼·卡伦巴赫分别于 1937 年和 1939 年两次赴印度访问甘地。赫尔曼·卡伦巴赫前往瓦尔达附近的"西瓦格拉姆静修院"看望甘地，当时他病倒了，甘地精心照料他直到康复。康复后，赫尔曼·卡伦巴赫再次成为一个简朴的人，参与到甘地静修院生活的所有活动中。他写道："我加入了整个活动，几乎回到了过去的共同生活，仿佛 23 年的隔阂瞬间消失了。"② 在这两次访问中，赫尔曼·卡伦巴赫寻求甘地对犹太复国主义的同情与支持。但是，他们之间存在分歧，甘地劝赫尔曼·卡伦巴赫原谅纳粹大屠杀，赫尔曼·卡伦巴赫说他做不到，他认为应该用暴力抵抗希特勒。虽然如此，他们之间的深厚友情一如既往。1945 年，赫尔曼·卡伦巴赫为仍留在凤凰村的甘地家人设计了一个简朴的砖房，几个星期后去世。他将地产中的一部分留给了南非的印度人，绝大部分地产留给了犹太复国主义事业。1955 年，根据他的遗志，他的大批书籍（5000 册书）捐给了希伯来大学（耶路撒冷大学），财产留给了以色列，骨灰葬在了以色列的德干亚。

第三节　任由评说

从上述甘地与赫尔曼·卡伦巴赫的交往关系中可以看出，他们两人是志

---

① *Rand Daily Mail*, March 26, 1945.

② Isa Sarid and Christian Bartolf, *Hermann Kallenbach: Mahatma Gandhi's Friend in South Africa*, Selbstverlag: Gandhi-Informations-Zentrum, 1997, p.73.

同道合、患难与共的莫逆之交，在南非的政治斗争和生活试验中同甘共苦、风雨同舟，建立起了真挚友情。赫尔曼·卡伦巴赫将一生中的主要时期献给了甘地的原则和理想，并因此改变了他的生活方式。甘地则在同赫尔曼·卡伦巴赫的交往中找到了他早期人格和思想发展过程中的"精神伴侣"。如《布拉马查里雅：甘地与他的女同伴们》的作者吉尔加·库马尔所说："可以毫不夸张地说，赫尔曼·卡伦巴赫和其他南非朋友帮助奠定了后来成为圣雄现象的基础。他们值得我们以感激的心永远铭记。"①

正因如此，甘地与赫尔曼·卡伦巴赫之间的友情超出了常人之间的友情。他们之间的通信揭示了彼此之间热烈真挚的感情和友爱。赫尔曼·卡伦巴赫写给甘地的信件已经不可复得，因为甘地按照赫尔曼·卡伦巴赫的意愿将赫尔曼·卡伦巴赫写给他的信件已经销毁了。甘地写给赫尔曼·卡伦巴赫的信件有 200 多封，有些收入了《圣雄甘地全集》，有些由赫尔曼·卡伦巴赫的孙侄女阿伊萨·萨莉德及家人收藏。印度历史学家拉姆昌德拉·古哈和苏尼尔·凯尔纳尼见过这些信件，并向印度政府打报告建议收购这些信件。② 在这些信件中，友爱是贯穿其中的一个主题，这些信件也显示了他们感情中幽默的一面。

研究甘地的学者在论及甘地与赫尔曼·卡伦巴赫友情的时候，都程度不同地引用了甘地写给赫尔曼·卡伦巴赫的信件。但是，统观有关甘地研究的著作和甘地研究专家的言论，可以说，迄今为止，研究甘地的学者包括所谓的"修正史学者"中并没有人认为甘地与赫尔曼·卡伦巴赫之间的关系是同性恋或双性恋，充其量认为他们之间的关系是同性爱，亦即柏拉图式的精神恋爱，也就是甘地所说的"精神伙伴"（soulmate）。如特里普蒂·拉西里所说："近年来出版的许多修正学派著作中很少有哪本著作暗示他是同性恋者，

---

① Girja Kumar, *Brahmacharya: Gandhi and His Women Associates*, New Delhi: Vitasta Publishing, 2006；Girja Kumar, "Bapu and Friends", *Hindustan Times*, April 3, 2011.

② Akshaya Mukul, "Centre trying to acquire Gandhi's letters to German pal", *The Times of India*, April 3, 2011.

甚至没有哪本著作暗示他有同性恋关系。"①

历史学家吉尔加·库马尔认为，甘地与卡伦巴赫的关系是一种特殊的男性情感，是别具一格的柏拉图式的关系，是精神伙伴。甘地1909年4月5日写信给卡伦巴赫说，"我的肉体没有与你在一起，但是我的精神永远与你在一起"。在另一封信中，甘地用"我们相互爱慕"来表达他对他的伙伴的"超凡的爱"。甘地所说的"你是如何完全拥有了我的身体"，指的是他们1910年6月协议中的条款，根据这个条款，甘地将住在卡伦巴赫家里。甘地早在1906年就发誓完全禁欲，我们没有理由怀疑甘地会违背他的誓言。② 而且，在甘地的影响下，赫尔曼·卡伦巴赫也实行禁欲。赫尔曼·卡伦巴赫在1908年给弟弟西门的信中写道："我放弃了我的性生活，我相信我获得了人格力量、精神活力和体质发展。我的体格变得更好，也更强壮。"③

历史学家加德·亚当斯在《甘地：赤裸的野心》一书中，大量描写了甘地与性的话题，如甘地如何与适婚年轻女子一起洗浴，与他的女追随者同床共枕。但是，加德·亚当斯本人对甘地是同性恋者的说法嗤之以鼻。他表示："如果甘地有同性恋行为，他肯定会用大量证据，要么证明这种行为的正当，要么表明这种行为的耻辱。毕竟，甘地属于坦白忏悔型的人。甘地从不隐瞒真相。"他指出，甘地经常在通信和演说中使用"爱"字，"他对感情非常真诚"。"就这样，甘地'爱'赫尔曼·卡伦巴赫，并给他写信谈到了爱，但是他不理解赫尔曼·卡伦巴赫对他的'超凡的爱'。我个人认为，赫尔曼·卡伦巴赫是同性恋者，但这并不意味着甘地也是同性恋者，也不意味着甘地真正理解赫尔曼·卡伦巴赫对他有强烈的吸引力"。"甘地的确与家人关系不融洽，但是他与家人在不在一起并不能证明什么，除非他是一个没有

---

① Tripti Lahiri，"New Book Raises Question: Was Gandhi Gay?"，*Wall Street Journal*，March 29，2011.

② Girja Kumar，"Bapu and Friends"，*Hindustan Times*，April 3，2011.

③ Isa Sarid and Christian Bartolf，*Hermann Kallenbach: Mahatma Gandhi's Friend in South Africa*，Selbstverlag: Gandhi-Informations-Zentrum，1997，p.16.

家庭的人"。①

　　研究甘地的学者詹姆斯·亨特在提交给亚洲研究学会的论文《赫尔曼·卡伦巴赫信件与托尔斯泰农场》中探讨了赫尔曼·卡伦巴赫与甘地的关系，认为他们之间的关系显然是"同性爱"（homoerotic），绝不是"同性恋"（homosexual）。②研究甘地的澳大利亚学者托马斯·韦伯在他的著作《甘地：弟子与导师》中，也持同样的观点，并对詹姆斯·亨特的观点作了注脚。托马斯·韦伯写道："从 1909 年开始，甘地与赫尔曼·卡伦巴赫互称上院与下院。甘地称赫尔曼·卡伦巴赫的信件为'迷人的情书'。1910 年以后，甘地写给赫尔曼·卡伦巴赫的信件落款为'爱你'。有时候，甘地称他们为'一灵二体'。这一爱恋关系也包含大量幽默的成分，他们彼此称为上院和下院，只是表明长幼之分。"③赫尔曼·卡伦巴赫的孙侄女阿伊萨·萨莉德博士认为，甘地与赫尔曼·卡伦巴赫将他们之间的关系比附为英国议会中的两院，幽默地称对方为上院和下院，下院准备预算，上院核实预算，上院制定法律，下院执行法律，意在表示他们二人分工有序，志同道合，合作默契。④

　　约瑟夫·勒利维尔德的《伟大的灵魂：圣雄甘地与印度的斗争》一书实际上与詹姆斯·亨特和托马斯·韦伯的研究一脉相承。自从争议爆发以来，约瑟夫·勒利维尔德一直在否认他的著作将甘地描绘成一位双性恋者或同性恋者。他在接受《印度时报》采访时说："该书没有说甘地是双性恋者，也

---

①　Jad Adams，*Gandhi: Naked Ambition*，London: Quercus Publishing，2010，see Insiya Amir，"Gandhians slam US author for putting gay tag on the Mahatma!"，*Mail Today*，March 29，2011.

②　James D.Hunt，"The Kallenbach papers and Tolstoy farm"，1995，see Ashish Vashi，"Gandhi-Kallenbach relationship: homoerotic not homosexual"，*The Times of India*，April 20，2011.

③　Thomas Weber，*Gandhi As Disciple And Mentor*，Cambridge University Press，2004，see Ashish Vashi，"Gandhi-Kallenbach relationship: homoerotic not homosexual"，*The Times of India*，April 20，2011.

④　Isa Sarid and Christian Bartolf，*Hermann Kallenbach: Mahatma Gandhi's Friend in South Africa*，Selbstverlag: Gandhi-Informations-Zentrum，1997，p.17.

没有说他是同性恋者。""这是一本负责任的书，是一本敏感的书，是一本敬仰甘地及其争取印度社会正义的书。但它却被变成了一本仿佛有点哗众取宠的粗制滥造的作品，但它不是"。他也提到了詹姆斯·亨特的论文，他说，"一位令人尊敬的甘地学者认为这一关系的特征显然是同性爱绝不是同性恋，他通过这样的措辞旨在表示他们的关系是一种强烈的相互吸引的关系，仅此而已"。①

约瑟夫·勒利维尔德在接受《印度快报》采访时表示，他的书的中心主题比引起争议的段落更有挑战性，它关乎圣雄甘地争取社会正义的斗争，而不是他的亲密关系。有关他的书的争议主要聚焦在讨论甘地与赫尔曼·卡伦巴赫关系的三个段落，占全书349页（不包括注释和书目）中的12页左右，这三段提出了敏感的性问题。② 约瑟夫·勒利维尔德在初次阅读《圣雄甘地全集》中甘地给赫尔曼·卡伦巴赫的信件时，意识到他碰到了"敏感材料"。他说："我知道这是很微妙的材料，我满怀崇敬地对待之。我对这个主题小心翼翼，这是第一本广泛探讨赫尔曼·卡伦巴赫通信的书，因此非常谨慎地推断这些信件。"③

甘地1909年在伦敦的宾馆里给赫尔曼·卡伦巴赫写的信中提到了赫尔曼·卡伦巴赫的肖像和棉絮与凡士林，并说这些棉絮与凡士林使他经常想起"你是何等地完全拥有了我的身体"。约瑟夫·勒利维尔德推测，棉絮与凡士林要么与灌肠有关，要么与按摩有关。甘地患有便秘，经常灌肠。此外，他每天要做按摩。④ 甘地与赫尔曼·卡伦巴赫住在一起的时候，赫尔曼·卡伦

① Ashish Vashi, "Gandhi-Kallenbach relationship: homoerotic not homosexual", *The Times of India*, April 20, 2011.

② 约瑟夫·勒利维尔德所说的三个段落指的是第四章"上院"中的三个段落，共13页，而集中讨论甘地与赫尔曼·卡伦巴赫关系的只有第二个段落，不到5页。参见 Joseph Lelyveld, *Great Soul: Mahatma Gandhi and His Struggle With India*, New York: Alfred A.Knopf, March, 2011, pp.79–104。

③ Mandakini Gahlot, "Letters suggest Gandhi was bisexual: Pulitzer Prize author", *Express India*, March 29, 2011.

④ Joseph Lelyveld, *Great Soul: Mahatma Gandhi and His Struggle With India*, New York: Alfred A.Knopf, March, 2011, p.89.

巴赫可能经常帮甘地灌肠或按摩，所有才有"你是何等地完全拥有了我的身体"之说。

约瑟夫·勒利维尔德在他的书中解读了"上院"与"下院"的幽默称谓。他认为甘地比赫尔曼·卡伦巴赫更机智更幽默，他将自己称为"上院"，将比他小两岁的赫尔曼·卡伦巴赫称为"下院"。这是一个打趣的比喻，"下院"是拨款的来源，"上院"则投票否决超支拨款。在托尔斯泰农场，"下院"负责体育锻炼和其他一切日常事务，而"上院"则思考策略层面的问题，指导道德发展等。"上院"与"下院"也经常以幽默的方式签订一些貌似认真的协议。1911 年 7 月 29 日，"上院"与即将赴欧的"下院"签订协议，要"下院"承诺"绝不在此期间缔结婚约"，也不"好色地关注其他任何女子"。然后，俩人互相保证给予彼此"更多的爱，这种爱如他们所希望的，是全世界不曾见过的"。约瑟夫·勒利维尔德认为，如果忽视他们通信的背景，甘地这种玩笑式的口气和用语很容易使人联想到恋人之间的关系。人们可能对这些信件有两种截然不同的解读，一种是臆测，一种是认真考察他们共同努力压制性冲动的言论与举动。①

约瑟夫·勒利维尔德敦促读者仔细阅读他给出谨慎结论的那一页：甘地与赫尔曼·卡伦巴赫有关性问题态度的指导原则是他们关于禁欲、节制以及为了追求这些目标而控制饮食的言论。他认为，甘地与赫尔曼·卡伦巴赫绝非伪君子，他们的实践与他们的原则完全一致。他对甘地写给赫尔曼·卡伦巴赫的信件（这些信件公之于众已经近 20 年了）的讨论清楚地表明，甘地深爱着他的犹太朋友，希望他的暮年有他的陪伴。按照今天的标准，甘地与赫尔曼·卡伦巴赫之间的语言似乎展示了一种同性恋关系，但是在当时这是柏拉图式亲密友谊感情之间常用的语言。两个男人保持着爱恋与亲密关系而不发生性关系，现在的人们难以相信，但是在一个世纪前却是可信的。在甘地生命的后期，他的志向是过一种无性生活（sexlessness），而不是双性恋

---

① Joseph Lelyveld, *Great Soul: Mahatma Gandhi and His Struggle With India*, New York: Alfred A. Knopf, March, 2011, pp.89–90.

(bisexuality)。①

对于西方媒体大肆炒作甘地与赫尔曼·卡伦巴赫"同性恋"或"双性恋"的怪象，约瑟夫·勒利维尔德指出，西方媒体报道之所以突出"双性"问题，"是因为我们目前所处的环境，在这一环境中，任何事情都被断章取义作为新闻到处报道"。② 托马斯·韦伯认为，这标志着"修正史学"时代的到来。他说："钟摆发生了荒唐的摆动，我们在吹毛求疵，小题大做。"圣雄甘地的曾孙图沙尔·甘地在接受英国《今日邮报》采访时表示，"这些西方作家对甘地的性行为有着病态的迷恋。它只是帮助他们售书的噱头。它一直是攻击甘地的武器"。③ 甘地的孙女、"嘉斯杜白·甘地全国纪念托拉斯"主席塔塔·白塔查吉说："甘地毕竟是人，不断强调他的性取向，纯粹是迷恋淫秽情趣。这只不过是一种销售策略罢了。"这一销售策略践踏了写作的尊严。她指出："我理解批判思维，但是用友谊诋毁赋予我们非暴力礼物的人，只能说明这些人心胸狭隘。这些书只能歪曲事实，混淆读者，仅此而已。"④

第四节　东西差异

甘地与赫尔曼·卡伦巴赫之间的关系被西方误解为"同性恋"或"双性恋"关系，并大肆渲染，也有其更深层的历史文化根源，即东西方在性别文化方面的差异。

印度和中国等具有悠久历史和文化传统的东方文明古国，长期以来受到

---

① Deep K.Datta-Ray, "If it's wrong to discuss sex and Gandhi, I'm guilty: Lelyveld", *The Times of India*, April 6, 2011.

② Mandakini Gahlot, "Letters suggest Gandhi was bisexual: Pulitzer Prize author", *Express India*, March 29, 2011.

③ Corey Flintoff, "Gandhi Biography Causes Furor In India", *NPR*, April 4, 2011.

④ Insiya Amir, "Gandhians slam US author for putting gay tag on the Mahatma!", *Mail Today*, March 29, 2011.

传统的"男尊女卑""男女授受不亲"等文化观念的影响，异性之间的亲密交往受到排斥和侧目，同性之间的亲密交往习以为常。就笔者所见，在印度的有些公交车上，男女分座；在印度的大街上，同性结伴很常见，异性结伴不多见。最为典型的一个例子是，在纪念甘地"食盐进军"75周年活动中，有时沿途数千人一起席地而坐吃饭，吃饭的时候并非男女混合，而是男女分开，泾渭分明，笔者曾走到身着五颜六色萨丽、席地而坐的女士区与她们寒暄并为她们照相，结果一位印度男士走过来，非常愤怒地告诉笔者，身为男士应该去男士区寒暄照相。在印度和中国，同性之间往往显得很亲密，女性之间手挽手、男性之间勾肩搭背的场景比比皆是，司空见惯，不足为奇，绝不会被误以为是同性恋。

在深受基督教文化影响的英美等西方国家，异性之间的亲密交往光明正大，理所当然，而同性之间的亲密交往则讳莫如深，有被视为同性恋之嫌。《圣经》创世纪中神创造人类始祖亚当夏娃的情境明确无误地昭示，女人是男人的肋骨，男女之间亲密无间，骨肉相连，合而为一。[1] 同性恋则被视为违背了神创造的异性恋结构，是背离基督教性伦理的罪孽，受到谴责、歧视和排斥。[2] 近年来，西方社会包括一些教会组织对同性恋甚至同性婚姻表示接受和宽容，引发了西方社会的一场大争论。但是，从西方社会特别是英美国家的主流文化价值取向来看，反对同性恋和同性婚姻的声音仍然占据优势。这从近期的相关文章中可见一斑，例如《同性婚姻及其对道德伦理的威胁》[3]《同性婚姻大谎言》[4]《同性恋取向或错位?》[5]《支持传统婚姻的法律

---

[1] "耶和华神就用那人身上所取的肋骨造成一个女人，领她到那人跟前。那人说：'这是我骨中的骨，肉中的肉，可以称她为女人，因为她是从男人身上取出来的'"。《圣经》，中国基督教协会，2012年，第2页。

[2] 《圣经》，中国基督教协会，2012年，第111页。

[3] Matthew J.Franck, "Same-Sex Marriage and the Assault on Moral Reasoning", *Public Discourse*, March 18, 2013.

[4] Ryan T.Anderson, "The Big Same-Sex Marriage Lie", *New York Daily News*, May 7, 2013.

[5] Daniel Mattson, "Homosexual Orientation or Disorientation?", *First Things*, April 10, 2013.

和文化原因》①《同性婚姻提案在北爱尔兰议会遭否决》②《重新界定婚姻的后果：侵蚀婚姻准则》③《反对同性恋婚姻的年轻人不惧即将来临的战斗》④《婚姻对美国和保守主义的重要性》⑤《为传统婚姻辩护》⑥ 等。

在上述东西方性别文化差异的背景下，甘地与赫尔曼·卡伦巴赫之间的深厚友谊和亲密关系，在印度和东方文化语境中没有什么大惊小怪的，然而在西方文化语境中却是爆炸性的新闻。加之，圣雄甘地在印度和全球，特别是传统史学界，一直以来被奉为"圣人"，是道德的楷模，而修正史学的"新发现"似乎颠覆了人们对甘地的传统认识，犹如在热腾腾的油锅里撒了一把盐，在西方造成了轰动效应，也引起了全球范围的大论争。

总而言之，约瑟夫·勒利维尔德的新书《伟大的灵魂：圣雄甘地与印度的斗争》只是近年来西方学界所谓的修正史学著作之一，安德鲁·罗伯茨断章取义的书评则是引发甘地"同性恋"或"双性恋"大争论的导火索，而西方媒体和印度媒体对安德鲁·罗伯茨书评的大肆转载报道则为以讹传讹推波助澜。但是，不管怎样，就像图沙尔·甘地所说，"圣雄是否是异性恋者、同性恋者或双性恋者，又有何关系？无论如何，他都是领导印度取得自由的那个人"；"他的声誉源于他是一位和平活动家，他的声誉源于他教导我们用非暴力解决冲突，他坦诚率真和光明磊落的一生就是例证"。⑦

---

① Robert Benne, "Why Traditional Marriage Should Be Legally and Culturally Supported", *Juicy Ecumenism*, April 12, 2013.

② "Same-sex marriage motion is defeated at NI Assembly", BBC, April 29, 2013.

③ Ryan T. Anderson, "The Consequences of Redefining Marriage: Eroding Marital Norms", *Heritage Report*, March 25, 2013.

④ Ashley Parker, "Young Opponents of Gay Marriage Remain Undaunted by Battle Ahead", *New York Times*, March 21, 2013.

⑤ Ryan T. Anderson, "Why Marriage Matters for America and Conservatism", *The Foundry*, February 27, 2013.

⑥ Ryan T. Anderson, "In defense of traditional marriage", *Washington Post*, March 20, 2013.

⑦ Amruta Byatnal, "Ban will be a greater insult: Tushar", *The Hindu*, March 31, 2011；Corey Flintoff, "Gandhi Biography Causes Furor In India", *NPR*, April 4, 2011.

毋庸置疑，甘地与赫尔曼·卡伦巴赫之间的深厚友谊和真挚感情是他们在南非从事非暴力抵抗运动的共同生活共同战斗的岁月中形成的，他们之间的友谊超越了个人范畴，与甘地"非暴力抵抗"运动的初步实践融为一体。

第四章 甘地与第二次世界大战

——基于《书信集》史料

甘地是印度国父，现代印度民族独立运动的最高领袖和精神导师，也是具有世界影响的伟大历史人物，他身后留下了珍贵而丰富的历史文献，包括论著、书信、演讲、报刊言论等，是研究甘地和印度现代史乃至世界现代史不可多得的史料。本章拟以《圣雄甘地选集》第四卷《书信集》中收录的甘地在二战时期的相关信件史料为基础，探讨甘地在第二次世界大战中的立场和影响，就教于学界。

第一节 甘地与轴心国

《书信集》中收录了两封甘地致轴心国的信，其中，一封致纳粹德国希特勒的信，一封致日本人的信。

（一）甘地致希特勒的信写于 1939 年 7 月 23 日，欧战爆发之前。[①] 这封信很短，传递出的主要信息有：

第一，甘地对希特勒非常客气，称呼希特勒为"亲爱的朋友"，落款为"你忠诚的朋友"。第二，甘地是在朋友的催促和自己良知的促使下给希特勒写信

---

① M.K.Gandhi, *The Selected Works of Mahatma Gandhi*, Volume IV, *Selected Letters*, Shriman Narayan (ed.), Ahmedabad: Navajivan Publishing House, 2011, p.198.

的，他说，"朋友们一直催促我为了全人类给你写信，但是我拒绝了他们的请求，因为感觉我的任何来信都是莽撞无理的。然而，有某种声音告诉我，我一定不能计较，我必须呼吁任何值得呼吁的东西。"第三，甘地认识到，希特勒是当今世界凶残野蛮战争的源头，"很明显，你是当今世界上唯一能够阻止人类陷入凶残野蛮境地的战争的那个人"。第四，甘地意识到，希特勒不会停下战争的脚步，"你必须为了一个在你看来似乎有价值的东西付出这样的代价吗？你会听取一位有意致力于避免使用战争方法而并非没有重大成就的人士的呼吁吗？不管怎样，如果我写信给你是一个错误，我期待你的谅解。"既然甘地意识到希特勒是战争狂人，是世界灾难的始作俑者，为何对他还如此客气，以忠实朋友相称？既然甘地知道希特勒不会改弦更张，为何还要给他写信，他所说的某种声音是什么？这些问题留待后面评述。

（二）甘地致日本人的信写于 1942 年 7 月 18 日，太平洋战争爆发之后和"退出印度"运动爆发之前。[①] 这是一封长信。

首先，甘地开宗明义谴责日本对中国的侵略，谴责日本加入轴心国，谴责日本帝国主义野心对世界和平的危害。他说："我从一开始必须坦白，尽管对你们没有恶意，但我非常反感贵国对中国的进攻。你们竟从高贵民族堕落到野心帝国。你们没有意识到此种野心的祸害，而贵国也许会成为瓜分亚洲的始作俑者，继而不经意地阻碍世界联盟和互敬互爱的进程，然而，没有整个世界的团结互爱，人类就没有希望可言。""贵国正对中国进行无端挑衅，对那片伟大而古老的土地进行无情的蹂躏。跻身世界大国之林的雄心对贵国来说是十分有价值的，但加入轴心国、侵略中国这些行为，无疑是不正当的，是对此雄心的越轨。"

其次，甘地回忆了他对日本和日本人的美好印象，为今日日本的所作所为感到惋惜。他说："五十多年前，那时我十八岁，正在伦敦求学。我从已逝的埃德温·阿诺德爵士的文章中逐渐学会了欣赏日本这个国家诸多的优秀

---

① M.K.Gandhi, *The Selected Works of Mahatma Gandhi*, Volume IV, *Selected Letters*, Shriman Narayan (ed.), Ahmedabad: Navajivan Publishing House, 2011, pp.209–212.

品格。当我在南非得知，你们对抗俄国军队取得杰出胜利时，我惊喜万分。1915 年从南非回到印度后，我时不时会与作为静修院成员的日本僧侣保持密切联系。他们中的一个现已成为西瓦格拉姆静修院的重要人员，他尽职尽责，宽容忍耐，坚持每日祷告，和蔼可亲，在任何情况下都镇定自若，脸上挂着显示他内心平静自然的微笑，这使他深受我们的喜爱。而现在，由于你们对大不列颠宣战，他被迫离开了，这让我们非常想念他这位亲爱的工作伙伴。离开时，他留下他的日常祈祷文和小鼓作为纪念，每天的晨祷晚告，都是伴随着他的鼓声开启的。""每当这些美好的回忆映入脑海，我就感到非常难过。"

第三，甘地希望日本与中国成为友邻，不惜冒死去日本劝说他们停止侵略中国。他说："我本以为你们会为你们的邻居感到骄傲，它是一个伟大而古老的民族，你们接纳他们古老的经典文学作为你们的经典。对于彼此的历史、传统、文学的互相理解，本应将你们两国连接起来，成为朋友而不是变成今天的敌人。如果我是一个自由人，如果你们允许我到你们的国家去，尽管我瘦弱，我不会介意冒着健康甚至生命危险去你们国家，以请求停止你们正在对中国和世界，以及对你们自己所做的错事。"

第四，甘地申明，印度在这个特殊时刻发动摆脱英国统治的"退出印度"运动，并非趁日本即将发动进攻之机里应外合为难同盟国，而是为了迫使英国和同盟国立刻承认印度独立以便印度更好地动员全国力量抵抗一切军国主义和帝国主义，他承诺同盟国在印度继续保留军队，团结一致打败日本和轴心国，他告诫日本切莫心存幻想和误解，日本和轴心国发动的残忍战争无论胜负都是非正义的。

他说："我们正处于一个紧要关头，不得不抵抗我们所憎恶的帝国主义，我们对它的憎恶不亚于对你们的帝国主义和纳粹主义的憎恶。我们对这个帝国主义的抵抗并不意味着对英国人民的伤害。我们采取的是对英国统治的非武装反抗，为的是改变他们的人心。我国的一个重要党派正致力于一场与外国统治者的不共戴天但又友好善意的抗争。但是，在这方面他们并不需要外国列强的援助。就我所知，你们误以为我们选择在这个特殊时刻使同盟国难堪，是因为你们即将发起对印度的进攻。如果我们想将自身的机会建立在英国的困难之上，那么三年前战争爆发伊始，我们早就会这么做了。我们要求英国政权撤离印度的运动，是无论如何都不能被误解的。实际上，如果我们相信报道所说你们渴望印度独立，那么英国对印度独立的承认应该使你们打消任何进攻印度的借口。我请你们不要误解，如果你们以为日本会受到印度发自肺腑的欢迎，那么这个幻想注定会破灭。英国撤退运动的目的，是通过印度获得自由，以抵抗所有军国主义和帝国主义的野心，不管它被称作英国帝国主义，德国纳粹主义，还是你们日本军国主义。如果不这样做，我们就是世界军事化的卑鄙旁观者，尽管你们相信在非暴力中我们能找到对抗军国主义思想和野心的唯一解决办法。就个人而言，我担心不宣布印度独立，同盟国就不能打败将暴力提升为宗教高度的轴心国。同盟国要打败你和你的搭档们，就必须在你们所精通的残忍战争中战胜你们。如若同盟国也仿照轴心国，那么他们宣称的保护世界民主和个人自由便将会付诸东流。我认为同盟国需要现在宣布并且承认印度的自由，同时，把印度的被迫合作转变为印度的自愿合作。只有这样，同盟国才能获得力量，以避免重蹈你们的覆辙，避免残忍行径。"

"对于英国和同盟国，我们以正义的名义发起呼吁，也为了他们的宣言，为了他们自身的利益。而对你们，我以人道的名义呼吁。对我来说，你们不明白残酷的战争不可能是某个人的专利，这实在是不可思议。即使不是同盟国，其他某个强国肯定也会完善你们的方法，并用你们的武器打败你们。即使你们赢了，也不会给你们的人民留下任何能让他们感到骄傲的遗产。他们不可能因讲述残忍行径而感到骄傲，不管这种残忍行径是通过多么高超的技巧取得的。即使你们最终获胜，也不能证明你们是正义的，那只能证明你们毁灭性的力量更为强大。显然，这个对同盟国也同样适用，除非他们现在采取公正和正义的行动，给印度以自由，并承诺同样给亚洲和非洲所有其他附属民族以自由。我们呼吁英国撤出印度的同时还提出自由印度允许同盟国在印度继续保留部队。这个建议的提出是为了证明我们绝不会损害同盟国的事业，也是为了防止你们误解，以为你们可以占领英国撤出后的印度。无需赘言，如果你们怀有任何此类的想法并采取行动，我们一定会用国家的全部力量予以反抗。"

第五，甘地意识到日本不会对他的呼吁做出回应，但是出于对人类本性的信念以及对日本步入正途的希冀，他依旧对日本发出了呼吁。他说："我对你们发出呼吁，是希望我们的运动可以影响你们和你们的伙伴走上正确的道路，并使你们远离注定要让你们道德毁灭，并将人类沦为冷血机器的这条不归路。得到你们对我这份呼吁作出回应的希望，比得到英国人的回应要渺茫得多。因为我知道英国人并非缺乏正义感，而且他们了解我。我对你们不够了解，所以还不能作出判断。我所读的东西告诉我，你们两耳不闻呼吁声，一心只听刀剑音。我多么希望你们是被严重误解的，而且我能够触动到你们的那根心弦！不管怎样，我对人类本性的恻隐之心有着永恒的信念。在这个信念的支配之下，我构思了印度即将发生的运动。也正是基于这个信念，让我对你们发起这份呼吁。"

第二节　甘地与同盟国

《书信集》中收录了十三封甘地致 / 与同盟国的信，其中，三封致英国人的信，一封致中国领导人蒋介石的信，一封致美国人的信，八封甘地与总督林利思戈往来的信。

1. 甘地与英国

甘地第一封致英国人的信写于 1940 年 7 月 3 日，这是一份很有名的呼吁信。① 首先，甘地声明，他反对战争，呼吁停止战争，因为他认为战争本

---

① M. K. Gandhi, *The Selected Works of Mahatma Gandhi*, Volume IV, *Selected Letters*, Shriman Narayan（ed.）, Ahmedabad: Navajivan Publishing House, 2011, pp.199–201.

质上是邪恶的，是非正义的，是对民主的毁灭，使人类陷入残暴无情的野兽状态，英国为首的同盟国与德国为首的轴心国从事的是同样残暴的非正义事业。他说："你们的政治家宣称这是一场为民主而战的战争。除此之外，还有很多辩解的理由。你们对此都心知肚明。我认为，不管战争以什么方式结束，战争之后民主便不复存在，何谈为民主而战？这场战争对于人类来说，是一个诅咒，一种警示。说它是诅咒，因为不知道它要把人类变得有多残暴无情。参战者和非参战者之间的区别都化为乌有，所有的一切都将无一幸免。撒谎已经沦为一种艺术。英国曾表示决意要保卫弱小国家，但它们一个接一个地都消失了，至少是暂时消失了。这也是一个警示，如果没有人注意这不祥之兆，人类将沦落到野兽的地步，其行为使人类蒙羞。当战争爆发的时候，我看到了不祥之兆。但是我没有勇气说出口。幸好神灵在为时已晚之前给了我勇气说出口。我呼吁停止战争，不是因为你们精疲力竭了，不能继续作战，而是因为战争本质上是邪恶的。你们想消灭法西斯主义，但你们却用了同样冷漠的方式来消灭它，这是不可能成功的。你们的士兵跟德国士兵一样从事毁灭性的工作。唯一的区别在于，也许你们的行为没有德国人彻底。如果是这样，那么你们也会很快变得像德国人那样彻底，如果不是有过之而无不及的话。你们不可能通过其他途径赢得这场战争。换言之，你们会比纳粹分子更加残酷无情。没有哪种事业能够证明分分钟正在发生的恣意杀戮是正当的，不管这个事业有多正义。我认为一个引起残暴行径的事业是不能称之为正义的。我既不想英国战败，也不想她获胜，因为这是一场残暴的力量角逐，不管它表现为肉体角逐还是精神角逐。你们骁勇善战，这是一个不争的事实。难道你们还要证明，你们自身的头脑跟肌肉一样有着不可比拟的破坏力吗？我希望你们不想跟纳粹进行如此不体面的竞争。"

其次，甘地呼吁英国人用非暴力方法取代战争方法，放下一切武器，赤手空拳与纳粹分子作战，甚至交出房屋、国土乃至生命，但绝不交出灵魂。他说："我向每一个英国人发起呼吁，不论他现身在何处，请用非暴力方法取代战争方法处理国与国之间的关系及其他事宜。""我胆敢告诉你们一个更为高尚和勇敢的方法，配得上是最英勇战士的方法。我希望你们赤手空拳地与纳粹分子作战，或者，如果我要保留军事专业术语的话，使用非暴力武器与纳粹分子作战。我宁愿你们放下所持的武器，因为它们对于拯救你们或人类没有用处。你们可以邀请希特勒先生和墨索里尼先生从你们称之为财产的国土中拿走他们想要的东西。让他们占领你们美丽的岛屿，以及岛屿上无数美轮美奂的建筑吧。你们可以交出这一切，但绝不交出灵魂，也绝不交出心智。如果这些绅士选择占领你们的房子，你们就搬出来。如果他们不放你们生路，你们就允许他们杀害你们，包括男人，女人和儿童，但你们要拒绝拥戴他们。"

第三，甘地声明，他在追求真理的过程中发现了非暴力，传播非暴力是他毕生的使命，五十多年来，他在政治、经济等各个领域实践了非暴力方法，并取得了成效，如果英国用非暴力武器对付德国和意大利的威胁，欧洲历史就会被改写，欧洲就会避免沦为血海。他说："这个被我称作非暴力不合作的方法或过程，在印度取得了一定的成效。你们在印度的代表可能对此予以否认。如果他们真的这么做，我会为他们感到遗憾。他们或许会告诉你们，我们的不合作不是纯粹的非暴力，而是植根于憎恨。如果他们真的这样说，我也不会否认。如果我们的不合作是纯粹的非暴力，如果所有的不合作者对你们都充满了善意，那么恕我直言，身为印度的主人的你们早就成了她的学生，而且因为拥有比我们更好的技术，你们可以完善这个无可匹敌的武器，并用它来应付德国和意大利朋友的威胁。这样的话，欧洲历史在过去的几个月里可能已经改写了，欧洲避免沦为一片无辜的血海，许多小国家避免遭受蹂躏，也避免憎恨肆虐。这是一个清晰的知道自己在做什么的人发出的呼吁。我已经连续五十多年用科学准确性实践了非暴力及其可能性。我已经把它运用到各行各业，包括国内机构，经济和政治方面。据我所知，还没有一次失败的案例。有时它似乎失败了，我把原因归咎于我自身的不足。我自身并不完美，但是我确实自称一个狂热的真理追求者，而真理正是神灵的别名。在追求真理的过程中，我发现了非暴力。传播它是我毕生的使命。除了履行这个使命之外，我对生活没有任何兴趣。"

第四，甘地表示，他对英国人的博爱始终不变，正是出于这份爱，他以神灵的名义，向英国发出非暴力的呼吁，希望英国政治家们回应他的呼吁。他说："我一直自认为是英国人终生的，无私的朋友。曾几何时，我一度是你们大英帝国的热爱者。我认为帝国对印度有好处。当我看到帝国主义对我的国家并没有好处，我那时就决定使用而且现在仍在坚持使用非暴力的方法与其做斗争。不管我的祖国最终命运如何，我对你们的爱保持不变，将来也不可磨灭。我的非暴力要求普世的爱，你们不只是其中的一小部分。正是这份爱让我向你们发起呼吁。愿神灵对我所说的每一个字都赐予力量。我以他的名义开始写这封信，也以他的名义结束这封信。希望你们政治家有智慧和勇气回应我的呼吁。我告诉总督阁下如果政府能够考虑任何切实可行的方法，来回应我呼吁的宗旨，我会听候政府陛下的吩咐。"

甘地第二封致英国人的信写于 1942 年 5 月 11 日，日本进攻印度前夕。[①]首先，甘地向全世界英国人呼吁，请求英国撤出对亚洲和非洲的占领，至少撤出对印度的占领，这样做有利于世界安全，有利于英国，有利于消灭纳粹主义、法西斯主义和日本军国主义。他说："这一次我必须向世界上的每一位英国人呼吁。他或许只是不参与国家决策的无名小卒，但在非暴力的帝国中，每一个真实的想法都很重要，每一个真实的声音都有其价值。'民之声，神之声'，这句话并非陈腐的格言，而是人类丰富经验的凝练。但它的实现有一个限定条件，那就是，它的真理性只限定在非暴力的范围内。暴力能够暂时令人民噤声。由于我只致力于非暴力的工作，我认为每一个真实想法，已表达的或者未表达的，对我来说都非常重要。我请求每一位英国人支持我的呼吁，在这个关头停止对亚洲和非洲，至少是对印度的占领。此举对世界安全，消灭纳粹主义和法西斯主义来说至关重要。当然，这里也包括日本'主义'，它是纳粹和法西斯主义的完好副本。接受我的呼吁将会扰乱轴心国，甚至是大不列颠军事顾问的所有军事计划。如果上述呼吁正中目标，

---

① M.K.Gandhi, *The Selected Works of Mahatma Gandhi*, Volume IV, *Selected Letters*, Shriman Narayan（ed.）, Ahmedabad: Navajivan Publishing House, 2011, pp.202–204.

我敢肯定，同现在英国日益增长的战争代价相比，英国在印度和非洲的利益损失将是微不足道的。如用道德来衡量，对英国，印度和全世界来说，不仅毫无损失，反而收益颇丰。"

其次，甘地要求英国撤出印度，因为英国没有征求印度意见便将印度强行拖入战争，战争给印度带来了高昂代价和深重灾难，缴纳苛刻的战争税，面临日本侵略威胁的印度东部居民被强迫搬迁，交出独木舟，流离失所，虚假和不信任的气氛笼罩着全国。他说："尽管我要求英国撤出亚洲和非洲，但眼下我只谈撤出印度。英国政治家对印度此次参战振振有词，但并未就印度是否愿意参战正式咨询过印度本国。为什么会这样呢？因为印度不属于印度人，它属于英国人。它甚至被称为英国的财产。实际上英国人随心所欲地处置它。他们以各种各样的形式让我这个反战人士缴纳战争税。因此为了缴战争税，我每寄一封信要支付两派士，每发一张明信片要支付一派士，每拍一次电报要支付两安那。这只是悲惨境况中最轻微的一面，但却恰恰展示了英国人的独创力。如果我是一个经济学的学生，除了被误以为是自愿贡献的那部分，我能计算出印度被迫为战争所交的天文巨款。实际上，没有哪个美其名曰'对统治者的贡献'能够称得上是真正自愿。英国人是怎样的统治者啊！他稳坐在统治者这把交椅上。毫不夸张地说，就算是他小声说出的愿望也能立马在印度得到回应。因此，可以说英国与印度处于永久的战争状态，英国通过征服权和占领军掌控印度。"

"印度被迫参与这场英国的战争又有什么好处呢？印度士兵的英勇未给印度带来任何好处。面临日本威胁降临印度，印度国土被英国军队占领着，这些军队中既包括印度人，也有非印度人。居民被仓促驱逐，不得不自谋生路。他们得到一笔微不足道的搬迁费，这笔费用少到根本不够他们迁去任何地方。他们失业了，他们不得不建造村舍并另谋生计。出于爱国主义精神，这些人并没有搬迁。几天前，当别人向我提及此事时，我在专栏里写道，应要求被驱逐的人们顺从命运的安排。但是我的工作伙伴坚决抗议，并要求我亲自到撤离者群体中咨询他们，或者派人去完成这项不可能完成的任务。他们是对的。这些穷人永远不应遭受此种待遇，要求他们搬迁的时候本应同时让他们住进舒适的房子。东孟加拉的人们几乎可以被称作是'两栖居民'。他们部分地住在陆地上，部分地住在水上。轻便的独木舟可以将他们从一个地方带到另一个地方。因为害怕日本人使用独木舟，英国人号召他们交出独木舟。对一个孟加拉人来说，与其独木舟分开，几乎就意味着与生命分离。因此，谁夺走独木舟谁就是他的敌人。英国一定要赢得战争。但她有必要以印度为代价吗？她应当这么做吗？然而，我要讲的悲剧还远远不止这些。笼罩印度人生活的虚假让人透不过气来。你遇到的每一个印度人几乎都是不满的。但他不会公开表露出来。政府职员，无论职位高低，也都是如此。我并不是道听途说。很多英国官员都心知肚明，但他们已逐渐练就一身本领，让工作不受这些因素的影响。周遭弥漫着虚假和不信任，生活变得毫无价值，除非有人敢全心全意揭竿反抗。"

最后，甘地指出，虽然英国人也许不相信他所说的话，印度人也可能不全都认同他的想法，但是他仍然呼吁和平结束非自然的统治，建立一个新时代。他说："你们也许拒绝相信我所说的所有的话。我理所当然会遭到反对，而我也将会抵得住任何反对。我阐述了我所信仰的真理，全部真理，除了真理别无其他。我的人民也许认同或不认同这个自以为是的想法。我没有咨询过任何人。这份呼吁是在沉默中写就的。我现在只是担心英国的行动。美国废除奴隶制时，很多奴隶反对，有的甚至哭泣。但不管是反对还是哭泣，奴隶制已在法律上被废除。但这场废除却是南北血战的结果；而且尽管奴隶的命运比以前好很多，他们仍然受到上层社会的排斥。而我所要求的，是更高尚的东西。我要求的是和平结束非自然的统治，建立一个新时代，尽管我们当中也许会有人反对，甚至哭泣。"

甘地第三封致英国人的信写于 1944 年 7 月 17 日，是写给丘吉尔的。[①]甘地在信中说："亲爱的首相：新闻报道说您想要打倒'赤身裸体的托钵僧'，听说您是用此来形容我的。我一直以来都尝试着做一个托钵僧，以及赤

---

① 　M.K.Gandhi, *The Selected Works of Mahatma Gandhi*, Volume IV, *Selected Letters*, Shriman Narayan（ed.），Ahmedabad: Navajivan Publishing House，2011，p.242.

裸——这是更为艰难的任务。因此我把这个表述看作是一种赞美，虽然不是我的心仪。那么我建议您，为了您的子民，我的子民和天下所有的人民，请您相信我并任用我。你忠诚的朋友。"

2. 甘地与中国

甘地致中国领导人蒋介石的信写于 1942 年 6 月 14 日，"退出印度"运动酝酿之时。[①] 首先，甘地深情地回顾了中印两国之间的深厚友谊，包括蒋介石与宋美龄访问印度，甘地与南非、毛里求斯和印度的中国侨民的密切联系，印度对中国抗日战争的关注和同情，希望两国进一步加强联系与合作。他写道："亲爱的委员长：我永远不能忘记在加尔各答，跟您和您高贵的夫人长达五个小时的密切接触。一直以来，我都被您为自由而战的精神所吸引，我们的那次接触与谈话让我更进一步了解了中国和中国所面临的问题。很久以前，1905 年到 1913 年间，在南非，我与约翰内斯堡的少数中国侨民一直保持着联系。最初我们是通过客户这层关系相识，后来他们参加南非印度人消极抵抗斗争，成为了并肩的同志。我与毛里求斯的中国人也保持着联系。当时，我非常钦佩他们的节俭、勤劳、机智和团结。后来在印度，有一位非常好的中国朋友跟我一起生活了一些年，我们都喜欢他。因此，我一直被你们伟大的国家所吸引。跟我的同胞们一样，我们对你们所遭受的深重灾难表示同情。我们共同的朋友，贾瓦哈拉尔·尼赫鲁，非常热爱中国，仅次于对他自己祖国的热爱，他使得我们一直密切关注着中国斗争的发展。我对中国怀有这份感情，并真诚地希望我们两个国家应当为了共同的利益，开展更加紧密联系与合作。"

其次，甘地解释，他呼吁英国撤出印度，绝非妨碍中国的抗日事业，而是为了更好地抗击日本侵略，因为英国在日本侵略面前节节败退，无力抵抗，印度军队和民众对英国失去信心，只有印度获得独立，才能组织起

---

① 1942 年 2 月，蒋介石夫妇访问印度，与甘地进行了长谈，支持印度独立。——笔者注

有效的抵抗。甘地说："鉴于此，我非常急切地向您解释，我对英军撤出印度的呼吁，并不意味着在任何形式上削弱印度对日本的抵抗，或者让贵国斗争处于尴尬的境地。印度不会向任何挑衅者或者侵略者屈服，并一定会反抗到底。我不会以中国的自由为代价换取我国的自由，我不会有这样的愧疚。我没有想过这个问题，因为我清楚地知道，印度不可能用这种方式获得自由。不管日本侵略印度或者中国，都将对对方国家和世界和平造成同样的危害。因此，必须阻止日本侵略，我也希望印度能在其中发挥合理和正确的作用。然而，被奴役的印度却无法做到这一点。印度亲眼目睹马来西亚、新加坡和缅甸的撤退却也无能为力。但我们必须从这些悲剧中吸取教训，用各种方式阻止降临在这些不幸国家身上的厄运在印度上演。但除非获得自由，我们并无力阻止，而且同样的遭遇很可能会再一次出现，给印度和中国带来毁灭性的灾难。我不想重复这个悲惨的故事。我们为贵国提供的帮助不断地受到英国政府的阻挠，克里普斯使团最近的失败给印度带来了重创，现在仍未恢复。出于此种痛苦，印度爆发要求英军马上撤离的呼声。只有如此，印度才能对自己负责，并以最大能力去帮助中国。我已经跟您谈过我对非暴力的信念，也给您谈过我相信如果整个国家能采用非暴力的方式，它的影响力与作用将毋庸置疑。我的信念跟以往一样坚定。"

"但是我意识到，当今印度总体上还缺乏这个信念和信心，我也意识到，自由印度的政府将由国家的各种社会成分组成。现在整个印度束手无策，倍感受挫。印度军队中有很多人是因为经济压力才参军的。他们没有为事业而战的意识，他们也绝对谈不上是一支国家军队。我们之中也确实有人能为事业而战，为印度和中国而战，不管是使用武力或是非暴力，但他们不能处在外国人的践踏之下，听从外国人的摆布而战。而且，我们的人民清楚地知道，印度获得自由之后，不仅可以代表自己，也可以代表中国和世界发挥更重大的作用。很多人像我一样认识到，一直维持这种无助的状态，并且让一切听之任之的做法是不合时宜的，也是缺乏男子气概的，因为我们面前就摆着一条有效解决之路。因此，他们认为，应尽最大努力确保独立和行动自由，这是我们迫切需要的。这是我呼吁英国政府马上结束英国与印度之间不合理关系的初衷。除非我们作出努力，否则印度百姓的情绪会陷入错误和有害的宣泄渠道，这是极其危险的。仅仅是为了削弱和取缔英国在印度的统治，民众对日本的同情却在暗中逐渐增长，这是完全有可能的。那么，印度有能力不依靠外援赢得自由的坚定信心，可能会被这种思想取而代之。因此，我们不得不学会自立自强，发展自身的力量以寻求自救。只有下定决心从束缚中解放出来，自救才有可能实现。目前，这种自由对于想要立足于世界自由国家之林的印度是十分必要的。"

第三，甘地表示，为了阻止日本侵略，印度同意同盟国军队驻扎在印度，"退出印度"运动是非暴力运动，绝不妨害中国利益，他祝福中国赢得抗日战争的胜利，期待自由印度和自由中国友好互助，携手合作。甘地说："为了非常明确地表明印度希望用各种方式阻止日本侵略，我个人同意在与我们签订条约的条件下，同盟国可以在印度保留军队，并将印度作为军事基地来抵抗威胁十足的日本攻击。几乎无需向您保证，身为印度新运动的发起人，我决不会草率行动。而且不管建议什么行动，我都会考虑到不伤害中国，不助长日本对印度或中国的侵略。我在尝试争取世界舆论支持我的提议，该提议本身对我来说是不言自明的，且必定会增强印度与中国的防御。我也在印度引导公众思考，并同我的同事协商。无需多言，与我相关的，反对英国政府的任何运动在本质上都是非暴力的。我竭尽全力避免与英国当局发生冲突。但如果在追求迫切渴望的自由的过程中，冲突不可避免，那么我将毫不犹豫地甘冒任何风险，不管风险有多大。很快你们将会结束持续了五年的抵抗日本侵略的战争，结束其带给中国的一切痛苦和不幸。我对中国人民怀着深切的同情，对他们历经千辛万苦，为国家自由和领土完整而英勇战斗、不畏牺牲的精神深感敬佩。我深信这种英雄主义和牺牲不会白费；它们一定会取得成功。在此，我向您，蒋夫人还有伟大的中国人民，送上诚挚的祝福，希望你们赢得战争的胜利。我期待有一天自由的印度和自由的中国能够友好互爱，为了两国利益以及亚洲，乃至世界的利益一起携手合作。"

3. 甘地与美国

甘地致美国人的信写于 1942 年 8 月 3 日赴孟买的途中，"退出印度"运动爆发前夕。[1] 首先，甘地开宗明义地指出，"退出印度"决议饱受争议和中伤，作为"退出印度"决议的精神领袖，他有必要向美国人民写信做一说明。他写道："亲爱的朋友：印度国大党工作委员会通过的关于印度独立的决议一直以来都是热议的话题，同时也饱受恶意中伤，作为此项决议的精神领袖，我有必要向你们解释我的立场。我知道，那些充满成见的宣传已经让你们的所见所闻都充斥着对国大党立场的扭曲看法。我被描述成一个伪君子和伪装的英国敌人。我很明显的互谅互让精神被说成是反复无常，为的是证明我是一个彻头彻尾的不可信之人。我并不想在这封信中罗列证据证明我的断言。如果在美国享有的名声对我没有好处，那么任何自我辩解都无法与混淆美国人视听的强大而虚假的宣传相抗衡。"

其次，甘地指出，他在美国拥有的朋友是西方国家中最多的，他感谢美国给了他一位老师梭罗，美国的梭罗与英国的拉斯金和俄国的托尔斯泰一起为他在南非的非暴力抵抗运动提供了思想指导和基础，他反对法西斯主义或纳粹主义，退出印度行动并未对英国和西方怀有敌意。他写道："你们对我也应该略有耳闻。我在美国拥有的朋友也许是西方国家中最多的，甚至包括英国在内。相比而言，英国朋友都是和我有私交的熟人，而美国朋友则是我不认识的。在美国，我饱受英雄崇拜这个人所共知的顽疾的困扰。热心的霍姆斯博士最近成为纽约合一教会的一员，虽然他并不认识我，却似乎成了我的广告代理人。他所说的关于我的一些好事，连我自己都未曾知晓。因此，我经常收到来自美国的信件，期望我创造奇迹，这难免让我有些尴尬。继霍姆斯博士之后，就是已故的费舍尔主教。他和我在印度相识，他差点就把我拽到美国去了，但是命中注定未能成行，所以我没能参观你们广袤无垠的伟

---

[1]　M.K.Gandhi，*The Selected Works of Mahatma Gandhi*，Volume IV，*Selected Letters*，Shriman Narayan（ed.），Ahmedabad: Navajivan Publishing House，2011，pp.212–214.

大祖国，也没能会见友好的美国人民。另外，你们给了我一位老师——梭罗，他的《论公民不服从的职责》这篇文章为我提供了我在南非所作所为的科学证明。英国给了我拉斯金，他的《给那后来的》使我从一个律师和城市居民，一夜之间转变为一个乡下人，我住到了远离德班的农场，离最近的火车站三英里；俄国给了我一个老师托尔斯泰，他为我的非暴力提供了一个合理的基础。当我在南非的运动还处于初创期的时候，我还不知道非暴力所蕴含的大好未来，他却对我的运动给予最美好的祝福。正是他在信中告诉我，我所领导的运动一定会给地球上遭受蹂躏的人带来希望。因此，你会看到，我在目前的行动中并未对英国和西方怀有敌意。在接受和吸收《给那后来的》中所说的一切后，我忍不住对支持法西斯主义或纳粹主义感到羞愧，因为它们的核心目标就是镇压个人和禁锢个人自由。"

再次，甘地以真理即神灵之名，要求英国为了同盟国的事业退出印度，给印度以自由，从而使印度日渐增长的敌意转变成积极的善意。他写道："在这种背景下，我请求你们阅读我拟定的撤退方案，它被普遍称为'退出印度'。你不能脱离上下文而对其进行过多的解读。我从小就自称是真理的守护者，对我来说，这是最自然的事情。我的虔诚探索让我领略到一个发人深省的格言'真理就是神'，而不是人们常说的'神就是真理'。这句格言让我能够面对面地看到神，仿佛像真的一样。我感到神占据了我身体的每一寸肌肤。以这个真理作为你我之间的见证人，我要明确地说明，如若不是我醒悟到为了英国和同盟国的事业英国必须勇敢地履行将印度从枷锁中解放出来的职责，我也不会要求我的国家请求英国撤回她对印度的统治。没有这个姗姗来迟又至关重要的正义之举，英国便不能在沉默的世界良知以及她们自己的良知面前证明其立场的合理性。新加坡、马来亚和缅甸的例子让我知道，灾难一定不能在印度重现。但我敢说这将会是不可避免的，除非英国相信解放印度人民是有助于支持同盟国的事业。通过这个至高的义举，英国将消除印度普遍的不满情绪。她会把日渐增长的敌意变成积极的善意。我认为它比得上你们创造奇迹的工程师以及充沛的财力生产出来的所有战舰和飞船。"

最后，甘地希望美国把立即承认印度独立看成是头等重要的战时措施，这对盟国和印度事业具有巨大价值，只有这样才能有效抵抗日本侵略。他写道："为了共同的事业，你们已经和英国联合起来。因此，你们不能推卸英国代表在印度所作所为的任何责任。如果你们不及时甄别真理与糟粕，那么你们将会给同盟国事业犯下严重的错误。请好好想想吧。难道国大党要求无条件承认印度独立有什么错吗？有人说'但是现在不是时候'。我们认为'这是承认独立最适当的时机'。只有这样，才能有效抵抗日本侵略。它对盟国事业具有巨大价值，当然它对印度也具有同样的价值。国大党已经预测到在承认独立的道路上可能会遇到种种困难，并为此做好了准备。我希望你们把立即承认印度独立看成是头等重要的战时措施。"

4. 甘地与总督

《书信集》中收录了八封甘地与印度总督林利思戈往来的信件，其中五封甘地写给总督的信和三封总督回复甘地的信，其中两封信写于 1942 年，六封信写于 1943 年。这些信件围绕发生在第二次世界大战时期的"退出印度"运动。

1942 年 8 月 14 日和 1942 年 12 月 31 日，甘地给总督林利思戈写了两封信，对印度政府逮捕他和国大党领袖的行为以及后来发布的公报决议中的论调提出抗议和反驳。

首先，甘地指出，政府非但没有满足国大党的要求，反而在 8 月 9 日突然对甘地和国大党领袖进行大逮捕，引发了"退出印度"运动。此外，政府随后发表的为政府行为辩解的决议充满了歪曲和误导。

他写道："亲爱的林利思戈爵士：印度政府错误地引发了这次危机。在辩解政府行为的政府决议中，也到处充满了扭曲和误读。您得到印度'同僚'的支持，可能没有什么意义，除非您能够在印度一直得到这样的支持。这种合作只是给退出印度要求又增加了一个证据而已，不管民众和党派怎么说。印度政府本应该等待，至少等到我采取大规模行动的时候。我曾公开申明，我已经充分考虑过要在采取具体行动之前给您写信。那也是呼吁你们能对国大党的情况进行不偏不倚的考察。正如您所知道的，国大党已经完善了其所发现的理念中每一个不足之处。如果您给我机会，我也能克服每一个不足之处。但这突如其来的政府行动会让人看出政府的担忧，即担心国大党在直接行动过程中展现出的细心谨慎、循序渐进可能会使针对国大党的世界舆论再次发生转变，正如已经发生的转变一样，同时也会暴露出政府拒绝国大党要求的理由是站不住脚的。因此，他们本应该耐心等到全印工作委员会通过决议之后，我在周五和周六晚发表的演讲的相关可靠报道出炉之后再有所行动。看了报道之后，您应该会发现我并不急于采取行动。您应该利用这两件事的时间间隔，尽可能地满足国大党的要求。决议上说，'印度政府耐心等待，希望能够制定更为理智的决策。然而他们却大失所望。'我认为，在这里'更为理智的决策'指的是国大党抛弃它的要求。为什么一个承诺要确保印度独立的政府总是希望抛开合法正当的要求呢？难道它是一个唯有靠直接镇压而不靠与提出要求的一方耐心协商才能解决的挑战？恕我冒昧进言，如果要解释接受国大党的要求'会使印度陷入混乱'这个假设，那么将会是一个关于人类偏听偏信的漫长草案。总之，对这个要求的一概否决已经使国家和政府陷入了混乱。国大党一直竭尽全力使印度与盟国事业保持一致。"①

"我一直认为我们是朋友，而且愿意继续这么认为。然而8月9日所发生的一切最终让我怀疑您是否依旧把我当作朋友。我跟在您这个职位上的任何一个人都没有如此密切的联系。您逮捕我，之后又发表了公报，您对拉贾吉的答复及后来给出的原因，埃默里先生对我的攻击，还有其他许多我可以列举的事实表明，您在一定程度上肯定怀疑我的善意。公报中也顺便提及了国大党成员。我就像是国大党所行所有罪恶的根源。如果您依旧把我当成朋友，为什么您在采取激烈的行动之前没有告诉我您的怀疑，核实您所知道的事实？我有自知之明，像别人看我一样审视自己。但是在这件事上我错了，感到很失望。我发现政府季报上所有关于我在这件事中的论断，都包含着对

---

① M.K.Gandhi, *The Selected Works of Mahatma Gandhi*, Volume IV, *Selected Letters*, Shriman Narayan（ed.）, Ahmedabad: Navajivan Publishing House，2011, pp.215–216.

事实明显的偏离。"①

其次，甘地逐条驳斥了政府报告对国大党的诽谤。一，驳斥政府污蔑国大党蓄谋暴力，表明国大党运动是非暴力的是公开的，他写道："政府决议称：'总督也在过去一段时间曾察觉到国大党的一些非法甚至是暴力活动的危险蓄谋，其中包括指导中断通信和公共服务，组织罢工，损害政府职员的忠诚，干扰包含征兵在内的国防措施。'这是对事实的严重扭曲。在任何阶段，都没有考虑过暴力。非暴力行动中可能包括什么内容的规定，被以一种凶险而狡猾的方式解读出来，好像国大党正准备暴力行动。所有事项都是在国大党圈子里开诚布公地讨论的，因为没有什么是秘密操作的。另外，为什么我让您停止做对英国人有害的事情反而是在损坏您的忠诚？印度政府在得知所谓的'行动准备'时，应该通知参与行动准备的各方，而不是背着主要的国大党员发表引起误解的决议。这本该才算正确的做法。政府在决议中无凭无据的断言，将自己置于处事不公的指控的风口浪尖。整个国大党运动的目的在于唤起人们对牺牲大小的注意，为了展示国大党有多少民众支持。在这种情形下，镇压一个广受欢迎的政府赞成的非暴力运动是明智的吗？"②

"人们期待我去谴责一些享有国大党成员声誉的人所施行的所谓暴力，不过除了那些严格审查的报道，我没有进行谴责的确凿证据。我必须声明，我完全不相信那些报纸。我可以写更多，但是我不能再继续诉说我的苦衷，我肯定以上所讲的已经足以让您自己去了解更多细节。您知道，我在1914年年底从南非回到印度，带着1906年赋予我的使命，即向处于暴力和虚妄的各行各业人群宣传真理和非暴力。萨提亚格拉哈的法则战无不胜。"③

---

①　M.K.Gandhi, *The Selected Works of Mahatma Gandhi*, Volume IV, *Selected Letters*, Shriman Narayan（ed.）, Ahmedabad: Navajivan Publishing House，2011, p.220.

②　M.K.Gandhi, *The Selected Works of Mahatma Gandhi*, Volume IV, *Selected Letters*, Shriman Narayan（ed.）, Ahmedabad: Navajivan Publishing House，2011, p.216.

③　M.K.Gandhi, *The Selected Works of Mahatma Gandhi*, Volume IV, *Selected Letters*, Shriman Narayan（ed.）, Ahmedabad: Navajivan Publishing House，2011, pp.220–221.

其次，驳斥政府诽谤国大党奉行极权政策，表明国大党是致力于国家独立的开明政党，他写道："政府决议还说：'国大党不是印度的代言人。然而为了保障他们的支配地位以及追求他们的极权政策，国大党领导人一直阻挠使印度成为一个完整国家的努力。'这完全是不实之词的诽谤，意在中伤印度最古老的民族组织。此话出自政府之口显得多么无力，因为从政府备案中可以证明，印度政府阻挠每一个争取自由的全民奋斗运动的行径从未间断过，并企图通过引诱或欺骗的手段镇压国大党。国大党提议，如果印度宣布独立的同时，印度政府不信任国大党能组建一个稳定的临时政府，那么他们应该请穆斯林联盟组建临时政府，任何由穆斯林联盟组建的全国政府，国大党都会诚实地接受，然而印度政府没有屈尊去考虑国大党的提议。这个提议与对国大党极权主义的指控是南辕北辙的。"①

第三，驳斥政府所谓敌对状态结束印度便会建立包含所有党派的政府的谬论，表明只有英国政权撤出印度，才能组建代议政府，他写道："让我来分析一下政府的提议。'一旦敌对状态结束，印度会拥有完全自由的决定权，它会设计一个它认为最符合印度国情的政府形式，包含所有党派而不只是单独一个党派。'这个提议反映了现实情况吗？到目前为止，各党派尚未达成一致。战后达成一致的可能性会更大吗？如果各党派必须在独立前采取行动，它们能得到同意吗？党派如雨后春笋般发展，由于政府没能了解他们各自代表的立场，会像过去一样欢迎它们，而如果各党派反对国大党及其活动，尽管他们可能口头上同意印度独立，政府提议本身就会遇到挫折。因此，首先要理性呼吁英国撤出印度。只有在结束英国政权、印度解除束缚获得自由、政治地位发生根本性改变之后，才有可能组建不管是临时还是永久的代议政府。对国大党要求的提出者实施赤裸裸的活埋并不能结束僵局，只会让形势更加严峻。"②

---

① M.K.Gandhi, *The Selected Works of Mahatma Gandhi*, Volume IV, *Selected Letters*, Shriman Narayan (ed.), Ahmedabad: Navajivan Publishing House, 2011, pp.216–217.

② M.K.Gandhi, *The Selected Works of Mahatma Gandhi*, Volume IV, *Selected Letters*, Shriman Narayan (ed.), Ahmedabad: Navajivan Publishing House, 2011, p.217.

第四，驳斥政府无视印度处于危险之中的现实，表明正是因为国大党迫切希望英国避免重蹈其他帝国主义列强的覆辙，它才要求英国自愿抛弃帝国主义，宣布印度独立，他写道："接着，决议还写道：'国大党的建议指出，由于数百万印度民众对未来感到茫然，尽管有那么多沦陷国家的惨痛教训，但他们依旧时刻准备着投入侵略者的怀抱，印度政府认为这个建议不能真正代表这个伟大国家的人民的情绪。'我不认识那些所谓的数百万民众，但是，我可以提供自己的证据，支持国大党的声明。政府不信任国大党的证据，众人皆知。没有哪个帝国政权喜欢被告知，它正处于危险之中。正是因为国大党迫切希望英国避免重蹈其他帝国主义列强的覆辙，它才要求英国自愿抛弃帝国主义，宣布印度独立。国大党发动运动出于友好动机。国大党寻求消灭帝国主义，既为了印度，也为了英国和全人类。尽管与政府的言论相反，但我坚持认为，国大党并不是为了自身的利益，而是为了整个印度的利益和世界的利益。"①

第五，驳斥政府所宣称的保卫印度利益和盟国事业的谎言，表明英国政府所看重的并不是同盟国的事业，而是坚持霸占印度作为其帝国主义政策中不可或缺的一部分的秘而不宣的决心，正是这种决心让他们拒绝国大党的要求，并施行了镇压。他写道："决议结束语的一段文字很有意思：'但是他们（印度政府）肩负着保卫印度，维持印度参战能力，保护印度利益，公平地平衡印度不同阶层民众的任务。'我所能说的是，这是继马来西亚、新加坡和缅甸的经验之后对真理的嘲弄。看到印度政府声称要维持不同党派间的'平衡'，实在令人感到悲伤，这些党派的创立和存在英国政府本身难咎其责。还有一件事。印度政府和我们所宣称的事业是一致的。具体地说，这个事业就是保护中国和俄国的自由。印度政府认为，为了赢得这个事业，没有必要强调印度的自由。我认为正好相反。我已经把贾瓦哈拉尔·尼赫鲁当作我的标杆。他的个人接触使得他比我甚至比你们更能体会到中国和俄国沦陷

---

① M.K.Gandhi, *The Selected Works of Mahatma Gandhi*, Volume IV, *Selected Letters*, Shriman Narayan（ed.）, Ahmedabad: Navajivan Publishing House，2011, pp.217–218.

的悲惨。在这种悲惨中，他试图忘记自己与帝国主义的争执。他比我更加担忧法西斯主义和纳粹主义的胜利。我跟他一起议论了好几天。他以一种我无法形容的激情反对我的立场。但是事实的逻辑让他无言以对。当他清楚如果印度不获得自由，中国和俄国的自由将会面临着巨大的威胁时，他心服口服了。毫无疑问，你们监禁了这样一位坚强的朋友和盟友，大错而特错。如果撇开抵制共同事业不谈，政府对国大党的要求所作的回应就是草率的镇压，他们不会想到我是否会得出结论说，英国政府所看重的并不是同盟国的事业，而是坚持霸占印度作为其帝国主义政策中不可或缺的一部分的秘而不宣的决心。正是这种决心让他们拒绝国大党的要求，并施行了镇压。目前进行的史无前例的相互屠杀已经是难以忍受之痛了。但是，伴随着屠杀的是对真理的屠戮，而决议中的虚伪之词更加强了对真理的践踏，这反而给国大党增加了力量。"①

最后，甘地坦白，他不喜欢总督的所作所为，但仍然与总督是朋友。他写道："给您写这封长信令我十分痛苦。但是不管我如何不喜欢您的所作所为，我仍然是您过去所认识的那位朋友。我仍然请求政府重新考虑其对印度的整个政策。请不要忽视一位自视为英国人民虔诚的朋友的人的请求。"②

1943 年 1 月 13 日、1 月 25 日、2 月 5 日林利思戈给甘地回复了三封信，1943 年 1 月 19 日、1 月 29 日、2 月 7 日甘地给林利思戈写了三封信。在这些信件往来中，双方以互相尊重的客气口吻，坦诚地指责对方，为己方辩护。在写给甘地的三封信中，林利思戈对国大党 8 月 8 日 "退出印度" 决议和 8 月 9 日大逮捕后爆发的全国性暴力事件耿耿于怀，他指责甘地和国大党是罪魁祸首，应对此承担责任。此外，他指责甘地绝食是政治勒索。

他写道："亲爱的甘地先生：谢谢您 12 月 31 日的私人来信。我完全接受

---

① M.K.Gandhi, *The Selected Works of Mahatma Gandhi*, Volume IV, *Selected Letters*, Shriman Narayan (ed.), Ahmedabad: Navajivan Publishing House, 2011, p.219.

② M.K.Gandhi, *The Selected Works of Mahatma Gandhi*, Volume IV, *Selected Letters*, Shriman Narayan (ed.), Ahmedabad: Navajivan Publishing House, 2011, p.219.

它是一封私信，很欣赏您的坦诚。我的答复将如您所期待的同样坦诚，也像您的信那样完全是私人的。很高兴收到您的来信。因为秉持着一直以来的真诚，我坦白告诉您，我在近几个月来压力非常大，首先是因为八月份国大党采取的政策；接着，那个政策果然引起了全国性的暴力和犯罪（我这里并没有指印度遭受外来侵略的危险），尽管如此，您或者工作委员会却未对暴力与犯罪有半点指责。当您初到浦那的时候，我便知晓您不接收报纸，而我接受这是您保持沉默的解释。当做出了您和工作委员应该接收您所期望的报纸的安排后，我可以肯定，那些报纸所写的关于正在发生的事件的细节会让您震惊和失望，就像我们所有人的感受一样；我也可以肯定，您会急切地对此予以谴责，并广而告之。但情况并非如此；它让我真心地感到失望，每当想到这些谋杀、警官被活活烧死、火车发生事故、财产被破坏、这些年轻学生被误导等，已经给印度的名声和国大党带来了巨大的破坏，我就感到尤其失望。"

"您或许会反驳我，说您提到的那些新闻报道经过了精心安排——我只是希望它们不是的，因为那些故事本身就很蹩脚。我十分清楚您在国大党运动中巨大的权威与说话的分量，对那些遵从国大党领导的党派也影响巨大，我再一次很坦率地讲，我也希望我能够这么认为，您不是重大责任所在。(不幸的是，当领导人承担主要责任时，另外一些人则要负担后果，要么被判触动法律要承担全部结果，要么成为受害者。) 但是，如果我理解正确的话，您的意思是就所发生的事情而言，您现在想走回头路，与去年夏天的政策脱离干系，那么您只需告诉我，我会马上进一步考虑这件事。如果我没能正确理解您的观点，您得毫不犹豫地及时告诉我错在哪里，并且告诉我您的积极建议。这么多年来，您对我有足够的了解，您要相信，我像以前一样认真地阅读您的每一封来信，并且对它们十分看重，总是会以最迫切的心情解读它，希望可以从中明白您的感情和动机。"①

---

①　M.K.Gandhi, *The Selected Works of Mahatma Gandhi*, Volume IV, *Selected Letters*, Shriman Narayan (ed.), Ahmedabad: Navajivan Publishing House, 2011, pp.222–223.

"亲爱的甘地先生：非常感谢您 1 月 19 日的私人来信，我只是刚刚收到，我已非常仔细认真地拜读了您的来信。但是，我害怕自己仍然被蒙在鼓里。在上一封信中，我清楚地向您说明，不管我有多么不情愿，事态的发展进程和我对所发生的事情的知悉都让我别无选择，只好把您视为去年 8 月决定时期最具权威的发言人，把国大党运动和您视为去年 8 月以来导致暴力和犯罪的惨痛运动、给印度名声带来诸多伤害的革命活动的责任人。我注意到您关于非暴力的说法。我非常乐意看到您对暴力的公开谴责，我也充分意识到，您在之前陈述自身信条的那篇文章中提到过非暴力的重要性。但是，过去这几个月里发生的事件，甚至在今天发生的事件，都表明非暴力在您的追随者中，无论如何都没有得到完全肯定的支持。他们已然放弃了您所提倡的理想，无颜以对那些由于国大党及其支持者的暴力活动而失去生命的人的亲属，也无颜以对那些失去财产或受到严重伤害的人。我恐怕不能接受您所说的，您自己一个人把'所有原因'归于印度政府，以此作为对上述事件的一种回应。我在这件事上处理的都是事实，而且我们必须面对现实。正如在上一封信中所澄清的那样，尽管我非常渴望听到您的观点，听到您可能必须提出的任何特殊的议题，但我的立场仍然不变，我认为并非印度政府在这件事上在为自己辩护，而是国大党和您自己。因此，如果您急于告诉我您否认自己在 8 月 9 日的决议，欲与其所代表的政策撇清关系，如果您能够给我关于未来的合理保证，不用说，我必定非常愿意重新进一步考虑这件事。当然，在这点上讲清楚非常有必要，我知道您并不会介意我用最简洁直接的语言表达我的看法。"①

"亲爱的甘地先生：刚刚收到您 1 月 29 日的来信，非常感谢您。像往常一样，我已经仔细认真地怀着迫切想知道您想法的心情读完这封信，以期公正评论您的论点。但是，在国大党和您自己对去年秋天可悲的骚乱的责任问题上，我的观点恐怕依旧没有改变。我在上一封信中说过，凭借我

---

① M.K.Gandhi, *The Selected Works of Mahatma Gandhi*, Volume IV, *Selected Letters*, Shriman Narayan (ed.), Ahmedabad: Navajivan Publishing House, 2011, pp.227–228.

对事实的了解，我别无选择，只能把您视为去年 8 月决定时期最具权威的发言人，把国大党运动和您视为后来导致暴力和犯罪运动的责任人。在回信中您重申您的请求，我应当向您证明我的观点是对的。如果不是您的信中并没有表明您以开放的心态寻求信息，我早就会对这个请求做出回应，这本来是我所期待的。但是，在您的每封信中，您都表现出了您对近来事件的新闻报道所持有的完全不信任态度，尽管在您的上一封信中，在同样信息的基础上，您毫不犹豫地把所有的责任归于印度政府。在同一封信中，您宣称我不能指望您去接受我所相信的官方报道的准确性。因此，我不清楚您到底期望甚至想要我如何给您证明？然而，实际上印度政府从没有隐瞒他们为何要让国大党及其领导人为近期所发生的暴力行径、破坏活动及恐怖主义负责，这些悲惨事件都是 8 月 8 日国大党决议为了支持国大党的要求宣布进行'群众斗争'以来所发生的，决议任命您为这场斗争的领导人，并授权所有国大党员在运动的领导层受到干涉时自由行动。用这种词语通过决议的机构，几乎很难有资格推卸由此引发的任何事件的责任。"

"有证据证明，您跟您的朋友期望这项政策能招致暴力，然后准备好去宽恕它，随之发生的暴力事件都是商议好的计划的一部分，此计划早在国大党领导人被捕之前就已经开始蓄谋了。霍姆议员已经在去年 9 月 15 日的中央立法议会的发言中公开阐述了这个事件应归咎于国大党的总体性质，如果您需要进一步的信息，我会告诉您。我已经随信附了一份完整的副本，以防您所看到的媒体版本不充分。我要补充的是，所有已曝光的大量证据证实了当时得出的结论。我有足够的情报证明那些蓄意的破坏行动是有秘密指示的，那些指示以国大党全印委员会的名义传达；著名的国大党员蓄意组织，并肆无忌惮地参与了暴力和谋杀行动；现在甚至还有一个地下国大党组织的存在，有个国大党工作委员会成员的妻子在其中担任重要职务，该地下组织积极致力于谋划爆炸和其他备受全国唾弃的恐怖行动。如果说我们不对这些情报采取行动，或者不让它公之于众，只是因为时机尚未成熟；但是您尽管放心，对国大党的控告迟早会到来，那时您和您的同事能在世人面前尽你们所能地澄清自己。如果届时您自己想通过您似乎现在就在思考的任何行动，试图找到一条容易的解决途径，那么对您的审判自然将会对您不利。"

"当我读到，您认为文明不服从法则暗含在1931年3月5日的德里协议里时，也就是您所谓的《甘地—欧文协议》，我感到非常吃惊。我已经重读了一次协议，它的原话是将会'有效地停止'文明不服从，而且政府将采取'相应的行动'。这个文件所内含的意思是，应该注意到文明不服从的存在。但是，我从中却找不到任何暗示表明文明不服从的存在是在合法的环境下被认可的。我的政府也不这么认为，我讲得再怎么直白都不过分。接受您提出的观点，无异于承认肩负着维持和平及良好秩序重任的国家合法政府，会任由那些被您本人称之为公开起义的颠覆性的、革命性的运动不受挑战的发生；也无异于承认政府要放纵蓄谋暴力、中断通讯、攻击无辜百姓、谋杀警官等其他事情。我的政府和我确实遭到指责，说我们本来应该早点采取果断行动来对付您和国大党的领导人。但是，我和我的政府一直渴望给您和国大党每一个可能的机会，让你们收回决意要坚持的立场。即使没有您'决一死战'的告诫，您于去年6月和7月的声明，7月14日工作委员会的决议原件，以及在当天表示已没有协商余地，表示那终究是一场公开起义的断言，这些所作所为也都非常危险，也事关重大。"

"怀着也许不合时宜的耐心，我们最终决定一直等到国大党全印委员会发表声明，如果政府为了印度人民履行自身责任，国大党将不再有异议。请允许我在结论部分说明一点，考虑到您的健康状况与年纪，当您告诉我您现在所坚持的决定时，我是多么痛惜。我希望并祈祷您信中所说只是因为还没想到更为理智的建议。但是，是否决定采取绝食，以及绝食可能带来的危险，很明显都是您自己必须去承受的，您必须独自承担绝食的责任及其后果。我虔诚地希望，鉴于我所说的，您会对您的决定慎重考量，如果您能重新考虑，我也欣然赞赏，不仅仅是因为我内心并不愿意看到您过分地拿生命冒险，还因为，我觉得把绝食用于政治目的实际上是一种政治勒索（暴力），是缺乏道德上的正当理由的，从您自己之前的信中看出您也是这样认为的。"①

在写给林利思戈的三封信中，甘地坚持非暴力原则，谴责国大党工作人员所犯的暴力行为并为此公开忏悔；他指责印度政府应对 8 月 9 日大逮捕后爆发的全国性暴力事件负责；他坚持绝食 21 天，以示对政府的抗议和对真理的追求。他写道："亲爱的林利思戈爵士：我就在昨天下午 2 点 30 分收到您 13 日的亲切的回信。没收到您的信之前，我几乎要绝望了。请原谅我缺乏耐心。您的信让我欣喜地发现，我还没有被您这位朋友抛弃。我在 12 月 31 日的信里对您咆哮一通。而您的信也是以牙还牙。这也就意味着您坚持认为逮捕我是正确的，您对我的罪过感到抱歉，尽管您不直言我有罪。您从我的信中得出的推论恐怕是不对的。我根据您的解释重新读了一遍我的信，并未找到您说的意思。我之前想绝食，而且如果我们的通信无果，我不得不成为一个无助的旁观者，眼睁睁地看着国家发生的一切，包括数百万民众因为普遍的土地贫瘠而陷入贫困与苦难中，那么我还想绝食。如果我不接受您对我的去信之解读，您希望我能就此给出积极的建议。这一点，我倒是能做到，只要您把我当作国大党工作委员会的一员。如果能够证实我的过失或者更糟糕的罪行，当然很明显您都知道，我应该无需咨询任何人，就我自身的行动进行充分而公开的坦白，并予以彻底的改正。"

"然而，我并没有犯任何错。我不知道您是否看了我 1942 年 9 月 23 日写给印度政府秘书的信。我坚持我在那封信和 1942 年 8 月 14 日写给您的信中所说的话。当然，我最后谴责了 8 月 9 日以来所发生的事情。但是难道我没有在印度政府面前把所有原因都归于他们吗？再者，对于我不能影响、无法控制的事件，或者只有单面解释的事件，我是不会给出任何看法的。您接受了那可能是您的部长提供的报道的准确性，这无疑是肤浅的做法。然而，您并不期望我这么做，因为这种报道在此之前通常被证明是虚假的。这就是为什么我在 12 月 31 日的信中恳请您向我证实您给我定罪的情报基础的准确

---

① M.K.Gandhi, *The Selected Works of Mahatma Gandhi*, Volume IV, *Selected Letters*, Shriman Narayan (ed.), Ahmedabad: Navajivan Publishing House, 2011, pp.232–235.

性。您也许会明白为何我很难像您期待的那样发出一份令您满意的声明。但是，我可以坦白地说，我很坚定地认为，现在的我跟过去一样相信非暴力。您可能不知道，我已经公开明确地谴责了国大党工作人员所犯的暴力行为。我甚至不止一次做了公开忏悔。这种事例不胜枚举，我就不一一写出让您生厌了。我想要说的一点是，每一次，在这样的场合中，我都是一个自由的人。这一次，正如我所主张的那样，应对政府予以追究。希望您可以原谅我提出这样一个挑战您观点的意见。"

"我能肯定，如果您不阻止并同意我接受此前一直想参加的 8 月 8 日的采访，结果将百益而无一弊。但是事实并非如此。在这里，我想提醒您，印度政府在此之前曾犯过错误，例如，已故将军戴尔在旁遮普受到谴责的时候，联合省坎普尔清真寺的一角得到重建的时候，以及孟加拉隔离取消的时候。尽管之前出现极大的民众暴动，所有这些还是发生了。总之：（1）如果您想让我单独行动，必须证明我是错的，并且我会就此赔罪。（2）如果您想让我代表国大党制订任何提议，您应当把我看成国大党工作委员会的成员。我真的恳求您能下定决心结束僵局。如果我的信晦涩难懂或者没有完全回答您的信，请指出遗漏之处，我定会努力给您满意的答复。我已经毫无保留地表明了我的心声。"[①]

"亲爱的林利思戈爵士：我必须真心感谢您对我 19 日信件的迅速回复。我也希望我能同意您的来信是清楚明了的。我肯定您并不想只用清楚明了来暗示您坚定地持有一个观点。我一直以来，并且以后都会继续请求您，直到用尽最后一丝力气，我想您应该至少试着让我信服您所持观点的准确性，让我相信国大党的八月决议对 8 月 9 日及其以后突发的普遍暴力事件负有责任，即使它们发生在所有重要国大党工作人员被捕之后。难道不是政府言辞激烈又毫无根据的行为要对所报道的暴力行径承担责任吗？您甚至还没有讲出八月决议中不好的或者在您看来是挑衅的部分。决议绝对不是国大党非暴力政

① M.K.Gandhi, *The Selected Works of Mahatma Gandhi*, Volume IV, *Selected Letters*, Shri-man Narayan（ed.）, Ahmedabad: Navajivan Publishing House, 2011, pp.224–226.

策的一种撤销。它明确地反对任何形式的法西斯主义。这个决议能有效地使得全国性合作成为可能，在战争期间也提供了合作的可能。政府明显地忽视了一个重要事实，那就是，在八月决议中，国大党并没有为自己争取什么。它所有的要求都是为了整个人民。您应该意识到国大党非常乐意并已经准备好，让政府邀请伟大领袖真纳创建一个服从这些调整的全国政府，这些一致通过的调整在战争期间来说是必要的，这个政府对选举产生的议会负责。由于与工作委员会相隔离，除了沙罗珍尼·蒂维之外，我不知道委员会现在的想法，但他们不大可能改变想法。所有这些应当公开指责吗？决议中主张文明不服从的条款或许会招致反对。但是，这本身不能构成反对，因为文明不服从原则是隐含在《甘地—欧文协议》中的。即使这个文明不服从在会议结果揭晓之前也不会开始，而我正打算寻求您的指派去参加该会议。那么，身为责任如此重大的一位部长——印度国务秘书，请收回针对国大党和我的那些并未核实，而在我看来是无法证实的指控吧。"

"当然我可以肯定的是，政府应当根据有力的证据来评判政府的行为，而不是根据完全武断的意见。但是，您把那些被尊称为国大党员的人预谋的谋杀抛给我。跟您一样，我清楚地看到谋杀的事实。我的回答是，是政府把人民刺激到了疯狂的极点。他们使用之前用过的形式逮捕，像头狮子般行使暴力。这种暴力并不比谋杀好到哪里去，因为它的组织规模非常宏大，用以万祭一取代了以牙还牙的摩西律法——更不用说摩西律法的必然结果，那就是耶稣基督宣布的非抵抗。除此之外，我不能用另外其他的方式来解读权力无比的印度政府的镇压措施。除了这个悲惨的故事，我忍不住想，如果有一个善意的国家政府，对普选产生的议会负责，那么整个印度范围内因资源不足而导致数百万穷人的贫困状况即使没能完全消除，也许能得到大大的减轻。如果那时，我仍不能为我的痛苦找到缓解的渠道，那么我必须诉诸为萨提亚格拉哈人士制定的法则，即视能力而定进行绝食。我必须在2月9日的早餐之后开始绝食，一共维持21天直到3月2日结束。通常在我绝食期间，我只喝加盐的水。但是现在，我的生理系统不适合喝水了。于是，我转而往水中加入柑橘汁调成能喝的水。我的愿望不是绝食至死，而是经历痛苦的考验，如果神灵这么希望的话。如果政府能为我的痛苦给予必要的舒缓，那我的绝食就可以尽快结束。我没有像前面两封信一样把这封信标为私人信件。不管怎样它们都不是机密的。它们只不过是个人的呼吁而已。"①

"亲爱的林利思戈爵士：我必须感谢您在 5 日对我 1 月 29 日去信的回复，既详尽又快速。我先要讲讲您在信的最后提到的观点，也就是我在 9 日即将开始的深思熟虑的绝食。从萨提亚格拉哈人士的立场来看，您的信正是在欢迎绝食。毫无疑问，绝食的责任及其后果只由我个人承担。您的笔下流露出一种我并未意料到的腔调，也就是第二段的最后一句话，您把绝食形容为一种'容易的解决途径'。身为朋友，您把这样一个低级和胆怯的动机归咎于我，令我心忧。您也把它称为'一种政治勒索'，还引用我之前写的关于这个话题的文章反对我。我为我所写的东西负责。我坚持认为，我的文章跟我正在考虑的步骤没有不一致的地方。我想知道您自己是否有看过我写的那些文章。我确实承认，当我让您证明我的错误时，我是怀着开放的心态对待您的。报道中刊登的'完全的不信任'跟我开放的心态是不相矛盾的。您说有证据证明我（在此我把我的朋友除外）'期望这项政策能招致暴力'，我'准备好去宽恕它'，以及'随之发生的暴力事件都是商议好的计划的一部分，此计划早在国大党领导人被捕之前就已经开始蓄谋了'。我还没有看到支撑这个严重控告的任何证据。您承认，部分证据尚未发表。霍姆议员的发言（您给了我一个副本）或许可以看成是原告律师的开场白，除此之外别无其他。它包含了未被证实的对国大党员的指控。当然，他用生动的语言描述了暴动。但是暴动真正发生的时候他没有说明为何发生。"

"我已经提出了暴动发生的原因。您没有经过审问及听取他们的辩词就逮捕他们。我让您提供您认为他们有罪的证据无疑是理所当然的。您在您的信中所说的没有一点说服力。证据应该跟英国法律的标准一致。如果一个工作委员会成员的妻子积极投身'谋划爆炸及其他恐怖活动'，她应当在法庭

---

① M.K.Gandhi, *The Selected Works of Mahatma Gandhi*, Volume IV, *Selected Letters*, Shriman Narayan (ed.), Ahmedabad: Navajivan Publishing House, 2011, pp.236–238.

上受到审讯，如果她有罪就得给她判刑。您提到的那位女士或许可能只是在去年8月9日大规模逮捕后以个人名义做了一些事，也就是我所说的野蛮暴行。您说发布对国大党的控告时机尚未成熟。您有没有想过，当他们在公正的法庭上被审判的时候，那些政府的控告可能被发现是毫无依据的？或者有没有想过，与此同时那些被判刑的人中有些可能已经死去？或者还活着的人能够提供的一些证据已经得不到了？我重申，文明不服从的法则隐含在1931年3月5日的协议中，该协议由当时代表印度政府的总督和代表国大党的我本人达成。我希望您明白，甚至在协议的想法产生之前，主要的国大党成员就已经被释放了。照此协议规定，国大党成员得到了一定的赔偿。文明不服从只有在政府履行了条件下的前提下才可停止。在我看来，协议本身承认了文明不服从的合法性，当然是在特定的情形下。因此，您坚持说对于文明不服从'您的政府无论如何也不能承认它的合法性'多少有点奇怪。您忽略了英国政府已经以'消极抵抗'的名义承认了它的合法性。"

"最后一点，您对我的信的理解包含了一些与我的宣言完全相反的意思，宣言的其中一条是遵守纯粹的非暴力。因为，您在您的回信中说，'接受我提出的观点，无异于承认肩负着维持和平及良好秩序重任的国家合法政府，会任由那些被您本人称之为公开起义的颠覆性的、革命性的运动不受挑战的发生；也无异于承认政府要放纵蓄谋暴力、中断通讯、攻击无辜百姓、谋杀警官等其他事情'。我一定是一个奇怪的朋友，居然能够请求您承认这类事情的合法性。我并没有试图详尽地对那些被认为是我所写的观点和协议做出回应，这不是适合的时机，也不是合适的场合。我只挑选出在我看来需要立即回复的事情。您让我在之前为自己设下的考验前面无路可退。怀着可能是最清白的良心，在即将到来的9日，我将开始进行绝食。尽管您把它称为'一种政治勒索'，就我个人而言，这是为了正义而对最高判官神的呼吁，因为我无法从您那里得到正义。如果我熬不过这场考验，我要带着认为自己清白的十足信念到神的审判台前去。后人会在您和我之间做出判断——您身为一个叱咤风云的政府代表，而我是一个卑微的、想通过绝食来服务国家和人类的平民。我上一封信是争分夺秒写的，因此我现在补上重要的一段。随同这封信，我寄给您一份由皮阿雷拉尔打印好的副本，他现在取代了马哈迪夫·德赛的位置。您可以在原文的具体位置找到附加的段落。"①

第三节　分析与小结

从上述甘地写给轴心国和同盟国的信件中，可以看出甘地在第二次世界大战中所持的立场。

其一，坚决反对战争，竭力呼吁停止战争。不管是写给轴心国的信还是写给同盟国的信，都贯穿着一个主题，即停止战争，恢复和平。

其二，第二次世界大战双方，即轴心国和同盟国，没有正义可言，所从事的都是非正义的战争。

其三，非暴力是战胜邪恶的法宝，只有非暴力能够战胜暴力，阻止战争。

其四，"退出印度"运动有利于同盟国，有利于世界和平。

甘地在第二次世界大战中的上述立场，与尼赫鲁等国大党领袖的立场大相径庭，可谓独树一帜。下面从甘地与尼赫鲁对比的角度，揭示甘地在第二次世界大战中所持立场的根源。

其一，甘地思想体系和尼赫鲁思想体系属于两个不同的类型：甘地是宗教道德型政治家，他"披着政治外衣但内心深处却是一个虔诚的宗教活动家"，也有人说甘地既是圣徒中的政治家也是政治家中的圣徒；尼赫鲁是世俗科学型政治家，具有世俗现代观念和开阔的国际视野。因此，他们的思想体系表现出截然不同的特征：甘地思想渗透着浓郁的宗教道德气息，尼赫鲁思想则具有明显的科学世俗色彩。

宗教道德是甘地思想的典型特征，甘地曾指出，"我的全部生活都源于

---

① M.K.Gandhi, *The Selected Works of Mahatma Gandhi*, Volume IV, *Selected Letters*, Shriman Narayan (ed.), Ahmedabad: Navajivan Publishing House，2011, pp.236–238.

宗教精神，我的政治行动及所有其他行动都来自我的宗教。"[①] 甘地所说的宗教并不是指某一派别的宗教，而是指源于并超越于一切宗教的本质东西，即统治宇宙的道德法则，它改变人性、纯净身心、教人解脱、减轻痛苦。宗教的本质是道德，宗教和道德二而为一。他说："道德、伦理和宗教是相互转换的同义词。道德生活不触及宗教，犹如建筑在沙堆上的房屋；宗教与道德分离，恰似只会制造噪音和令人头碎的'响亮的铜管'。"[②] "一旦我们失去了道德基础，我们便失去了宗教。"[③] 甘地宗教道德的核心和基石是真理和非暴力。甘地将真理等同于神，他说真理不仅指相对真理，而且指绝对真理即神。"除了真理别无宗教"，"只有真理是宗教，其它一切皆为非宗教。"[④] 神是甘地信仰力量的根源，对他来说，神是一种无法描述的、神秘的力量，它超越了言语和理性，既存在于宇宙万物之中，也存在于每个人的心中。用他自己的话说："我们所有的人也许对神有不同的定义。如果我们所有的人能够给神下一个我们自己的定义，那么，有多少个男女就会有多少个定义。但是，在所有定义的背后，也会有某种正确无误的同一性，因为根源是同一的。在我看来，神是真理和爱；神是伦理和道德；神是无畏无惧。神是光明和生命的源泉，但他又超越这一切之上。神是良心。他甚至是无神论者的无神论，因为他允许无神论者生活在他的无尽的爱中。他是心灵的探索者。他超越言辞和理智。他比我们自己更了解我们和我们的心。他不以我们的言辞为准则，因为他知道我们往往有意或无意地言不由衷。对那些需要他的亲身显现的人来说，他是人格的神。对那些需要他的触摸的人，他是血肉之躯。他是至纯的本体。他只对那些有信仰的人存在。他是一切人的一切。"[⑤]

① 　宁明、任鸣皋编：《论甘地》，上海社会科学院出版社 1987 年版，第 26 页。

② 　D.K.Dutta, *Social, Moral and Religious Philosophy of Mahatma Gandhi*, New Delhi: Intellectual Publishing House, 1980, p.158.

③ 　N.B.Sen ed., *Wit and Wisdom of Mahatma Gandhi*, New Delhi: New Book Society of India, 1960, p.155.

④ 　D.K.Dutta, *Social, Moral and Religious Philosophy of Mahatma Gandhi*, New Delhi: Intellectual Publishing House, 1980, p.147.

⑤ 　J.V.Bondurant, *Conquest of Violence*, Princeton: Princeton University Press, 1965, p.152.

因此，万物合一，人类同一，人只不过是神的工具，他的言行由神操纵，每当陷入困境，甘地便虔诚地冥想祷告，与心中的神交流，倾听它的声音，祈求它的指引。"对我来说，内在声音比我自己的存在还真实。它从来没有让我听不到，因此也不会让任何其他人听不到。任何人只要愿意，都能够听到这一声音。它内在于每个人的心中。"①"这个世界上我所接受的唯一的主宰是内心'微弱的声音'。我养成了某种正确而清楚地聆听'微弱的声音'的能力。生活中我们会遇到某些时刻，对某些事情我们不需要外在的证明。内心的细小声音告诉我们，'你走的是正道，毋须左移右动，只管沿着笔直而狭窄的道路前行'。"②甘地将神的声音称之为"内心声音""微弱的声音""良心的声音""真理的声音"。他说："令许多人困惑的第一个问题是神的声音。它是什么？我听到了什么？我看到人了吗？如果没有，那个声音是如何传达给我的？这些是相关的问题。对我来说，神的声音，良心的声音，真理的声音或内心声音，或微弱的声音，意味着同一个东西。我没有看到形体。我从未尝试过，因为我一贯认为神无形无体。"③这也就是甘地给希特勒的信中所说的，"有某种声音告诉我，我一定不能计较，我必须呼吁任何值得呼吁的东西"。也就是说，是神的声音是神意促使甘地给希特勒写信，敦促他停止战争。

甘地宣称，在追求真理的过程中他发现了非暴力，真理和非暴力紧密相连，不可分割。真理和非暴力就像一个硬币的两个面，更确切些说，就像一个光滑无痕的金属盘，谁能说出哪个是正面，哪个是反面？因此，真理和非暴力都是神的同名词和同义语。用甘地自己的话说："非暴力是我的神，真理是我的神。当我寻找非暴力时，真理说：'通过我来发现它。'当我寻找真

---

① J.T.F.Jordens, *Gandhi's Religion: A Homespun Shawl*, New York: St.Martin's Press LTD, 1998, p.144.

② Bri Kisshor, *Gogal*, *Thoughts of Gandhi*, *Nehru and Tagore*, Delhi: CBS Publishers, 1984, p.48.

③ J.T.F.Jordens, *Gandhi's Religion: A Homespun Shawl*, New York: St.Martin's Press LTD, 1998, p.143.

理时，非暴力说：'通过我来发现它'。"①他将非暴力等同于爱，他指出，非暴力的消极意义是不伤害，积极意义是爱，非暴力的原则也就是爱的原则。非暴力即爱是人的本性，是人类的法则，正如暴力是兽类的法则一样。非暴力法则要求既要爱自己也要爱他人，既要爱朋友也要爱仇敌，既要爱人类也要爱生物，以爱制恶，以德报怨，以自苦感化别人，以精神力量反对物质力量。甘地将非暴力绝对化，将非暴力看作是同真理和神一样伟大的法则，它既是手段，又是目的，适应于一切方面，一切时期，是放之四海而皆准的信条，对这个信条的违背就是对真理和神的犯罪。甘地写道："当你想发现作为神的真理时，唯一必然的手段就是爱，即非暴力。由于我相信手段和目的最终是可以转换的词，所以我毫不犹豫地说，神就是爱。"②因此，对甘地来说，神就是真理—非暴力—爱的三位一体。这也就是为什么甘地不管是写给轴心国的信还是写给同盟国的信，都贯穿着一个主题，即停止战争，恢复和平。这也是为什么甘地谴责第二次世界大战双方即轴心国和同盟国没有正义可言，所从事的都是非正义的战争。这也是为什么甘地认为只有非暴力能够战胜暴力，阻止战争。因为战争违背真理—非暴力—爱的原则，也就是违背神的原则，违背神意。只有真理—非暴力—爱，能够战胜暴力战胜邪恶。

尼赫鲁对人生和社会问题则持科学和世俗的态度。他说："我们面对人生必须使用科学的精神和手段，与哲学相结合，并且还要以虔敬的心情来对待一切不可企及的东西，这样我们才能扩展一种在它的广阔范围内包罗上下的整体人生观，而以宁静沉着的态度瞻望未来。"③尼赫鲁在物质和精神、科学和伦理之间进行协调与综合，在重视外在物质生活的同时，强调人的内在精神因素，在强调科学和科学方法的同时，重视伦理道德价值，主张物质与精神相协调，科学与伦理相结合。④他反对一切非科学的宗教人生观，他认

---

① Glyn Richard, *The Philosophy of Gandhi*, London: Curzon Press, 1982, p.8.

② Bri Kisshor, *Gogal*, *Thoughts of Gandhi*, *Nehru and Tagore*, Delhi: CBS Publishers, 1984, p.9.

③ [印] 尼赫鲁：《印度的发现》，齐文译，世界知识出版社 1956 年版，第 682 页。

④ [印] 尼赫鲁：《印度的发现》，齐文译，世界知识出版社 1956 年版，第 20—25 页。

为虽然宗教满足了某些人类深刻的内心需要，树立了一些指导人类生活的原则、价值和标准，但宗教产生偏狭和偏执、轻信和迷信、感情用事和愚妄悖理、维护剥削和既得利益，它倾向于禁锢和限制人类的思想，并产生一种不能自主和无自由的人的性格，它是对超自然力的信赖和盲从，其中隐藏的理解人生问题的方法无疑是不科学的，不可取的。因而，尼赫鲁反对将宗教用于竣治，主张政教分离，以及政治非宗教化。在他看来，政治与宗教的结合是最危险的结合，因为它导致教派政治。[①] 此外，他指出，"在像印度这样一个有着多信仰多宗教的国家里，不可能建立真正的民族国家，除非以世俗性为基础"。[②] 尼赫鲁不信仰人格神，他说："即使神果真存在，我们最好不去瞻仰他或是依靠他。过分地依靠这些超自然的因素可能导致，并且曾经时常导致人们丧失自信，并减弱了他们的智能和创造力。"[③] 尼赫鲁追求真理，但并不将真理等同于神，而是视为能动的客观实在。他追求真理的手段是科学、理性、知识和经验，而不是教条的非暴力。他接受非暴力为争取印度自由的手段，并非出于宗教信仰，而是出于实际考虑。他认为，根据印度的背景传统以及当时的条件，非暴力是唯一可行和有效的方法。印度人民被解除了武装，不知道如何使用武器，既缺乏从事有组织的暴力的物力也缺乏训练，在这种情况下，使用暴力方法反抗英国是愚蠢的，会遭到英印当局轻而易举的镇压，而恐怖主义的暴力行为则是政治不成熟和破产者绝望情绪的表现，不可能动摇强大的有组织的政府。[④] 尼赫鲁出于实际考虑，接受非暴力为反抗英国政府的武器，但他反对将非暴力教条化和绝对化，反对将非暴力视为放之四海而皆准的原则，反对把这个原则应用到防御外来侵略和未来社会中去，不排除在社会变革中使用强制方法。

其二，由于这种思想特征上的差异，甘地与尼赫鲁在政治风格上表现出

---

① Bimal Prasad, *Gandhi, Nehru and J.P.*, Delhi: Chamakya Publishers, 1985, p.136.

② Sarvepalli Gopal, *Jawaharlal Nehru: An Anthology*, Delhi: Oxford University Press, 1980, p.330.

③ [印] 尼赫鲁：《印度的发现》，齐文译，世界知识出版社 1956 年版，第 681 页。

④ N.G.Rujurkar, S.N.Kurundkar, *Jawaharlal Nehru, The Thinker and the Statesman*, New Delhi: Har-Anand Publications Pvt. Ltd., 1985, p.13.

明显的不同。（1）甘地强调手段，尼赫鲁重视目的。在政治行动中，甘地奉"注意手段，目的自明"的政治哲学，他将手段比作种子，将目的比作树木，手段和目的之间有着"姻亲"关系，但手段比目的更为重要，人们能够控制手段，却不能控制目的，手段不仅是实现目的的途径，而且本身包含着目的，目的源于手段。甘地指出："有人说'手段毕竟是手段'，而我则说'手段决定一切'，从手段可以看出目的，在手段和目的之间并无间隔的墙。目的的实现与我们所运用的手段是严格成正比的，它们是毫无例外的一致关系。""我最关心的乃是手段和它的不断应用。我知道，只要我们重视手段，则目的肯定能达到。"[①] 因此，在政治活动中，甘地从不明确阐释政治斗争的目的，对目标问题含糊其词，而是不厌其烦地强调手段，维护手段的纯洁与道德，特别是绝对奉行非暴力手段解决一切问题。

尼赫鲁接受甘地坚持正当手段争取正当目的的原则，认为这个原则不仅在伦理上是正确的，而且从实际观点看也是有益的，因为不好的手段往往达不到目的，而且还会带来新的问题。但是，尼赫鲁并不把手段等同于目的，更不把手段绝对化、教条化，而是强调目的。他写道："我认为甘地强调手段的重要，对我们是有很大益处的。但是，我确信更应该强调的是目的。如果我们不能理解这点，显然我们就要漂泊不定，浪费我们的精力在无关重要的枝节问题上"，"目的模糊不清是可悲的事情。行动要能收效必须导向明确的目标。"[②] 他认为，如果不能采取好的手段，就必须对手段作出妥协，否则就会消极无为和屈从于更大的邪恶。在政治斗争中，尼赫鲁并不注重手段，而是更多地强调目的。在他看来，目的居于首位，手段处于从属地位，目的支配手段。明确阐述民族民主运动的目标并不懈地坚持该目标是民族民主运动取得成功的前提条件，只有当民众知道他们为何而战，才能充分唤起他们的斗争热情。

（2）甘地先个人后制度，尼赫鲁先制度后个人。甘地认为人是一个善

---

① N.K. Bose, *Selections from Gandhi*, Ahmedabad: Navajivan Publishing House, 1959, p.36.
② ［印］尼赫鲁：《尼赫鲁自传》，张宝芳译，世界知识出版社 1956 年版，第 585、628 页。

恶混合物："没有不犯错误的人，连神的人也是如此。他们之所以是神的人，并非因为他们完美无缺，而是他们知道自己的错误，并时刻准备纠正这些错误。"[①] 他坚信罪恶和错误不是人的本性，人能够训练和铸造自己，即使最坏的人也能够转变，人有一个自我意识的意志来改变自己向善。因此，在自由斗争中，他潜心于改变人心，而不是变革现存政治经济秩序，尼赫鲁曾说，"甘地不主张改革社会或社会的结构，而专门致力于消除个人的罪恶。他曾经写道：'参加独立运动的人决不从事于试图改造世界这种徒劳无益的任务，因为他相信世界是按照而且永远按照神的法则运转的'。"[②]

甘地关心改善个人先于取代制度，他力图使个人思想发生转变，树立道德品格，弃恶从善，他"打算从内心、道德和精神方面改造个人，由此再来改变外在的环境。他要大家抛弃恶习和放纵，成为纯洁的人。他强调节制性欲、戒酒、戒烟等等。"[③] 他更感兴趣于个人而不是社会制度，在他看来，不管是什么社会制度下的人，不管是剥削者还是被剥削者，不管是民主派还是极权主义者，都是人类大家庭的一员，都应施以感化。他不但呼吁剥削者自愿放弃自己的权力和财富，而且同时向罗斯福和希特勒呼吁，同时向英国人和日本人呼吁，要求他们停止战争，并打算赴日本要求日本人放弃他们的错误做法。他不但"声称大英帝国和第三帝国之间'完全可以划等号'，而且1931年12月会见墨索里尼，两人相处甚欢，赞扬元首'服务穷人，反对过度城市化，努力实现劳资协调，热爱人民'"。[④] 法国作家罗曼·罗兰对此感到震惊，情绪激动地写了一封表示反驳的回信，责备甘地在不了解情况的前提下随意发表判断。这封信还没来得及寄出，他就了解到甘地已经被迫离开公众的视野。[⑤]

---

① R.C.Gupta, *Great Political Thinkers East & West*, Agra: Lakshmi Narain Agarwal Educational Publishers, 1980, p.111.

② Jawaharlal Nehru, *India and World*, London: Allen and Unwin, 1936, p.61.

③ ［印］尼赫鲁：《尼赫鲁自传》，张宝芳译，世界知识出版社1956年版，第586页。

④ Andrew Roberts, "New Revelations about Gandhi", *Wall Street Journal*, 28 March, 2011.

⑤ Pyarelal Nayyar, *Salt Satyagraha – The Watershed*, Ahmedabad: Navajivan Publishing House, 1995, p.405.

尼赫鲁则更感兴趣于取代制度以造福于社会和个人。在他看来，对社会有益的，也就对个人有益。只有变革现存的社会结构，才能改善个人的处境。尼赫鲁写道："我要说我们的争论是关于制度而不是关于个人。一个制度当然在很大程度上是由个人和团体体现出来的，因此对个人和团体必须加以感化或斗争。但如果一个制度已经没有价值而变成了赘疣，那就必须废除，依附于这个制度的阶级和团体也必须进行改造。""摆在我们面前和全世界面前的真正问题是，从政治、经济和社会方面彻底改变社会制度的问题，只有这样，我们才能使印度走上进步之路，终止我国的进一步退化。"他注重社会制度，而不是抽象的人性，在他看来，罗斯福和希特勒决不能划等号，他们象征着两种不同的制度，即民主制度和极权制度。在致力于民族自由斗争的同时，他密切关注世界形势，同情和支持世界正义事业，谴责一切非正义行动，将印度自由斗争与世界的进步潮流融为一体。

面对法西斯主义、纳粹主义势力兴起，日本入侵中国，意大利入侵埃塞俄比亚，德意武装干涉西班牙内战，英法等国绥靖德意法西斯势力，出卖捷克，世界局势急转直下，他密切注视着国际风云的变幻，坚持反对法西斯主义，指出法西斯主义和帝国主义一样，是资本主义没落的标志，是反动派的最后避难所。[①] 1936 年他拒绝墨索里尼的会见邀请，1938 年拒绝纳粹政府要求他访问德国的邀请。他同情和支持被侵略国家的反抗斗争，他说，"我们的斗争前线不仅在我们自己的国家，而且在西班牙和中国"。[②] 在 1936 年勒克瑙国大党会议上，尼赫鲁要求国大党对埃塞俄比亚反对意大利侵略的斗争表示同情，5 月 9 日被庆祝为印度的埃塞俄比亚日。1938 年，尼赫鲁拒绝纳粹德国访问邀请的同时，却特意访问了捷克斯洛伐克和西班牙，并强烈谴责英法对法西斯主义的绥靖政策。1939 年尼赫鲁访问了中国，并在前一年派遣医疗队支援中国的抗日事业。

也正因为如此，在第二次世界大战时期，尼赫鲁最初反对甘地发动针对

①　Jawaharlal Nehru, *India and World*, London: Allen and Unwin, 1936, p.64.

②　Sarvepalli Gopal, *Jawaharlal Nehru: A Biography*, Cambridge:Harvard University Press, 1979, p.232.

英国的"退出印度"运动。因为当时，英国受到法西斯侵略的威胁，正与世界民主力量站在一起，抵抗法西斯主义暴行，而日本已打到了印度大门。在这个时候发动反抗英国的运动，一方面会削弱世界反法西斯力量，一方面会给日本侵入印度造成良机。鉴于这种考虑，尼赫鲁最初反对甘地发动"退出印度"运动。但是，甘地决心已定，而且印度人民的反英情绪异常高涨，一场反抗运动势在必行，在这种形势下，置身民族运动之外，不仅会影响印度人民的高昂情绪，还会导致运动的分裂，使形势更加危险。最后，与甘地争执了好几天之后，尼赫鲁消除了与甘地的分歧，投入了甘地发起的非暴力抵抗运动的最后一幕——"退出印度"运动。而甘地则在尼赫鲁的影响下，同意同盟国军队驻扎在印度，帮助抵御日本侵略，同时甘地给罗斯福和蒋介石、给美国人民和中国人民致信，表示"退出印度"运动绝不危害同盟国抵抗法西斯和日本军国主义的事业，"退出印度"运动有利于动员印度全民投入反法西斯，全力支持同盟国。关于甘地与印度总督有关"退出印度"运动的争执，容当另文详述。

第五章 甘地与印度民族独立运动：目标、方法、进程、影响

1919 年—1947 年，是印度民族独立运动风起云涌的年代，也是印度现代史上的甘地时代。甘地发动了几次非暴力不合作运动，将民族独立运动一步一步推向高潮，最终以迫使英国"和平移交政权"的形式取得了民族独立。本章以五卷本《甘地文集》为基本史料，结合其他史料，就甘地与印度民族独立运动的目标、方法、进程、影响诸问题做一探讨，就教于学界。

第一节 甘地与印度民族独立运动：目标

第一次世界大战爆发后，甘地于 1914 年从南非回到印度，听从政治导师戈克利建议，在印度全国巡游一年，了解印度国情民意，为投身印度民族独立运动做准备。[①] 第一次世界大战结束后，印度民族独立运动进入了一个新时期，甘地正式登上印度政治舞台中心，确立了他在国大党中的领导地位，以其独特的方式拉开了反抗英国殖民统治的非暴力不合作运动的帷幕。在民族独立运动过程中，甘地在不同时期解释和确定了运动的目标，引导运

---

① 甘地在《自传》中写道："我在一年之内不打算做什么。因为我答应过戈克利，要游遍全印度以广见闻、吸取经验，在这个观察期内不就公众问题发表意见，即便过了一年也不急于演说或发表任何意见。"M.K.Gandhi, *The Selected Works of Mahatma Gandhi*, Volume I, *An Autobiography or The Story of My Experiments with Truth*, Shriman Narayan (ed.), Translated from the Original in Gujarati by Mahadev Desai, Ahmedabad: Navajivan Publishing House, 2011, p.427.

动的发展；当然在运动目标问题上他也与其他领袖有分歧。下面就此分阶段做一论述。

（一）二十世纪二十年代：自治领

1920 年 12 月，国大党在纳格普尔召开大会。这次大会是国大党历史上的一个里程碑，它揭开了全印范围内非暴力不合作运动的序幕，确立了甘地在国大党内的领袖地位，尤其重要的是，这次大会通过了甘地主持起草的国大党新章程，明确提出国大党的目标是"用一切和平与合法的手段实现司瓦拉吉"，以这个新纲领取代用"宪法手段""实现殖民地式自治"的旧纲领。

甘地对司瓦拉吉的含义做出了解释，他指出，司瓦拉吉意味着"如有可能就实行英帝国内部的自治，如有必要则实行脱离帝国的自治"。[①] 英帝国内部的自治指的是自治领地位，脱离帝国的自治指的是完全独立。由此可见，甘地对印度民族斗争的目标持非常灵活的态度，具有很大的伸缩性，既意味着自治领地位也意味着完全独立，在当时甘地更倾向于赞成自治领地位。

实际上，在第一次全印非暴力不合作运动中，甘地更多的是强调斗争方式即非暴力手段，而对运动的目标含糊其辞。正如尼赫鲁所说，当时人们都在谈论"司瓦拉吉"，可是每个人对"司瓦拉吉"的解释并不相同，"在这个问题上，甘地故意含糊其辞，他不鼓励大家把问题搞清楚"，从而使"我们完全不注意理论问题，忽视了运动的指导理论以及我们应有的明确目标"。[②]

尼赫鲁认为，在民族自由斗争中，首要的是要让人民明确他们争取的目标，以焕发人民进行斗争的热情。在印度国大党领导人中，尼赫鲁是第一个明确提出争取完全独立目标的人。早在 1923 年的联合省国大党会议上，尼

---

① Paul Brass, *The Indian Nationalist Movement*, *1885-1947: Select Documents*, London: Macmillan, 1979, p.51.

② ［印］尼赫鲁：《尼赫鲁自传》，张宝芳译，世界知识出版社 1956 年版，第 85 页。

赫鲁就明确指出，"我相信，印度适当而正确的目标是独立，舍弃独立，不管是英联邦的自治领统治，还是伙伴关系，或别的什么名称，都有损于印度的尊严"。①

1924年3月，尼赫鲁与甘地举行茹湖会谈，尼赫鲁指出，仅仅模糊笼统地要求自由，不具体指出自由是指自治还是完全独立，是远远不够的。然而，"甘地对于斗争目标仍然含糊其辞，他像平常一样不肯考虑将来，不肯制定长期纲领，只要求继续为实现国大党建设纲领而努力，等待时机进行积极活动"。②

1927年，以尼赫鲁和鲍斯为首的青年独立派兴起，给国大党和印度民族运动注入了新的气息。尼赫鲁在国大党年会上首次公开提议，"印度人民的目标是独立，完全控制国家的国防力量、财政经济和对外关系。大会要求印度人民的这个权利立即得到承认，并付诸实施，特别是完全撤走外国占领军"。③大会最后通过了尼赫鲁提出的独立决议。

甘地对尼赫鲁的激进言行感到不满，公开表示谴责。他指出，独立决议纯系不切实际的空喊，对于印度这样一个软弱、分裂的民族来说，切实可行的任务是通过非暴力斗争培植起自身的内在力量，提出不能立即付诸实施的目标，只能有损于国大党自身的声誉，展示自己的软弱无能，招致批评者的嘲笑和敌人的藐视。甘地甚至声明，为了事业，宁愿失去像尼赫鲁这样一位勇敢忠实能干和可靠的同志。④

1928年，西门调查团事件后，尼赫鲁的父亲莫·尼赫鲁起草了一个宪法草案，即《尼赫鲁报告》，要求在英帝国范围内实现自治领地位。甘地站在自治派一边，接受和赞扬《尼赫鲁报告》，而以尼赫鲁为首的青年独立派则坚决反对该宪法草案，强烈主张完全独立。1929年12月，尼赫鲁主持国

---

① R.C.Dutt, *Socialism of Jawaharlal Nehru*, New Delhi: Shakti Malik Abhinav Publications, 1981, p.24.

② [印]尼赫鲁:《尼赫鲁自传》，张宝芳译，世界知识出版社1956年版，第86页。

③ Sarvepalli Gopal, *Selected Works of Jawaharlal Nehru Vol.3*, New Delhi, Teen Murthy House，1972, p.384.

④ V.T.Patil, *Nehru and the Freedom Movement*, New Delhi: Sterling Publishers, 1977, p.74.

大党拉合尔大会，最终一致通过了历史性的争取完全独立的行动决议，并规定 1 月 26 日为"印度独立日"，授权甘地领导以独立为目标的文明不服从运动。

从此，完全独立不再仅仅是以尼赫鲁为首的青年独立派的口号，而是成为国大党和全国公认的政治目标。甘地也宣布，"司瓦拉吉现在意味着完全独立"。[①] 这样，旷日持久的自治领地位与完全独立问题的争执最终得以消除。然而，甘地与尼赫鲁在运动目标问题上的分歧依然存在，他们对独立的含义有不同的理解。

（二）二十世纪三十年代：自我纯洁

1930 年 1 月 26 日，印度各地举行盛大的集会和示威游行，庆祝第一个独立日。举国上下群情振奋，期待着甘地发动文明不服从运动，争取印度的民族独立。

1 月 30 日，甘地在《青年印度》上阐述了他所主张的独立。1 月 31 日，甘地向殖民当局提出 11 点要求：1. 把卢比兑换率降为一先令四便士；2. 降低税负 50%；3. 裁减军费 50% 或以上；4. 削减英籍官员薪金 50%；5. 实行关税保护政策，限制服装和布匹进口；6. 给印度人以内河航运权；7. 取消或监督刑事侦缉局；8. 印度人应有携带武器自卫的权利；9. 废除食盐专卖制，取消盐税；10. 禁止销售酒类饮料；11. 释放杀人犯和教唆犯以外的全体政治犯。甘地将这 11 点说成是"完全独立的要旨"，[②] 并向总督发出最后通牒，如果不答应上述要求就发动文明不服从运动。

尼赫鲁对甘地的作法感到吃惊和不解，他认为，当时全国都在谈论独立，准备为独立而斗争，在这种时刻，甘地却提出了政治改革和社会改革的

---

① Louis Fisher, *Gandhi: His Life and Message for the World*, New York: New American Library，1954, p.178.

② Subhas Chandra Bose, *The Indian Struggle*，1920-1942，Calcutta: Netaji Research Bureau，1964, p.178.

要求，以此作为完全独立的替代物。尼赫鲁提出了疑问："当甘地用独立这个名词的时候，他的解释跟我们的解释相同还是不同呢？"① 其实，甘地所理解的独立与尼赫鲁完全不同。

甘地所理解的独立既不是立即夺取政权，也不是实行彻底的社会主义变革，而是对印度社会弊端和积习进行改革，实现自我纯洁，实现印度人自身精神完善和社会协调。早在非暴力不合作运动时期，甘地就曾告诉英印统治者，该运动既要推翻殖民政府，又要净化印度，而且主要是净化印度，英国人的被驱逐只是一个附带的成果。"仅仅要英国人撤离并不是独立。独立意味着每一个村民都意识到他是自己命运的主宰，他通过所选择的代表而成为他自己的立法者。"② 在尼赫鲁看来，独立包括三层含义：首先，获得政治上的独立与自由；其次，意味着经济自由和社会自由，消灭既得利益集团，消灭现存的社会经济结构，实行社会主义变革；再次，意味着与其他国家进行平等的真正合作与交往的开始，维护世界和平与合作。

拉合尔会议不久，甘地就在《纽约时报》上发表声明，谁也不必为独立决议而害怕，后来他在致总督的信中又重申了这一点。1930 年 3 月 12 日，甘地以"食盐进军"的方式开始了文明不服从运动。尼赫鲁感到困惑，他不理解民族独立斗争怎么能和盐联系在一起，尼赫鲁认为光号召食盐进军还不够，应该进一步加强斗争，他在 20 多次集会上发表讲话，声明正在进行的斗争是一场民族解放斗争，它不只是纯粹的政治斗争，而且还有经济内容（主要工业由国家所有和控制，土地由耕种土地的农民所有）。

甘地 4 月 9 日发布的指示揭示了他对独立运动的概念："我们的方针早就计划好了。每个村庄出售或制造违禁的食盐，姊妹们监视酒店、鸦片馆和洋布店。每家老少孜孜从事织机工作，每天纺织成堆的棉纱，洋布应当焚毁。印度教徒放弃不可接触制，印度教徒、穆斯林、锡克教徒、拜火教徒和基督教徒达成真诚团结。多数民族安心于少数民族获得满足以后的情形。学

---

① ［印］尼赫鲁：《尼赫鲁自传》，张宝芳译，世界知识出版社 1956 年版，第 238 页。

② M.K.Gandhi, *The Selected Works of Mahatma Gandhi*, Volume V, *Voice of Truth*, Shriman Narayan（ed.）, Ahmedabad: Navajivan Publishing House, 2011, p.388.

生脱离公立学校，公务员辞去他们的职务而致力于为人民服务，这样一来，我们不久就会发现，完全独立就会来敲响我们的大门。"[1]"建设纲领是实现完全的司瓦拉吉的非暴力和真理的道路。它的全盘落实就是完全的司瓦拉吉。"甘地后来更加明确地谈到他对独立概念的含义。他在接见新闻记者时说，完全的独立实际上是指"内部守纪律的自治"，而决不拒绝"和英国联合"。他在《青年印度》上写道："我们可以不要政权而达到我们的目的"。[2]

这也就是甘地为何投身并热衷于建设纲领的原因，在他看来，建设纲领是独立的主要内容，也就是印度的自我纯洁和净化。

（三）二十世纪四十年代：印巴统一

第二次世界大战加速了印度民族民主运动的进程。期间，印度与英国之间的民族矛盾空前激化，危机迭起。战后，工农运动与教派冲突互相交织，军队也发生哗变，印度面临自下而上的革命的危险。大战也使英国遭到严重削弱，国势衰微，无力继续维持对印度的殖民统治。

在这种情况下，英政府即提出印度自治计划，派出内阁使团，商谈移交政权事宜。然而，由于种种原因，印度教徒与穆斯林之间的教派冲突已发展到不可调和的地步，教派纠纷成为印度独立道路上的最大障碍。英政府随即任命蒙巴顿为总督，负责处理印度政权移交事务。蒙巴顿在考察了印度的危急形势后，决定抛开内阁使团计划，采用快刀斩乱麻的做法，用承认穆盟建立巴基斯坦的权利，实行分治，来打破印度政治僵局。

因此，20 世纪 40 年代，印度民族独立运动的目标便集中在印巴统一还是印巴分治这个问题上。甘地坚决反对印巴分治：首先，印穆团结是他终生为之奋斗的目标之一，他认为印穆是亲兄弟，应该团结一致，共同对付英国人，而不应互相残杀，以致分裂；其次，1946 年下半年至 1947 年，甘地一

---

① A.R.Desai, *Social Background of Indian Nationalism*, Bombay: Popular Prakashan, 1966, pp.363–364.

② [印] 杜德：《今日印度》下册，黄季方译，世界知识出版社 1953 年版，第 89 页。

直在教派仇杀地区奔波，他所目睹到的惨状使他比德里的政治家更清楚地意识到，分治不是轻而易举的，可能导致一场大规模的流血悲剧，无异于对印度进行"活体解剖"。因此，甘地竭力反对分割印度，他甚至提出，只要能避免分裂印度，宁可让真纳成立清一色的穆盟政府，将印度的主权交给真纳和穆盟。

他在给总督的信中曾说："您应该意识到国大党非常乐意并已经准备好，让政府邀请伟大领袖真纳创建一个服从这些调整的全国政府，这个政府对选举产生的议会负责。"① "我和穆罕默德·阿里·真纳度过了愉快的两小时四十五分钟。其间我们讨论了非暴力的联合声明。他着重强调了他对非暴力的信仰，并在他自己起草的媒体声明中也强调了这一点。我们也讨论了巴基斯坦分裂的问题。我告诉他，我还是一如既往地反对巴基斯坦分裂出去。"② 他也给真纳写信说："我无法接受印度的穆斯林是一个不同于其他民族的民众这一观点。强词夺理不是证据。接受这一观点的后果是非常危险的。一旦被采用，今后就无法控制分裂印度的各种要求，印度也因此灭亡。"③

尼赫鲁最初也极力主张印度的统一，坚决反对真纳的两个民族理论，但后来的事态发展使他认识到，分治是不可避免的，拖延分治只会意味着加剧已经存在的严重的内战状态。1947年4月，尼赫鲁公开声明接受印巴分治。尼赫鲁接受分治基于以下因素：首先，1947年的局势表明，不迅速打破印穆僵局，印度就有可能爆发大规模的教派内战和工农革命，这是尼赫鲁所不愿看到的，分治计划提供了摆脱僵局的途径，可以带来和平与友好。其次，在临时政府中与穆盟共事的经历以及穆盟发动的"直接行动日"造成的恶果，使尼赫鲁认识到，强行把印穆统一在一个国家里是不可能的，也是不明智的。分治不仅能在政治上摆脱麻烦，而且在经济上能使印度甩掉一个人口众

① M.K.Gandhi, *The Selected Works of Mahatma Gandhi*, Volume IV, *Selected Letters*, Shriman Narayan (ed.), Ahmedabad: Navajivan Publishing House, 2011, p.234.

② M.K.Gandhi, *The Selected Works of Mahatma Gandhi*, Volume IV, *Selected Letters*, Shriman Narayan (ed.), Ahmedabad: Navajivan Publishing House, 2011, p.256.

③ M.K.Gandhi, *The Selected Works of Mahatma Gandhi*, Volume IV, *Selected Letters*, Shriman Narayan (ed.), Ahmedabad: Navajivan Publishing House, 2011, p.91.

多、工业落后的地区，对印度未来发展是有利的。再次，经过长期艰苦的斗争，方使英国殖民者移交政权，尼赫鲁不愿在政权即将到手时，因拒绝分治而丧失它，至少被拖延。复次，在尼赫鲁看来，印巴分治是权宜之计，在当时的条件下，巴基斯坦不是一个"长命"的国家，它不可能单独生存，环境和条件将迫使它不久后自动回到印度的怀抱。此外，尼赫鲁也认为，如果印度不分治，国语、国旗、民族文化、民族服饰和教派主义等问题也许永远不会解决，世俗国家的梦想就不会实现。尼赫鲁同意分治后，国大党其他领导人也纷纷表示赞同。

甘地在分治问题上众叛亲离，但他仍坚持他的立场。甘地在 1947 年 5 月声明："我现在反对分治印度，正如我一贯反对的一样。但是，我能做什么呢？我唯一能做的是不参与这个计划。除过神，没有人能使我接受它。"①甘地放弃了一切其他活动，致力于教派和解，他四处奔波，平息教派仇杀，力图拦住分治的洪流。蒙巴顿发表印巴分治方案后，尼赫鲁随即向全国宣布国大党接受了该方案。甘地曾打算与国大党人断绝关系，谴责分治方案。1947 年 8 月 14 日午夜，印度获得新生，但甘地没有参加独立庆典，而是在教派骚乱地区绝食和祷告了一整天，悲叹自己理想的破灭、目标的流产。

（四）未来目标：道德社会

甘地设想的未来目标是建立一个完全非暴力的道德社会，其基本特征如下。

其一，没有国家。甘地否定国家，他认为国家根植于暴力之中，它以集权和有组织的形式体现暴力，国家反对人的本性，人除了躯体之外，还有灵魂，而国家则是没有灵魂的机器，它剥夺个人行动的道德价值，毁灭个性自由。甘地在 20 世纪 30 年代即指出，他所理想的社会是一种有秩序的无政府

---

① Louis Fisher, *Gandhi: His Life and Message for the World*, New York: New American Library, 1954, p.173.

状态或有知识的无政府状态。这里没有国家，没有政府，没有军队，没有警察，没有法庭，没有监狱，每个人都是自己的统治者。甘地在理论上反对国家，但在实践上暂时保留了某些有限的国家要素，目的在于约束人们的行为，促进人类道德和人性的完善。这些保留要素与本来意义上的国家机器的要素不同，它们是非暴力的、代表人民意志的选举制，非暴力的、有自我牺牲精神的军队，非暴力的、与人民合作的、但可携带武器的警察，培养民族公德的司法制度和各级法院，作为教育中心和劳动车间的监狱。①

甘地写道："我要为这样一个印度而努力，在这里最穷苦的人也感到这是他们的国家，这个国家使他们的呼求有效果；在这样一个印度中，人们没有高低层级之分；在这样一个印度中，所有群体完全和睦地生活在一起。在这样一个印度里，不可接触制度以及使人晕醉的酒类和药物这些祸害都没有任何空间。妇女拥有与男人一样的同等权利。我们要与世界任何其他国家和平相处，不去剥夺也不被剥夺，所以我们将会拥有所能想到的数量最小的军队。所有不与人民利益相冲突的那些利益，都必须得到小心翼翼的尊重，不管是外国的还是本土的利益。就我个人而言，我讨厌外国与本土的区分。这就是我梦想的印度。……除此，我别无所求。"②

其二，自给自足的村社共和国联邦。甘地的理想社会以农村为基础，他指出，印度要获得真正自由，人们就必须生活在农村而不是城镇，生活在茅舍而不是大厦，在城镇和大厦中，人们不可能和平相处，他们将因为没有资源而诉诸暴力和非真理，只有在农村生活的简朴中，才能实现真理和非暴力。甘地设想的理想社会由自由联盟的村社组成，每个村社都是一个自足、自给、安居、乐业的共和国，它在衣食等基本生活必需品方面不依赖于邻邦，能够管理自己的一切事务，甚至防御整个世界，保卫自身的生存。在这个由无数村社组成的结构中，生活不是一座靠底部来维持顶端的金字塔，而

---

① M.K.Gandhi, *The Selected Works of Mahatma Gandhi*, Volume V, *Voice of Truth*, Shriman Narayan (ed.), Ahmedabad: Navajivan Publishing House, 2011, pp.400–401.

② M.K.Gandhi, *The Selected Works of Mahatma Gandhi*, Volume V, *Voice of Truth*, Shriman Narayan (ed.), Ahmedabad: Navajivan Publishing House, 2011, p.387.

是一个海洋圈，其核心是时刻准备为村社牺牲的个人，村社则准备为村社圈作出牺牲。

其三，政治和经济分权。甘地认为，要创立非暴力社会，就必须废除集权。权力集中使生活变得高度复杂，阻碍个人主动性，削弱自治机会，也导致剥削和道德沦丧。此外，集权与暴力相联系，因为没有充足的武装和暴力，就不可能维持和捍卫集权，集权越大，用来维持集权的武力程度就越大。因此，甘地主张实行政治和经济权力分散。政治分权意味着赋予农村公社以最大程度的自治权，村社潘查雅特是其标志。① 甘地为村社潘查雅特规定了一系列具体原则，它由成年男女选举产生，任期一年，拥有一切必要的权力，集立法、司法和行政权于一身，主要职能表现为：培养诚实和勤奋的品德，教育人民避免争执，保证粮食产量的增加，改良牛羊品种，稳定奶的生产，完善清洁卫生保健制度，取缔麻醉药和刺激性饮料，消灭不可接触制度，确保公正与秩序，动员公共志愿军平息暴力行为。经济分权意味着用农舍工业代替集权的大工业，纺车是其标志。甘地谴责西方工业文明，反对过度工业化，崇尚以纺车为代表的农舍经济。他不仅将纺车看成是一种物质武器，而且看成是对抗西方文明的精神武器。他指出，纺车最能体现非暴力精神，纺车的每一次转动，都在纺着和平、善良和仁爱。只有用以手纺车为标志的农舍工业代替集权化的城市大工业，才能避免竞争和剥削，消灭失业和贫富差别，过简朴宁静的生活，从而实现非暴力的社会理想。②

尼赫鲁的理想社会是一切人都能享受同等机会的无阶级社会，其基本特征如下。

其一，社会主义类型的福利国家。尼赫鲁认为，要实现没有任何特权阶层和最小程序不均的无阶级社会，就必须消灭现存的资本主义制度，建立社会主义类型的福利国家，改善印度社会广大无权阶层的社会经济状况，剥夺

---

① M.K.Gandhi, *The Selected Works of Mahatma Gandhi*, Volume V, *Voice of Truth*, Shriman Narayan (ed.), Ahmedabad: Navajivan Publishing House, 2011, pp.384–386.

② M.K.Gandhi, *The Selected Works of Mahatma Gandhi*, Volume V, *Voice of Truth*, Shriman Narayan (ed.), Ahmedabad: Navajivan Publishing House, 2011, pp.329–343.

特权阶层的权力，限制少数既得利益集团。为此，他主张国家有限的集权，主张国家干预政策，主要生产资料和分配实行国家所有和控制，用国家权力保证社会的物质资源的所有和分配能最大程度地促进公众的利益，用合作代替竞争，用追求公众利益取代个人谋利，不仅提高物质文化水平，而且"培养精神道德、合作、大公无私、服务精神、寻求正义、善意与仁爱"。①

其二，城市和农村并进。在尼赫鲁的理想社会中，城市和农村并不对立，而是互相依存的。尼赫鲁认为，农村在智力和文化方面是落后的，思想狭隘的人更可能采用暴力和违反真理，进步不可能从落后的环境中取得。虽然城市存在着许多弊端，但决不能因此而否定城市文明。城市居民应该与农村保持密切接触，同时，应提高农村居民的物质和文化水平，使他们享有与城市居民一样的机会，过一种有修养的舒适而现代的生活，更接近城市文明。为此，尼赫鲁主张彻底变革农村，实行土地改革，推行农业合作化，引进现代耕作方法和机器。

其三，高度现代化。尼赫鲁设想的社会是一个高度现代化的社会，它包括工业化、科技化和计划化诸要素。工业化在尼赫鲁的理想社会中占有重要位置。尼赫鲁将工业化视为巩固国家独立、促进国民福利、稳定国际局势的必要条件，是现代社会中居支配地位的经济形式，其他经济形式只起着补充作用。他认为，以农舍工业和小工业为基础建立国家的经济是注定要失败的，它既不能解决国家的基本问题也不能维护自由和独立，只能使国家处于殖民地附属国地位。为了向贫穷作斗争，为了提高生活水平，为了保卫国家安全，抵抗外国的政治经济侵略以及其他各种目标，必须实行工业化，特别是要发展重工业。而要做到这一点，就必须发展现代科学技术。尼赫鲁强调，未来属于科学，属于与科学为友的人，只有科学能够战胜饥饿和贫穷、疾病和文盲、迷信和积习，必须事事求助于科学。尼赫鲁也认识到工业化会带来许多弊端，但他深信如果实行缜密的计划，就能够充分获得工业化的益处而避免其有害的后果。尼赫鲁设想的计划要点为：优先发展大工业和基础

---

① ［印］尼赫鲁：《尼赫鲁自传》，张宝芳译，世界知识出版社1956年版，第631页。

工业，同时也促进小工业和农舍工业，作为大工业的补充，以提供最大限度的就业机会，小工业和农舍工业使用电力，以合作方式经营，所有主要工业和国防工业实行国有化，其余工业由国家控制，以此来节制私人资本，避免其他资本主义国家存在的弊端。

总之，甘地设想的是一个以真理和非暴力为基础、以自给自足的农村公社为特征、政治和经济分权的道德社会；尼赫鲁设想的则是一个以科技为基础的、高度工业化的社会主义类型的现代社会。

第二节　甘地与印度民族独立运动：方法

（一）压力—妥协—压力

在甘地看来，印度民族运动目标的取得，不是一蹴而就的事情，而是一项长期而艰巨的事业，因此印度民族运动的策略方法是压力—妥协—压力，进行间歇性、阶段性的斗争，利用一切机会来争取他所设想的独立目标。基于这种策略和认识，甘地在反英斗争进程中，多次宣布停止斗争，与政府达成"光荣的和平"。德赛曾在《印度民族主义的社会背景》中写道："在甘地的领导下，民族主义运动成为一个奇特的混合：勇猛前进随之以突然而任意的停止，挑战继之以擅自妥协，结果导致变幻无常，混乱惶惑和群众视野的模糊。"[1] 这是对甘地"压力—妥协—压力"斗争方法的形象总结。

在尼赫鲁看来，印度民族运动的策略应该是对英帝国主义不断施加压力，进行毫不妥协的、持之以恒的斗争，直到夺取政权。尼赫鲁对甘地"压力—妥协—压力"斗争方法深感不满，曾多次与甘地进行辩论和争执。

甘地之所以奉行这样的斗争方法和策略，其中有一个原因是，甘地处事

---

[1]　A.R.Desai, *Social Background of Indian Nationalism*, Bombay: Popular Prakashan, 1966, p.372.

往往凭主观意志、凭本能、凭直觉、凭所谓的"内心声音"，很少诉诸理性，缺乏客观性和逻辑性。对甘地来说，直觉是灯塔。甘地的直觉基于他的神灵观，他说，神"超越言辞和理性"，"我要让你放弃一切合理解释，开始像单纯的小孩一样信仰神。"①"非暴力抵抗运动是以神活生生的同在和引领作为前提条件的。其领导者不是依靠他自己的力量，而是依靠神。他要跟从内心声音的引导而行动。"②尼赫鲁写道，"甘地在处理问题时，从来不重视从理智方面去考虑问题，而只是强调品格和诚心"。③甘地感兴趣于该做什么而不是将做什么，对于甘地来说，一个计划或行动因为它是对的所以是合理的。甘地奉行"一时一步""一步即够"的政治哲学，以在他看来植根于现实的眼前目标为满足，他"不是用逻辑和缜密的计划看待未来，他只是对现在作出回答。对他来说，未来只是由一个尚未给他提出问题的现在构成。"④

尼赫鲁处事则从客观实际出发，以逻辑和理性为基础。对尼赫鲁来说，理性是向导。尼赫鲁则感兴趣于将做什么而不是该做什么。对尼赫鲁来说，一个计划或行动因为它是合理的所以是对的。尼赫鲁依据将来的可能和需要判断现在，根据长期的行动计划思考。在民族运动中，甘地往往在重要关头采取突然而难以预料的决定，尼赫鲁认为这不是政治态度或科学态度，或许连伦理态度也不是，它完全不符合现代的心理经验和方法。尼赫鲁通过内心斗争和痛苦思考，给甘地的决定以合理的解释，使其理性化，赋予甘地主观思想以客观色彩。

（二）非暴力不合作

非暴力不合作是甘地在印度发动非暴力抵抗斗争的重要方式，由"非暴

---

① Bri Kisshor Gogal, *Thoughts of Gandhi*, *Nehru and Tagore*, Delhi: CBS Publishers, 1984, p.6.

② M.K.Gandhi, *The Selected Works of Mahatma Gandhi*, Volume V, *Voice of Truth*, Shriman Narayan (ed.), Ahmedabad: Navajivan Publishing House, 2011, p.187.

③ [印] 尼赫鲁：《尼赫鲁自传》，张宝芳译，世界知识出版社1956年版，第85页。

④ Frank Moraes, *Nehru: Sunlight and Shadow*, Bombay: Jaico Publishing House, 1964, p.58.

力"和"不合作"两个部分组成。其中,"非暴力"既是甘地一贯奉行的信念原则也是斗争方式,而"不合作"则是 1919 年—1920 年开始形成并实施的斗争方式。非暴力不合作斗争方式包括总罢业(哈塔尔)、手工纺织、抵制洋货、抗税和自动入狱等。甘地将不合作与文明不服从相提并论,他说:"不合作与文明不服从是同一棵名叫非暴力抵抗的大树的不同分枝。"[①] 也就是说,非暴力不合作就是文明不服从。

1919 年,甘地提出,"我们应该号召全国进行哈塔尔,即总罢业"。[②] 总罢业成为甘地非暴力抵抗运动的重要组成部分,主要内容是:和平抵制政府机关、法院、学校、爵位、封号、英货和抗税,实行罢工、罢课、罢市和辞去政府职务。这些内容在以前印度反帝运动中就实行过,但把这些分散的方式组成一个整体,而且置于非暴力的政治思想原则之下,形成一个有广泛群众基础的计划,则是甘地的创造。它比国大党的宪政鼓动政策更符合印度资产阶级的要求,更能发动民众。1919 年 3 月 30 日,德里的工厂、商店、机关和学校都关了门。学生、工人、商人、政府职员走上街头。到处都是群众集会,人们都在严厉谴责英国的殖民政策。德里陷入瘫痪状态,殖民当局出动军警,向参加总罢业的群众开枪。4 月 6 日,群众性反帝斗争达到高潮,加尔各答、孟买、比哈尔、奥里萨、联合省、马德拉斯、阿迈达巴德等地都发生了总罢业。

1920 年 9 月,甘地在国大党加尔各答特别会议上提出了非暴力不合作决议,主张发动"渐进的、非暴力的不合作"运动,详细阐述了非暴力不合作计划:1. 放弃政府授予的头衔和荣誉职位,辞去地方机构中的职务;2. 拒绝参加政府官员或以他们的名义举办的官方和非官方活动;3. 在各省建立民族学校和大学;4. 抵制英国法庭,通过建立自己的仲裁法庭解决私人争端;

---

① M.K.Gandhi, *The Selected Works of Mahatma Gandhi*, Volume V, *Voice of Truth*, Shriman Narayan (ed.), Ahmedabad: Navajivan Publishing House, 2011, p.178.

② M.K.Gandhi, *The Selected Works of Mahatma Gandhi*, Volume I, *An Autobiography or The Story of My Experiments with Truth*, Shriman Narayan (ed.), Translated from the Original in Gujarati by Mahadev Desai, Ahmedabad: Navajivan Publishing House, 2011, p.514.

5. 拒绝参加立法会议选举；6. 抵制洋货；7. 从事手工纺织，为民众提供土布；8. 拒绝参军赴美索不达米亚服役。[①] 该决议案在国大党加尔各答特别会议上获得通过。12月，国大党纳格浦尔年会也顺利通过了甘地拟定的"渐进的非暴力不合作计划"。这个计划主要包括三个步骤：第一步，所有印度人放弃政府授予的头衔和荣誉职位；第二步，对立法机关、法院和学校等实行普遍抵制，并辅以家家户户手工纺织活动，每个国大党党员从主席到普通党员都要亲自手工纺织，以抵制英货；第三步，抗税。这样，甘地的不合作策略被国大党年会批准，成为指导国大党行动的总路线，从而也揭开了反抗英国殖民统治的非暴力不合作运动的序幕和民族运动的高潮。

甘地将自愿被捕入狱视为不合作的内容之一。他说："我们必须把被捕视为一个不合作主义者生活中的正常情况。这是因为我们必须寻求被捕入狱，就像一个战士抱着必死之心上战场。我们希望通过招致入狱而不是避免入狱来压倒政府的反对，即使是通过显示我们全体愿意被捕入狱的方式。这样，文明不服从意味着向一个没有武器的警察投案的意愿。我们的胜利就在于千万人被带到监狱中，就像羊羔被带到屠宰场。如果羊羔自愿地被带走，他们在很久以前就已经可以从屠夫刀下拯救自己的性命了。再说一遍，我们的胜利就在于没有任何错误而入狱。我们的无辜越大，我们的力量也就越大，胜利来得也就越快。"[②] 群众响应甘地的号召，掀起"入狱运动"，自愿进监狱，抗议当局的迫害。从1921年12月到1922年1月，被捕人数超过3万，监狱人满为患。

对于甘地的不合作策略，泰戈尔、真纳等人反对。泰戈尔特别反对抵制英语学校的做法，也反对罢课的做法，认为这只能使国民无法接受良好的教育，此外也反对焚烧外国布。[③] 真纳不但反对不合作，而且还因此退出国大

[①] A.P.Srinivasamurthy, *History of India's Freedom Movement*, *1857–1947*, New Delhi: S.Chand & Co. (Pvt.) Ltd., 1987, p.77.

[②] M.K.Gandhi, *The Selected Works of Mahatma Gandhi*, Volume V, *Voice of Truth*, Shriman Narayan (ed.), Ahmedabad: Navajivan Publishing House, 2011, p.179.

[③] Joseph Lelyveld, *Great Soul: Mahatma Gandhi and His Struggle with India*, New York: Alfred A Knopf, 2011, p.232.

党。对于甘地的非暴力原则，尼赫鲁等国大党人也有不同意见。

1922年，非暴力不合作运动迅猛发展，超出了非暴力原则的限制，发生了不同程度的暴力斗争。在联合省的曹里曹拉，遇到警方弹压的示威群众愤怒地袭击了警察所，打死20多名警察。曹里曹拉事件使甘地感到群众运动正在冲破非暴力原则的限制，有可能发展成为真正的暴力革命。于是，他召开紧急会议，宣布停止非暴力不合作运动。他不能容忍对他的非暴力学说有任何偏离，认为这无异于"否认我们的誓言，是对神的犯罪"。非暴力不合作运动的突然中止使狱中的尼赫鲁感到失望和愤怒，他第一次对甘地的非暴力主义信念发生了怀疑和动摇，他不明白怎么能因为个别的暴力行为就停止民族自由斗争。在大规模的群众运动中，暴力行为是不可避免的，因为在警察的挑衅和镇压下，不是所有的人都能保持斯文和沉默。此外，打入运动中的暗探和内奸经常有意制造事端或煽动别人采取暴力行动，以此来破坏运动。如果由于发生个别暴力行为而必须停止民族自由斗争，那么，非暴力抵抗方法就必然失败，永远不会成功。尼赫鲁感到困惑不解，是非暴力方法本身有缺陷？还是甘地对这种方法的解释有毛病？他写信给甘地，表达了他的疑虑和不满。甘地回信给尼赫鲁，做了解释。[①]

第二次世界大战期间，甘地非暴力主义遇到了4次严峻挑战。第一次是在1939年。甘地和尼赫鲁都反对战争，但动机不同。甘地认为战争的根源在于西方工业和物质文明引起的贪欲和暴力，阻止战争的唯一途径就是放弃暴力，限制贪欲，尊重道德价值的至上性。他将战争看作是对他的非暴力信念的挑战和考验，认为即使在捍卫正义，暴力也是有害的，因此坚决主张不论是英国还是印度都不应卷入冲突，他甚至公开呼吁英国人，劝他们用精神力量反对希特勒的暴行，主张只给盟国以道义上的支持。[②]尼赫鲁的动机则是反对法西斯，他认为战争的主要原因是法西斯主义和纳粹主义的兴起与侵

---

① M.K.Gandhi, *The Selected Works of Mahatma Gandhi*, Volume IV, *Selected Letters*, Shriman Narayan (ed.), Ahmedabad: Navajivan Publishing House, 2011, pp.92–94.

② M.K.Gandhi, *The Selected Works of Mahatma Gandhi*, Volume IV, *Selected Letters*, Shriman Narayan (ed.), Ahmedabad: Navajivan Publishing House, 2011, pp.199–201.

略，要反对战争，首先必须反对法西斯，因此他主张只要英国立即给予印度独立，印度将全力参战，在军事上支持盟国，支持英国抵抗法西斯。国大党工作委员会其他成员也都不赞成甘地的非暴力主张。甘地在 1939 年 10 月 10 日的《哈里真》上谈到了他和工作委员会的分歧，他本人主张在抵抗外来侵略时也要采用非暴力，宁死也不对侵略者以牙还牙，而工作委员会则只限于把非暴力当作对抗英国政府的武器，反对用非暴力方法抵抗武装侵略。甘地 1939 年 10 月 26 日写信给尼赫鲁，坦诚地谈到他们在非暴力问题上的分歧。他明确表示，如果必要他将与工作委员会分手，希望尼赫鲁负起领导国家的重任。

第二次挑战发生在 1940 年。纳粹德国在欧洲战场所向披靡，占领整个北欧和西欧，并向英伦三岛进行大规模空袭，英国陷于困境，面临纳粹侵略之虞。尼赫鲁反对在这个严峻时刻发动文明不服从运动，国大党提出了新的合作建议，如果英国承认印度的自由并建立临时国民政府，国大党将在对外防御上放弃甘地的非暴力主义，与英国的战争努力充分合作。甘地则明确反对为狂暴的战争努力承担责任，他要求国大党忠于非暴力原则，并把这个原则扩大到自由印度，用这个原则保卫自由，防止内乱和抵抗外来侵略。甘地与国大党工作委员会在非暴力问题上第一次发生公开对抗。1940 年 6 月，国大党工作委员会召开紧急会议，解除了甘地对国大党所必须采取的纲领和活动所负的责任，并抛弃了非暴力，主张有条件的合作。

第三次挑战发生在 1941 年。6 月德国进攻苏联，12 月日本偷袭珍珠港，战争的性质和国际形势发生了根本变化，真正成为全球性的战争，成为世界民主力量与法西斯主义之间的一场生死决战。尼赫鲁对战争性质的转变立即作出了明确反应，珍珠港事件的次日，他即宣告，世界进步力量已与美、英、俄、中为代表的集团站在一起，必须同情和祝愿这个集团。他主张与反法西斯力量结盟，有条件地参战。甘地则坚决主张完全的非暴力，反对参战，他在珍珠港事件的次日发表 12 点建设纲领，号召全国人民支持文明不服从运动。国大党工作委员与甘地发生尖锐分歧。12 月，工作委员会召开会议，通过赞成武装抵抗轴心国的决议，认为甘地的坚决不参战的主张已不适应形势，并接受甘地的要求，解除了他的领导权。

第四次冲突发生在1942年。太平洋战争爆发后不到3个月，日本便占领了整个东南亚，直指印度东部边境，印度面临侵略的严重威胁。在战争形势恶化的情况下，印度问题成为盟国普遍关注的国际问题。在强大的压力下，英国政府被迫作出姿态，任命克里浦斯使团访印。然而，使团访印以失败而告终，它表明，即使在印度面临日本侵略的危急关头，英国也不准备对印度民族独立要求作出丝毫让步，国大党的唯一选择就是采取行动。甘地与尼赫鲁发生了分歧。尼赫鲁认为，盟国的胜利是印度自由的先决条件，他反对一切妨害盟国战争努力的行动，认为帝国主义的贪欲会促使日本进攻印度，主张以武力抵抗日本侵略，甚至设想在正规军之外，组织民兵和乡团，进行游击战争。而甘地则认为，英国统治的存在是招致日本侵略印度的诱饵，如果英国离开印度，日本就不会侵略印度，即使在日本侵略的情况下，他也反对尼赫鲁提倡的武装抗战和组织游击战，而主张用非暴力不合作抵抗日本，甚至主张与日本和谈，反对印度参战，反对盟国军队驻扎印度。1942年5—6月间，甘地与尼赫鲁进行了多次广泛交谈和激烈争论，后来甘地写信给总督说："我同他（尼赫鲁）一连辩论了好几天，他反对我的看法，其情绪之激烈是我无法形容的。"①

（三）宗教神秘因素

甘地将某种带有宗教神秘主义色彩的方法应用于印度民族运动之中，具体表现为两个方面。

其一，将宗教因素引入政治。甘地不仅在民族运动中经常使用宗教术语，将宗教问题与政治问题联系在一起，而且直接运用绝食、祈祷等宗教方法解决政治问题。甘地写道："在我这个时代，我没有发现有人和我一样，

---

① Shriman Narayan（ed.），*The Selected Works of Mahatma Gandhi*，Volume IV，*Selected Letters*，by M.K.Gandhi，Ahmedabad: Navajivan Publishing House，2011，p.219.

可以将绝食和祈祷变为一门科学，并且取得如此丰硕的成果。我希望可以用我的经验影响整个民族，用智慧、真诚、热情诉诸绝食和祈祷。我的经验表明，绝食和祈祷是有效的，而且它们不是机械的行为，而是具有精神动力的活动。"① 尼赫鲁指出，在第一次全印非暴力不合作运动期间，甘地将哈里发问题与不合作运动结合起来，使伊斯兰教领袖的宗教影响重新抬头，并且经常引用宗教词汇，一再提起神、罗摩等，强调运动在宗教方面的意义，从而使运动带有强烈的宗教复兴主义的性质，大多数国大党工作人员也拼命效仿甘地，甚至还转述他的那一套话。尼赫鲁对政治活动中这种宗教因素的发展感到苦恼，对这种现象极为反感。在他看来，政治问题就应当从政治观点来考虑，不应与宗教扯在一起，伊斯兰教大毛拉和印度教斯瓦米之流在公开讲演中所说的许多话是错误的，他们对一切事物进行宗教歪曲，从而使人的头脑不清楚。甘地所用的一些宗教词语也使他感到困惑和震惊。

在 20 世纪 30 年代文明不服从运动期间，甘地为抗议不可接触者单独选举制进行"绝食至死"。尼赫鲁对甘地用这种宗教方法处理政治问题感到不满，他在自传中写道，他不满意甘地用宗教和感情方法解决政治问题，并且在涉及这个问题时一再提起神，甚至似乎暗示说神曾指定绝食的日期、"树立这种榜样多么糟糕"！后来，甘地又进行 21 天的自洁绝食，绝食期间，全国情绪激动。尼赫鲁在狱中注意观察甘地绝食在全国引起的情绪波动，他感到迷茫。他在狱中日记中表达了他的困惑和不满。他越来越摸不清绝食是否是正确的政治方法，这种行为是纯粹的宗教复兴，清醒的思考完全不起作用，整个印度怀着尊敬的心情眼巴巴地看着甘地，期望他创造奇迹，打破贱民制，实现自主，而自己则什么事也不做。尼赫鲁自问这种宗教方法是训练一个民族的正确方法吗？他觉得他与甘地在精神上一天比一天疏远。不久，甘地要求允许他从狱中指导哈里真运动，遭政府拒绝，于是他宣布再次"绝食至死"。尼赫鲁得知后，觉得这似乎未免小题大做，莫名其妙。1934 年，

---

① M.K.Gandhi, *The Selected Works of Mahatma Gandhi*, Volume IV, *Selected Letters*, Shriman Narayan (ed.), Ahmedabad: Navajivan Publishing House, 2011, p.318.

比哈尔发生了大地震，甘地在《哈里真》上发表声明，说地震是神对贱民制罪恶的惩罚，尼赫鲁觉得这是一个与科学相抵触的令人十分震动的言论，竟然认为人类的一个风俗或者缺点会对地壳的运动产生影响，这使人不禁想起几百年前的"异教徒裁判所"。

其二，根据"内心声音"或"祈祷的回音"（即直觉和本能）发动或中止运动。甘地作事往往凭借神秘的"内心声音"，而很少诉诸理性。甘地在《自传》中写道，"我早就学会了使自己顺从内心声音。我乐于顺从这种声音。如果背着这种声音做事，对我来说不但是困难的，而且是痛苦的"。[①] 在民族民主运动中，甘地不仅凭内心声音决定发动斗争的方式，而且凭内心声音随意中止运动，然后为安慰震惊和愤愤不平的同事，随意找一个荒诞的理由为他的行为辩解。

1919 年的反罗拉特法非暴力抵抗运动的帷幕是以全国性的总罢业方式拉开的，而这一斗争形式则是在梦境中决定的。甘地在《自传》中写道："当我仍处于半睡半醒的状态时，一个想法从我的脑海一闪而过——仿佛做梦似的。第二天一大早，我便把与之相关的整件事情告诉了拉贾戈帕拉查里。'昨夜在梦里所触及的那个想法告诉我，我们应号召全国的人们举行一个总罢业。非暴力抵抗运动是一个自我净化的过程，而我们的斗争也是神圣的。依我看来，非暴力抵抗运动从自我净化开始是再合适不过的了。因此，让印度所有的人们在那一天停止他们的生意，且将那一天作为绝食及祈祷的日子。穆斯林绝食不会超过一天，所以绝食时间应为 24 小时。是不是所有省份都会响应我们的号召还很难说，但我觉得孟买、马德拉斯、比哈尔和信德是靠得住的。即使只有这几个省份适时地参加了罢业工运动，我们也会感到相当满意了。'拉贾戈帕拉查里立即采纳了我的建议，其他的朋友在得知后也表示了欢迎。我草拟了一个简洁呼吁文本，罢业运动的日期初定在 1919 年的3 月 30 号，但随后又改在了 4 月 6 号。因此，人们只得到了一个紧急总罢

---

① M.K.Gandhi, *The Selected Works of Mahatma Gandhi*, Volume I, *An Autobiography or The Story of My Experiments with Truth*, Shriman Narayan (ed.), Translated from the Original in Gujarati by Mahadev Desai, Ahmedabad: Navajivan Publishing House, 2011, p.150.

业的通知。由于不得不马上开展工作，所以要全部通知到位几乎不可能。然而，谁又清楚整个运动会发展如何呢？整个印度从东到西，从城镇到农村，在那天举行了一次彻底的全民总罢业运动，真是让人惊讶。"[1] 1922 年 2 月，甘地在没有与国大党同事商量的情况下就以曹里曹拉事件为由突然决定停止非暴力不合作运动，尼赫鲁对甘地既没有与同事商量，也没有得到国大党群众的同意，就突然作出这一决定的这种处事方法感到不满。

1929 年 12 月的国大党拉合尔年会授权甘地发动旨在争取独立的文明不服从运动。随后，甘地隐居到他的萨巴玛蒂修道院，沉思冥想。泰戈尔曾前往询问甘地的设想，甘地回答说："我正在日夜苦思冥想，我在周围黑暗中还没有看出任何光明。"甘地探索了 6 个星期，全国在焦急地等待，整个印度的眼睛都盯着他的茅舍。终于，甘地找到了答案，决定以违反食盐法开始文明不服从运动，他声明"我们将以神的名义进军"，并致信总督申明食盐进军的含义，[2] 也发表演讲，提出以三种方式违反食盐法。[3] 于是，一场群众性的文明不服从运动便以"食盐进军"的独特方式开始了。尼赫鲁对甘地的做法感到困惑不解，他写道，盐突然变成了一个神秘的字，一个有魔力的字，他搞不明白，民族斗争怎么能和盐这个普通东西联系在一起。

1931 年 3 月甘地与总督签订《德里协定》，在只字不提独立的情况下，宣布停止文明不服从运动。尼赫鲁对甘地的这种做法感到忧虑。他与甘地作了一次长谈。他告诉甘地，甘地这种出乎人们意料之外的做法令他惊异，虽然他们相识已经 14 年了，但甘地身上存在着他不能理解的某种未知的因素，这使他感到十分担忧。甘地承认他身上确实存在着这种未知的因素，并表示

---

[1]　M.K.Gandhi, *The Selected Works of Mahatma Gandhi*, Volume I, *An Autobiography or The Story of My Experiments with Truth*, Shriman Narayan（ed.）, Translated from the Original in Gujarati by Mahadev Desai, Ahmedabad: Navajivan Publishing House, 2011, pp.514–515.

[2]　M.K.Gandhi, *The Selected Works of Mahatma Gandhi*, Volume IV, *Selected Letters*, Shriman Narayan（ed.）, Ahmedabad: Navajivan Publishing House, 2011, pp.150–157.

[3]　M.K.Gandhi, *The Selected Works of Mahatma Gandhi*, Volume V, *Voice of Truth*, Shriman Narayan（ed.）, Ahmedabad: Navajivan Publishing House, 2011, p.21.

他自己无法加以控制，同时也难以预测它的后果。一连几天，尼赫鲁感到犹豫彷徨，无所适从。

1934 年 4 月，甘地发表声明，取消文明不服从运动。他在《政治家周刊》上声明了他取消文明不服从运动的理由："这篇声明是从我同真理社的人和同道者私人谈话中所得到的启发写出来的。特别是我从讨论一位可贵的多年伙伴的谈话中所得的启示，这位伙伴不愿意执行监狱中的全部劳役，他喜欢闭门读书，而不喜欢接受分给他的任务，这无疑是违反了坚持真理的规条。"尼赫鲁在狱中读到甘地的声明后，感到大为惊骇和苦恼。他认为，这是一个怪诞的、不道德的提议，一场巨大的全国运动怎么能够因为一个人犯了错误就随便中止？这个理由是欺人之谈，这种做法令人惊奇，甘地怎么能用这种抽象的、神秘的理由反复捉弄他和国大党呢？能够想象在这样一个基础上的政治运动吗？尼赫鲁感到，他与甘地之间的感情纽带似乎已经断裂了。

第三节　甘地与印度民族独立运动：进程

自从 1915 年第一次世界大战爆发后从南非回到印度，一直到 1947 年印度取得民族独立，甘地发动了数次非暴力不合作运动，强有力地推动了印度民族独立运动的发展，在印度民族独立运动史上留下了不朽的功绩。

（一）非暴力抵抗运动序幕

1915 年初，甘地带着在南非建树的崇高声誉，带着献身祖国独立事业的赤诚之心，也带着被同胞赋予"圣雄"的无上光环，告别了作为练兵场的南非，终于回到了印度的政治舞台。在被他奉为政治导师的戈克利的建议下，他并未立即投入印度政治，而是用一年多时间，在全国各地旅行考察，了解民意，洞察国情，熟悉环境，并建立了萨巴玛蒂等非暴力抵抗学院（真理学院），为将他在南非实践过的理论和斗争方法应用于印度这个更广阔舞台做准备。甘地一方面试图通过第一次世界大战同英国合作，为英国募兵，支持英国作战，达到印度自治；另一方面领导了三场小规模的非暴力不服从运动和一场全国规模的非暴力不服从运动，拉开了他在印度非暴力抵抗运动的序幕。这场非暴力抵抗运动序幕总共由四个事件组成。甘地在《自传》中详细记载了这几次斗争。

第一个事件是 1917 年比哈尔省查姆帕兰县靛蓝种植园调查案。[①] 1917年，甘地应一位默默无闻、目不识丁的靛蓝种植园佃农苏拉克请求，调查剥削农民长达几百年的不合理的三分制（即佃农每耕种 20 卡塔土地，必须有 3 卡塔替种植园主种植靛蓝）以及种植园主不公正的税收。甘地一到查姆帕兰，当地政府便命令他马上离开，甘地故意违犯法令，拒不离境，被判有罪，后来地方当局被迫撤销了对他的有罪判决。甘地和他的助手拉金德拉·普拉萨德、马哈德夫·德赛、克里帕拉尼等起早贪黑逐村向农民进行广泛而细致的调查，差不多收集了一万件证言和相关文件。在甘地的建议下，比哈尔省长爱德华·盖伊下令成立了一个"调查委员会"，由政府官员、地主和甘地三方组成，甘地代表农民。甘地提交的证据非常确凿，种植园主只好同意对农民做出赔偿。甘地不想让地主感到羞辱和痛苦，于是只要求赔偿不公正地榨取农民税收总额的 50%，但是，"调查委员会"最终裁决只赔偿 25%。有些批评家问他为什么不要求全额赔偿，甘地解释说，尽管只有25% 的赔偿金，但也足以伤害种植园主的尊严和地位了。后来的事态发展证明了甘地慷慨大度方法的效力，几年后，种植园主将他们的土地转让给了农民，离开了印度。1918 年，当地政府也废除了三分制，种植园主的"王国"结束了。查姆帕兰县靛蓝种植园调查案是甘地非暴力抵抗学说在印度的第一次大胆尝试，这次尝试确立了他的萨提亚格拉哈策略的有效性，也树立了他

① M.K.Gandhi, *The Selected Works of Mahatma Gandhi*, Volume I, *An Autobiography or The Story of My Experiments with Truth*, Shriman Narayan (ed.), Translated from the Original in Gujarati by Mahadev Desai, Ahmedabad: Navajivan Publishing House, 2011, pp.451–474.

作为穷苦百姓代言人的英雄形象。甘地在《自传》中写道，一向受压迫的农民，现在多少可以抬起头来了，而靛蓝的污渍永远洗刷不掉的那种迷信也被破除了。①

第二个事件是 1918 年古吉拉特邦阿迈达巴德市纺织工人罢工。② 1918 年，针对厂主想要撤销"瘟疫补贴"这一问题，工人与厂主之间矛盾日益尖锐，尽管瘟疫已消退，但工人仍希望"瘟疫补贴"不要撤销，因为第一次世界大战时期，收入的提高仍跟不上生活成本的提高。英国的税收官害怕摊牌，就让甘地给厂主施压，迫其作出妥协。甘地劝说厂主和工人达成协议，接受法庭仲裁。但后来厂主撤销该协议，提出给工人提高 20% 的工资，并威胁工人说，如果谁不接受就解雇谁。甘地提出，综合考虑生产成本、产业利润和生活成本，工人理应要求提高 35% 的工资，并号召工人进行罢工。甘地与工人代表商定，要取得罢工胜利，必须宣誓信守下列条件：绝不使用暴力；绝不进行破坏；绝不依靠施舍；罢工期间，坚持用其他正当劳动维持生活。成千上万的工人接受了这些条件，天天在市内大街上游行，甘地每天都在萨巴玛蒂河边对罢工工人发表演讲。这次罢工持续了 3 周，在罢工期间，有几天松弛下来，罢工者对工贼十分愤慨。甘地怕半途而废或导致暴力，于是宣布绝食，鼓舞工人，增强他们继续罢工的决心。工人被感动了，重振精神，把罢工坚持下来，并取得了胜利。在工人罢工的压力下，厂主同意让法庭来裁决。法庭决定最终裁决，按照工人要求，给他们提高 35% 的工资。③

---

① M.K.Gandhi, *The Selected Works of Mahatma Gandhi*, Volume I, *An Autobiography or The Story of My Experiments with Truth*, Shriman Narayan (ed.), Translated from the Original in Gujarati by Mahadev Desai, Ahmedabad: Navajivan Publishing House, 2011, p.475.

② M.K.Gandhi, *The Selected Works of Mahatma Gandhi*, Volume I, *An Autobiography or The Story of My Experiments with Truth*, Shriman Narayan (ed.), Translated from the Original in Gujarati by Mahadev Desai, Ahmedabad: Navajivan Publishing House, 2011, pp.475–484.

③ 彭树智：《现代民族主义运动史》，西北大学出版社 1987 年版，第 31—41 页。

第三个事件是 1918 年古吉拉特邦凯达县农民抗税运动。[1] 1918 年，凯达县发生了饥荒，农民要求免征一年赋税。根据税收法规定，当农作物的收成少于正常产量的 1/4 时，农民有权免缴土地税。在"印度公仆社"成员要求下，甘地调查并确认了凯达县农民收成情况。甘地作为古吉拉特协会主席，在向政府请愿失败之后，组织志愿队，领导农民举行非暴力抗税运动，鼓舞农民"与暴政恶行战斗至死"。政府实行高压政策，强行夺走了农民的牲口和物品，扣押农作物。甘地与当地年轻律师萨达尔·帕特尔等人一起前往各个村庄，鼓舞农民起来对抗政府的高压政策。参加非暴力抗税运动的农民签订了抗税誓言，庄严发誓拒绝纳税。那些能付起税的人也发誓，为了贫穷农民的利益，他们也拒绝纳税。但是，如果政府同意免征赋税，那些有能力付税的人可以全额纳税。甘地在这次农民抗税运动中特别强调文明，他说文明是非暴力抵抗中最困难的部分，这里所说的文明并非指在这种场合下讲话要斯斯文文，而是指对于敌人也要有一种善意的胸怀。这次抗税运动取得了胜利，政府同意免征农民的田赋。

查姆帕兰靛蓝种植园调查案、阿迈达巴德纺织工人罢工和凯达农民抗税运动是甘地非暴力抵抗策略在印度的地区性试验，总体上反映了甘地式的政治风格和方法。他在这三个地区的经历也帮助他在印度民众特别是农民和工人中扎下了根，亲身实地了解了他们面临的问题。这些斗争让他更加理解人民群众的优势和劣势，验证了他自己的政治风格的可行性。这些早期的非暴力抵抗试验为他提供了经验，为发动全国范围内的非暴力抵抗运动准备了条件，打下了基础。

第四个事件是 1919 年反"罗拉特法"斗争。[2] 早在 1917 年 12 月 10 日，

---

[1] M.K.Gandhi, *The Selected Works of Mahatma Gandhi*, Volume I, *An Autobiography or The Story of My Experiments with Truth*, Shriman Narayan (ed.), Translated from the Original in Gujarati by Mahadev Desai, Ahmedabad: Navajivan Publishing House, pp.485–492.

[2] M.K.Gandhi, *The Selected Works of Mahatma Gandhi*, Volume I, *An Autobiography or The Story of My Experiments with Truth*, Shriman Narayan (ed.), Translated from the Original in Gujarati by Mahadev Desai, Ahmedabad: Navajivan Publishing House, 2011, pp.508–535.

殖民当局就成立了以英国法官罗拉特为首的委员会，研究处理印度社会治安问题的方案。罗拉特炮制了两个立法草案，建议英印政府授权殖民官吏可以不经法律程序镇压印度民族运动。1919 年 3 月，英印政府颁布了罗拉特委员会起草的 1919 年印度 1 号刑法（修正案）和 2 号刑法（紧急状态法），合称"罗拉特法"。罗拉特法规定，战时国防法仍然有效，并授权当局可以随时宣布戒严令，实行全国戒严；在印度设立特别法庭，这个法庭没有辩护律师和陪审员；地方当局可以不经起诉而搜查、逮捕和判决任何一个有嫌疑的人；禁止集会和游行示威。这个法案实际上是一个镇压印度民族运动的非常法，引起了全印度的愤慨，各种不同政见的印度人一致表示反对，人们愤怒而蔑视地称之为"黑色法案"。该法案激起了印度人民酝酿已久的反英斗争风暴，成为战后印度民族反抗情绪大爆发的导火线。然而，发起群众性反"罗拉特法"斗争的不是国大党，也不是穆盟，而是甘地。

反"罗拉特法"斗争将甘地推上了印度政治舞台中心。甘地成为印度民族主义的代言人，他致信呼吁总督，撤回"黑色法案"，但遇到的是总督置之不理。于是，甘地决定将他在南非所实践过的非暴力抵抗方法应用于印度政治，发动反"罗拉特法"非暴力抵抗运动。1919 年 2 月，甘地成立"萨提亚格拉哈同盟"（又译"非暴力抵抗协会"或"坚持真理社"），组织"萨提亚格拉哈会议"，发起"萨提亚格拉哈誓约"活动，决心以非暴力方式，有礼貌地、和平地拒绝服从罗拉特法。

反"罗拉特法"的非暴力抵抗运动于 3 月 30 日开始了，这天德里按原计划首先发难，形成了强大的反帝运动。工厂、商店、机关和学校都关了门。学生、工人、商人、政府职员走上街头。到处都是群众集会，人们都在严厉谴责英国的殖民政策。德里陷入瘫痪状态，殖民当局出动军警，向参加总罢业的群众开枪，8 人被枪杀，受伤者甚众。4 月 6 日，群众性反帝斗争达到高潮。加尔各答、孟买、比哈尔、奥里萨、联合省、马德拉斯、阿迈达巴德等地都发生了总罢业。

反帝高潮的中心在旁遮普。这里有 30 多个城市的市民、退伍士兵和农民参加了总罢业和群众集会，许多从不过问政治的人也被卷进了反帝斗争的洪流。《每日先驱论坛报》曾报道，在反对政府政策的各个阶级和各种宗教信仰的人们心中，存在着异乎寻常的团结。甘地本人也被这惊人而壮观的一幕所激动，表现出对非暴力抵抗运动的乐观情绪。4月13日是锡克人的宗教节日拜萨哈节，阿姆利则市的2万名市民和郊区农民在查利安瓦拉巴格广场集会，听民族主义领导人演讲。这个广场四周是高大围墙和建筑物，只有一个可同时进出几个人的出入口。当人们席地而坐、静听演讲时，戴尔率军包围现场，堵住出入口，在未发出任何警告的情况下，向手无寸铁的群众持续射击10余分钟，之后又放入手持弯刀的廓尔喀人大肆砍杀。与会群众千余人当场毙命，受伤者多达两千余人。这就是骇人听闻的"阿姆利则惨案"。①

阿姆利则惨案发生后，全印各地反英情绪急剧高涨。抗议和起义席卷了旁遮普省50多个城市，古吉拉特、孟买、联合省、比哈尔、奥里萨等地也发生了起义。在许多城市和农村，起义者破坏铁路、炸毁桥梁、捣毁警察局、监狱和政府机关。国大党也发表了著名的《秋季宣言》，愤怒谴责殖民者的镇压行径是一种"铁血政策"。殖民当局为平息印度人民的愤怒，不得不成立亨特委员会即印度政府旁遮普骚动调查委员会，装模作样地进行调查。该委员会8名成员中5名为欧洲人，3名为印度人。国大党也组织了一个平行的调查团，调查阿姆利则惨案真相，主要成员有甘地、奇·达斯、莫·尼赫鲁、贾·尼赫鲁等。

值得一提的是，阿姆利则惨案调查是未来印度总理贾·尼赫鲁与甘地政治联系的开端，是贾·尼赫鲁政治生涯的转折点。调查期间，贾·尼赫鲁多次亲临惨案地点，听取人们的讲述，数次落泪，进一步认清了帝国主义的残暴和野蛮。调查期间，贾·尼赫鲁也得以经常会见甘地，目睹甘地工作，甘地温和而诚挚的争辩以及富有见地的政治眼光赢得了贾·尼赫鲁的钦佩和尊敬，贾·尼赫鲁在政治上更接近甘地，信任甘地。正是从这时起，贾·尼赫鲁正式放弃了富裕的律师职业，完全投身于民族独立事业，成为一位坚定的

---

① 彭树智：《现代民族主义运动史》，西北大学出版社1987年版，第45页。

职业政治家。阿姆利则惨案调查也对贾·尼赫鲁的父亲莫·尼赫鲁发生了深刻影响，他脱离了旧日的温和派立场，向激进立场转变，从此，他的政治命运与他的儿子及甘地联系在一起。

甘地对英国当局的暴行十分愤慨，同时对非暴力抵抗运动发展成为暴力斗争感到不安与失望。他在群众大会上要求犯有暴行的人承认罪过，请政府宽恕这些人的罪过。当双方都不接受他的意见时，他便决定停止非暴力抵抗运动。会后，甘地宣布他犯了一个"喜马拉雅山那么大的错误"。① 4 月 18 日，甘地正式宣布停止非暴力抵抗运动，并绝食 3 天以示自责。为宣传非暴力抵抗，甘地主办了两个刊物《新生活》和《青年印度》。1919 年底，国大党在阿姆利则召开年会，莫·尼赫鲁任主席。在这次大会上，甘地在国大党委员会中取得了合法地位，圣雄甘地万岁的口号开始左右印度的政治。印度民族运动开始采取一种新的形式，向新的方向发展。

这次反罗拉特法非暴力抵抗运动是甘地在印度进行政治斗争的总演习，在这次演习中，已经暴露了非暴力抵抗运动的固有矛盾。一方面，这个运动把工人、农民、市民、手工业者、学生等吸收到反对英国殖民统治的政治斗争中来，形成了规模庞大的反帝民族运动；另一方面，这个运动又把非暴力奉为不可变更的信条，不许逾越这个信条所规定的界限之外。甘地明确表示，那些要领导人民进行非暴力抵抗运动的人应当能够把人民保持在所希望于他们的非暴力界限以内。这次非暴力抵抗运动的演习是后来的非暴力抵抗运动的原型，在基本方面，以后的非暴力抵抗运动只不过是这种固有矛盾在不同时期、不同条件下、不同程度的重演。

（二）第一次全印非暴力不合作运动

1920 年 12 月—1922 年 2 月，甘地发动了第一次全国性的非暴力不合作

---

① M.K.Gandhi, *The Selected Works of Mahatma Gandhi*, Volume V, *Voice of Truth*, Shriman Narayan (ed.), Ahmedabad: Navajivan Publishing House, 2011, p.80.

运动，将印度民族运动推向了新的高潮。甘地领导的非暴力不合作运动具有巨大的战斗力，使群众运动在客观上服从国大党的政治领导，成为民族资产阶级向殖民者施加压力的威慑力量，印度民族独立运动进入了一个历史新时期。

从第一次世界大战中同英国殖民统治者的合作到战后的不合作的代表人物，甘地在"1922 年大审判中的声明"中叙述了这个转变过程，反"罗拉特法"斗争特别是阿姆利则惨案是他转变的关键。阿姆利则惨案后，甘地明确表达了与英国政府不合作的思想，他说：当英国政府拿起武器对准它的手无寸铁的人民，那么它就丧失了自己的统治权力。这件事足以表明它已经不能用和平和正义的方式进行统治，所以除了推翻英国统治，实行完全自治以外，已不能使受到伤害的印度感到满意。[①]

如果说阿姆利则惨案使甘地的思想发生了转变，那么哈里发运动则为甘地正式提出不合作思想提供了契机。1918 年，在第一次世界大战中站在德国一边的伊斯兰世界的精神领袖奥斯曼土耳其沦为战败国，遭到英法等协约国的瓜分。奥斯曼土耳其遭遇瓜分，引起了整个伊斯兰世界的愤慨。同年，印度著名伊斯兰活动家和国大党人阿里兄弟成立了哈里发委员会，领导了印度穆斯林反对英法等帝国主义瓜分奥斯曼土耳其帝国和保卫帝国苏丹（即伊斯兰教主）的哈里发运动（又称基拉法运动）。1919 年，英国侵略伊斯兰国家，印度成千上万的穆斯林开展离开印度运动，支持阿富汗的斗争。在印度国内，受英国殖民统治者压迫最甚的穆斯林手工业者和农民向往建立一个自由的哈里发国家，以反对英国殖民统治。广大中小资产阶级和伊斯兰教代表人物也参加了哈里发运动。

1919 年 11 月 14 日，甘地应伊斯兰教代表邀请，参加了在德里召开的第一次全印哈里发会议（基拉法会议）。甘地在大会上详细阐述了印度教徒和穆斯林团结的问题，并且第一次用"不合作"来表达他的反帝思想。他

---

① M.K.Gandhi, *The Selected Works of Mahatma Gandhi*, Volume V, *Voice of Truth*, Shriman Narayan (ed.), Ahmedabad: Navajivan Publishing House, 2011, pp.15–20.

郑重声明，如果政府在像哈里发这么重大的问题上竟然背弃了我们，那么我们除了不合作之外，没有别的办法。在我们遭受背弃的时候，我们有权利不和政府合作，进行不合作是人民的一种不可剥夺的权利。他提出，如果英国当局拒不考虑穆斯林的要求，就号召穆斯林完全撤销与政府的合作。① 会上成立了一个委员会具体考虑在必要时采取不合作的步骤，甘地是主要成员。

1920 年 1 月和 3 月，印度教徒和穆斯林领袖组成的代表团分别会见了总督和英国首相，但都无果而终。这引起了穆斯林的普遍不满，于 3 月 19 日举行抗议日，绝食、祈祷和总罢业。在孟买召开的哈里发会议上，甘地提出了具有历史意义的提议，主张哈里发委员会开展非暴力不合作运动来对抗英国政府。6 月 9 日，新成立不久的中央哈里发委员会在阿拉哈巴德一致通过了甘地的提议，决定从 8 月 1 日起开展不合作运动，并提出让甘地来领导这一运动，其内容包括放弃荣誉称号、抵制立法会议、抵制法庭和公立学校等。

不合作运动于 1920 年 8 月 1 日正式开始。是日凌晨，为印度民族独立事业奉献一生的提拉克与世长辞，这既是悼念提拉克的一天，也是非暴力不合作运动开始的一天。人们联合起来举行总罢业和游行，许多人在这天绝食和祷告。8 月，协约国强迫土耳其签订了《色佛尔条约》，促进了哈里发运动的加强。甘地号召印度教徒也积极参加哈里发运动，并要求国大党也考虑开展不合作运动。甘地带头退回英国勋章，其他人也都放弃了英国政府授予的荣誉头衔。在甘地的发起和领导下，哈里发运动成为穆斯林和印度教徒的共同事业。

实际上，甘地发动不合作运动，最初是以哈里发运动为基本阵地，以穆斯林中一些激进的政治家为主要依靠力量，包括阿扎德和阿里兄弟。最早表

---

① M.K.Gandhi, *The Selected Works of Mahatma Gandhi*, Volume I, *An Autobiography or The Story of My Experiments with Truth*, Shriman Narayan（ed.）, Translated from the Original in Gujarati by Mahadev Desai, Ahmedabad: Navajivan Publishing House, 2011, pp.539–540.

示拥护不合作运动的还有甘地早期开展坚持真理运动的比哈尔和古吉拉特的民族主义者，包括拉金德拉·普拉萨德、萨达尔·帕特尔等。但是，国大党大多数人最初对不合作政策持激烈的反对态度，包括真纳、莫·尼赫鲁、提拉克、泰戈尔、奇·达斯、贝桑特夫人、马拉维亚、拉·拉伊等一批国大党领导人。他们认为，不合作运动只不过是一种敌不过帝国主义的癫狂的梦呓。形势的发展迫使国大党领导机构必须做出明确抉择，国大党全印委员会决定召开一次特别会议讨论开展不合作运动问题。

1920年9月，在拉·拉伊主持下，国大党在加尔各答召开特别会议。出席会议的代表共5800多人，包括几乎所有国大党著名领导人。甘地在会上提出了非暴力不合作决议案，虽然遭到一些人的反对，但最终以多数票获得通过。加尔各答特别会议通过把不合作运动作为争取和满足哈里发运动的手段，这样，国大党和哈里发运动组成了反帝统一战线。

1920年12月，国大党在纳格浦尔举行年会。纳格浦尔年会是甘地和印度政治生活中的一个里程碑。首先，年会顺利通过了甘地拟定的"渐进的非暴力不合作计划"。其次，年会提出了"用一切和平与合法的手段实现司瓦拉吉"的新纲领。第三，年会改组健全了国大党各级组织机构。

国大党对不合作策略的采纳，给不合作运动注入了新的活力。早期的不合作运动主要由哈里发委员会领导，现在由国大党和哈里发委员会共同领导，不合作运动与哈里发运动结合起来，形成了蓬勃发展的势头。自1921年1月起，不合作运动在全国范围内迅猛开展起来，正如1921年国大党年会主席H.A.汗所描绘的那样："每个真正的印度人心中都充满了为争取自治而愉快地吃苦受难的激情。"[1]不合作运动成就显著，主要体现在如下几个方面。

首先，国大党最高领袖甘地和哈里发运动最高领袖阿里兄弟一起，开展全国性的巡回演说，鼓舞群众的斗志。甘地在数百场集会上发表演讲，并接

---

[1]　Satyapal and P.Chandra, *Sixty Years of Congress: India Lost*；*India Regained*, Lahore: Lion Press, 1946, p.277.

见了大批政治工作者。他提出了鼓舞人心的口号："一年内实现司瓦拉吉"，呼吁全国人民共同努力实现这个目标。他认为，不合作运动既是同政府的战争，也是旨在净化印度的腐败、欺诈、恐怖和白人霸权压迫的政治生活的宗教运动。他把实现手工纺织、印穆团结、消除不可接触制等建设性工作作为实现政治独立即司瓦拉吉的前提条件，只要他的非暴力不合作计划和建设性工作能得到实现，印度在一年内就可以获得司瓦拉吉。

其次，抵制教育。大批学生退出殖民政府开办的公立学校，转入雨后春笋般建立起来的民族学校。在甘地全国巡回演讲的第一个月，就有9万学生离开公立学校，转入800多所新建的民族学校和大学。教育抵制运动在孟加拉取得了巨大的成功，加尔各答学生引发了一场全省性的罢课，目的是为了迫使这些学校的主管退出政府机构。旁遮普教育抵制运动规模仅次于孟加拉。在孟买、联合省、比哈尔、奥里萨、阿萨姆，教育抵制运动也很活跃。大批学生举行罢课，走出校门，穿戴起流行的土布做成的白衣白帽，投身到非暴力不合作运动中去。

第三，抵制法庭。相较而言，律师对法庭的抵制运动远不如教育抵制运动那么成功，但是它的影响和意义却十分深远。许多全国一流律师和地方著名律师响应不合作号召，放弃丰厚的甚至王宫般的收入，投身抵制法庭运动，其中有尼赫鲁父子、奇·达斯、拉金德拉·普拉萨德、瓦拉拜伊·帕特尔、拉贾戈帕拉查里等。尼赫鲁父子是出身婆罗门高等种姓、受过西方高等教育的富有的律师，他们的牺牲精神鼓舞了许许多多的人。[①]

第四，抵制洋货。不合作运动中最成功的可能是抵制洋货运动，主要有两种形式。一种形式是焚烧洋货，特别是洋布。许多志愿者挨家挨户收集用外国布料做成的衣服，整个社区集中起来烧掉这些衣服。另一种形式是纠察出售洋货的商店，劝阻人们不买洋货。志愿纠察队主要由青年学生组成，他们来到出售洋货的商店，站在商店门口，劝阻人们不要购买

---

① Tariq Ali, *An Indian Dynasty: The Story of the Nehru-Gandhi Family*, New York: G.P.Putnam's Sons, 1985, pp.98–100.

洋货。

第五，抵制头衔和职位。在甘地等人的带头下，人们纷纷放弃英国政府授予的各种荣誉和头衔，并辞去殖民政府机构的职位。统计数据显示，1921年1月底，即有24人放弃头衔和职位，3月底达到87人。10月，全国各地的国大党委员会纷纷召开会议，宣布采取放弃头衔和职位决议。①

第六，募集资金。1921年3月，国大党全印委员会在维加亚瓦达举行会议，制定了接下来三个月国大党需要集中精力完成的三大任务，即募集资金、招募党员和推广手纺车。募集资金的目标是三个月内为"提拉克司瓦拉吉"基金募集1000万卢比，这项基金主要用来资助国大党的活动和民族独立运动。

第七，手纺土布。甘地要求每个国大党领导人都带头手纺，他自己身体力行，天天纺纱，走到哪里把纺车带到哪里。他用通俗易懂的语言宣传恢复手纺的意义，手纺车的每一次转动都纺织着自尊、自助、自爱和自强。如人人手纺，印度历史上的黄金时代罗摩时代就会在印度重现。②自从那天起，甘地便以苦行僧的形象出现在世人面前：削发光顶，上身赤裸，不穿长裤，光着双脚，腰缠土布。这一装束虽然被丘吉尔讥讽为"半裸体的游方僧"，但在印度普通民众中赢得了威信。③为了促进手纺土布运动，他在《青年印度》上提出以画有纺车的三色旗为印度国旗。印度全国兴起了手纺手织土布运动，土布大量上市，土布衣服和甘地帽成了民族运动的制服。

第八，到农村去。在不合作运动期间，甘地和国大党提出了"到农村去"的口号。国民志愿队深入每一个村庄，发动农民参加不合作运动。许多国大党领袖积极响应号召，深入农村，贾·尼赫鲁即是其中之一。在运动中，贾·尼赫鲁一直担任联合省国大党委员会总书记，将全部精力和时间放在运

---

① D.G.Tendulkar, *Mahatma: Life of Mohandas Karamchand Gandhi*, Vol.II, 1921–1929, New Delhi: Publications Division, G.O.I., 1969, pp.52–53.

② M.K.Gandhi, *The Selected Works of Mahatma Gandhi*, Volume V, *Voice of Truth*, Shriman Narayan (ed.), Ahmedabad: Navajivan Publishing House, 2011, p.251.

③ Satyanarayan Sinha, *1921 Movement: Reminiscences*, New Delhi: Publications Division, G.O.I., 1971, pp.86–87.

动上。他以忘我的精神和热情投入运动，以致抛弃了其他社会关系，抛弃了老朋友，书和报纸也很少看，甚至忘掉了家庭，忘掉了妻子和女儿。他的个人和家庭生活方式也发生了变化，他戒烟、素食、脱掉西服穿上土布制服，家庭生活开始变得简朴，削减佣人，变卖马和马车以及多余的家具。尤其重要的是，他发现了真正的印度，即贫穷的农村，这一经历成为他政治生涯和思想发展中的一个里程碑。①

第九，抗税运动。随着不合作运动在农村的深入和农民运动的发展，要求实行抗税的呼声越来越高。1921 年 11 月 4 日，国大党工作委员会和全印委员会决定授权各省开展包括抗税在内的不服从运动。年底，国大党阿迈达巴德年会根据甘地建议，宣布准备开展文明不服从运动即实行抗税，同时授权甘地为领导这一运动的唯一权威。

实行不合作和开展建设性工作，是甘地为这次运动规定的两大行动范围。不合作和建设性工作都涉及发动工农群众，而一旦工农群众发动起来，便会以自己的方式开展斗争。工农运动有反对殖民统治和压迫的，也有反对地主资本家残酷剥削的，既与不合作运动相一致，又有自身的诉求。因此，工农运动与不合作运动既是平行的两个运动，同时又相互交错，难解难分。工农运动中有些逐渐脱离非暴力不合作的轨道，演化成暴动和起义，这既招致了殖民当局的镇压，也违反了甘地和国大党非暴力不合作运动的原则，成为不合作运动中止的直接原因。

尤其重要的是，甘地本人领导的群众公民不服从运动也脱离了非暴力轨道，发生了暴力事件。1922 年 2 月，甘地向总督发出最后通牒，但总督无动于衷。于是，甘地宣布在苏拉特区的巴多利开展群众文明不服从运动。甘地要求全国各地保持冷静，听从指挥，不要擅自行动，将运动的焦点放到巴多利。然而，一场暴力事件打断了刚刚开始的群众文明不服从运动。2 月5 日，在联合省戈拉克蒲尔区的乔里乔拉村，国大党与哈里发委员会领导了

---

① Bimal Prasad, *Gandhi, Nehru and J.P.: Studies in Leadership*, Delhi: Chanakya Publications, 1985, p.87.

一场群众示威游行，遭到警察弹压，游行者数人被打死，导致游行队伍群起袭击警察。警察躲入警察局，群众放火焚烧，试图逃跑的警察被砍成肉块，扔进火里。最终，22 个警察被烧死，警察局被烧毁。甘地听到这个消息后，决定中止不合作运动。

1922 年 12 月 12 日，甘地在巴多利召开国大党工作委员会特别会议，通过《巴多利决议》，并宣布绝食 5 天。《巴多利决议》的要点是：由于印度没有非暴力行动的足够准备，因此立即停止群众性不合作运动；责成国大党地方组织让农民缴纳田赋及其他应向政府缴纳的捐税，保证不损害地主的合法权益；今后的任务是实施建设纲领，即手工纺织、消灭不可接触制、教派团结、国民教育等。《巴多利决议》激起了被关在监狱中的尼赫鲁父子、奇·达斯、拉·拉伊、苏·鲍斯等人的不满，他们不明白为什么要整个国家为一个偏远小村所做出的疯狂行为付出代价。英国殖民统治者随即进行疯狂镇压，172 名国大党人被处绞刑。3 月 10 日夜，甘地因煽动人民与政府为敌罪被逮捕，并处长期徒刑。接着，印度教徒和穆斯林之间又开始了自相残杀，哈里发运动和不合作运动联盟也随之瓦解。第一次全印非暴力不合作运动偃旗息鼓。[1]

第一次非暴力不合作运动中止后，印度民族运动陷入了低潮，民族主义力量发生了分解与重组。甘地和不变派默默地、不辞辛劳地从事着建设纲领工作，致力于推动土布和手工纺织、国民教育、印穆团结、反对不可接触制、抵制外国布。甘地奔走于全国各地，大力宣传建设纲领的必要性和好处。1924—1928 年甘地和不变派为实施建设纲领而进行的工作丰富多样，具有重大意义。"它使城市高等种姓上层骨干熟悉了农村和低等种姓的生存状况；使国大党政治工作者和骨干在民族主义运动低潮阶段保持持续而有效的工作；使国大党与至今未接触政治的群众建立了联系，并提高了国大党的组织和自治能力；给农民群众带来了新的希望，并提高了国大党在他们中间的影响力；为未来的文明不服从运动培养和储备了力量，土布工人、民族学

---

[1] Bipan Chandra, Mridula Mukherjee, Aditya Mukherjee, K.N.Panikkar, Sucheata Mahajan, *India's Struggle for Independence*, *1857–1947*, New Delhi: Penguin Books, 1989, pp.197–201.

校和大学的师生、甘地静修院的居民成为 20 世纪 30 年代文明不服从运动的脊梁。"[1]

（三）文明不服从运动

20 世纪 20 年代后期，随着国际局势的变化和印度新力量的崛起，印度民族运动开始步出低谷。1930 年—1934 年，甘地顺应印度民族运动发展的需要，发动了一场新的、蔚为壮观的、较之第一次非暴力不合作运动规模更大、斗争更激烈的"文明不服从运动"，使印度民族独立运动掀起了新的高潮。

文明不服从运动的帷幕是以"食盐进军"的独特方式拉开的。1930 年 3 月 12 日，甘地挑选了 78 名信徒，从萨巴玛蒂出发，前往海滨小村丹地，开始了为期 24 天、行程 240 英里的震惊世界的"食盐进军"（亦称"丹地进军"）。[2] 当时，包括贾·尼赫鲁在内的许多人对甘地的做法感到困惑不解，搞不明白民族斗争怎么能和盐这个普通东西联系在一起。甘地解释说，他之所以选择盐税作为运动的开端，是因为他认为盐税是不合理的、可憎的，是英国殖民政府权威的象征，此外，盐是绝对的生活必需品，它能够刺激各个社会阶层加入运动。[3]

在"食盐进军"途中，甘地边行走边宣传，每到一地都要召开群众大会，发表演讲，号召民众参加文明不服从运动，遵守非暴力原则。有 200 多个村长自动放弃了职务，更多民众加入了进军的行列。4 月 5 日，甘地一行到达

---

[1] Bipan Chandra, Mridula Mukherjee, Aditya Mukherjee, K.N.Panikkar, Sucheata Mahajan, *India's Struggle for Independence*, *1857–1947*, New Delhi: Penguin Books, 1989, pp.245–246.

[2] 笔者有幸于 2005 年 3 月 12 日至 4 月 6 日参加了印度国大党和圣雄甘地基金会组织的"食盐进军"75 周年纪念活动，与索尼娅·甘地和图沙尔·甘地一起，踏着圣雄甘地当年的足迹，重温了"食盐进军"壮观的一幕。

[3] M.K.Gandhi, *The Selected Works of Mahatma Gandhi*, Volume IV, *Selected Letters*, Shriman Narayan (ed.), Ahmedabad: Navajivan Publishing House, 2011, pp.158–162.

丹地，4月6日至海边，捡起盐块以示破坏盐法，开始了为期3周的制盐活动。甘地的"食盐进军"点燃了全国性反对食盐专卖运动，广大农民和手工业者纷纷响应，踊跃参加。印度报刊纷纷报道了甘地这次以"食盐进军"开始的、别出心裁的文明不服从运动。这种盛况深深打动了贾·尼赫鲁，他写道：我们回想起当甘地首先建议采用这种方法时，我们对这种方法能否生效表示怀疑，现在看见民众这样热忱，制盐运动像野火一样蔓延全国，我们不禁感到惭愧。我们羡慕甘地影响群众，使群众组织起来采取行动的惊人能力。在此期间，贾·尼赫鲁和他父亲商量后决定将他们的家——"极乐园"捐献出来，供国大党使用，改名"自治大楼"，用作全印国大党委员会办公楼，有一部分改为医院。

4月9日，甘地进一步发出号召："每个村庄出售或制造违禁的食盐，姊妹们监视酒店、鸦片馆和洋布店。每家老少孜孜从事织机工作，每天纺织成堆的棉纱。洋布应当烧毁。印度教徒放弃不可接触制。印度教徒、穆斯林、锡克教徒、拜火教徒和基督教徒达成真诚团结。多数民族安心于少数民族获得满足以后的情形。学生脱离公立学校，公务员辞去他们的职务而致力于为人民服务。这样一来，我们不久会发现，完全独立就会来叩响我们的大门。"[1] 这意味着把不服从与不合作结合起来，使运动在多层面同时开展。

甘地的号召在全国获得热烈响应，各种形式的不合作和不服从迅速展开，形成汹涌洪流。在泰米尔纳杜、马拉巴尔、孟加拉、安德拉、奥里萨等一些沿海地区，小型"食盐进军"轰轰烈烈开展，当地居民开始生产海盐，反抗食盐专卖法。抵制外国布、鸦片和烈酒的运动也在全国进一步展开，无论城市或农村，到处都能听见慷慨激昂的爱国歌曲，看到来来往往忙于纠察工作的志愿队员。妇女们发挥了积极作用，那些从未单独踏出家门、仍处在深闺制度中的妇女们，那些年轻的妈妈、寡妇以及未婚的女孩们，从早到晚站在烈酒专卖店、鸦片馆和售卖外国布料的店外面。与妇女们一样，学生和

---

[1]　A.R.Desai, *Social Background of Indian Nationalism*, Bombay: Popular Prakashan, 1966, pp.363–364.

青年在抵制外国布和烈酒方面也发挥了突出的作用。

一些地区发生了不同形式的抗税运动。降低税负是甘地提出的 11 点要求之一，国大党在农村通过各种形式大力宣传这项要求。在比哈尔，由于地处内陆，制盐运动难以开展，主要是开展抗交乡丁税运动。在古吉拉特，主要是开展抗交土地税运动。在马哈拉施特拉和卡纳塔克，主要是开展反对森林法运动。在联合省，主要是开展抗缴地税和地租运动，即号召地主拒绝向政府缴纳地税，佃农拒绝向地主缴纳地租。抗税运动在许多情况下便成了抗租运动。

和平进占政府盐场是文明不服从运动中波澜壮阔的一幕。甘地曾决定率领一批志愿队员，用非暴力形式进占政府的达拉沙拉盐场开仓取盐。甘地被捕后，这一计划由其他国大党领导人继续执行。盐场周围已经布满荷枪实弹的士兵，并竖起了铁丝网，修筑了工事。铁丝网外布置了大批警察，手执带铁头的警棍。志愿队员排成纵队，编成小组，一组一组前进。警察猛冲过来，劈头盖脸地疯狂毒打，所有队员纷纷倒地。事先安排好的担架队把第一组伤员抬下去，第二组、第三组、第四组、第五组相继挺身前进，相继被打倒。美国记者韦伯·米勒目睹了这场惊心动魄的斗争，他向全世界报道："在过去的 18 年中，我到过 20 个国家采访，目睹过无数次内乱、暴动、巷战和叛乱，还从没有见到过像达拉沙拉这样恐怖残忍的场面。"[1] 韦伯·米勒对"食盐进军"的现场报道，被世界 1000 多家报纸转载。《纽约时报》社论指出，英国因茶叶失去了美国，它正在因食盐失去印度！《时代》杂志将甘地作为"年度人物"，登上了封面。

进占盐场的斗争扩散到了其他地区。在孟买郊区的瓦达拉盐场，在卡纳塔克的萨尼卡塔盐场，在马德拉斯，都发生了同样的事情。和平进占盐场的斗争在全国产生了很大影响，国大党领导人一方面用参加者的英勇精神进一步鼓舞群众的斗志，另一方面以其为榜样号召全国人民恪守非暴力。

---

[1] D.G.Tendulkar, *Mahatma: Life of Mohandas Karamchand Gandhi*, Vol.III, 1930–1934, New Delhi: Publications Division, G.O.I., 1971, p.41.

尤为引人注目的是，印度妇女以空前姿态投身于民族运动洪流之中。甘地的妻子、贾·尼赫鲁的妻子、母亲和两个妹妹都带头加入运动，并做妇女发动工作。当时，国大党被宣布为非法组织，国大党领袖大多数被捕入狱，印度历史上从未有过的一个动人场景出现了：印度妇女来到前线，开始担负起斗争的重任。她们以排山倒海之势而来，像千军万马的洪流不顾政府的命令和警察的棍子汹涌而来，这不但使英国政府而且使她们自己的男同胞也感到惊讶，并非仅仅由于她们所表现的勇敢和决死的精神，更令人惊奇的是她们所表现出来的组织能力。[①]

从甘地开始制盐起，英印当局便颁布特别法令，禁止群众集会和游行示威，在城乡实行戒严，随意逮捕和监禁印度人，还设立特别法庭，不经正常手续即可宣布死刑。1930年4月14日，贾·尼赫鲁被捕入狱，10月11日出狱，10月19日再次被捕入狱。随后，甘地的秘书、他的两个儿子被捕入狱。5月4日，甘地本人被捕入狱。6月，国大党被宣布为非法组织。6月30日，莫·尼赫鲁被捕入狱。7月，67家报纸和55家出版社被查封。后来，贾·尼赫鲁妻子也被捕入狱。据统计，1930年的后10个月和1931年中，共有9万多人相继被捕入狱，其中包括妇女和儿童。

在有些地方，军队和警察把整个村庄烧掉，在农村，军队甚至施放毒气弹。当局的镇压行径，引起印度人民更强烈的反抗。工农运动以更大的规模发展，一些地方甚至爆发了武装起义，主要有吉大港武装起义、白沙瓦武装起义、绍拉浦尔武装起义等。除了上述几个地区的起义之外，在米曼辛格、加尔各答、卡拉奇、勒克瑙、木尔坦、拉瓦尔品第、马尔丹等地，也发生了规模不同的暴力冲突。这些起义或暴力冲突加强了文明不服从运动的打击力量，使全国形势更加紧张化。

除了对起义力量实行血腥屠杀外，殖民当局竭力玩弄欺骗手腕，诱使国大党停止文明不服从运动。1931年2月17日，甘地与欧文在德里举行了会

①　P.Kalhan, *Kamala Nehru: An Intimate Biography*, New York: Harcourt, Brace & World, Inc., 1973, p.46.

谈。甘地提出释放政治犯、停止迫害、发还文明不服从运动参加者被没收的财产、恢复因政治原因被撤职者的工作、准许自由制盐和调查警方暴行等条件。欧文只同意释放政治犯、讨论新的印度政府组织法，但拒绝赔偿受害者的经济损失，拒绝处分警方暴行或讨论印度独立问题。经过艰苦谈判，双方于3月5日在德里签订"休战协议"，即《甘地—欧文协议》，亦称《德里协定》。协议中，欧文接受了国大党的部分要求，如停止镇压、废除一切有关戒严的法令、释放政治犯等，但继续垄断食盐专卖。甘地同意停止文明不服从运动，参加第二次圆桌会议。

贾·尼赫鲁对该协议深感不满，与甘地进行讨论和争执。甘地坚持认为，作为一个非暴力抵抗主义者，他应该利用任何一个通向和平的途径。他想纠正吉大港、白沙瓦和绍拉浦尔起义偏离了非暴力原则的行为，也想用停止文明不服从运动为代价来换取殖民当局释放被捕者。甘地力图使贾·尼赫鲁相信他并未放弃原则，也未使印度丧失任何主要权益，他的解释很勉强，未能说服贾·尼赫鲁。贾·尼赫鲁痛苦地自问：难道我们一切英勇的言行就这样结束了吗？一再重复的国大党的独立决议和1月26日的誓言也就这样完结了吗？他沉思万千，心中无限空虚，感到好像失去了某种珍贵的东西，而且几乎无法挽回。但是，木已成舟，甘地已经放弃了独立斗争，即使不同意，又有什么办法？难道把他推翻？和他决裂？宣布他们之间的分歧？这样做可能使个人得到一些满足，但对最后的决定并无影响。几天之内，贾·尼赫鲁犹豫彷徨，无所适从，协定已经缔结，无可挽回，与其独自伤悲，还不如接受既成事实，对协定进行最有力的解释。因此，在经过尖锐的思想斗争和精神痛苦之后，贾·尼赫鲁决定接受《德里协定》，并全心全意为之工作。

第二次圆桌会议显然是个骗局，被英国当局弄到会上来的王公、地主、教派主义者、自由主义分子更关心的是依靠英国庇护，维护自己的狭隘集团的利益，对国大党则竭力牵制，不希望其势力发展。1931年12月18日，圆桌会议结束，甘地两手空空，愤然回国。

甘地返抵印度前，英印政府已经片面撕毁《甘地—欧文协议》，开始大规模镇压印度民族运动。贾·尼赫鲁已经被捕入狱，被判 2 年监禁。在联合省、西北边省和孟加拉，监狱里关押了大批国大党人、志愿服务队员和抗税的农民。殖民者的镇压激起印度人民更大的反抗，联合省、西北边省和孟加拉等省国大党人领导当地人民开展抵制英货，酝酿发动抗租抗税斗争，同时不断呼吁国大党重新开展文明不服从运动。以贾·尼赫鲁和苏·鲍斯为首的国大党左翼和大部分基层组织也认为，只有重新深入广泛地开展文明不服从运动，才能迫使殖民者退出印度。国大党授权甘地同新任总督威灵顿会谈，然而威灵顿拒绝会谈，同时宣布国大党为非法组织。

国大党别无选择，只有开展新的反抗斗争。1932 年 1 月 1 日，甘地主持国大党工作委员会，决定恢复文明不服从运动，但只限于国大党以个人名义参加，进行有限的文明不服从运动。这次殖民当局先发制人，突然出击。1 月 4 日，总督下令逮捕甘地和国大党主席帕特尔，继之实行空前未有的高压措施，连续颁布实施《紧急权力法》《取缔非法煽动令》《取缔非法集会令》《禁止干涉及抵制外货令》等四纸镇压法令。国大党各种附属组织——农民协会、青年联盟、学生联合会等均被宣布为非法，各组织办公处被查抄，财产被没收，经费被冻结。禁止新闻媒体使用印度民族文字，严令工农群众不得参加国大党的活动，不准商店按国大党要求实行罢业。国大党许多重要领袖还没有来得及开展斗争就锒铛入狱，据国大党估计，被捕者约达 8 万人。

国大党对殖民当局的严酷镇压没有思想准备，而殖民当局则早有预谋。这种猝不及防的铺天盖地的镇压，使文明不服从运动虽宣布恢复，但实际上并未真正重新大规模开展。虽然如此，面对这种残酷的形势，工农大众和国大党依然自发地举行各种集会，取缔酒店和专营外国布的商号，封锁外资金融机构，出版"非法"报刊，在政府机关建筑物上升起国大党党旗，私制食盐，搜缴鸦片，围困殖民机关，拒缴各种赋税。[①] 国大党工作委员会还举行了一系列政治纪念活动，如阿姆利则惨案民族周、全印自产日、

① B.P.Sitaramaypa, *History of Indian National Congress*, Vol.2, Bombay: Padma Publications, 1947, p.693.

全印囚徒日等。

除镇压之外，英国政府又利用不可接触者问题玩弄新的分化瓦解阴谋。在第二次圆桌会议上，关于少数教派团体未来的选举办法因意见对立没有结果。1932 年 8 月 17 日，英国首相麦克唐纳就此发表裁决书，除继续规定穆斯林单独选举区外，还规定为不可接触者设立单独选举区。甘地在狱中得知这一消息后极为震惊，他认为提高不可接触者的地位不在于保留议会席位，而在于努力革新印度教。他写信给英国首相，宣布反对不可接触者单独选举制，并为此从 9 月 20 日开始"绝食至死"。许多地方发生了群众游行示威，要求政府取消决议，并向甘地表示慰问。在甘地绝食的日子里，全国印度教寺庙破例为不可接触者开放，为甘地的健康祈祷。9 月 25 日，甘地和安倍德卡尔达成"浦那协定"，放弃单独选举区的要求，各省立法机关为不可接触者保留 148 个席位，这个协定获得当局的认可。同时，全印宗教领袖通过一项决议，在印度教中不应存在不可接触者，今后不可接触者享有与普通印度教徒平等的权利。于是，甘地于 26 日停止绝食。

关于这次绝食，费舍尔写道：甘地具有"艺术家"的天才，能够触动寓于人的灵魂深处的心弦，他的绝食触动了印度教徒的心，绝食开始的前一天，阿拉哈巴德的十二座印度庙第一次对哈里真开放，绝食开始到 9 月 26日的每一天，以及随后从 9 月 27 日到 10 月 2 日甘地生日的"反不可接触制周"的每一天，大批圣地都取消了对哈里真的限制。

文明不服从运动的重心已经转向了废除不可接触制运动。甘地号召建立了"不可接触者同盟"和"不可接触者之仆协会"，创办了《哈里真》报。他认为，不可接触者应当有做人的平等权利，不应称为"不可接触者"，应称为"哈里真"，即神的子民。[①] 为此，国大党把 1932 年 12 月 18 日定为印度全国反对歧视不可接触者种姓日，把 1933 年 1 月 8 日定为不可接触者进庙日。为了呼吁解放不可接触者，甘地于 1933 年 5 月 8 日起开始 21 天

---

① M.K.Gandhi, *The Selected Works of Mahatma Gandhi*, Volume V, *Voice of Truth*, Shri-man Narayan (ed.), Ahmedabad: Navajivan Publishing House, 2011, pp.459–460.

的自洁绝食，他称这次绝食是诚心为他自己和同事涤除罪恶而祈祷，以期对哈里真事业更大的警觉和注意。殖民当局不愿承担甘地绝食的后果，就在甘地开始绝食的当天释放了他。甘地以在他绝食期间国家将处于"惶惶不安的状态"为由，宣布中止文明不服从运动6个星期，后来中止期又延长6个星期。甘地在狱外坚持完成21天自洁绝食，绝食期间，全国情绪波动。贾·尼赫鲁认为哈里真运动妨害了文明不服从运动，而甘地宣布中止运动则是对独立事业的致命打击，因为"不能拿民族斗争开玩笑，随便发动，随便中止。"①

1933年7月，甘地在浦那召集国大党工作委员会非正式会议，讨论如何开展下一步反帝斗争。浦那会议没有认真讨论当前的形势和目标，只是讨论群众性文明不服从运动和个人文明不服从运动到底哪一种好？秘密的文明不服从运动和公开的文明不服从运动哪一种好？会议最终决定停止群众性文明不服从运动，开始个人文明不服从运动，并禁止一切秘密活动。甘地决定带头发动个人文明不服从运动，他通知当局他将于8月1日开始对古吉拉特农民宣传和平抵抗运动，结果以煽动罪被捕，被判一年监禁。甘地要求允许他从监狱中指导哈里真运动，遭到政府拒绝。于是，甘地宣布从8月16日开始再次"绝食至死"。绝食一个星期后，甘地病危，政府怕甘地死在他们手上，因此将甘地假释出狱。

甘地宣称，他仍然是有一年刑期的囚犯，因此在1934年8月刑满前不参加政治运动，而是全力以赴于哈里真事业。9月，甘地开始穿行全国的哈里真基金旅行，这次远游持续了近9个月，行程12500英里，为哈里真事业募集了80万卢比资金。1934年初，比哈尔发生大地震。甘地在《哈里真》上发表声明，说地震是神对不可接触制罪孽的惩罚。贾·尼赫鲁因母亲病重，被提前开释出狱。他参加了比哈尔地震后的救济工作，当他疲惫不堪地回到家里的第二天傍晚，因"煽动罪"被捕，判处两年监禁，这是他第7次入狱。

---

① ［印］尼赫鲁：《尼赫鲁自传》，张宝芳译，世界知识出版社1956年版，第435页。

1934 年 3 月，国大党工作委员会在德里开会，这是自 1931 年以来第一次正式召开的会议。贾·尼赫鲁等主要国大党左翼领袖都在监狱，当时领导国大党的是安萨里和罗易。会议认为，如果不无条件地停止文明不服从运动，当局就不会撤销镇压性立法，因此决定取消文明不服从运动，走自治党人议会斗争的老路。甘地对此表示赞同。4 月，甘地发表声明，停止文明不服从运动。他在声明中说，群众还没有理解"萨提亚格拉哈"的任务，"萨提亚格拉哈"必须每次限于一个合格的人，在目前形势下，只有一个人，就是甘地自己，应暂时负起"萨提亚格拉哈"责任，并建议国大党员学习自制和安贫的艺术与美德，投身于反对不可接触制、发展手纺手织、增强教派团结、从事戒酒戒毒等运动。10 月，国大党孟买年会正式决定停止文明不服从运动。这样，1930 年—1934 年的文明不服从运动，几经波折，数起数落，最终落下了帷幕。

1930 年—1934 年的文明不服从运动，是甘地提出不合作策略以来开展得最好的一次运动，是直到印度独立甘地领导的这类运动的顶峰。这次运动把印度民族斗争推进到了以争取独立为现实任务的阶段，把独立思想传播到广大人民群众中，形成为鼓舞他们奋起斗争的强大力量；这次运动使国大党在群众中的威望大大增强，不但挽回了由于停止第一次非暴力不合作运动造成的不良影响，而且进一步提高了国大党在人民心目中的地位；这次运动也使殖民当局领略到了不服从这一斗争武器的威力，这是不合作运动中一种较为激烈的斗争形式，具有较之不合作运动更强的打击力量。殖民当局虽然能暂时抗拒印度人民的要求，但也不得不做出新的让步，表现在 1935 年《印度政府法》中规定实行省自治。

（四）"退出印度"运动

甘地一生为争取印度民族独立发动和领导了多次非暴力不合作运动或文明不服从运动，"退出印度"运动是其中的最后绝唱。可以说，"退出印度"运动是甘地时代印度独立运动洪流中的最后一次巨大浪潮，也是第二次世界大战时期的一个重大事件，在印度现代史上占有重要地位。这场运动不论对甘地本人还是对印度民族都产生了不可估量的影响，具有重大的标志性意义。限于篇幅，关于"退出印度"运动，在第六章《甘地与"退出印度"运动》中专文论述。

第四节　甘地与印度民族独立运动：影响

甘地是印度现代民族运动史上最伟大最杰出的领袖，对印度民族独立运动产生了不可估量的影响。

其一，甘地使印度国大党成为一个拥有广泛社会基础的群众性政党，使印度民族运动成为一个拥有广泛社会基础的全民运动，使印度民族独立运动进入了一个新阶段。印度民族独立运动从 19 世纪 70 年代兴起，到 1947 年印度获得独立，大体经历了三个阶段。19 世纪 70 年代至 90 年代，是国大党温和派居主导地位的时期，此期的民族运动脱离广大民众，局限在资产阶级上层，仅限于在报刊上进行宣传，向英国议会提交请愿书，每年召开国大党年会。19 世纪 90 年代至 1920 年，是国大党激进派逐渐居主导地位的时期，此期的民族运动获得了一定的社会基础，得到了民众的支持，使印度民族主义运动出现了第一次高潮。1920 年至 1947 年，是甘地掌握领导权的时期，此期的民族运动获得了广泛的社会基础，得到了全国民众的热情支持和参与，使印度民族主义运动成为名副其实的群众运动，掀起了印度民族独立运动一次又一次高潮，最终取得了民族独立。[①] 从印度民族独立运动的发展轨迹来看，其社会基础一步一步扩大，由脱离群众的运动发展到名副其实的群众运动，最终取得了独立，这是印度民族独立运动获得成功的主要原因和基本前提。

[①]　有关印度民族独立运动的三个阶段的论述，参看朱明忠、尚会鹏：《印度教：宗教与社会》，世界知识出版社 2003 年版，第 79—86 页。

决定印度民族独立运动社会基础扩大的一个主要因素是对国大党的改造。1920 年 12 月，国大党在纳格浦尔举行年会。纳格浦尔年会是甘地和印度政治生活中的一个里程碑，通过了国大党新章程，对国大党体制进行了重大改革，改组健全了国大党各级组织机构：1.建立了一个由 15 人组成的国大党工作委员会，作为中央常设机构和执行机构，领导日常工作；2.按民族语言划分省份（共 21 个省），各省建立国大党省委员会，这样就能使用当地方言保持联系；3.每个县建立国大党县委员会；4.每个区建立国大党区委员会，甚至村支部；5.国大党年会代表和国大党全印委员会成员由各省按人口比例选举产生；6.大量吸收工农入党，在群众中发展党员，计划成为 1000 万人的党；7.党员要注册，要缴党费，为了使穷人能加入国大党组织，党费减少到每年 4 安娜；8.成立 15 万人的国民志愿队和义勇团，其成员主要是大学生、青年工人和城市小资产阶级知识分子，骨干都是相信非暴力原则的爱国青年，负责在全国宣传和组织非暴力不合作运动。

经过这样的改革，使得具有 35 年历史的国大党第一次成为一个群众性政党，第一次成为一个领导广大群众反对殖民统治、争取印度独立的现代政党，成为一个包括广泛爱国阶层的反帝的统一战线的政治组织。原来很少为国大党上层注意的普通群众和政治上落后地区的群众被吸收到党内来，使各省在党内决策上具有同等地位，打破了原来由孟加拉和孟买等少数省少数头面人物把持国大党决策的局面。国大党内形成了新的领导层和以工农为主体的新生力量。年会授权甘地正式以国大党的名义在全印范围内领导开展非暴力不合作运动，甘地在国大党内领导权和领袖地位最终确立。《孟买纪事报》把纳格浦尔年会称为"甘地的大会"，从 1920 年起，甘地成为国大党的太上皇和无冕之王，也成为印度民族运动无可争辩的精神领袖和力量源泉。印度现代史上的"甘地时代"开始了。

决定印度民族独立运动社会基础扩大的另一个主要因素是宗教因素。众所周知，印度是世界宗教的博物馆，印度教、伊斯兰教、耆那教、锡克教、佛教、琐罗亚斯德教、犹太教等世界主要宗教都在印度流行，印度人人是信徒，宗教从古及今顽强地支配着印度人的生活，大到国家的政治经济和文化思想，小到人们日常的衣食住行和婚丧嫁娶，无不与宗教密切相连，息息相关。因此，宗教因素在很大程度上成为发动印度民众的一个重要手段，也是印度民族独立运动成败的一个关键。国大党温和派主要由西化了的资产阶级知识分子构成，他们忽视传统宗教因素的作用，只限于"政治空谈"和"政治行乞"，使民族运动脱离民众，丧失了社会基础。国大党激进派主要由小资产阶级民主主义者构成，其代表人物是提拉克，他们利用宗教因素发动民众，使民族运动深入民众，获得了一定的社会基础。然而，以提拉克为代表的小资产阶级民主主义者只单纯利用印度教因素来发动民众，从而挫伤了其他宗教信徒的斗争热情，限制了民族运动社会基础的扩大。①

甘地虽然和提拉克一样也是一个印度教徒，但是他具有更加广阔的宗教视野，作为印度宗教和谐思想的集大成者，他的宗教实践超越了印度教，他曾这样号召国大党人："对每个国大党人来说，实现教派团结的第一件事是，不管他的宗教信仰如何，他自己要代表印度教徒、伊斯兰教徒、基督教徒、琐罗亚斯德教徒、犹太教徒等，简言之，要代表印度教徒和非印度教徒。他必须觉得他与印度斯坦千百万居民中的每一个人是一家人。"② 甘地宗教思想及其实践不仅唤起了印度教各种姓投身于民族运动，而且唤起了其他宗教派别投身于民族运动，使民族运动获得了最广泛的社会基础，呈现出空前的群众性、长期的连续性和内容的多样性的特点，使民族运动进入了名副其实的群众运动的新阶段，最终赢得了印度民族独立。

其二，甘地确立了印度民族运动新纲领和新策略，使印度民族运动在不同战线上展开，使印度民族运动登上了一个新台阶。在前甘地时代，不管是国大党温和派还是激进派，其纲领和策略都未能广泛发动民众，未能使民族运动发展成为真正群众性运动。甘地登上印度政治舞台后，给民族运动赋予了新的纲领和新的策略，使民族运动发展成为真正群众性运动，在政治和社会两个战线上交织展开。1920 年的国大党纳格浦尔年会，确立了甘地在国

---

① Gianni Sofri, *Gandhi and India*, London: Windrush Press，1999, pp.46–47.

② Abid Husain, *The Way of Gandhi and Nehru*, Bombay: Asia Publishing House，1959, p.77.

大党和民族运动中的领导地位，通过了甘地主持起草的国大党新章程，提出了"用一切和平与合法的手段实现司瓦拉吉"的新纲领，取代了用"宪法手段""实现殖民地式自治"的旧纲领。新纲领具有明显的实质性变化，它第一次向国大党提出了争取民族独立，领导人民砸碎殖民枷锁的历史使命。虽然甘地对新纲领提出的司瓦拉吉目标的解释与其他国大党领袖有所不同，虽然甘地对新纲领目标的解释含糊其辞，具有很大的伸缩性和灵活性，但是正是这种伸缩性和灵活性为国大党独立派提供了契机，为国大党最终确立斗争目标提供了平台。

甘地与尼赫鲁等国大党领袖在独立与自治领问题上的分歧与对话，澄清了长期困扰人们的这一重大问题，明确了民族斗争的目标，统一了认识，使独立正式成为国大党和全国人民为之奋斗的目标。1920年的国大党纳格浦尔年会，也顺利通过了甘地拟定的"渐进的非暴力不合作计划"，甘地的非暴力不合作策略便被国大党年会批准，成为指导国大党行动的总路线和总策略。1922年12月，甘地在巴多利召开国大党工作委员会特别会议，通过《巴多利决议》，停止群众性不合作运动，今后的任务是实施建设纲领，即手工纺织、消灭不可接触制、教派团结、国民教育等。这样，印度民族运动便运用"非暴力不合作"（亦即"文明不服从"）策略和"建设纲领"策略，展开"非暴力不合作"（亦即"文明不服从"）运动和"建设纲领"运动，使印度民族运动在政治领域和社会领域交织展开，使印度民族运动政治内容和社会内容融为一体，富于反帝反封的双重意义。

印度民族独立运动属于资产阶级革命的范畴，具有反对帝国主义和封建主义、争取民族独立和民主建设的双重历史使命。"非暴力不合作"（亦即"文明不服从"）运动旨在赋予印度民族独立运动以新的道德精神，以非暴力不合作争取民族独立，"建设纲领"运动旨在改革社会陋习，建立以真理和非暴力为基础的和谐社会。这两个运动并不是截然分开的，而是相互结合、彼此交织在一起的。也就是说，印度民族独立运动在政治生活方面表现为，摆脱英国殖民主义统治，实现印度的政治独立；在社会生活方面表现为，反对封建主义因素，实现印度的社会民主。这双重使命的有机结合在甘地反对不可接触制、宣传印穆教派团结的具体实践中体现得尤为淋漓尽致。

种姓制度及其极端表现形式不可接触制，是印度传统社会的一个重要特征。这种制度以森严的等级，将社会分割成不同的群体，相互隔离与对立，它窒息了人的创造力，阻碍了生产力的发展，使社会失去朝气，成为社会进步的障碍。[1] 印穆教派纷争由来已久，从公元8世纪穆斯林入侵印度起就已经存在。印穆之间的分歧和冲突，长期以来成为印度社会动荡分裂的一个重要因素，成为阻碍印度社会进步的一大顽疾。因此，反对不可接触制和争取印穆教派团结成为反对封建主义的社会革命的主要任务。英国殖民主义者征服印度后，为了维持和加强其统治，采取"分而治之"政策，按种姓和教派划分选区，并经常挑拨不同种姓和不同教派之间的关系，蓄意制造矛盾和不和，利用种姓制度和教派纷争分裂印度民族解放运动。因此，反对不可接触制和争取印穆教派团结也成为反对帝国主义的政治革命的主要任务。

甘地在实践其宗教和谐思想的过程中，总是将反对不可接触制和争取印穆教派团结联系在一起，将印度民族独立运动的政治内容和社会内容融为一体，将反帝反封建的双重目标结合在一起。如他所说："自主的钥匙不在总督手中，也不在英国的伦敦，而在人民手中。我们坚决相信自主，但是，如果不废除不可接触制度和联合印度教徒与伊斯兰教徒，自主便是少数人的自主，而不是群众的自主。"[2]

其三，甘地是印度最典型的代表，是民族独立运动的象征，非暴力抵抗运动是甘地对印度和世界的独特贡献；甘地也对自由印度产生了一定的影响。印度是一个有着数千年文化历史传统、宗教气氛浓厚的农业古国。英国殖民统治摧毁了印度传统的农业和手工业相结合的自然经济结构，使农民和手工业者陷入破产和贫困，他们对英国的殖民统治深恶痛绝，具有强烈的反英情绪。然而，由于小生产者的社会地位和生活环境散漫窄狭，传统的宗教

---

[1] M.K.Gandhi, *The Selected Works of Mahatma Gandhi*, Volume V, *Voice of Truth*, Shriman Narayan（ed.）, Ahmedabad: Navajivan Publishing House, 2011, pp.118–119.

[2] 彭树智：《东方民族主义思潮》，西北大学出版社1992年版，第180页。

意识深深根植于他们的心理和观念之中，他们眼界狭隘、闭塞落后、墨守成规，在反英斗争中缺乏博大视野和明确目标，常常面向过去，在古老的传统中寻找精神依托和救赎之道。

甘地是 19 世纪以来在印度历史文化传统中寻找救国救民之道的先驱们的继承者、发扬者和集大成者。在民族运动中，甘地始终立足于印度历史文化传统，利用传统因素为政治斗争服务，他不仅将印度民族主义中宗教与政治相结合的传统发挥到了最高峰，而且始终将改革和复兴传统社会结构作为主要使命，他不仅以印度传统社会的主体——农民等小生产者为主要的政治力量，而且以与现代西方文明针锋相对的、以印度古老文明为基础的真理和非暴力的社会为理想。

正因如此，甘地的思想和主张并非完全顺应时代发展，也并非完全能够满足民族运动各阶层的需求，从而引起国大党领导层的反对，遭到国大党的抛弃，甘地本人也自动退出国大党。然而，正如尼赫鲁所说，甘地是印度最典型的代表，他表现了这个受难的古老国家的真正精神。他本人几乎就是印度，他自身的缺点也正是印度的缺点。对他的轻视不能看作是对个人的事情，而是对这个国家的侮辱。

在思想意识方面，甘地有时表现得非常落后，可是在行动方面，他是印度近代最伟大的革命家。他是一个非凡的人物，不能够用普通的尺度去衡量他，普通的逻辑规律对他不适用。虽然我们可能更合乎逻辑，可是甘地比我们更了解印度。一个能博得这种热烈拥护和爱戴的人，本身必定具有某种符合群众需要和愿望的东西。尽管他有农民观点，但他是一个天生的反抗者，一个主张巨大变革的革命家，任何对于后果的恐惧都不能阻挡他前进。不论甘地是不是一个民主主义者，他确实代表了印度的农民群众，他是千百万人民自觉的和潜在的意志的精华。也许，他不仅是代表而已，而是这些千百万广大人民理想的化身。

当然，他不是一个普通的农民。他是一个具有最深邃的智力、优美的情操、高雅的趣味和广阔的眼界的人。他练达人情，然而本质上却是个苦行者，抑制自己的情欲和感情，使它们升华起来，纳入精神境界。他是一个巨人，像磁铁似地吸引着人民，博得热烈的爱戴和皈依——所有这些特点与一个农民毫无共同之处；同时也绝非一个农民所能比拟。然而，他又是一个伟大的农民，以农民的观点去观察事物，以农民的蒙昧去对待人生的某些方面。

印度是农民的印度，因此，他对他的印度了如指掌，感应着它最微弱的波动，能够准确地、几乎本能地判断形势，并且擅长在最恰当的心理时机采取行动。印度在以往的十五年中，得到了一个伟大的领袖。他博得印度千百万人的爱戴，甚至于崇拜；他似乎将自己的意志在多方面加诸印度身上。在印度近代史中，他起了极重要的作用，然而比他更加重要的却是那些似乎盲从他的命令的人民本身。甘地作为一个领袖的主要美德，就是他能够本能地感觉到人民的脉搏，能够知道发展和行动的条件在什么时候成熟。

印度民族独立运动史上的"非暴力不合作"（"文明不服从"）这个独特的斗争阶段，与甘地紧密联系在一起。正如尼赫鲁所说，如果没有他的话，哪里会有斗争？哪里会有和平抵抗和不合作运动？他是活生生的运动的一部分；他就是运动本身。就这个运动来说，一切都依靠他。当然，民族运动不是他创立的，同时也并不依靠任何个人；它有更深厚的根源。但是，以和平抵抗作为象征的运动的特殊斗争阶段，却完全依靠着他。

甘地善于发挥强大的力量，这种力量像水面上的波纹一样向外扩大，影响千百万人。不管你说他是反动派或革命派，他改变了印度的面貌，使一个卑躬屈节和人心涣散的民族有了自尊和骨气，建立了群众的力量和觉悟，使印度问题成为一个世界问题。撇开目标和形而上学的意义不谈，非暴力不合作运动——或者说和平抵抗运动——是甘地对于印度，对于全世界特殊的、有力量的贡献。他一直是印度的独立和战斗的民族主义的象征，是对所有想要奴役印度的那些人的不屈不挠的反抗者。就是这种象征使得人民聚集在他的身边，接受他的领导，纵然在别的事情上他们并不赞同他的意见。在没有进行积极斗争的时候，他们并不老是接受他的领导；但当斗争成为不可避免的时候，那象征就变为头等重要，而其他一切都成为次要的了。

甘地在各方面的影响深入了印度并且留下了它的痕迹。然而，他之成为印度领袖当中的第一流和最突出的人物并非由于他的非暴力和经济的理论。在极大多数的印度人眼中，他是决心要获得印度自由的、战斗性的民族主义的、拒绝屈服于傲慢的强权的和永不赞同牵连到民族耻辱的任何事情的那个象征。虽然在印度的很多人在百般事情上可能和他意见不同，虽然他们可能责难他或者甚至为了某些特殊的争点而与他分离，可是在印度的自由处于存亡关头而需要采取行动和斗争的时候，他们又会成群地向他奔来，并且把他看成是他们的当然领袖。

此外，甘地一方面抨击殖民地模式的现代化，维护并利用传统反抗西方现代资本主义文明对印度的侵蚀；另一方面抨击传统主义的流弊，对传统进行内部改革和纠正，以适应现代需要。虽然甘地对现代文明的态度是将洗澡水和小孩一起泼掉，但他对传统流弊的抨击，对传统社会的改革，则缩小了传统与现代之间的鸿沟，为当代印度留下了一份厚礼。甘地的建设纲领的实施唤醒了印度社会中最迟钝、沉睡的部分——印度农村，将广大村民引入了民族觉醒的主流。他对不可接触制的不懈斗争，对妇女社会地位的提高等等，为独立后尼赫鲁建设新印度创造了条件，开拓了道路，如人们指出的："没有甘地领导下的印度农村的觉醒，印度取得政治自由后的经济发展和社会进步是不可想象的。"①

甘地也对印度未来的领导人产生了影响，特别是印度第一任总理尼赫鲁。尼赫鲁是现代西方文明之子，他从小接受西化家庭环境的熏陶，后来又在英国接受了7年系统的现代西方教育，吸收了西方各种社会思潮，不论在生活方式还是思维方式上都完全西化了，变成了名副其实的西方的尼赫鲁。正是由于甘地的影响，尼赫鲁深入印度农村，并研究印度历史和传统，步入发现印度的征程，在民族运动的大课堂里补上了印度历史与现实这一课，逐渐印度化，成为东西方合璧的尼赫鲁。

正如有些研究者指出的，没有甘地的影响，尼赫鲁就会像来自城市知识阶层的没有根基的现代主义者和激进主义者一样，意识不到印度文明的永恒

---

① B.R.Nanda, *Gandhi and Nehru*, Delhi: Oxford University Press, 1979, p.42.

力量，不会熟悉印度农村的广大群众，正是由于甘地的影响，尼赫鲁对经济和社会问题的思考较少纸上谈兵，而是更注重印度的具体环境。[①] 尼赫鲁指出，甘地对印度人思想的影响在现今时代已经是意味深远的，它将在时间和形式上持久到如何程度，那只有到将来才能证明。那影响并不限于那些赞成他并且承认他为民族领袖的人们，而且也扩大到那些不赞成他和批评他的人们。"我们，特别是我那一代的印度人，一直受到甘地的教育。虽然我们是非常脆弱的人，我们常常在许多事情上使他失望，但是，我们受他影响，受他铸造，而且在某种程度上，这个影响仍然与我们同在。"[②]

当然，尼赫鲁等人也对甘地产生了影响。在民族民主运动中，甘地将宗教神秘主义和狭隘的小农意识带入政治领域，使民族民主运动带有浓厚的复古色彩。一些盲目追随甘地的人使甘地主义粗俗化，只重视甘地主义的表面意义，而忽视了甘地主义的精神。尼赫鲁经常从理性和科学的角度，对甘地的某些言行进行公开批评和指正，并对甘地的主观而非理性的决定进行合理解释，赋予其以客观性和逻辑性，从而不仅使甘地主义为外界和印度现代知识阶层所接受，并且使民族民主运动沿着健康方向发展。如有些研究者指出的，要不是尼赫鲁的理性态度的冲击和补正，甘地的思想就会在印度政治中产生神秘主义和非理性的力量，如果甘地主义由自诩为甘地的忠实追随者的无能之辈解释的话，甘地思想和实践的某些次要方面就会获得不应有的地位，就会被大量地用来使伪善空洞的说教、教派主义和盲目反对西方主义合理化。没有尼赫鲁，甘地的思想就会有被急于制造甘地崇拜的热心追随者歪曲，甚至粗俗化的危险；没有尼赫鲁，甘地就会失去用现代语言向现代世界传播他的思想的信使。[③]

甘地与尼赫鲁之间的分歧与对话，是民族运动内部现代与传统因素之间的冲突与交融的缩影。如有些研究者指出：甘地和尼赫鲁之间关系的紧张化

① B.R.Nanda, *Gandhi and Nehru*, Delhi: Oxford University Press, 1979, p.39.

② *Jawaharlal Nehru's Speeches*, Volume V, 1963–1964, New Delhi: Publication Division, Ministry of Information and Broadcasting, Government of India, 1968, p.205.

③ B.R.Nanda, *Gandhi and Nehru*, Delhi: Oxford University Press, 1979, p.38.

起因于印度农村群众和城市中产阶级之间关系的紧张化。这两位领导人之间的深厚感情的建立，是由于他们两人发现，如果这两个有广泛差别的社会阶层不合作起来争取最低目标，印度的发展和进步就可能失衡和变缓。

在民族民主运动中，甘地以其传统思维和行动方式，将广大农民群众动员起来，尼赫鲁则以其现代视野将城市青年、知识分子、工人等团结在他的周围；在国大党中，甘地是右翼保守派的代言人，尼赫鲁则是左翼激进派的领袖；甘地潜心于建设纲领所体现的社会改革活动，尼赫鲁则致力于争取自由的政治斗争；甘地深知印度，并将视野主要关注于印度，先印度后世界，尼赫鲁了解世界，并将印度自由斗争与国际进步潮流融为一体。因此，在民族运动中，尼赫鲁与甘地之间的合作不仅使他们双方彼此补充，相互影响，而且使民族运动获得了合力，将不同的社会力量团结在一起，形成强大的反帝洪流。

甘地和尼赫鲁的关系是一首民族对话的史诗，是一首印度民族探索复兴之路的史诗。甘地和尼赫鲁之间分歧与对话的历程，是现代印度民族运动发展轨迹的缩影，也是当代印度发展道路酝酿孕育的写照。甘地和尼赫鲁的名字永远连在一起，长存史册，正如有些研究者指出的："甘地和尼赫鲁长达30多年的结合是人类合作的史诗，在印度自由斗争史上，他们的名字是不可分割的。只要人们书写和阅读历史，他们就会一起受到人们的纪念。"[①] 这也是为什么在论述甘地与印度民族运动话题的时候，我们要提到尼赫鲁的原因所在。

---

① B.K.Gogal, *Thoughts of Gandhi*, *Nehru and Tagore*, Delhi: Shiora Publications, 1984, p.117.

第六章　甘地与"退出印度"运动：原因、进程、性质、影响

"退出印度"运动是印度独立运动洪流中的最后一次巨大浪潮，也是第二次世界大战时期的一个重大事件，在印度现代史上占有重要地位。笔者多年前曾就"退出印度"运动做过一些探讨，此外在第四章《甘地与第二次世界大战》和第五章《甘地与印度民族独立运动：目标、方法、进程、影响》中也涉及甘地与"退出印度"运动问题，但限于篇幅没有展开论述，本章挖掘引用五卷本《甘地文集》中的一些新资料，就甘地与"退出印度"运动做一全面探讨。

第一节　甘地与"退出印度"运动：原因

第二次世界大战不仅加剧了世界局势的动荡，而且加速了印度政治生活的进程，使英国殖民当局与印度民族主义者之间的矛盾和冲突空前激化，危机迭起。"退出印度"运动是第二次世界大战爆发以来英国殖民统治与印度民族矛盾不断加剧和激化的必然结果，是英国殖民当局在严重的战争危急关头仍然顽固坚持其殖民政策而引起的印度民族反抗情绪的总爆发，并非印度总督林利思戈所说的，是国大党 1942 年 8 月 8 日决议即所谓"退出印度"决议引发的。[1]

---

[1]　M.K.Gandhi, *The Selected Works of Mahatma Gandhi*, Volume IV, *Selected Letters*, Shriman Narayan（ed.）, Ahmedabad: Navajivan Publishing House，2011，pp.232–235.

（一）战争目的

1939 年 9 月 1 日，第二次世界大战爆发，9 月 3 日英国对德宣战。为了保证战争的胜利及防止后院起火，英国对印度采取了一系列强化其殖民统治的措施。

首先，英国宣战数小时后，印度总督林利思戈奉内阁指令，如法炮制一战时的做法，在未与印度民族领导人协商的情况下，以印度命运主宰者的身份专断地宣布印度为交战国，把印度作为驯服的工具，绑在自己的战车上，强行拖入战争。这一行动激起印度各界人民的极大愤慨。正如尼赫鲁所说："一个人——他既是外国人，又是一种可恶的制度的代表——竟能够把 4 亿人投入战争中去，而对他们连最起码的商量都没有过。千百万人的命运就可以这样地被决定。它伤透了印度的心。"①

其次，颁布了旨在镇压印度人民，加强其独裁统治的战时条例和法令。例如，9 月 3 日颁布的《印度国防条例》规定，为确保英属印度的防务、治安和正常秩序，确保战争的有效进行，禁止一切集会和政治宣传，对破坏社会秩序的嫌疑分子，可以不经审讯进行逮捕，对违反战时条例的人判以终身流放或死刑。9 月 11 日英国议会用 11 分钟的速度通过了《印度政府法修正案》，宣布中止 1935 年政府法规定的联邦条款的实施，对国大党省政府的权限做了进一步的限制，并规定印度总督和各省省督有权"为了印度的和平与安宁"解散自治省政府，实行省督接管，另派人治理，对印度人民进行赤裸裸的专制统治。

再次，在实行政治高压政策的同时，英国对印度在经济上进行疯狂掠夺，完全把印度变成支持英国战争的人力和物力供应地。英国一方面以宗主国身份榨取殖民贡赋，增加战时税收，发行 10 亿英镑的战时公债，把战争重担转嫁到印度人民身上；另一方面为掩盖对印度的赤裸裸的掠夺，与印度缔结双方负担国防经费的"财政协定"。根据该协定，本应该由英国负担的

---

① Jawaharlal Nehru, *The Discovery of India*, New Delhi: Penguin Books，2004，p.576.

英印军队和驻扎在印度的英国军队的给养，绝大部分转嫁给印度，此外，印度还要从自己的财政预算中拨款，支付其他军费。军费比战前预算增长近一倍，在整个战争期间，印度军事预算增加了164亿卢比，约合12.75亿英镑。印度军费拨款总额达到28亿英镑，平均每个印度人负担16卢比，占人均年收入的1/4。贾·尼赫鲁指出：印度在5年之中所负担的实际战争费用，大大超过了英国100多年来在印度投资的总和。为了搜刮更多的钱财，英国殖民者实行赤字财政，大量印发纸币，造成通货膨胀，战时印度粮食和生活必需品奇缺，亿万劳动人民陷于水深火热之中。

英国的这种殖民高压政策激起了印度各个阶层的普遍不满与反抗。国大社会党、前进集团、印度共产党及其影响下的左翼群众组织走在反战反英活动的最前列，工人运动和农民运动也进一步高涨。正如贾·尼赫鲁所说：他们为这种政策所激怒，同时要求国民大会党去反抗它。于是，国大党工作委员会在1939年9月17日发表了"战争目的决议"，表明了国大党对战争的态度，同时要求英国申明其战争目的。决议谴责英国政府不经印度人民同意而宣布印度为交战国，谴责法西斯主义和纳粹主义，并对那些抵抗侵略的人们表示赞同。决议声明：倘使战争只是为了维护现状、帝国主义领地、殖民地、既得利益和特权，那么印度与战争毫不相干。但如果问题是民主和基于民主的世界秩序，那么印度对战争就有极大的兴趣，本委员会确信印度民主利益和英国或世界民主利益并无冲突。如果大不列颠为了维持和扩大民主而战，那么它就必须先结束它自身领地内的帝国主义，在印度建立完全的民主。决议要求"英国政府明确声明他们在民主、帝国主义和他们所构想的新秩序问题上的战争目的；特别是这些目的将如何应用于印度和如何在目前实行"。① 可见，国大党的目标很明确，即只有在确定了战争的民主目的并立即给予印度独立的条件下，印度才能积极参战。

"战争目的决议"是贾·尼赫鲁起草的，他在促使国大党采取这个政策性很强的立场方面起了主要作用。当时，国大党主要领导人在对待战争问题

---

① 尚劝余：《尼赫鲁与甘地的历史交往》，四川人民出版社1999年版，第66页。

上发生了严重分歧和争议。前进集团创始人苏·鲍斯的主要动机是反对英国，他要求在战争危机之时发动反对英国人的新的文明不服从运动。甘地的主要动机是反对战争，他将战争看作是对他的非暴力信念的挑战和考验，他坚决主张不论英国还是印度都不应卷入冲突，因为即使在捍卫正义，暴力也是有害的，他甚至呼吁英国人，劝他们用精神力量反对希特勒的暴力，只给英国以道义上的支持。贾·尼赫鲁的主要动机是反对法西斯，他认为战争的主要原因是法西斯主义和纳粹主义的发展与侵略。因此，很明显，必须反对法西斯主义。但是不能用放弃自由和争取自由的斗争来获取对法西斯主义的胜利。因此，他主张只要英国立即给予印度独立，印度将全力支持英国抵抗法西斯。贾·尼赫鲁出于全局考虑，逐渐与极左翼组织国大社会党、前进集团拉开距离。他的着眼点是保持国大党统一，将国大党左右翼大多数人团结在共同的旗帜下。在甘地不再能继续有效地发挥轴心和聚合点作用的情况下，贾·尼赫鲁及时地填补了这个空缺，这对国大党在新的艰苦条件下齐心协力进行斗争具有重要作用。甘地明确表示，让贾·尼赫鲁肩负起领导国家的重任。甘地说如果他不能使所有人跟着他走，那么他就放弃领导。他觉得贾·尼赫鲁应该完全负责，领导国家。

对于"战争目的决议"，甘地表示赞同，并赞扬贾·尼赫鲁在制定决议中的决定性作用。甘地说：决议的作者是一位艺术家，虽然在极力反对各种形式或形态的帝国主义方面没有人能超过他，他却是英国人民的朋友；的确，在思想和性格方面，他更像英国人而不像印度人，他与英国人在一起往往比与自己的同胞在一起更自如；他也是一位人道主义者，他反对每一个错误，不管是在哪里犯的；他的民族主义因为他的卓越的国际主义而得以丰富；因此，决议不仅是给他自己同胞、不仅是给英国政府和英国人民的宣言，而且是给全世界各民族包括像印度那样受剥削的民族的宣言；他通过工作委员会使印度不仅考虑她自己的自由，而且考虑世界所有被剥削民族的自由。甘地希望全党一致支持这项决议，但他本人仍然坚持他的信念。

英国政府对国大党"战争目的决议"的答复令人失望。1939 年 10 月 17日，总督发表声明，断然拒绝国大党的要求，既没有宣布战争目的，也没有答应印度独立，只是重复上次大战许诺的在未来给印度以自治领地位。总督的声明使印度政治家认识到，这不是一场争取民主的战争，而是一场帝国主义战争，战争并没有使英国政府对其殖民地的态度发生变化。贾·尼赫鲁指出：我们现在明白，英国坚持其帝国主义并为维护帝国主义而战，战争的目的是维护大英帝国，建立某种确保其安全的国际体系，尽量延长对印度的统治，我们无意于高呼"嗨，希特勒"，我们也无意于高呼"英帝国主义万岁"。甘地也指出，国大党要求面包，得到的却是石头。国大党态度逐渐强硬起来。①

1939 年 10 月 23 日，国大党工作委员会阿瓦迪会议通过决议，反对总督声明，谴责英国坚持帝国主义政策，宣布对于英国的战争努力不给任何支持。决议提出了几点印度民族要求：允许印度战后独立；召开全民选举的立宪议会制定印度宪法，决定印度未来地位；立即成立责任政府。决议警告英国政府，如果不满足这些要求，国大党将发动全国规模的不合作运动。10 月 24 日，甘地宣布国大党工作委员会授权他随时恢复文明抵抗运动。国大党工作委员会还决定，所有国大党省政府全部辞职，以示对英国顽固不化的殖民政策的抗议，作为不合作的第一步。1939 年 10 月 23 日至 11 月 25 日，8 个省的国大党省政府全部辞职。对于国大党省政府辞职，穆斯林联盟组织"庆祝"活动，庆祝穆斯林"从国大党枷锁下解放出来"。殖民当局趁势进一步拉拢穆斯林联盟，打击国大党。这是二战爆发后英印关系的第一次重大危机，是走向群众性不合作运动的第一步。

（二）个人文明不服从运动

虽然国大党退出了省政府并授权甘地随时恢复文明抵抗运动，但在法西斯主义威胁面前，它并未采取妨害政府的极端步骤，而是采取更为积极的姿

---

① ［印］辛哈、班纳吉：《印度通史》，张若达、冯金辛、王伟译，商务印书馆 1964 年版，第 675—677 页。

态，希望英国政府能够做出积极的反应。国大党工作委员会指出，不惜一切努力与敌对者达成一项光荣的解决的方法乃是非暴力抵抗的一切形态中所固有的品质。因此，虽则英国政府已经对国大党砰然关上了大门，而工作委员会仍将继续探索一种达成光荣解决的方法。甘地也声明：你们必须知道，和解是我的天性。如果必要，我可以去会见总督 50 次。

此时，左翼战线仍积极开展反战活动，但在用什么方式反战上发生分歧。印度共产党主张总罢工，甚至开展革命战争。鲍斯和国大社会党领导人则主张开展非暴力群众斗争。双方矛盾趋向激化，摩擦随之发生，互相指责并清除对方党员，左翼统一战线破裂。殖民当局对印度共产党领导人、国大社会党领导人、前进集团领导人实行大逮捕，左翼反战力量受到沉重打击。

群众的反战情绪，当局对左翼的严厉镇压，促使国大党采取行动。1940年春，国大党兰姆加会议宣布，代表英国政府所作的最近对印声明，证明了英国基本上是为了帝国主义的目的而进行战争。在这种形势下，国大党显然决不能直接或间接参加战争，并决定举行文明不服从运动。

1940 年夏，纳粹德国在欧洲战场所向披靡，占领整个北欧和西欧，并对英伦三岛进行大规模空袭。英国陷于困境，面临纳粹侵略之虞，这种形势改变了国大党的政策。贾·尼赫鲁强烈反对在这个严峻时刻发动文明不服从运动，他声明，在英国处于生死斗争的时刻发动文明不服从运动，是有损印度声誉的举动，正在和平抵抗运动边缘上的国大党当自由英国的生存处于千钧一发的时候，就不能够考虑采取任何这样的运动了。甘地也声明："我认为，我们应该等待，直到盟国内部的战斗热情消沉和未来局势比现在更明朗。我们不会从英国的毁灭中寻求我们的独立。这不是非暴力的方法。"[1]

所有关于和平抵抗运动的谈论都暂时被搁置不提。国大党提出新的合作建议，再次尝试与英国政府达成协议。国大党的条件是，承认印度的自由并建立一个各党派合作的临时国民政府，在这个条件下，国大党将在对外防御

---

[1] Sandhya Chaudhri, *Gandhi and the Partition of India*, New Delhi: Sterling Publishers Pvt. Ltd., 1984, p.68.

上放弃甘地的"非暴力主义"，与英国的战争努力充分合作。由拉贾发起的这个提议对英国政府做出了很大让步，是一个妥协性的提议，国大党就这个提议发生了争议。贾·尼赫鲁在经过极其艰苦而焦虑的思考后，才使自己同意了这个提议，主要是考虑到更大的国际问题，即与反法西斯主义和反纳粹主义斗争的人们保持完全一致的立场。

甘地则明确表示反对国大党同意为狂暴的战争努力承担责任。他认为即使在对外战争问题上，他也不能放弃他的非暴力原则，不能使自己卷入这场暴力的战争中去，而且他希望国大党对这个问题也采取同样的态度。他只同意给予道义和其他方面的帮助，反对在实际上协助武装与暴力的战争。他要求国大党宣布坚持非暴力原则，并把这个原则扩大到自由印度，用这个原则保卫自己，防止内乱和抵抗外来侵略。当然，他知道在印度，甚至在国大党内部有许多人对非暴力主义并不信仰；他也认识到一个自由印度的政府当涉及国防问题时，可能会放弃非暴力主义以建立起陆海空军的力量。然而，他要求国大党至少高举起非暴力的旗帜，从而使人民的心智受到熏陶并使他们越来越采取和平行动。他害怕目睹印度军事化，他梦想着印度会成为非暴力的象征和示范，并且由于它的示范使得战争和暴力的手段在世界其他地方也消失殆尽。即使整个印度不会接受这种概念，当考验的时刻来临的时候，国大党也不应该放弃它。

然而，贾·尼赫鲁、拉贾、阿扎德等国大党领导人不赞成甘地的这一主张。贾·尼赫鲁指出：我们每个人深信我们在斗争中应当坚持非暴力主义原则，实际上我们一向就是如此，欧洲的战争加强了这种信念，可是要未来的国家确守这种原则却是另外一回事，而且是一件更加困难的事，一个从事政治活动的人怎么能够这样做，实在很难说。甘地则坚持他不能放弃或缓和他为全世界所提出的使命，他应当自由行事，而不应该由于一时政治上的考虑而畏缩不前。这样，甘地与国大党工作委员会在非暴力问题上第一次公开对抗，各走各的路。

1940年6月，国大党工作委员会在德里召开紧急会议，通过决议：大不列颠承认印度的完全独立是解决印度和英国共同面临的问题的唯一途径，作为第一步应在中央成立一个临时国民政府，如果这些措施被采纳，国大党就能够投入全力为有效地组织国防而努力。决议指出，圣雄甘地要求国大党忠于非暴力信条，并要求它宣布不愿意使印度维持武装力量来保卫自由、抵抗外来侵略或平息内乱，而各委员则无法完全同意甘地的意见。决议认为，甘地应享有以自己的方式实现自己伟大理想的自由，因而解除他对国大党所必须采取的纲领和活动所负的责任。贾·尼赫鲁力图缩小国大党与甘地分歧的意义，他说过去20年的国大党是甘地的创作和孩子，没有什么能使这种结合破裂。甘地被这一忠诚的表达深深感动。1940年7月底，国大党在浦那召开全国委员会会议，批准了工作委员会德里会议通过的决议。"投票结果，以91票对63票赞成抛弃非暴力，又以95票对47票赞成有条件合作的建议"。① 这是一个妥协的提议，放弃了立即独立的要求，而主张建立临时政府。

纵然如此，英国政府仍然顽固坚持其帝国主义立场，一意孤行，无视国大党伸过来的友谊之手，拒绝国大党浦那会议决议。1940年8月8日，印度总督发表声明，即"八月宣言"，提出英国不能计划把它目前对印度安全和幸福所负的责任，移交给一个其统治体制为印度国民中多数有势力的人物所直接否认的政府。作为一个替代方法：（1）战时扩大总督行政会议的印籍成员的名额；（2）任命一个由王公和政党代表组成的战时咨询委员会；（3）战后设立代表印度国民主要分子的立宪机构，草拟新宪法。这个构成后来克里浦斯计划基础的"八月宣言"事实上没有提出一点新东西。

贾·尼赫鲁一针见血地指出：那是全盘的拒绝，而更有甚者，它的措辞明明白白告诉我们，英国并无任何放弃在印度的政权的意思；他们一心想怂恿分裂，并增强每一个中世纪式的和反动的分子；他们似乎宁愿发生内战使印度毁灭，而不愿放松他们那帝国主义者的控制。甘地也写信给总督，对"八月宣言"表示不满：我非常仔细地读了你的声明，我脑子一片空白，它使我伤心，它的含义使我吃惊，我不由自主地感到，这是一个极大的错误。

---

① ［印］杜德：《今日印度》下册，黄季方译，世界知识出版社1953年版，第251页。

"八月宣言"是对国大党及整个印度的又一次严重挫伤，它再次关上了合作的大门。当时的国大党主席阿扎德表达了印度的反应：既然英国拒绝了国大党的一切提议，那么，我们所剩下要做的只有一件事，那就是在一切方面与战争努力不合作。

1940年9月16日，国大党工作委员会在孟买召开会议，通过了甘地参加起草的决议，表示国大党绝不接受剥夺印度人民的天赋人权、禁止印度人民言论自由并继续奴役印度人民的政策。决议要求，甘地重新出来领导群众性不合作运动，废弃浦那会议批准的德里决议，表示国大党坚信非暴力的政策和实践不仅适用于争取印度自治的斗争，而且在可能的范围内，它也适用于未来自由的印度。

但是，甘地认为立刻发动群众文明不服从运动的时机尚不成熟，他决定发动象征性的个人文明不服从运动，对英国表示道义上的抗议。这不是争取自由的斗争，而是维护反战言论自由权利的象征性行动。参加运动的人由甘地挑选，名单交甘地审查和批准，他们发表反战演说，并事先将他们举行这种象征性反战运动的时间和地点通知警察。每个参加不服从运动的人的口号是：用人力或财力帮助英国的战争努力是错误的，唯一可取的努力是用非暴力抵抗来抵制一切战争。这样做是得到国大党领导机构的同意的，国大党只想对英国施加压力，并不想妨碍英国作战。

个人文明不服从运动大致分为三个阶段。第一阶段是纯个人不服从，只由甘地事先指定的一个人发表反战演说，被捕后再由第二个人继续，这样一个一个地进行。1940年10月17日，甘地挑选维诺巴·巴维（梵文学者、甘地真理学院成员）在瓦尔达附近的波拉村发表反战演说，开始了个人文明不服从运动，21日巴维被捕，被处3个月徒刑。甘地挑选的第二个人是贾·尼赫鲁，预定11月7日开始，但当局以他10月初曾发表反战演说为罪名，没有等他发表演说，就于10月31日将他逮捕，判刑4年。第三个发表反战演说的是国大党普通党员布拉赫姆·多塔，当场被捕，判刑半年。甘地最初打算在第三个志愿者被捕后进行绝食，但被同事劝阻了。11月中旬，运动进入第二阶段，由纯个人不服从改为代表性的不服从。由甘地指定国大党工作委员会委员、全印国大党委员会委员、前中央或邦议会国大党议员，分别以集体名义发表反战演说。到年底，共计有 11 名工作委员会委员、176 名全印国大党委员会委员、29 名前内阁部长、400 名议员被捕入狱，其中包括一大批高级领导人，如阿扎德（本年度国大党主席）、帕特尔、拉贾等。1941 年 1 月，运动进入第三阶段，即个人同时不服从。由各级党组织推荐名单，送甘地批准，由甘地分派任务。甘地按名单一批批指派，每批数人，他们分别从一个地点走到另一个地点，高呼反战口号，招集群众会议，发表反战演说，直至被捕。4 月，基层党员报名参加。"至 6 月底，约有 3 万余人被捕，运动已经消亡，但它在形式上一直持续到 12 月"。[①]

1940—1941 年的反战个人文明不服从运动由于没有广泛发动群众，本身没有力量，失败是必然的。但它在显示国大党斗争决心方面，在鼓舞广大群众坚持反战反英立场和民族目标方面是有积极作用的。在印度共产党、国大社会党和前进集团的反战反英遭到镇压后，国大党以个人文明不服从的方式表达人民的反战要求，并和上述反战的左翼同样做出了巨大牺牲，这就在印度人民心目中维护了它作为民族斗争旗手的声望和地位。这次个人文明不服从运动是二战爆发以来英印关系的又一次重大危机，是向群众性不合作运动迈进的又一步。

（三）克里浦斯使团

1941 年 6 月 22 日，纳粹德国撕毁苏德互不侵犯条约，进攻苏联，苏德战争爆发。苏联参战加强了这场战争的世界民主力量，第二次世界大战进入新的阶段，战争性质和国际局势发生重大变化。事态的这一转变给印度提出了一个难题：英国是反法西斯同盟国成员，从世界反法西斯角度看，应当支持英国的作战努力；但英国又顽固拒绝印度的独立要求，力图保持对印度的

[①] A.P.Srinivasamurthy, *History of India's Freedom Movement*, 1857–1947, New Delhi: S.Chand & Co. (Pvt.) Ltd., 1987, p.128.

殖民统治，如果无条件支持它作战，从民族斗争角度看，就等于前功尽弃，最终丢掉这个难得的施压机会。对这一难题的不同回答导致了印度民族反战反英力量的分裂，使印度政治局势更加复杂化。

苏德战争爆发后，印度共产党领导人兰那地夫、阿·高士等在狱中制定了《德奥利提纲》，认为战争性质已经改变，印度共产党对战争的态度也应相应地做出根本改变。他们提出"人民战争"的口号，主张印度共产党应全力支持英国作战。这个文件从狱中传出，在印度共产党内引起震动。英国共产党领导人也发表呼吁书，要求贯彻执行共产国际新的政治路线，无条件支持盟国的反法西斯战争。英国共产党印度问题权威杜德也撰文，要求印度共产党无条件支持战争，不管英国统治者会答应或做出什么让步。以总书记约希为首的印度共产党政治局全盘接受了共产国际的指示，也即接受了《德奥利提纲》。12月，印度共产党发表了《我们对战争的新路线》的文章，随后又发表了《狱中文件》和政治局《关于反法西斯人民战争以及我们的政策和任务》的决议。这几份文件标志着印度共产党对战争的态度发生了根本变化，以往必须先获得自由才能进行自由之战的说法被抛弃了，如今强调的重点是世界反法西斯战争的结果将给印度带来自由。印度共产党号召印度人民同英国建立反法西斯统一战线，以全民的力量投入对法西斯的斗争，并号召工人不要罢工，要努力增加生产支援前线。英国当局为了使印度共产党能正常开展活动，也为了向苏联等世界民主力量表示友善姿态，取消了对印度共产党的禁令，并从狱中释放了共产党人，印度共产党重新获得了合法地位。

国大社会党、前进集团都不同意印度共产党的新方针，对印度共产党提出了指责。他们仍坚持原来的反战反英立场。纳拉扬从狱中给外面的国大社会党人写信，对苏联卫国战争表示同情，认为印度争取自由就是支持苏联和世界反法西斯力量。他对甘地领导的个人反战不服从运动很不满意，称之为"滑稽剧"。从这时开始，他主张进行武装斗争。

国大党在苏德战争爆发后也坚持原来的方针不变。虽然印度总督宣布扩大行政委员会，建立国防委员会，吸收印度各界领导人参加，但甘地表示，这一决定没有满足国大党的要求，也不会影响国大党的立场。1941年8月，罗斯福与丘吉尔发表《大西洋宪章》，宣布尊重所有民族选择其赖以生存的政权形式的权利；并愿意保证被强行剥夺了主权和自治权的民族恢复其主权和自治权。《大西洋宪章》给印度以希望和鼓舞，国大党呼吁英国政府将宣言立即应用于印度。然而，丘吉尔9月9日发表声明，《大西洋宪章》原则上只适用于纳粹桎梏下的欧洲国家，而不适用于印度、缅甸和英帝国其他部分。丘吉尔的这一奇怪逻辑遭到国大党领袖以及其他政党领袖的猛烈抨击，也遭到美国等国家公众舆论的谴责。

10月，个人文明不服从运动进入低潮，出狱的人很少再参加运动。有的领导人公开要求甘地停止运动，甘地拒绝这种意见，表示运动将按照非暴力的法则继续发展。在印度国内外压力下，殖民当局12月3日宣布释放贾·尼赫鲁、阿扎德等全部国大党人，做出和解的表示。甘地对此发表声明说："这一行动不会使我有任何激动或感奋"，"对英国人民的友情不能使我对英国政府奴役印度熟视无睹。印度今天只有被奴役的自由而没有平等的自由即完全的独立"。甘地表示仍要继续个人文明不服从运动，"国大党的反抗是精神上和道义上的"，有了这一点，"终将赢得印度的独立"。[①]

1941年12月7日，日本突袭珍珠港，太平洋战争爆发，战争性质发生了根本变化，真正具有了全球性质，成为民主力量与法西斯主义之间的一场生死决战。贾·尼赫鲁对战争性质的转变立即作出了明确的反应。12月8日，贾·尼赫鲁即宣告，世界进步力量现在都与以美、英、俄、中为代表的集团站在一起，我们必须同情和祝愿包含这些进步力量的集团。在12月17日的声明中，贾·尼赫鲁说，他长年来一贯主张对中国和俄国提供帮助，他不能仅仅因为它们与大不列颠结成了联盟而改变他的观点。虽然在目前情况下，他不能与英国政府合作，但是他不赞成群众文明不服从运动，以免阻碍政府的战争努力，损害世界民主事业。苏·鲍斯信奉"我的敌人的敌人就是我的朋友"的信条，于1941年初即避开英国人的监视，逃往柏林，主张与

[①] 任鸣皋、宁明主编：《论甘地——中国南亚学会甘地学术讨论会论文集》，上海社会科学院出版社1987年版，第203页。

法西斯轴心结盟，利用德意日法西斯力量争取印度的独立。甘地则坚决主张完全的非暴力，反对参战。他12月8日发表12点建设纲领，号召全国人民努力推行，以支持个人文明不服从运动。贾·尼赫鲁、阿扎德等极力主张与反法西斯力量结盟，有条件地参战，国大党主要领导人再次与甘地发生尖锐分歧。

1941年12月23—30日，国大党工作委员会在巴多利召开会议，宣布停止个人不服从运动，并通过了赞成武装抵抗轴心国的决议。决议声明：虽然英国的对印政策毫无变更，但本委员会必须考虑由于战争的发展及其迫近而产生的世界新形势。国大党必须同情和支持那些遭受侵略而为自由斗争的民族，但是唯有一个自由独立的印度才能担负全国范围的防务。工作委员会认为，甘地坚决不参战的立场已不适应形势。甘地致函国大党主席阿扎德要求解除他的领导权，他在信中指出，他以为国大党是基于非暴力的立场反对参加目前的或所有的战争，可是多数委员却不认为如此，因此他不能再领导国大党的非暴力反战运动。国大党工作委员会接受甘地的要求，解除了他的领导权。这是甘地在大战中第二次被解除领导责任。巴多利决议重新开启了国大党与英国政府谈判的大门。

1942年1月15—16日，全印国大党委员会在瓦尔达召开会议，批准了工作委员会通过的巴多利决议。在这次会议上，甘地阐述了他对非暴力的信念："非暴力是我的信条，是我生命的呼吸，但它绝不是我给印度提出的信条。我将它作为政治方针摆在国大党面前。也许它是一个新颖的方法，但并不因此而失去其政治性质。作为一个政治方法，它可以不断变化、修正、改变，甚至被抛弃。如果这些年来我带着国大党跟我一起走，那是在于我作为政治家的能力。因为我的方法是新颖的而将之说成是宗教的，这是不公正的。"针对当时流传着的他与贾·尼赫鲁发生根本分歧的谣言，甘地予以反驳，并公开声明贾·尼赫鲁是他的继承人。甘地指出："观点分歧远不能疏远我们，从我们成为共事者那一刻起，我们就一直有分歧，但是，我几年来说过，并且现在还要说，不是拉贾而是贾·尼赫鲁将成为我的继承人。他说他不理解我的观点，他所持的见解与我格格不入，这也许对也许不对，但观点不能阻碍两颗心相通。我知道，当我离开人世后，他会站在我的立场上。"[1]

太平洋战争爆发后不出三个月，日军便占领了整个东南亚，英军在前线节节败退。在战争形势恶化的情况下，印度问题成为盟国普遍关注的国际问题。1942年2月8日—12日，蒋介石访问印度，敦促英国尽快给印度以实际权力，以便印度全力参战。2月21日，澳大利亚外长在议会演说中力主在战时给予印度自主，以便加强印度参战。2月22日，罗斯福总统针对丘吉尔的声明，明确宣告，《大西洋宪章》不仅适用于欧洲，而且适用于全世界，并致函英国政府敦促丘吉尔立刻给予印度独立。印度激进民族主义者苏·鲍斯通过电台从柏林向印度加紧宣传鼓动，主张与德日意轴心国结盟反抗英国。而英军在东南亚的节节败退也使印度民众对英国的防御力量产生了极大的怀疑。英国舆论也转向同情印度，下院在2月关于战争形势的辩论中，给政府施加压力，敦促在印度成立国民政府。3月8日，缅甸首都仰光陷落，日军直指印度东部边境，通往印度的大门被打开，印度濒临日本侵略的直接威胁。正是在这些强大压力和严酷的战争形势下，英国政府被迫对国大党的提议做出反应。

1942年3月11日，丘吉尔任命克里浦斯使团前往印度进行谈判。印度各党派、各阶层都对克里浦斯使团翘首以待，寄予厚望。然而，"谈判以满怀希望开始，以完全失败告终"。克里浦斯使团带来的方案包括战时和战后两部分。这个方案没有改变英国殖民政策，只不过是从前反复申述过的老调重弹，是1940年"八月宣言"的翻版。在谈判中，国大党做出了许多让步，希望达成确实的解决方案。如贾·尼赫鲁所说："在这22年里我第一次吞下了许多苦药丸，因为我的确想将我们的一切同情和精力投入组织印度防御。"然而，英国政府则持"要么接受要么拒绝"的顽固立场，丝毫没有商谈的诚意。其实丘吉尔派克里浦斯赴印度只是做个姿态而已，根本不想在战时真正

---

[1] Michael Brecher, *Nehru: A Political Biography*, London: Oxford University Press, 1959, p.108.

解决印度问题。"但不幸的是克里浦斯本人不知道这一点，即他的使命旨在失败，而不在成功"，他做了丘吉尔政治骗局的替罪羊。①

克里浦斯方案遭到印度各界人士的猛烈反对。甘地称它是一张行将破产的银行发出的远期支票。他质问克里浦斯：如果这就是你要提出的计划，你为什么要来印度？我劝你趁早搭第一班飞机回去吧。尼赫鲁也悲叹道：最可悲的是，像斯塔福·克里浦斯爵士这样的人竟让自己充当魔鬼的代言人。4月11日，国大党发表声明，宣布拒绝克里浦斯方案。国大社会党、前进集团都赞成国大党的态度。穆斯林联盟认为这个方案有可取之处，但总的说不能接受，因为它只提出战后建立印度联邦，而没有明确宣布赞成穆斯林联盟的巴基斯坦要求。只有印度共产党基本赞成克里浦斯方案，呼吁国大党和穆斯林联盟在这个方案基础上寻求解决分歧的办法。4月12日，克里浦斯在一片反对声中，悻悻地离开了印度。

克里浦斯使团的失败在国大党和印度全国激起了深沉的失望和愤怒的浪潮。这时，日本已开始轰炸印度沿海城市，而英军在东南亚战场不堪一击，节节败退，毫无防御能力。鉴于英国不可能改弦更张，为了能组织全民力量保卫印度，留在国大党和印度面前的唯一出路便是采取断然行动，使用群众文明不服从这个最后武器，将英国统治者赶出印度，由自由的印度自己来担负防御任务。克里浦斯使团离开印度后，甘地指出，整个事件造成了坏印象，他坚决主张英国人立刻有秩序地离开印度。

（四）"退出印度"决议

克里浦斯使团访印失败表明，英国在日本入侵印度的危急关头，也不打算对印度民族独立要求做出丝毫让步，国大党的唯一选择就是采取行动。但是，在行动方针问题上，甘地与贾·尼赫鲁等其他国大党领导人产生了

---

① V.T.Patil, *Nehru and the Freedom Movement*, New Delhi: Sterling Publishers Pvt.Ltd., 1977, p.136.

分歧。

贾·尼赫鲁不但关心印度的独立事业，也关心战争的进程和民主国家的命运。他对英国的帝国主义政策深感不满，极力主张争取印度独立，但同时对盟国寄以同情，对德意日法西斯侵略深恶痛绝。他不希望法西斯轴心国胜利，因为这将意味着印度和全世界的灾难，盟国的胜利是印度自由的先决条件。因此，他反对一切妨碍盟国战争努力的行动，反对在这个时刻发动非暴力不合作运动。此外，他主张坚决抵抗日本侵略，不惜使用武力，甚至发动游击战争。

甘地则认为，英国统治的存在似乎是招致日本侵略的诱饵，如果英国离开印度，日本就不会侵略印度，他坚信印度的安全在很大程度上取决于英国有秩序地、及时地撤出印度。此外，他认为，英国难以保卫印度，轴心国会取得胜利，故而主张与日本和谈。即使在日本侵略印度的情况下，他反对贾·尼赫鲁提倡的武装抗战和组织游击队，而主张用非暴力不合作抗日，主张精神上同情盟国反法西斯事业，反对印度参战，反对盟国军队驻扎在印度。

1942年4月27日—5月1日，国大党在阿拉哈巴德召开工作委员会会议，双方观点分歧公开化，进行了直接交锋。甘地未出席会议，但他提交了一个7点决议草案，要求英国退出印度，声明外国军队是对印度自由的严重威胁，印度将用非暴力抵抗和不合作来对抗日本侵略，甚至与日本和谈。甘地的决议草案写道：英国不能保卫印度，印度军队是一个种族隔离体，不代表印度人民，印度人民决不将它视为他们自己的军队；日本不是与印度有怨，它在对英帝国作战；如果印度获得自由，它的第一步可能是与日本和谈；国大党认为，如果英国退出印度，印度能够在日本或其他任何侵略者进攻面前保卫自己。

甘地的决议草案受到贾·尼赫鲁和其他一些委员的强烈批评。贾·尼赫鲁指出："草案的整个基调必然会使全世界以为我们正在消极地与轴心国搞联合。要求英国撤走后我们将与日本谈判，可能与其达成条件，这些条件可能包括由我们控制大部分内务，由他们控制军事，军队通过印度等等"，"甘地的感觉是日本和德国将打赢战争。这种感觉不自觉地支配了他的决定"。①果不其然，几个月后，英国政府对甘地的决议案小题大做，突然向世界公布，并大肆渲染，力图将甘地描绘成亲轴心国的代理人。甘地对此进行了反驳。

经过激烈辩论后，阿拉哈巴德会议最后通过了一个由贾·尼赫鲁起草的折中甘地和贾·尼赫鲁观点的决议案。国大党主席阿扎德支持贾·尼赫鲁的草案说，在甘地最初的草案和贾·尼赫鲁后来的草案之间没有意义上的分歧，分歧只在于方法上。会议最后采纳的决议拒绝了克里普斯方案，主张用非暴力不合作抵抗一切外国侵略，其要点有三：（1）英国应放弃对印度的控制；（2）国大党应继续坚持非暴力不合作的思想；（3）国大党反对外国军队在印度作战。决议号召：万一发生侵略，必须进行抵抗。这种抵抗只能采取非暴力不合作的形式，因为英国政府阻止人民以其他任何形式组织国家防务。因此，本委员会期望印度人民对侵略军进行完全的非暴力不合作，不给他们以任何援助，我们不会向侵略者屈膝，也不会服从他们的任何命令。如果他们占领我们的家园和田地，我们将不惜以死来拒绝。

甘地对国大党工作委员会阿拉哈巴德会议通过的折中决议感到不满，他坚决主张英国退出印度。他指出，英国必须退出印度，将印度留给神，或者留给无政府状态，英国退出后随之而来的无政府状态也许导致一时的残杀战争或土匪抢劫。但一个真正的印度将从这里崛起，取代我们所看到的这个虚假的印度。印度22年非暴力教育的不懈努力，不会付诸东流。人民将从混乱中演进出真正的民治政府。甘地通过文章和讲话给印度政治空气注入了一种新的推动力，他的挑战性的"退出印度"口号激起了人民的斗争热情，将人民从消极无为和麻痹昏睡中唤醒，激起了行动的决心。

随后，贾·尼赫鲁与甘地进行了多次广泛交谈和激烈争论。甘地曾写

---

① S. Bose, *The Indian Struggle*, *1935–1942*, Calcutta: Chuckervertty, Chatterjee & Co., Ltd., 1952, p.40.

道：我和他一连争论了好几天，他反对我的看法，其情绪之激烈是我无法用言辞形容的。贾·尼赫鲁和甘地之间的互相讨论澄清了一些模糊的问题，达成了某种程度的共识。甘地认识到了国际因素，从而用更宽阔的眼界看待印度问题。甘地承认，他早期的文章和观点有缺陷，他改变了原来的立场，声明英美军队可以留在印度国土上，印度获得独立时他们应与新近成立的国民军和游击队一道为印度防御而战。他承认可以用非暴力抵抗英国政府，但是它不适用于阻止日本进攻。但在发动要求英国退出印度的文明不服从运动问题上，甘地的态度坚如磐石，毫不让步。

贾·尼赫鲁最终同意了甘地发动"退出印度"运动的主张，他之所以改变初衷基于以下因素。其一，当时，日本已打到印度东大门，英印政府无力抵抗，准备从孟加拉撤退，实行焦土政策，到处弥漫着一种强烈的失败主义情绪。在这种情况下，需要激发群众的斗争热情，创造一种抵抗精神，以便用这种抵抗英国殖民者的精神来抵抗日本。其二，贾·尼赫鲁认为这场运动短暂并会迅速结束，将在三周内迫使当局建立国民政府，在日本侵入印度之前获得胜利，然后即全力投入反法西斯事业，国大党主要领袖也都这样认为。其三，甘地发动运动的决心已定，态度坚决，他声明如果他的退出印度决定被否决，他就脱离国大党，另立新组织，创建一个比国大党本身更强大的运动。在这种情况下，置身民族运动之外，会导致国大党和民族运动的分裂，使局势更加危险。贾·尼赫鲁一旦改变了初衷，便以空前的热情全力投身民族运动之中。

1942 年 7 月 6 日—14 日，国大党工作委员会在瓦尔达召开会议，经过激烈辩论，最后接受了甘地的决定，通过不合作的决议，即"退出印度"决议。其中写道：迄今发生的种种事件以及印度人民切身的经验使国大党确信，英国在印度的统治必须结束；印度要自由，不仅是为了印度的利益，也是为了世界的安全，为了根除纳粹主义、军国主义或其他形式的帝国主义，以及一个民族侵略另一个民族的现象。决议说，国大党决心抵抗日本侵略，要求英国退出绝不是要损害盟国的反法西斯战争，国大党同意盟国军队驻扎在印度。关于英国撤出后的设想，决议提出组织包括一切党派团体参加的临时政府，召开立宪会议制定宪法，然后自由印度的政府与英国政府共商两国未来关系以及如何合作抵御侵略。决议最后呼吁英国当局为了印度也为了自身利益接受印度要求，并宣布如果这个正义要求遭到拒绝，将在甘地领导下发动新的文明不服从运动。

瓦尔达会议后，国大党给伦敦当局发出最后通牒，限英国政府24天之内，在"退出印度"决议基础上与国大党达成政治协议。甘地写信给罗斯福和蒋介石说明了国大党的立场，要求支持印度自由斗争。他在给蒋介石的信中写道：决不采取匆促的行动，而且不论采取什么行动，都将受这种考虑的支配即不损害中国或鼓励日本侵略印度或中国，并说他正在竭尽全力来避免和英国当局发生冲突。^① 然而，丘吉尔拒不接受罗斯福和蒋介石的意见，这使甘地和国大党大失所望。

1942年8月8日，即24天期限到期的那一天，全印国大党委员会孟买会议批准了瓦尔达工作委员会决议，并以修正的形式最后通过了"退出印度"决议。决议指出，如果英国拒绝退出印度，国大党将被迫"使用自从它1920年采纳非暴力为其政策以来所聚集的一切非暴力力量，来争取政治权利和自由"，在甘地的"必然领导下"，发动"一场非暴力的群众斗争"。会议结束时，甘地向大家祝福说："这里我要给你们一个短短的赠言，这个赠言就是'不行动毋宁死'，不是印度获得自由，就是我们在斗争中死去"。^②

"退出印度"决议充分表达了国大党争取自由的决心，但是，如贾·尼赫鲁所说：这个决议不是恐吓，而是邀请和解释，是要求合作的建议。甘地也告诫说：实际斗争并未在此刻开始。"退出印度"决议批准发动一种非暴力的必须由甘地先生领导的群众性的斗争，但是，并未确定发动运动的具体日期。实际上，甘地并未放弃协商的愿望，他试图以此作为最后的压力，迫使政府让步。在决议的结论中，甘地清楚地说明他的第二个步骤将是去会见

---

① M.K.Gandhi, *The Selected Works of Mahatma Gandhi*, Volume IV, *Selected Letters*, Shriman Narayan（ed.）, Ahmedabad: Navajivan Publishing House，2011, p.242.

② Sarkar Sumit, *Modern India:1885–1947*, Delhi: Macmillan India Ltd.，1983, p.120.

总督，并向主要的盟国首脑呼吁，以求达成一项光荣的协议，即一方面承认印度自由，同时也推进盟国反法西斯事业。

孟买会议结束后，甘地即开始写信，并决定次日晨由贾·尼赫鲁赴美国，向美国政府说明"退出印度"决议的性质和目标。然而，在8月9日拂晓前，英国殖民政府突然大肆逮捕国大党领导人。英国政府希望通过这一迅速而猛烈的行动将运动扼杀在摇篮里。但是事与愿违，这一突然的大逮捕行动却成为实际引发"退出印度"运动的火星。于是，"甘地运动"的最壮观、也是最后的一幕拉开了。

可见，正是由于在战争形势日益恶化的严峻时刻，英国当局仍然死死抱住其殖民政策不放，导致了英印矛盾激化，危机迭起。在头两次危机中，国大党并未诉诸大规模的群众运动，而是以辞职和个人文明不服从进行象征性的抗议，以期英国当局能够做出积极的反应，为印度与英国合作共同抗击法西斯侵略创造条件。克里浦斯使团谈判的失败，使印度受到了最沉重的一击，印度各阶层中残存的最后一线希望破灭了。正是在克里浦斯使团失败后，甘地和国大党才最终决定诉诸大规模的群众运动，迫使英国退出印度。而8月9日的大逮捕则成了导致印度久已蓄积的民族愤怒情绪总爆发的导火线。

因此，可以说，第二次世界大战爆发3年来的英印矛盾的不断积累与激化，是导致"退出印度"运动的根本原因；而8月9日的大逮捕是诱发"退出印度"运动突发的直接原因。

第二节　甘地与"退出印度"运动：进程

"退出印度"运动从1942年8月9日国大党领导人被捕到1944年5月5日甘地出狱，历时近两年，大致经历了如下几个阶段，每个阶段呈现出不同的特点。

（一）"八月革命"

1942 年 8 月 8 日"退出印度"决议通过后，按照惯例甘地准备向总督提出"退出印度"要求，在遭到拒绝后，再正式开展运动。然而，没等到他通知总督，殖民当局迫不及待地抢先动手了。甘地在给总督林利思戈的信中曾经写道："印度政府本应该等待，至少等到我采取大规模行动的时候。我曾公开申明，我已经充分考虑到要在采取具体行动之前给您写信。那也是呼吁你们能对国大党的情况进行不偏不倚的考察。正如您所知道的，国大党已经完善了其所发现的理念中每一个不足之处。如果您给我机会，我也能克服每一个不足之处。但这突如其来的政府行动会让人看出政府的担忧，即担心国大党在直接行动过程中展现出的细心谨慎、循序渐进可能会使针对国大党的世界舆论再次发生转变，正如已经发生的转变一样，同时也会暴露出政府拒绝国大党要求的理由是站不住脚的。因此，他们本应该耐心等到全印工作委员会通过决议之后，我在周五和周六晚发表的演讲的相关可靠报道出炉之后再有所行动。看了报道之后，您应该会发现我并不急于采取行动。"①

甘地于 8 月 8 日在孟买对印度国大党全印委员会发表的演讲中也说道："不过，真正的斗争现在还没有开始。你们只是把所有的权力放到我的手中。我现在将等候总督，请求他接受国大党的要求。这个过程可能需要两到三个星期的时间。在这段时间你们要做什么呢？在这期间有什么安排可以让所有人能够参与的呢？正如你们知道，手纺车是我第一个想到的事情。"②

事实上，早在一个多月前，总督林利思戈和印度事务大臣阿麦里频繁交换电报和函件，密谋对付甘地和民族运动之策。6 月 15 日，林利思戈说："决不允许圣雄妨碍我们的战争努力，干扰我们保卫印度和反对日本的安排。""准备给甘地寻找一个条件舒适的监狱，或者关在印度某地，或者把他

---

① M. K. Gandhi, *The Selected Works of Mahatma Gandhi*, Volume IV, *Selected Letters*, Shriman Narayan（ed.）, Ahmedabad: Navajivan Publishing House, 2011, p.216.

② M. K. Gandhi, *The Selected Works of Mahatma Gandhi*, Volume V, *Voice of Truth*, Shriman Narayan（ed.）, Ahmedabad: Navajivan Publishing House, 2011, p.55.

（也许连同尼赫鲁）用飞机遣送出境"。阿麦里回复说："务必采取迅雷不及掩耳的手段，镇压甘地的活动"，甚至建议"用飞机把甘地送往乌干达"。[①]

8月9日凌晨，殖民当局开始大逮捕。包括甘地、贾·尼赫鲁、阿扎德、帕特尔、普拉萨德等主要领导人在内的148名国大党领导人被捕，被判长期监禁。各省的部分领导人随后也遭到逮捕。当局说被捕人数总共数百，实际上仅联合省一个省就有574人。国大党工作委员会、全印委员会、省委员会都被宣布为非法。虽然国大党对镇压有所准备，但没有料到会如此迅猛。国大党中央领导机构一举被摧垮，全党陷于无领导状态。

甘地被单独关在浦那土邦王公阿加汗的私邸，这是甘地一生第十五次入狱，是最后一次被监禁，也是时间最长的一次，共635天。甘地后来致书总督说：你把我安置在一座宫殿里，在这里一切应有的物质享受无不具备，我不客气地享受这种生活，完全认为是一种义务，绝不认为是一种乐趣。[②]

贾·尼赫鲁等国大党工作委员会委员被监禁在亚马那加堡垒监狱，这是贾·尼赫鲁一生第九次入狱，是最后一次被监禁，也是时间最长的一次，超过1000天。他远离了喧嚣的政治，潜心于研究印度历史文化，在狱中写成了700多页的鸿篇巨著《印度的发现》。西塔拉马亚在他的回忆录中说，工作委员会的委员们在这几年中甚至不想讨论政治问题，而是专心致志于宗教、哲学和修养。甘地也在狱中第一次研读了马克思的《资本论》。

殖民当局欲先发制人，期望通过这一快速而猛烈的行动，将运动扼杀在未爆发之际和摇篮之中。然而，与其愿望相反，大逮捕行动反而成为实际引发"退出印度"运动的导火索。印度民众自发地起来抗议当局的镇压行径，如贾·尼赫鲁所说：自从1857年大起义以来，这是第一次，极多数的民众再度奋力（但是一个没有武器的力量）来向英国统治印度的组织挑战了。这场运动被称为"八月革命"。

---

① Nicholas Mansergh（ed.），*The Transfer of Power，1942–1947*，Vol.2，London: HMSO，1972，p.214.

② M.K.Gandhi，*The Selected Works of Mahatma Gandhi*，Volume IV，*Selected Letters*，Shri-man Narayan（ed.），Ahmedabad: Navajivan Publishing House，2011，p.221.

（二）初期阶段

1942 年 8 月 9 日—8 月中旬，是运动第一阶段，即初期阶段。

这一阶段，运动的形式限于总罢业、游行、示威、聚会；运动的地区限于城市和工厂；运动基本上是自发的，受到转入地下的国大党下层领导人的指导。

这一阶段，印度各大城市几乎都爆发了抵抗英货、商店和市场罢市、学生罢课、工人罢工、示威游行等，抗议政府逮捕民族领导人。

8 月 9 日大逮捕消息一传出，孟买成千上万名工人、学生、市民涌向全印国大党委员会开会地点，聚会抗议当局的逮捕行动，更多人涌向街头。警察开枪，5 人被打死，20 多人受伤。阿迈达巴德、浦那、德里、阿拉哈巴德、巴特那、康普尔等城市都爆发了群众示威，罢业、罢课、罢工在全国各地展开。①

少数未被捕的国大党高级工作人员召开了紧急会议，拟定了 12 点应急措施，决定在全国立即开展全面的不服从运动，争取在两个月内结束英国统治。国大党基层组织和广大党员开始按各自为战的精神行动起来，应急措施强调开展非暴力斗争。

这一阶段的突出特征是产业工人的罢工，有些罢工持续到第二阶段。塔塔钢铁厂募自印度各地、各个种姓和各个教派的约 2 万名工人一起参加了罢工，为期两个星期，他们提出不释放国大党领导人并成立国民政府决不复工。

在阿迈达巴德纺织业中心，未经工会的特别号召，许多工厂发动突然间的全体停工，这种总罢工持续了三个多月。巴格达、茵多尔、那格浦尔和德里的纺织厂也进行了长期罢工，导致罢工头个月生产总损失 2500 万码。

此外，6000 名飞机厂和班加罗尔报社的工人与丝绸厂等厂的工人一起，不仅罢工，而且参加游行示威。帝国烟草公司及其在加尔各答、孟买和沙哈

---

① 培伦主编：《印度通史》，黑龙江人民出版社 1990 年版，第 600 页。

兰浦的工厂，康普尔的皮革厂，德里的面粉厂等也发生了罢工。

尼赫鲁指出：这是工人们纯政治性的和自发的反应，并且他们受到了很大的损失，因为当时正是工资较高的期间。在这段长时期内，他们未曾接受过任何外来的经济支援。这一阶段的示威游行比后来温和得多。

（三）中期阶段

1942 年 8 月中旬—9 月末，是运动的第二阶段，即中期阶段。

这一阶段，运动的领导权转入激进的青年、学生手中；罢工工人和青年学生将革命的火种带到了农村；随着运动在农村的传播，暴力事件也随之发生。

群众反英斗争是在全国范围内展开的，斗争最激烈的地区是比哈尔省、联合省、孟买省、孟加拉省等。此外，马德拉斯、中央省、阿萨姆、奥里萨和西北边省也都或多或少地出现了反英暴力行动。比哈尔省的群众以木棒、刀剑和长矛等为武器，最早在城乡同时开始进行暴力斗争。

在联合省，阿拉哈巴德市大学生因游行遭到警察棒击，愤而举行暴动。当局立即下令封闭大城市的高等院校。有些城市的大学生随即组成小分队去较小县城和农村开展斗争。贝拿勒斯印度教大学的学生将"退出印度"的信息带到了农村，他们高举"焚烧警察局""焚烧火车站""英国人溜之大吉"的标语，劫持火车，插上国旗。据官方材料记载，一列插有国大党党旗的列车，载有许多大学生，从贝拿勒斯来到巴里亚县，不久这里就"失去控制"。大学生们在这里和某些已在准备武装斗争的组织结合，组成了许多小分队，举行暴动。像巴里亚这样组织武装小分队的做法，在联合省许多县得到广泛效法。当局把该县国大党负责人潘迪等释放出来，企图用国大党的非暴力来扼制暴力。但潘迪等由狱中出来后，并未指责群众的暴力斗争，而是径直走上街头示威，大批群众浩浩荡荡尾随其后。[1]

---

[1]　Amba Prassad, *The Indian Revolt of 1942*, Delhi: S.Chand & Co., 1958, p.73.

在孟买省，孟买、浦那等大城市的大学生和下层群众首先发动暴力斗争。暴动群众用石头、棍棒、玻璃瓶为武器，与警察展开了几天的街垒战。一个秘密电台在孟买出现，播音员是一位攻读硕士学位的女学生叫乌霞·梅塔，她号召与英国斗争的声音传遍孟买及周边各地，后来电台被破获，乌霞·梅塔被捕牺牲。

这一阶段，运动的矛头首先指向交通通讯设施——车站、邮局以及警察署。列车、铁路、共汽、电车、信箱、电话线等都是愤怒的民众的攻击目标。不论在农村还是城镇、大城市还是小城市，民众到处行动起来，以各种方式如煤油、汽油、炸药、纸张和布匹等进行攻击和焚烧。

铁路交通破坏最严重的是联合省东部、比哈尔和马德拉斯，在这些地方，好几天没有通火车，致使交通瘫痪。在马德拉斯的安德拉，起义者将永久性铁路拆了好长一段。孟加拉几乎完全与北印度隔断，马德拉斯与加尔各答隔断。据政府估计，造成的损失如下：烧毁车站318个，严重破坏邮局252个，彻底摧毁邮局60个，被劫邮局945个，铁路出轨59次，破坏车站设施损失65万卢比，破坏卡车损失90万卢比，机车被毁损失180万卢比，破坏电话线11285起。

另一攻击目标是监狱。不论从内部还是从外部破狱的事例都有发生。这主要集中在比哈尔和孟加拉。1000到1万名村民袭击了哈兹浦尔、塞塔马里、艾拉和贡达的监狱，成功地破入大门，释放了所有囚犯（包括政治犯和刑事犯）。在达卡监狱，发生了严重的囚犯叛乱，导致29人死亡，136人受伤。

也发生了针对欧洲人的种族憎恨的示威。在孟买的一些边远地区，男女鼓动者登上火车，要求欧洲旅客坐三等车，戴甘地帽，要求欧洲女士穿土布制的女服。但是，没有发生针对欧洲人的蓄意暴力。据知，在骚乱中虽然有许多人特别是官员受伤，但没有欧印人被杀。

运动的最高峰是占领法院和政府部门，并建立自己的独立政府——共和国。占领法院和政府部门的活动遍及大部分省份，而取得比较显著成绩的是比哈尔、联合省东部和孟买一些地区。在边远地区，村民们组织从村庄到区总署的列队进军，他们从四面八方聚集到法院或政府部门，迫使官员戴民族帽，将国旗插在大楼上，然后胜利返回。在有些地区还焚烧了政府案卷，袭击了政府金库。这是这次运动的最高峰，也是运动的最终目的。交通的瘫痪使这些地区的独立共和国存在了好多天或好多星期，有些长达 4 个月。当局费了好大劲才完成了所谓的"再征服"。

在这一阶段，各地民众的目标基本上是不危及生命。在人民方面，就整个说来，是在有意地设法使他们的敌人免受肉体的伤害。对交通设备和政府财产有着大量的破坏；但是就是在这种破坏当中，他们也留心避免伤害人命。然而，在被警察行动（鞭笞、催泪弹、枪击）激怒的情况下，民众也采取无情的行动予以回报。据估计，政府人员的伤亡数字是：文职人员100人，军人和警察 648 人。

（四）晚期阶段

1942 年 9 月末—1944 年 5 月，是运动的第三阶段，即晚期阶段。

这一阶段，开始对人身以及政府财产和交通设施进行武装攻击。

武装攻击最显著的地区是孟加拉和马德拉斯。9 月 21 日，用刀和其它武器武装起来的民众袭击了马德拉斯管区的一个盐厂，杀死了巡视员，放火烧了栅子。两天后，孟加拉的一群民众携带炸弹和长矛袭击了警察。

从 1942 年 9 月 23 日到 1943 年 2 月间，不时有投弹或爆炸事件发生。这一活动在孟买、中央省和联合省特别突出。第一次炸弹爆炸于 1942 年 9 月 23 日发生在孟买，最后一次于 1943 年 2 月 10 日发生在康浦尔。政府白皮书承认，"炸弹最初很粗糙，没有效力，但是，技术改进很快，到运动第 12 周的时候，炸弹和其它爆炸机械（有些属于高度危险型）大规模投入使用，特别是在孟买省"。[1]

在孟买，大学生们到农村发动斗争，在许多地区建立了以农民为主，

---

[1] P.N.Chopra, *Quit India Movement: British Secret Report*, Faridabad: Thomson Press, 1976, p.51.

大学生参与其中的一支支农民武装力量。这些农民武装有时单独活动，如1943年1月一支约百人的小分队以突袭手段解除了一支正在托尔吉征税的警察的武装，夺走全部枪支和2305卢比税款。他们有时候也协同行动，一次多达数千人参加。技术性较强的破坏工作如炸毁桥梁，通常由专门的技术小组负责。由于采取这种较有组织的和灵活的形式，这些地区武装斗争持续时间较长。

针对英国殖民者的人身攻击时有发生。在比哈尔省，两名皇家空军军官被群众杀死在火车站，尸体在城中游街示众。两架皇家空军飞机失事，机上人员被村民统统杀死。

1943年1月，警察占领了位于孟买60英里远的革命者的山中总部，运动实际上已经结束，但它形式上一直保持到1944年5月甘地出狱。在此期间，运动表现为民众以和平游行来庆祝独立日、提拉克周年纪念、民族周等。

甘地在狱中得知外边的暴力斗争情况，他并不赞成但也不谴责。他认为暴力局面是当局疯狂镇压国大党和人民的和平示威所致，是政府驱使人民走向狂怒。为了抗议当局的做法，并作为一种自洁，甘地宣布从1943年2月10日起，在浦那狱中绝食21天。甘地给总督写信说："您让我在之前为自己设下的考验前面无路可退。怀着可能是最清白的良心，在即将到来的9日，我将开始进行绝食。尽管您把它称为'一种政治勒索'，就我个人而言，这是为了正义而对最高判官神的呼吁，因为我无法从您那里得到正义。如果我熬不过这场考验，我要带着认为自己清白的十足信念到神的审判台前去。后人会在您和我之间做出判断——您身为一个叱咤风云的政府代表，而我是一个卑微的、想通过绝食来服务国家和人类的平民。"[1]

甘地绝食引起印度全国人民的深切忧虑，到处发生游行集会，要求释放甘地的呼声响遍全国。2月19日—20日，在德里召开了各界名流会议，一

---

[1]　M. K. Gandhi, *The Selected Works of Mahatma Gandhi*, Volume IV, *Selected Letters*, Shriman Narayan (ed.), Ahmedabad: Navajivan Publishing House, 2011, p.238.

致要求释放甘地。总督参事会的印度成员有 3 人辞职，抗议英国内阁拒不考虑群众的呼声。要求释放甘地的呼声也来自世界各国。沈钧儒、黄炎培等 18 位中国社会名流，给总督发电报，要求立即释放甘地。中国共产党报纸《新华日报》也发表专文，告诫英国当局说，甘地先生是印度国民大会的领袖，他拥有极广大的印度民众。无视甘地先生的生命，就是无视印度的广大群众。

但是，伦敦当局和德里当局置一切呼吁和抗议于不顾，将甘地绝食说成是进一步妨害他们的举动，是"政治敲诈"。总督林利思戈在给甘地的信中写道："请允许我在结论部分说明一点，考虑到您的健康状况与年纪，当您告诉我您现在所坚持的决定时，我是多么痛惜。我希望并祈祷您信中所说只是因为还没想到更为理智的建议。但是，是否决定采取绝食，以及绝食可能带来的危险，很明显都是您自己必须去承受的，您必须独自承担绝食的责任及其后果。我虔诚地希望，鉴于我所说的，您会对您的决定慎重考量，如果您能重新考虑，我也欣然赞赏，不仅仅是因为我内心并不愿意看到您过分地拿生命冒险，还因为，我觉得把绝食用于政治目的实际上是一种政治勒索（暴力），是缺乏道德上的正当理由的，从您自己之前的信中看出您也是这样认为的。"[1]

他们不但没有劝阻甘地放弃绝食，反而盼望甘地自然消失，为甘地一旦绝食死后的后事做了"慷慨"而充分的安排：派专机运送甘地的骨灰，举行公众葬礼，放假半天。丘吉尔对内阁曾说：我们正在世界上到处获得胜利，现在绝不是向一个始终是我们的敌人的可悲的老头低头的时候。总督林利思戈更露骨地谈论甘地死后可能会出现的情景：六个月的不愉快，而后声势逐渐减弱，最终只留下微小痕迹或完全消失。然而，甘地以惊人的毅力以 74 岁高龄安然度过了 21 天绝食。

甘地绝食后，国大党临时领导人之间的意见分歧进一步扩大。一些不赞

---

[1]　M.K.Gandhi, *The Selected Works of Mahatma Gandhi*, Volume IV, *Selected Letters*, Shriman Narayan (ed.), Ahmedabad: Navajivan Publishing House, 2011, p.235.

成暴力斗争的人认为自己参与现行的运动违背甘地教导，问心有愧，决定放弃现行斗争，转而致力于建设性工作。全印国大党委员会秘书萨迪克·柯里离开了孟买的中心，去联合省从事建设性工作，一到那里即遭逮捕。另一些持同样观点的人在贝拿勒斯开会，决定"从地下"进行建设性工作，结果也被关进牢房。

一方面由于殖民当局的严酷镇压，另一方面由于没有一个集中统一的领导，这场分散的多少带有自发性的斗争没有能持续下去，1943年之后便逐渐消沉了。

1944年初，战争形势开始引起英国政府的极度不安。2月22日，甘地夫人嘉斯杜白病逝狱中。甘地的健康也恶化了，5月6日，甘地因健康原因从监禁中获释。出狱后，甘地声明：1942年8月8日决议中的群众文明不服从部分已自动作废。历时近两年的"退出印度"运动画上了句号。

第三节　甘地与"退出印度"运动：性质

关于"退出印度"运动的性质，颇有争议。涉及两个方面：一，这场运动是自发的还是有计划的？二，这场运动是暴力的还是非暴力的？对这个问题必须做具体分析，不能笼统地一概而论。

（一）自发还是预先计划

从"退出印度"运动爆发的方式上看，它确实带有某种自发的性质。

"退出印度"运动是由甘地和国大党著名领袖们所构想的一场群众性的反英斗争，而且全印国大党委员会以决议的形式明确规定运动必须由甘地领导。然而，政府8月9日的大逮捕使甘地和所有国大党著名领袖全部被捕入狱，这样，运动的爆发至少在形式上是自发的。而且，政府的逮捕行动是如此之突然和猛烈，以致"没有一个人似乎知道应当怎么办"，于是，民众自发地行动起来，举行"骤然而无组织的示威和暴动"，以抗议政府对国大党领导人的逮捕。因此之故，许多人将"退出印度"运动视为自发的运动。①

然而，绝不能因为运动形式上的自发性而全盘否定运动在爆发前和实施当中的某种计划性。

就宏观指导的角度而言，"退出印度"运动无疑是一次有计划的运动。我们知道，克里浦斯使团失败后，甘地即初步形成了"退出印度"的思想，即迫使"英国有秩序地和及时地撤出印度"。为此，甘地一方面以《哈里真》为基地，宣传他的观点，要求所有的人参加运动，并准备为争取独立牺牲一切。一方面就有关运动问题与国大党领导人进行正式和非正式的讨论，在国大党领导中统一思想。尼赫鲁最初反对甘地在英国等同盟国与轴心国交战期间发动"退出印度"运动，1942 年 5 月—6 月间，甘地与贾·尼赫鲁多次激烈争论，最终迫使贾·尼赫鲁同意发动"退出印度"运动。甘地在给总督的信中写道："还有一件事。印度政府和我们所宣称的事业是一致的。具体地说，这个事业就是保护中国和俄国的自由。印度政府认为，为了赢得这个事业，没有必要强调印度的自由。我认为正好相反。我已经把贾·尼赫鲁当作我的标杆。他的个人接触使得他比我甚至比你们更能体会到中国和俄国沦陷的悲惨。在这种悲惨中，他试图忘记自己与帝国主义的争执。他比我更加担忧法西斯主义和纳粹主义的胜利。我跟他一起讨论了好几天。他以一种我无法形容的激情反对我的立场。但是事实的逻辑让他无言以对。当他清楚如果印度不获得自由，中国和俄国的自由将会面临着巨大的威胁时，他心服口服了。"② 这样，甘地和国大党提出了"退出印度"决议，规定运动的总方向是"最大规模的非暴力的群众斗争"。

在 8 月 7 日—8 日的孟买全印国大党委员会会议上，甘地和国大党不仅规定了运动的基本方略和总方向，而且提出了初步的行动计划。甘地拟定了

① V. T. Patil, *Gandhi, Nehru and the Quit India Movement: A Study in the Dynamics of A Mass Movement*, Delhi: B R Publishing Corporation, 1984, p.142.

② M. K. Gandhi, *The Selected Works of Mahatma Gandhi*, Volume IV, *Selected Letters*, Shri-man Narayan (ed.), Ahmedabad: Navajivan Publishing House, 2011, p.219.

一份设想，提出每个印度人都是自由战士，必要时都可以自主行动，自行决定应该采取什么斗争方式。这表明甘地希望速战速决，把潜力发挥到最大程度。这份设想中的另一个突出特点是高度重视发动农民，要组织农民抗税，要明确告诉佃农，国大党主张土地属于耕种者，并号召佃农对不参加运动、站在政府一边的地主实行抗租。这些措施在以往的运动中是农民积极要求而甘地竭力压制的，这次则不设任何障碍，希望开展得越广泛越好。这些都表明了甘地背水一战的决心和他对运动的新构想。

虽然运动因为甘地和国大党领导人的被捕而突发，中央领导机构也不存在，但"退出印度"的思想和总方向早已深入人心，转入地下的国大党人和其他人士建立了地下领导机构。在运动的进程中，虽然最初几天确实是自发抗议，但青年学生和转入地下的国大党人及国大社会党人很快掌握了运动的领导权，并且在孟买设立总部"全印国大党委员会办事处"，以"全印国大党委员会"的名义向全国秘密发布传单和小册子，从宏观上指导运动的进展。这个机构最初只起与各省联络的作用，后来逐渐形成一个多少起指导作用的全印地下中心。其主要成员包括阿·帕特瓦尔丹、阿茹娜·阿萨夫·阿里、拉·洛西亚、苏·克里帕拉尼、纳拉扬等。不过，对全国正在开展的斗争究竟如何引导，这些领导人中分为三种意见。第一种意见主张全力支持群众暴力斗争，并把它引上健康道路，把群众自发的武装斗争转变为全国有组织的游击战。第二种意见主张大力鼓励群众开展多种形式的不服从运动，通过引导逐步将群众暴力斗争转到非暴力方式上。第三种意见主张放弃暴力斗争，把精力全部用到开展建设性工作上，使运动重新成为甘地式的非暴力斗争。

该中心印发的小册子，反映了上述三种主张，对运动起了某种指导作用。运动早期发行的小册子《全印国大党委员会12点纲领》（也是8月11日最早被政府查封的小册子），规定了和平总罢业、造盐、抗税等，而没有提到破坏、暴力或任何违反甘地非暴力学说的活动。运动中期发行的小册子，除了主张第一阶段的活动外，还赞成破坏交通通讯，要求人们"通过非暴力行动占领警察局和分局，接着是区局"。但这一阶段所有的小册子都强烈警告反对人身暴力："我们的行动决不应危及人的性命，不管是印度人还是英国人。应该经常发出警告。"特别要求学生记住非暴力是斗争的基础，并劝告学生"即使在被激怒的情况下，也要坚持非暴力"。[①] 运动晚期发行的小册子号召农村居民组成游击队，躲进森林袭击占领他们村庄的军队，有些还号召所有的人进行武装斗争。

当然，这种计划性质只限于宏观指导和总的方向。甘地曾指示，每个人有在非暴力范围内充分行事的自由，用罢工和其它可能的非暴力手段使政府机构完全瘫痪，但并未规定具体而详细的计划和步骤，而是指出，具体细节可以由你们填补。甘地之所以不明确规定运动的具体计划，似乎出于策略上的考虑：一是为了防止政府事先知道运动的准备情况，对运动采取讨伐行动，先发制人；二是让各地根据自身的条件同时又在国大党群众文明不服从纲领的总体框架内计划其行动，充分发挥基层的作用。不幸的是，甘地的这一策略并未奏效，政府还是先发制人，逮捕了甘地和国大党领袖；而掌握运动领导权的激进分子，在没有具体计划的情况下以他们自己的方式解释甘地的思想并制定具体指示。

事实表明，甘地本人的策略有失误，但不能因此而否定运动的计划性。那种认为"退出印度"运动是"一次没有计划的起义"，是"人民表达他们反对逮捕甘地、尼赫鲁等领袖的自发反应"，是"人民对英国继续统治印度的自发而失控的抗议"的观点，与"退出印度"运动的事实相去甚远，不免失之偏颇，有以点代面之嫌。

（二）暴力还是非暴力

关于运动是暴力的还是非暴力的问题，同样必须做具体分析，不能一概而论。

从动机上看，"退出印度"运动无疑是非暴力性质的。

甘地和国大党为运动所构想的总方针是，无论在什么情况下，运动都应

---

① Amba Prassad, *The Indian Revolt of 1942*, Delhi: S.Chand & Co., 1958, p.90.

该是非暴力的。甘地就这个问题所写的最早的文章曾谈到，"非暴力不合作"是代替任何形式的暴力抵抗的最有效的方法。在6月14日的《哈里真》上，甘地撰文说，他就运动的"非暴力性质"问题向一位记者发表了谈话。7月26日的《哈里真》发表了甘地关于"严格的非暴力性质"的群众运动的思想。甘地8月7日在制定"退出印度"决议的孟买全印国大党委员会上的讲话，表达了他的指示的实质。他要求人们即使在被激怒的情况下也不要诉诸暴力，他宣布当这种事情发生的时候，人们会发现他不会活着，不管他在哪里。如果人们不明白这一点，最好不要接受"退出印度"决议。可见，甘地对"退出印度"运动的非暴力性质是坚定不移的。

此外，其他国大党领导人的讲话以及瓦尔达决议和孟买决议在提到"退出印度"运动时，总是用"非暴力"来限定。孟买决议三次重复非暴力，使用了"非暴力路线上的运动""非暴力力量""和平斗争"这些词语，要求人们"勇敢而坚韧地面对即将来临的危险和困难"，劝告他们贯彻甘地的指示，作"有纪律的印度自由的战士"。决议中对运动很关键的句子是，"必须记住，非暴力是运动的基础"。[①] 贾·尼赫鲁、阿扎德和帕特尔在他们的讲话中，也都说明运动将是非暴力性质的。

1943年2月，印度政府发表了白皮书（《国大党对1942—1943年动乱的责任》），将责任一股脑儿推到甘地和国大党身上。白皮书力图证明，甘地虽然表面上谈论非暴力，但实际动机是希望暴力。白皮书将甘地文章中的一段话摘出来，给一个词打上斜体（原稿中不是斜体），得出了另一层意思（如果参照一下上下文，实际上被曲解了）。此外，白皮书将某些描述运动的短语和句子，如"不行动毋宁死""公开起义"等曲解为甘地存心采用暴力。其实不然，"不行动毋宁死"并非号召暴力，而是针对消沉无为、束手待毙而言的，是为了号召民众行动起来投入非暴力运动之中。为了激发群众争取独立的牺牲精神，甘地劝告人们要丢弃"妻子、朋友"和"世界上的一切东西"，"要么使印度获得自由，要么在这个努力中死亡"。而"公开起义"则

---

① Amba Prassad, *The Indian Revolt of 1942*, Delhi: S.Chand & Co., 1958, p.54.

是针对秘密活动而言的，并不是指暴力反抗，在甘地看来，非暴力抵抗只能意味着公开活动。白皮书断章取义、有意歪曲，只不过是出于英国当局不可告人的宣传目的，是为其残酷镇压运动寻找借口。

甘地给总督写信，对政府的做法做了反驳。"我一直认为我们是朋友，而且愿意继续这么认为。然而 8 月 9 日所发生的一切最终让我怀疑您是否依旧把我当作朋友。我跟在您这个职位上的任何一个人都没有如此密切的联系。您逮捕我，之后又发表的公报，您对拉贾吉的答复及后来给出的原因，埃默里先生对我的攻击，还有其他许多我可以列举的事实表明，您在一定程度上肯定怀疑我的善意。公报中也顺便提及了国大党成员。我就像是国大党所行所有罪恶的根源。如果您依旧把我当成朋友，为什么您在采取激烈的行动之前没有告诉我您的怀疑，核实您所知道的事实？我有自知之明，像别人看我一样审视自己。但是在这件事上我错了，感到很失望。我发现政府季报上所有关于我在这件事中的论断，都包含着对事实明显的偏离。"①

甘地在给总督的信中也驳斥了政府污蔑国大党蓄谋暴力，表明国大党运动是非暴力的是公开的。"政府决议称：'总督也在过去一段时间曾察觉到国大党的一些非法甚至是暴力活动的危险蓄谋，其中包括指导中断通信和公共服务，组织罢工，损害政府职员的忠诚，干扰包含征兵在内的国防措施。'这是对事实的严重扭曲。在任何阶段，都没有考虑过暴力。非暴力行动中可能包括什么内容的规定，被以一种凶险而狡猾的方式解读出来，好像国大党正准备暴力行动。所有事项都是在国大党圈子里开诚布公地讨论的，因为没有什么是秘密操作的。另外，为什么我让您停止做对英国人有害的事情反而是在损坏您的忠诚？印度政府在得知所谓的'行动准备'时，应该通知参与行动准备的各方，而不是背着主要的国大党员发表引起误解的决议。这本该才算正确的做法。政府在决议中无凭无据的断言，将自己置于处事不公的指

---

① M.K.Gandhi, *The Selected Works of Mahatma Gandhi*, Volume IV, *Selected Letters*, Shriman Narayan（ed.）, Ahmedabad: Navajivan Publishing House, 2011, p.220.

控的风口浪尖。整个国大党运动的目的在于唤起人们对牺牲大小的注意，为了展示国大党有多少民众支持。在这种情形下，镇压一个广受欢迎的政府赞成的非暴力运动是明智的吗？"①

"人们期待我去谴责一些享有国大党成员声誉的人所施行的所谓暴力，不过除了那些严格审查的报道，我没有进行谴责的确凿证据。我必须声明，我完全不相信那些报纸。我可以写更多，但是我不能再继续诉说我的苦衷，我肯定以上所讲的已经足以让您自己去了解更多细节。您知道，我在1914年年底从南非回到印度，带着1906年赋予我的使命，即向处于暴力和虚妄的各行各业人群宣传真理和非暴力。非暴力抵抗的法则战无不胜。"②

不幸的是，有些印度学者也持同样的观点，他们认为："甘地在1942年发出了直接行动的号召，实际上是要求群众暴力"，"非常清楚，虽然甘地谈论的是一场非暴力不合作的反抗政府的运动，但是，事实是，总的趋势会导致暴力行动"。这种观点显然是站不住脚的，其根本错误就在于企图用所谓的"发出了直接行动的号召"和"总的趋势"等为理由否认甘地非暴力动机的纯真性。我们知道，任何大规模的群众运动都必须借助于有力的号召来进行宣传和鼓动，任何大规模的群众运动都会存在暴力的趋势，都会不可避免地伴之以某种形式的暴力，这一点已为印度前几次群众性非暴力不合作运动所证实。持上述观点的印度学者自己也承认，"印度的英国人会毫不犹豫地给国大党运动渗入内奸，他们会制造暴力事件来败坏群众运动的名声"。③因此，怎么能够用运动的趋势和号召来否定运动的动机呢？此外，众所周知，甘地将非暴力视为放之四海而皆准的、不可更改的绝对信条，它适用于一切场合，在"退出印度"运动中当然也不例外。否认"退出印度"运动的非暴力动机，也就是否认和无视甘地对非暴力的信念。

---

① M.K.Gandhi, *The Selected Works of Mahatma Gandhi*, Volume IV, *Selected Letters*, Shriman Narayan（ed.）, Ahmedabad: Navajivan Publishing House, 2011, p.216.

② M.K.Gandhi, *The Selected Works of Mahatma Gandhi*, Volume IV, *Selected Letters*, Shriman Narayan（ed.）, Ahmedabad: Navajivan Publishing House, 2011, pp.220–221.

③ V.T.Patil, *Gandhi, Nehru and the Quit India Movement: A Study in the Dynamics of A Mass Movement*, Delhi: B R Publishing Corporation, 1984, p.143.

另一方面，从结果上来看，"退出印度"运动并不是甘地和国大党所设想的"严格的非暴力性质"的运动。

运动初期基本上遵循甘地的非暴力路线，但是很快便过渡到非武装的暴力阶段，最后演化成武装的暴力。群众采用各种方式进行抗议和斗争：罢工，游行，切断电话线，拆除铁轨，袭击和焚烧警察局、邮局、火车站、政府大楼，投掷炸弹等。据官方公布，到 1943 年底为止，铁路站被毁 332 个，路轨损坏 441 处，车辆损坏 268 次，邮局被袭击 945 次，警察署被袭击 208 次，其他政府机关被袭击 749 次，道路遭破坏 474 处，电线遭破坏 12286 处，炸弹爆炸 664 次，警察被打死 63 人，打伤 2012 人，政府官员被打死 10 人，被打伤 364 人。政府用各种方式进行疯狂镇压：鞭笞、警棍、催泪弹、逮捕、枪击，甚至出动飞机。据政府声明，从 1942 年 8 月 9 日到 11 月 30 日，警察和军队开枪 538 次，空中扫射 6 次，1028 人丧生，3215 人重伤，958 人被判鞭笞（不包括联合省），60229 人被捕。官方公布的到 1943 年底为止的统计数字如下：警察和军队开火 669 次，打死群众 1060 人，逮捕 91836 人，集体罚款 173 次，罚款数 9007382 卢比，鞭笞人数 2562 人。政府声明和官方公布的死亡人数显然是保守的，数百次枪击和扫射不可能只造成 1000 多人丧生，而且，这个数字尚不包括被亲属或参加运动的人运走的尸体。非官方的估计是：10000—40000 人被杀，60000 多人受伤，150000 人被捕。

显然，"退出印度"运动的暴烈程度是印度非暴力史上所罕见的，它是一次印度意义上的名副其实的暴力运动。这里所说的"印度意义上的"，是为了强调印度暴力斗争的独特性，因为印度从 1857 年—1859 年民族大起义失败后，就被剥夺了拥有武器的权利，而且从 20 世纪初起甘地的非暴力学说就在印度民众的心中扎下了根，因此，不能以世界其他国家或地区的暴力斗争为标准来衡量印度的暴力斗争。贾·尼赫鲁指出，正是那个非暴力方式的教义产生了疑虑和踌躇而成为暴力行动的障碍。如果国大党忘掉了它的信条，很早就甚至只对暴力行动暗示一下的话，毫无疑问，那正在进行的暴动将会增强百倍！因此，在印度这个被剥夺了武装权力并深受非暴力思想影响的国度，"退出印度"运动无疑是一次名副其实的暴力性质的运动，正因如此，许多著作都将"退出印度"运动视为一次革命或起义。

"退出印度"运动之所以脱离甘地和国大党所设想的非暴力轨道而转化为暴力斗争，首先要归因于英印政府对甘地和国大党著名领导人的大肆逮捕。8月9日的大逮捕为暴力斗争创造了条件：第一，甘地和著名国大党领导人的被捕，成为运动爆发的导火线，印度许多地区爆发了种种自发的抗议和示威运动；第二，甘地和著名国大党领导人的被捕，使运动失去了舵手和制衡器，结果，运动的领导权转入下层国大党领导人和青年学生手中，他们主张剧烈行动，赞赏暴力斗争。正如布雷切尔所说，如果暴力随之而来，它是由印度政府8月9日的镇压行动招致的。

其次，军警的残暴行径是运动向暴力转化的重要因素，而且是直接因素。军警8月11日在孟买对示威群众的所作所为很能够说明问题。到下午2点，军警开枪多达13次，死伤无数，包括妇女、儿童和老人。在死者中，发现了一位妇女和一个12岁男孩，伤者中有一位8岁男孩、一位11岁男孩、两位18岁男孩和一位60岁老汉。除了开枪杀人外，军队还对家住动乱地区附近的人不分青红皂白地滥施逮捕。这种残暴行径驱使人们铤而走险，正如尼赫鲁所说："所有表达公众情绪的正常途径都被闭塞住了。于是所有这些被压制的感情爆发了。"[1]

此外，政府为了给镇压运动制造根据，有意编造事实并封锁甘地对运动的指示。英国统治者在大逮捕后竭力编造事实，夸大宣传，说甘地已经决定在全国采取破坏行动，包括攻击政府机关、毁坏交通设施等，英国印度事务大臣阿麦里还在电台作了多次广播。1942年9月23日，甘地在狱中听到运动的暴力倾向后，便给总督写信，声明不赞成民众的暴力行动。而总督却扣压了这封信，为此甘地进行了长达21天的绝食，以示抗议。政府这样做的目的是要诋毁国大党和甘地，结果却启发了正在各自为战的国大党基层组织

---

① Jawaharlal Nehru, *The Discovery of India*, New Delhi: Penguin Books, 2004, p.643.

和群众，《哈里真》编辑马西鲁瓦拉在该刊撰文号召，割电线、撬铁轨、毁桥梁等群众暴力行为是合法自卫行为，非暴力革命者必须像对待轴心国那样对待英国政权，采取同样的措施反对它。马西鲁瓦拉后来说，他正是受了阿麦里广播讲话的启发，希望把阿麦里的臆说变成现实。

可见，"退出印度"运动之所以爆发并脱离非暴力轨道而转化为暴力斗争，责任完全在于英印政府，那种认为"政府和国大党对大规模的暴力同样负有责任"的观点是不敢让人苟同的，是为政府的残暴行径减轻罪责。

从甘地对总督信件的反驳中，我们可以看出"退出印度"运动由非暴力转变为暴力的原因。总督给甘地写信说："在国大党和您自己对去年秋天可悲的骚乱的责任问题上，我的观点恐怕依旧没有改变。我在上一封信中说过，凭借我对事实的了解，我别无选择，只能把您视为去年8月决定时期最具权威的发言人，把国大党运动和您视为后来导致暴力和犯罪运动的责任人。在回信中您重申您的请求，我应当向您证明我的观点是对的。如果不是您的信中并没有表明您以开放的心态寻求信息，我早就会对这个请求做出回应，这本来是我所期待的。但是，在您的每封信中，您都表现出了您对近来事件的新闻报道所持有的完全不信任态度，尽管在您的上一封信中，在同样信息的基础上，您毫不犹豫地把所有的责任归于印度政府。在同一封信中，您宣称我不能指望您去接受我所相信的官方报道的准确性。因此，我不清楚您到底期望甚至想要我如何给您证明？然而，实际上印度政府从没有隐瞒他们为何要让国大党及其领导人为近期所发生的暴力行径、破坏活动及恐怖主义负责，这些悲惨事件都是8月8日国大党决议为了支持国大党的要求宣布进行'群众斗争'以来所发生的，决议任命您为这场斗争的领导人，并授权所有国大党员在运动的领导层受到干涉时自由行动。用这种词语通过决议的机构，几乎很难有资格推卸由此引发的任何事件的责任。"

"有证据证明，您跟您的朋友期望这项政策能招致暴力，然后准备好去宽恕它，随之发生的暴力事件都是商议好的计划的一部分，此计划早在国大党领导人被捕之前就已经开始蓄谋了。霍姆议员已经在去年 9 月 15 日的中央立法议会的发言中公开阐述了这个事件应归咎于国大党的总体性质，如果您需要进一步的信息，我会告诉您。我已经随信附了一份完整的副本，以防您所看到的媒体版本不充分。我要补充的是，所有已曝光的大量证据证实了当时得出的结论。我有足够的情报证明那些蓄意的破坏行动是有秘密指示的，那些指示以国大党全印委员会的名义传达；著名的国大党员蓄意组织，并肆无忌惮地参与了暴力和谋杀行动；现在甚至还有一个地下国大党组织的存在，有个国大党工作委员会成员的妻子在其中担任重要职务，该地下组织积极致力于谋划爆炸和其他备受全国唾弃的恐怖行动。如果说我们不对这些情报采取行动，或者不让它公之于众，只是因为时机尚未成熟；但是您尽管放心，对国大党的控告迟早会到来，那时您和您的同事能在世人面前尽你们所能地澄清自己。如果届时您自己想通过您似乎现在就在思考的任何行动，试图找到一条容易的解决途径，那么对您的审判自然将会对您不利。"

"当我读到，您认为文明不服从法则暗含在 1931 年 3 月 5 日的德里协议里时，也就是您所谓的《甘地—欧文协议》，我感到非常吃惊。我已经重读了一次协议，它的原话是将会'有效地停止'文明不服从，而且政府将采取'相应的行动'。这个文件所内含的意思是，应该注意到文明不服从的存在。但是，我从中却找不到任何暗示表明文明不服从的存在是在合法的环境下被认可的。我的政府也不这么认为，我讲得再怎么直白都不过分。接受您提出的观点，无异于承认肩负着维持和平及良好秩序重任的国家合法政府，会任由那些被您本人称之为公开起义的颠覆性的、革命性的运动不受挑战的发生；也无异于承认政府要放纵蓄谋暴力、中断通讯、攻击无辜百姓、谋杀警官等其他事情。我的政府和我确实遭到指责，说我们本来应该早点采取果断行动来对付您和国大党的领导人。但是，我和我的政府一直渴望给您和国大党每一个可能的机会，让你们收回决意要坚持的立场。即使没有您'决一死战'的告诫，您于去年 6 月和 7 月的声明，7 月 14 日工作委员会的决议原件，以及在当天表示已没有协商余地，表示那终究是一场公开起义的断言，这些所作所为也都非常危险，也事关重大。"①

甘地对总督的言论做了反驳。"我不知道您是否看了我 1942 年 9 月 23 日写给印度政府秘书的信。我坚持我在那封信和 1942 年 8 月 14 日写给您的信中所说的话。当然，我最后谴责了 8 月 9 日以来所发生的事情。但是难道我没有在印度政府面前把所有原因都归于他们吗？再者，对于我不能影响、无法控制的事件，或者只有单面解释的事件，我是不会给出任何看法的。您接受了那可能是您的部长提供的报道的准确性，这无疑是肤浅的做法。然而，您并不期望我这么做，因为这种报道在此之前通常被证明是虚假的。这就是为什么我在 12 月 31 日的信中恳请您向我证实您给我定罪的情报基础的准确性。您也许会明白为何我很难像您期待的那样发出一份令您满意的声明。但是，我可以坦白地说，我很坚定地认为，现在的我跟过去一样相信非暴力。您可能不知道，我已经公开明确地谴责了国大党工作人员所犯的暴力行为。我甚至不止一次做了公开忏悔。这种事例不胜枚举，我就不一一写出让您生厌了。我想要说的一点是，每一次，在这样的场合中，我都是一个自由的人。这一次，正如我所主张的那样，应对政府予以追究。希望您可以原谅我提出这样一个挑战您观点的意见。我能肯定，如果您不阻止并同意我接受此前一直想参加的 8 月 8 日的采访，结果将百益而无一弊。但是事实并非如此。在这里，我想提醒您，印度政府在此之前曾犯过错误，例如，已故将军戴尔在旁遮普受到谴责的时候，联合省坎普尔清真寺的一角得到重建的时候，以及孟加拉隔离取消的时候。"②

"我一直以来，并且以后都会继续请求您，直到用尽最后一丝力气，我想您应该至少试着让我信服您所持观点的准确性，让我相信国大党的八月决议对 8 月 9 日及其以后突发的普遍暴力事件负有责任，即使它们发生在所有重要国大党工作人员被捕之后。难道不是政府言辞激烈又毫无根据的行为要

① M.K.Gandhi, *The Selected Works of Mahatma Gandhi*, Volume IV, *Selected Letters*, Shriman Narayan（ed.）, Ahmedabad: Navajivan Publishing House, 2011, pp.232–235.

② M.K.Gandhi, *The Selected Works of Mahatma Gandhi*, Volume IV, *Selected Letters*, Shriman Narayan（ed.）, Ahmedabad: Navajivan Publishing House, 2011, pp.225–226.

对所报道的暴力行径担责任吗？您甚至还没有讲出八月决议中不好的或者在您看来是挑衅的部分。决议绝对不是国大党非暴力政策的一种撤销。它明确地反对任何形式的法西斯主义。这个决议能有效地使得全国性合作成为可能，在战争期间也提供了合作的可能。政府明显地忽视了一个重要事实，那就是，在八月决议中，国大党并没有为自己争取什么。它所有的要求都是为了整个人民。您应该意识到国大党非常乐意并已经准备好，让政府邀请伟大领袖真纳创建一个服从这些调整的全国政府，这些一致通过的调整在战争期间来说是必要的，这个政府对选举产生的议会负责。所有这些应当公开指责吗？决议中主张文明不服从的条款或许会招致反对。但是，这本身不能构成反对，因为文明不服从原则是隐含在《甘地—欧文协议》中的。即使这个文明不服从在会议结果揭晓之前也不会开始，而我正打算寻求您的指派去参加该会议。那么，身为责任如此重大的一位部长——印度国务秘书，请收回针对国大党和我的那些并未核实，而在我看来是无法证实的指控吧。当然我可以肯定的是，政府应当根据有力的证据来评判政府的行为，而不是根据完全武断的意见。但是，您把那些被尊称为国大党员的人预谋的谋杀抛给我。跟您一样，我清楚地看到谋杀的事实。我的回答是，是政府把人民刺激到了疯狂的极点。他们使用之前用过的形式逮捕，像头狮子般行使暴力。这种暴力并不比谋杀好到哪里去，因为它的组织规模非常宏大，用以万祭一取代了以牙还牙的摩西律法——更不用说摩西律法的必然结果，那就是耶稣基督宣布的非抵抗。除此之外，我不能用另外其他的方式来解读权力无比的印度政府的镇压措施。"①

总之，就爆发方式而言，"退出印度"运动是自发的，就进程而言，则是有计划的，从动机上来看，"退出印度"运动是非暴力性质的，从结果上来看，则是暴力的，既不应因为"退出印度"运动爆发方式上的自发性而否定它在爆发前和实施当中的计划性，也不应因"退出印度"运动结果上的暴

---

① M.K.Gandhi, *The Selected Works of Mahatma Gandhi*, Volume Ⅳ, *Selected Letters*, Shriman Narayan（ed.）, Ahmedabad: Navajivan Publishing House, 2011, pp.237–238.

力性而否定它在动机上的非暴力性。

第四节　甘地与"退出印度"运动：影响

甘地一生为争取印度民族独立发动和领导了多次非暴力不合作运动，"退出印度"运动是其中的最后绝唱。这场运动不论对甘地本人还是对印度民族都产生了不可估量的影响，具有重大的标志性意义。

（一）甘地非暴力理想的破灭

"退出印度"运动虽轰轰烈烈，如火如荼，却以失败而告终。它不是甘地所说的"最后决战"，更不是甘地亲自指挥的一场决战，而是士卒们在失去主帅失去统一指挥的情况下奋不顾身的一场搏斗。它不是按"退出印度"决议和甘地的模式开展的，但是从总的方向说，也并没有完全脱离"退出印度"决议和甘地模式的轨道。这场运动在目标上依然是迫使英国退出印度，这实际上是在执行"退出印度"决议。在斗争方式上，虽然采取了暴力形式，但并不像通常武装斗争那样去建立军队，去打仗，去攻城略地，去建邦立国，去夺取政权，而是去攻击殖民统治机构和公共设施，破坏正常的统治秩序，造成一种使英国殖民统治者无法正常统治的局面，使殖民政权瘫痪。因此，这仍然是一种不合作策略，是以暴力形式实行不合作，是在特定条件下对非暴力不合作的灵活运用。换言之，在当时的特定条件下，传统的非暴力的不合作不够了，必须以暴力的不合作来补充。可以说，这场运动虽不是"退出印度"决议的直接实现，却是这个决议的精神产儿。

然而，正如林承节先生所说，"退出印度"运动宣告了甘地终生所笃信的非暴力理想的破灭。在这场运动中，那个十分崇敬甘地的国大党，那个十分崇敬甘地的印度群众，却并不崇敬甘地的非暴力原则。在甘地看来，非暴力原则是绝对原则，是信条，不可动摇，不可改变，不合作或局部合作可以灵活掌握，而在国大党组织和广大群众看来，不合作原则不可动摇不可改变，非暴力或暴力可以灵活掌握。在甘地看来，非暴力是原则，而在国大党组织和群众看来，非暴力只是政策。作为政策，它有很高的应用价值，为国大党所需要和欢迎，若作为原则，只能妨碍民族独立事业，因而不被国大党所接受。以往国大党人是从理论上证明它行不通，这一次则用实际行动来证明。在以往不合作运动中，普通群众虽不相信甘地的感化说，还多少相信非暴力斗争的压力作用，但大战中英国的顽固态度早已使他们不抱希望了，正因为这样他们才决心以最后决战拯救印度。在这种情况下怎么可能还以非暴力来束缚自己手脚呢？不管是暴力还是非暴力，最能打击敌人的手段就是最好的武器，这才是他们的原则。

二十多年来，甘地一直抱着最大的期望，日夜用非暴力的甘露精心浇灌国大党这块园地，结果开出来的却不是非暴力的花朵。从迫使英国退出印度的目标上说，这是可以容忍的，但是从他追求的根本目标上说，这又是他难以忍受的。在"退出印度"运动中，没有人把他的非暴力原则真正放在眼里，甘地的非暴力原则受到了致命打击。"最后决战"没有能使英国退出印度，却使他的非暴力原则从国大党人心目中最终退了出去。这场运动宣告，甘地二十年来所抱的期望破灭了。[①]

（二）印度民族独立斗争的里程碑

"退出印度"运动虽然失败了，但是它在印度民族独立斗争史上具有里程碑式的意义。

首先，"退出印度"运动给英国殖民统治者敲响了警钟。"退出印度"运动是甘地所发动的历次非暴力不合作运动中最为猛烈的一次，其暴烈的程度是前几次非暴力不合作运动不可比拟的，是划时代的，是空前绝后的。总督林利思戈在给丘吉尔的电报中，忧心忡忡地称这场运动为"1857

---

① 林承节：《殖民统治时期的印度史》，北京大学出版社 2004 年版，第 454 页。

年以来最严重的叛乱"。这场运动清楚地表明，印度人民的反英情绪已经白热化到无以复加的地步，就连长期接受甘地非暴力思想熏陶的广大国大党党员也开始诉诸暴力争取印度民族独立。对英国殖民统治者来说，这是一个再清晰不过的危险警号，是一记振聋发聩的警钟，是一场挥之不去的噩梦。

其次，"退出印度"运动得到了印度社会各界人士的广泛同情和支持。工人、农民、学生、市民等不仅站在运动的最前列，而且积极支持地下活动者，甚至商人、飞行员、火车司机、政府官员都以各种方式支持地下活动者。印度女企业家苏玛蒂·莫拉吉帮助阿·帕特瓦尔丹躲避警察搜捕，政府官员包括警官也给地下活动者通风报信，飞行员和火车司机将炸弹和其它物资运到各地。虽然穆斯林联盟和印度共产党官方不赞成"退出印度"运动，但是穆斯林群众和印度共产党员还是有不少人以个人身份参加运动。甚至穆斯林联盟的支持者们也为地下工作者提供庇护所，此外，没有发生任何穆斯林和印度教徒之间的教派冲突。成百上千的地方和农村印度共产党员，受到运动的感召，与其他人一起参加了运动。

再次，"退出印度"运动改变了印度的政治风向。运动期间和之后，越来越多的人支持国大党，与政府不合作。比哈尔省官方报告称，公众同情国大党运动的最终目标，政府从他们那里得不到任何合作。联合省当局说，除了个别例外，本来可望给政府以帮助的人也很少给予帮助，国大党已使农民政治化，农民都跟国大党走，连政府官员也愿与国大党合作。孟买官员也抱怨，他们面临一个人民普遍保持沉默的阴谋，以致找不到任何人出庭作证，使审判无法进行。越来越多的人已经看到印度政治风向在改变，因而开始调整自己的政治态度。这种新变化使赢得了这场斗争胜利的殖民统治者不但没有胜利感，相反自从统治印度以来，他们第一次感到自己政治上的孤立。

总之，印度人民反英情绪的增强，印度政治风向的转变，越来越广泛的社会阶层支持国大党，所有这些对促使英国当局四年后最终决定撤离印度起了重大作用。"退出印度"运动将民族独立要求提上了民族运动的议事日程，其后不会有任何退却。未来与英国政府的任何谈判，只能以移交政权为目标。独立不再是一个可以讨价还价的事情，而是唯一的目标。从这个意义上说，"退出印度"运动使印度朝着实现独立的目标前进了一大步。①

---

① 林承节：《殖民统治时期的印度史》，北京大学出版社 2004 年版，第 455 页。

第七章　甘地宗教和谐思想：内涵与实践

圣雄甘地（1869—1948），是世界历史上最杰出最独特的宗教思想家和实践家之一。甘地以其丰富的宗教思想和实践活动，在印度乃至世界历史上写下了辉煌的一页。特别是，甘地的宗教和谐思想及其实践，是他留给世人的一笔珍贵遗产，宛如一朵异彩纷呈的奇葩，绽放在人类历史百花园中，放射出夺目的光彩。长期以来，我国学术界主要侧重于甘地的阶级属性、"非暴力不合作"主张、甘地主义评价等方面的探讨，相对较少关注甘地行为和思想的底蕴——宗教思想的研究。本章就甘地宗教和谐思想的内涵和实践做一探讨，就教于学界同仁。

第一节　甘地宗教和谐思想：内涵

甘地是一位杰出的宗教思想家，宗教和谐思想是甘地宗教思想的典型体现和重要特征。甘地宗教和谐思想有其丰富的理论内涵，主要体现在宗教统一、宗教平等和宗教宽容三个方面。

宗教统一是甘地宗教和谐思想的内在基础，是对宗教底蕴和实质的深刻揭示。

甘地认为，所有宗教本质上是统一的。甘地这一所有宗教本质上统一的思想，是他对世界宗教进行认真研究之后得出的结论。[①] 他说："事实是，宗教之间没有不可调和的区别。如果你探索表面，到了底部，你会发现它们具有同一基础。"[②] 他比喻说，所有宗教就像不同的河流，最终汇合于同一海洋："河流有许许多多，彼此不同，但是它们汇流于同一海洋。同样，宗教也有许许多多，但是，所有宗教的真正目的是相同的。因此，如果我们关注目的，便会发现各个宗教之间没有区别。"[③] 也就是说，所有宗教具有同一基础和目的。

甘地这里所说的宗教的同一基础和目的是指道德。甘地的宗教是以道德为核心的道德宗教或伦理宗教。他主张，道德是宗教的核心和基础，宗教和道德彼此相关，相互依存。[④] 就他本人来说："道德、伦理和宗教是相互转换的同义词。道德生活不触及宗教，犹如建筑在沙堆上的房屋；宗教与道德分离，恰似只会制造噪音和令人头碎的'响亮的铜管'。"[⑤] 没有道德的宗教不可想象，否认道德的宗教不配被称为宗教。失去道德基础，就是自绝于宗教："一旦我们失去了道德基础，我们便失去了宗教。"[⑥] 道德强调个人与社会的联系，宗教强调个人与神灵的联系。在甘地的道德宗教中，这二者是统一的，服务人类就是服务神灵，追求神灵就是追求人类的道德法则。[⑦] 甘地的"所有宗教本质上是统一"的思想，就是基于他的这一宗教——道德信念。

---

① M.K.Gandhi, *The Selected Works of Mahatma Gandhi*, Volume III, *The Basic Works*, Shriman Narayan（ed.）, Ahmedabad: Navajivan Publishing House，2011, pp.6–7.

② J.T.F.Jordens, *Gandhi's Religion: A Homespun Shawl*, New York: St.Martin's Press LTD, 1998, p.155.

③ J.T.F.Jordens, *Gandhi's Religion: A Homespun Shawl*, New York: St.Martin's Press LTD, 1998, p.150.

④ M.K.Gandhi, *The Selected Works of Mahatma Gandhi*, Volume III, *The Basic Works*, Shriman Narayan（ed.）, Ahmedabad: Navajivan Publishing House，2011, pp.17–18.

⑤ D.K.Dutta, *Social, Moral and Religious Philosophy of Mahatma Gandhi*, New Delhi: Intellectual Publishing House，1980, p.158.

⑥ N.B.Sen, ed., *Wit and Wisdom of Mahatma Gandhi*, New Delhi: New Book Society of India，1960, p.155.

⑦ M.K.Gandhi, *The Selected Works of Mahatma Gandhi*, Volume III, *The Basic Works*, Shriman Narayan（ed.）, Ahmedabad: Navajivan Publishing House，2011, pp.23–29.

实际上，一旦将道德视为宗教的基础，自然而然会得出结论：所有宗教是统一的，因为它们具有相同的基本道德原则。[1]

那么，作为宗教基础的道德原则包含哪些具体要素呢？在甘地看来，这些要素就是真理—非暴力—爱。甘地将真理视为宗教的最终定义，他说："除了真理别无宗教"，"只有真理是宗教，其它一切皆为非宗教。"[2] 甘地所说的真理指相对真理和绝对真理的结合。相对真理是普通原则，它可以为有限的个体在特定的环境下所认知、获取和实践，系指符合事实的言论、符合实际的知识、符合良心的行为，即诚实、善良、正直、正义等。绝对真理是永恒原则，它超越时空，系指最高实在、绝对存在、终极现实，即神。[3] 对甘地来说，真理和非暴力紧密相连，不可分割。二者的关系如同一枚硬币的两个面，更确切些说，如同一个光滑无痕的金属盘，没有正面和反面之分。真理和非暴力都是神的同义语，用甘地自己的话说："非暴力是我的神，真理是我的神。当我寻找非暴力时，真理说：'通过我来发现它'。当我寻找真理时，非暴力说：'通过我来发现它'。"[4] 非暴力是甘地宗教思想中继真理之后最重要的词语，具有同样广泛的含义。非暴力不仅仅包含着不在心理和体力上伤害任何生物的消极意义，而且包含着将人们与生俱来的对亲人的爱扩展到整个人类，包括仇敌在内的积极意义。即是说，非暴力包含着同情、怜悯、慈悲、慷慨、服务和自我牺牲的积极含义，以及不伤害、不杀生的消极含义。换言之，在其积极意义上，非暴力意味着最大的爱，意味着最大的宽容，即博爱。这个爱就是神。甘地写道："当你想发现作为神的真理时，唯

---

① M.K.Gandhi, *The Selected Works of Mahatma Gandhi*, Volume I, *An Autobiography or The Story of My Experiments with Truth*, Shriman Narayan (ed.), Translated from the Original in Gujarati by Mahadev Desai, Ahmedabad: Navajivan Publishing House, 2011, p.xvi.

② D.K.Dutta, *Social, Moral and Religious Philosophy of Mahatma Gandhi*, New Delhi: Intellectual Publishing House, 1980, p.147.

③ M.K.Gandhi, *The Selected Works of Mahatma Gandhi*, Volume I, *An Autobiography or The Story of My Experiments with Truth*, Shriman Narayan (ed.), Translated from the Original in Gujarati by Mahadev Desai, Ahmedabad: Navajivan Publishing House, 2011, p. XI.

④ Glyn Richard, *The Philosophy of Gandhi*, London: Curzon Press, 1982, p.8.

一必然的手段就是爱，即非暴力。由于我相信手段和目的最终是可以转换的词，所以我毫不犹豫地说，神就是爱。"①

因此，真理—非暴力—爱构成了所有宗教信仰的共同道德基础和目标，是打开宗教统一性之门的金钥匙。用甘地的话说："在我尽可能地研究了所有宗教之后，我得出一个结论：如果探索所有宗教之间的内在统一性是正确和必要的话，那么就需要一把金钥匙。这把金钥匙就是真理和非暴力。当我用这把金钥匙打开一个宗教的箱子时，我发现不难找到它和其它宗教之间的相似之处。"② 一个宗教的核心与另一个宗教的核心是相同的。因此，所有宗教统一。

宗教平等是甘地宗教和谐思想的功能原则，是对宗教地位和关系的深刻揭示。

甘地在两种不同的意义上使用"宗教"一词，具体言之，甘地通过对宗教现象的深入剖析，将宗教划分为两个不同的层面，即普遍宗教和个别宗教。③ 什么是普遍宗教？甘地从正负两个方面来定义普遍宗教。就负面定义而言，甘地力图排除一切非宗教的东西，以期指出什么不是宗教。甘地认为，宗教不是指形式宗教或习惯宗教；不是指一套教义或仪式；不是指个别宗教或某一教派；不是指仅仅学习经书或念颂神名；不是指将实际事务排除在外。就正面定义而言，甘地力图揭示宗教的真实含义，以期指出什么是宗教。甘地认为，宗教是指统治宇宙万物的道德力量；是指既根植于同时又超越于个别宗教的东西；是指改变人的本质的东西；是指认识自我和认识神灵；是指服从神灵的法则；是指将人和神灵以及将人和人结合在一起的东西。从甘地对宗教的林林总总的负面定义和正面定义来看，很清楚，甘地所说的宗教不是指人们通常意义上所说的个别宗教，而是指普遍宗教，即道德宗教。

① Bri Kisshor Gogal, *Thoughts of Gandhi, Nehru and Tagore*, Delhi: Shiora Publications, 1984, p.9.

② J.T.F.Jordens, *Gandhi's Religion: A Homespun Shawl*, New York: St.Martin's Press LTD, 1998, p.155.

③ 普遍宗教亦即一般宗教，即 Religion, general religion, common religion，个别宗教亦即特殊宗教，即 religions, particular religions 等。

对他来说，普遍宗教既非外在形式亦非组织体系，而是既超越又内在于个别宗教的道德原则，是自我实现和神灵实现，是将个体精神从物质的束缚中解脱出来，用精神战胜物质，用道德控制个人的思想和行为，达到精神道德的完善，与神合一。个别宗教指不同民族和不同国度在不同历史时期和不同社会文化背景下形成的特殊宗教，如印度教、佛教、基督教、伊斯兰教、耆那教、琐罗亚斯德教等世界各大宗教。

在甘地看来，只有普遍宗教是绝对完美的宗教，一切个别宗教无一例外都不完美，或者只有某种程度的完美。真正完美的普遍宗教超越于言辞，不可断定，不为有限存在所认识。没有哪一个别宗教能够完全体现普遍宗教的完美，没有哪一个别宗教可以声称独断真理。个别宗教只不过是这一原初宗教在不同思想背景下折射出的影像。也就是说，所有宗教的基础由同一基本道德原则构成，但它在不同的自然和社会及文化环境下得到了不同的阐释。甘地比喻说："就像一棵大树有一个树干，但却有许多树枝和树叶一样，有一个真正完善的宗教，但它在经过人类中介后变成了许多。普遍宗教无以言表。"①

另外，个别宗教必然包含和表达普遍宗教的意义，并揭示真理。个别宗教是同一大树的树枝，同一花园的花朵，同一家庭的姐妹。个别宗教是通向同一目的地的不同而又平等的道路。所有宗教都植根于对神灵的信仰，但每一宗教都以其自己的方式，以适合自己信徒的方式表达这一信仰。每一宗教都为自己的信徒提供信仰的真理，提供借以联系神灵的体系，提供道德准则和满足他们精神提升的需求。所有宗教在感召和启示方面都是神圣的，每个宗教都为人类进步做出了自己的贡献。甘地指出："对我来说，所有宗教都是平等的，因为它们都是真理。它们为人类的精神进步提供了食粮。"② 甘地认为，完美的宗教只是智力意义上的一套抽象概念，要具备一种具体的形式，它就不得不将自己铸造成各种实际的宗教模式。每个个体的人所看到的

---

① Glyn Richard, *The Philosophy of Gandhi*, London: Curzon Press, 1982, p.18.

② Margaret Chatterjee, *Gandhi's Religious Thought*, Indiana: University of Notre Dame Press, 1983, p. Ⅴ.

真理，只能是某种个别信仰之镜所反射出来的真理，特别是他自己的传统宗教之镜所反射出来的真理。所以，每个人应该将自己的传统宗教作为实现共同理想即真理和非暴力或神灵和爱的途径。在甘地的眼中，印度教的基本原则和普遍宗教的原则是一致的："印度教没有官方信条，对于印度教来说，这也许是幸运也许是不幸。但如果要我给印度教下一个定义的话，我应该说：那就是用非暴力方式探索真理。一个人可能不信神，却仍然称自己为印度教徒。"①

然而，坚持自己的传统宗教，并非意味着不加疑问不加鉴别地全盘信奉它。因为所有宗教都是通过人类中介加以接收和传播的，所以都不完美，都存在错误，所有宗教都应该受到内在道德和理智的检验。甘地说："我反对任何不诉诸理智，有悖道德的宗教信条。在非理智的情感并非非道德的时候，我容忍它。"②在甘地看来，印度教不完美，有缺点，因为它容忍不可接触制。不可接触制是对神灵和人类的犯罪，是弥漫于整个印度教生活方式中的毒瘤，是水头怪，是千头兽，是吞噬印度教肌体的溃疡。甘地声明，如果不可接触制被当成印度教生活方式的一个组成部分，他会不再称自己为印度教徒。但他坚信，不可接触制为印度教所不齿。

总之，在长期研究和体验之后，甘地得出结论：一，所有宗教都是真理；二，所有宗教都有谬误。③因此，没有哪一个宗教可以声称比其它宗教优越，一切宗教平等。他坚决反对任何对宗教进行优劣之分的言论和做法，不同宗教有不同象征，但没有哪个象征应该变成崇拜物，从而宣称其优于另一宗教。宗教平等不仅意味着各个宗教之间的平等，而且意味着各个宗教内部的平等。

宗教宽容是甘地宗教和谐思想的实践准绳，是对宗教行为和方法的深刻揭示。

---

①　Abid Husain, *The Way of Gandhi and Nehru*, Bombay:Asia Publishing House, 1959, p.19.

②　Abid Husain, *The Way of Gandhi and Nehru*, Bombay:Asia Publishing House, 1959, p.18.

③　Basant Kumar Lal, *Contemporary Indian Philosophy*, New Delhi: Motilal Banarsidass, 1978, p.129.

甘地提倡宗教宽容精神，并赋予其以积极的含义。宗教宽容意味着通过友好地研究世界宗教，"理解它们的观点，欣赏它们看待自己宗教的视角"。甘地写道："我认为，富于同情心地阅读世界经典，是每一个有修养的男女的职责。如果我们想尊重别人的宗教，就像我们想让别人尊重我们自己的宗教一样，友善地学习世界宗教便成为一项神圣的职责。"[1] 挑剔他人的宗教，甚至妖化他人的宗教，是轻而易举的事情，而理解他人宗教的美好和真理，却是巨大的挑战。因此，友善地学习世界宗教是相互理解和彼此宽容所必需的。

宗教宽容意味着消化吸收其他宗教中好的东西。甘地指出："当我为了满足自己的需要而翻阅不同宗教圣典时，我熟悉了基督教、伊斯兰教、琐罗亚斯德教和印度教。阅读这些经文的时候，可以说我对所有这些信仰持有同样尊重的态度，不过我当时也许没有意识到这一点。回顾当时的情形，我发现我未曾有些许只是因为这些宗教不是我信仰的宗教而批评其中任何一个的想法，而是以崇敬的心情阅读每一部圣典，并发现每一部圣典中都包含着同样的基本道德。"[2] 对这些宗教共性的积极因素的消化和吸收，构成了甘地宗教行为和方法的重要特征。但是，宽容并非意味着使人盲视宗教的缺点或不足。甘地写道："崇敬他教并不是要我们无视其缺点。"[3] 因此，宗教宽容意味着消化吸收其他宗教的好的东西，抛弃其他宗教以及我们自己宗教的不好的东西。

宗教宽容意味着多样性的统一。宗教宽容并非意味着宗教调和。宗教宽容的目标不是无所不包的一统宗教，而是多样性的统一。宗教的灵魂只有一个，但是它包裹在多种形式之中。甘地将世界宗教视为同一大树的众多枝叶，虽然同源于一个大树，但每个枝叶彼此迥异，各不雷同。[4] 我们需要的

---

[1] Robert Ellsberg ed., *Gandhi on Christianity*, New York: Orbis Books, 1997, p.84.

[2] M.K.Gandhi, *The Selected Works of Mahatma Gandhi*, Volume III, *The Basic Works*, Shriman Narayan (ed.), Ahmedabad: Navajivan Publishing House,2011, p.202; J.T.F.Jordens, *Gandhi's Religion: A Homespun Shawl*, New York: St.Martin's Press LTD, 1998, p.155.

[3] Robert Ellsberg ed., *Gandhi on Christianity*, New York: Orbis Books, 1997, p.81.

[4] M.K.Gandhi, *The Selected Works of Mahatma Gandhi*, Volume III, *The Basic Works*, Shriman Narayan (ed.), Ahmedabad: Navajivan Publishing House, 2011, p.200.

不是一统宗教，而是不同宗教信仰的相互尊重和宽容，因为真理存在于每一个伟大的宗教之中。甘地不厌其烦地多次指出："就个人而言，我认为全世界绝不会也不必形成一个单一的宗教。"[①] "指导行为的黄金规则是相互宽容，我们绝不会像一个人似地思考，我们总是在个体中从不同的视角看到真理。"[②] 了解每一个宗教的独特性和显著区别，像了解它们的相似性一样的重要。不应该有将所有宗教合而为一的宗教熔炉，不能够排除差异性。每个人都应该坚持他自己的宗教，因为它是通向真理和神灵的不同道路之一。甘地以印度教为例："印度教告诉每个人根据他自己的信仰或达摩崇拜神灵，因此它与所有宗教和平共处。"[③]

宗教宽容有助于更好地理解自己的宗教。持怀疑态度的人认为，学习其他宗教会削弱或损害信徒对自己宗教的信仰，在甘地看来这种观念是极其错误的。他认为，这种学习会使人以对待自己宗教的态度来对待他人的宗教，同时，能更好地理解自己的宗教。他指出："不要有这种担心，哪怕是片刻的担心：即虔敬地学习其他宗教可能会削弱或动摇对自己宗教的信仰"，"培养对其他信仰的宽容，会使我们对自己的信仰有更正确的认识。"[④] 甘地以他对基督教的学习为例："我要对印度教徒说，你们的生活不会完整，除非你们虔敬地学习耶稣的教诲。我的结论是：就我自己的经验而言，不论属于什么信仰，只要虔敬地学习其他信仰的教诲，就会使胸怀变得开阔，而不是狭窄。"[⑤] 因此，甘地反对任何形式的皈依、转教和改宗。他谴责要非印度教徒改信印度教的做法。即使某人想自愿成为印度教徒，他也努力劝其去消化吸收其在印度教中发现的所有好的东西，而不要放弃自己的宗教。认为自己的宗教比他人的宗教优越，从而要他人转信自己的宗教，是最大的非宽

---

① Margaret Chatterjee，*Gandhi's Religious Thought*，Indiana: University of Notre Dame Press，1983，p. Ⅴ.

② Glyn Richard，*The Philosophy of Gandhi*，London: Curzon Press，1982，p.27.

③ M.K.Gandhi，*Truth is God*，Ahmedabad: Navajivan Publishing House，1955，p.75.

④ Robert Ellsberg ed.，*Gandhi on Christianity*，New York: Orbis Books，1997，p.85.

⑤ Robert Ellsberg ed.，*Gandhi on Christianity*，New York: Orbis Books，1997，p.86.

容。① 在甘地看来，真正的改信是让信仰者更好地信仰自己的宗教。甘地写道："我一贯祈祷：让基督徒成为更好的基督徒，让穆斯林成为更好的穆斯林。对我来说，这是真正的皈依。"②

综上所述，宗教统一、宗教平等和宗教宽容构成甘地宗教和谐思想的主要内容，它们从三个不同层面揭示了甘地宗教和谐思想的基本内涵。宗教统一从宗教信仰的角度，揭示了宗教的底蕴和实质，它构成了甘地宗教和谐思想的内在基础。所有宗教本质上统一，具有相同的道德基础和目标，这为宗教和谐的必然性提供了理论依据。宗教平等从宗教现象的角度，揭示了宗教的地位和关系，它构成甘地宗教和谐思想的功能原则。所有宗教都是真理，所有宗教都有谬误，没有哪一个宗教可以声称比其他宗教优越，一切宗教平等，这为宗教和谐的必要性提供了理论依据。宗教宽容从宗教体验的角度，揭示了对待宗教的行为和方法，它构成甘地宗教和谐思想的实践准绳。不同宗教互相补充和丰富，而不是彼此竞争和敌对，每个人都应该坚持自己的宗教，同时又尊重和吸收其他宗教的一切好的东西，抛弃其他宗教以及自己宗教的不好的东西，这为宗教和谐的可行性提供了理论依据。总之，宗教统一、宗教平等和宗教宽容从宗教信仰、宗教现象和宗教体验的角度，为宗教和谐提供了内在基础、功能原则和实践准绳，为宗教和谐的必然性、必要性和可行性提供了依据，三者彼此依存，相互补充，不可分割，形成一个有机整体，共同构成甘地宗教和谐思想的理论内涵。

甘地宗教和谐思想在甘地思想体系中占有非常重要的地位，是甘地思想体系的精髓和灵魂，是打开甘地思想奥秘的钥匙。甘地思想体系（即甘地主义）属于现代东方民族主义思潮，它以其鲜明的"宗教道德型"特征在形形色色的民族主义思潮中独树一帜。③ 甘地主义不啻是"非暴力不合作"学

---

① M.K.Gandhi, *The Selected Works of Mahatma Gandhi*, Volume III, *The Basic Works*, Shriman Narayan (ed.), Ahmedabad: Navajivan Publishing House, 2011, pp.199–200.

② Robert Ellsberg ed., *Gandhi on Christianity*, New York: Orbis Books, 1997, p.86.

③ 彭树智教授对东方现代民族主义运动和思潮进行了系统研究，将甘地思想体系归结为"宗教道德型"民族主义。参见彭树智：《现代民族主义运动史》，西北大学出版社1987年版，第13页；彭树智：《东方民族主义思潮》，西北大学出版社1992年版，第109页。

说的代用语，而是一个由政治思想、经济思想和社会思想构成的完整思想体系。在这个思想体系中，无处不渗透和折射着甘地宗教和谐思想的印记和影子。甘地的政治思想集中表现在他的印度自治思想及其国家观上，包括用非暴力不合作方法争取印度自治，建立一个真理和非暴力基础上的无政府主义的、高度分权的道德国家。甘地的经济思想主要体现在以经济正义和经济平等为特征的经济自主观上，包括面包劳动、手工纺织、不占有、托管制等要素。甘地的社会思想主要体现在博爱互助、和谐平等的社会理想上，包括反对不可接触制、教派团结、男女平等等要素。① 不管是甘地思想体系中的政治思想，还是经济思想和社会思想，都不同程度地反映和体现了甘地宗教和谐思想的内涵和精神。也就是说，甘地宗教和谐思想的宗教统一、宗教平等和宗教宽容要素及原则渗透和贯穿到甘地思想体系的政治、经济、社会观各个方面，甘地思想体系是其宗教和谐思想及其要素在政治、经济、社会观各个领域的体现、延伸、拓展和深化。正因为如此，甘地思想体系以它的宗教道德特征而置身于现代民族主义的思潮之林，别具一格。只有了解甘地的宗教和谐思想，才能更好地理解和揭开甘地思想体系的奥秘。

甘地宗教和谐思想在印度宗教思想史上占有重要的地位，是印度宗教和谐思想的集大成者。众所周知，印度素有"世界宗教博物馆"之称，在世界各民族国家中，很难找到一个国家像印度这样笼罩在浓郁纷杂的宗教气氛中：宗教繁多，教派林立，人人是信徒，处处有庙宇，村村有神池，户户有神龛。正因为如此，在印度历史上，有许多政治家和宗教思想家都曾探索宗教和谐的秘诀，倡导宗教和谐思想。其中最值得称道、最具代表性的是莫卧儿帝国的皇帝阿克巴大帝。阿克巴大帝统治时期，各种不同宗教派别的冲突震撼了他的心灵，促使他发展一种新的宗教，他希望这种宗教将表明是所有敌对教义的综合，能够把他辽阔的帝国各种不调和因素统一在一个和谐的整体内。为此，他把各种不同宗教派别的有识之士召集到礼拜堂，辩论宗教问

---

① 关于甘地思想体系的内容，参见彭树智：《甘地思想的独特性与整体性》，《历史研究》1985 年第 6 期；彭树智：《论甘地思想的基本内容》，参见宁明、任鸣皋主编：《论甘地》，上海社会科学院出版社 1987 年版，第 39—53 页。

题。这些辩论使他明白，所有宗教都包含着某些共同法则，一切宗教里都有光，而光总带有或多或少的阴影。他总结了所有宗教里包含的共同法则，创立了没有神灵和教义、冶所有信仰于一炉、折中并杂糅了伊斯兰教、印度教、佛教、耆那教、琐罗亚斯德教、基督教各种成分的圣教——"神圣信仰"（丁—伊—伊—拉希）。他将圣教定为国教，自任教主。① 阿克巴大帝是印度历史上最开明的君主，他的怀柔宽容的宗教思想和政策使各个宗教派别得以和睦相处，开创了印度历史上一个空前昌盛的辉煌时代。然而，阿克巴大帝的圣教思想和实践却以失败而告终。甘地继承了阿克巴大帝的宗教和谐思想，他的宗教和谐思想中闪烁着阿克巴大帝宗教和谐思想的光芒，如所有宗教都包含着某些共同法则（宗教统一）、所有宗教里都有光同时也有阴影（宗教平等）、探究并尊重各种宗教（宗教宽容）。甘地不仅继承了阿克巴大帝的宗教和谐思想，更重要的是他充实和超越了阿克巴大帝的宗教和谐思想。甘地不像阿克巴大帝那样主张建立冶所有信仰于一炉的一统宗教，而是主张宗教的多样性统一，不同宗教互相借鉴，取长补短，彼此丰富，和睦相处，和谐并存，共同繁荣。在阿克巴大帝失败了的地方，甘地取得了成功。这是甘地的高明和过人之处，从而使他的宗教和谐思想更胜一筹，在印度宗教思想史上占有重要的地位，是印度宗教和谐思想的集大成者。

甘地宗教和谐思想在世界宗教思想史上有其独特地位，是宗教多元主义园地中的一朵奇葩。杜塔博士指出，不同的国家在不同的领域对世界做出了不同的贡献，如英国的贡献在经济学，法国的贡献在政治学，德国的贡献在形而上学，美国的贡献在商学，希腊的贡献在市政学，意大利的贡献在法学，而印度的贡献在宗教学。② 作为印度宗教和谐思想的集大成者，甘地宗教和谐思想在世界宗教思想史上，特别是在宗教多元主义园地中占有独特的一席之地。宗教多元主义（religious pluralism）是宗教改革和启蒙运动之后兴起的一股世界范围的宗教思潮，主张各种宗教都以共同的神性为基础，应

---

① 尚劝余：《莫卧儿帝国》，三秦出版社 2001 年版，第 90—105 页。

② D.K.Dutta, *Social*, *Moral and Religious Philosophy of Mahatma Gandhi*, New Delhi: Intellectual Publishing House, 1980, p.28.

在此基础上进行求同存异的对话，达到共存的目的。宗教多元主义理论可谓形形色色，有的学者将其分为混合多元论、理性多元论和灵性多元论。① 这些林林总总的宗教多元主义理论基本上都侧重于形而上的哲学论证，分别指向人的躯体、头脑和心灵，亦即指向存在、智慧和喜乐等终极实在的不同维度。而甘地的宗教和谐思想则具有典型的印度特色，它不是纯理论层面的争鸣，而是与现实存在密切相关，旨在使不同宗教信仰者如何相互尊重，彼此相容，和谐共处。甘地显示出对宗教本质的深刻洞察，他强调宗教的内在本质和统一，而不是外在象征和差异。同时，他也显示出对人性的深刻洞察和了解，要求人们不要放弃自己的信仰，而是使其变得开阔，从而更接近人类的普遍宗教。不同宗教可以互相补充和丰富，而不是彼此竞争和敌对，每个人都应该坚持自己的宗教，同时又珍视和吸收其他宗教的一切好的东西，求同存异，这是一种更为实际可行的宗教多元主义的形式。

第二节　甘地宗教和谐思想：实践

甘地不仅是一位杰出的宗教思想家，而且是一位伟大的宗教实践家。

在甘地看来，宗教必须付诸实践，而不仅仅是布道。用甘地的话说："脱离行动的东西不能被定义为宗教。我深信，神灵要求我们的，不是我们讲了什么，而是我们做了什么。对神灵来说，行为是一切，没有行为的信仰一文不值。对神灵来说，行动就是信仰。"② 在甘地的一生中，他实践他所宣讲的，宣讲他所实践的。他不仅宣讲宗教统一、宗教平等和宗教宽容的宗教和谐思想，而且将之付诸实际行动。正因为如此，甘地被誉为"一位行动的圣人，而非冥想的圣人"。

甘地宗教和谐思想的实践，首先体现在个人领域，贯穿于他的生平之

---

① 王志成：《宗教相遇、宗教多元论与人的成长》，《浙江大学学报》2002 年第 2 期。

② J.T.F.Jordens, *Gandhi's Religion: A Homespun Shawl*, New York: St.Martin's Press LTD, 1998, p.2.

中。甘地的生平就是他的信念的写照。他这样说到他自己："你必须注视我的生平，看我如何吃、住、言、行。所有这些加在一起就是我的宗教。"① 甘地在他生平的不同时期，广泛接触各个宗教派别的人士，认真研究各个宗教派别的经典和宗教先知的业绩，吸收融合不同宗教学说的合理成分，身体力行地实践他的宗教和谐思想所倡导的基本原则。

从少年时代起，甘地就形成了虔诚的宗教性情和宗教宽容的心态，包括对印度教不同教派的宽容和对其他宗教的宽容。② 甘地出生在一个宗教气氛颇为浓厚的印度教家庭，父母都是虔诚的印度教徒，但属于不同的派别，他们的虔敬笃信给孩提时代的甘地以巨大影响：他的父亲没有受过多少宗教训练，但却有一种宗教文化，这种文化是许多印度教徒由于经常到寺庙里去听人讲解经文而获得的；他的母亲非常"圣洁""笃信宗教"，每天都要去印度教不同教派的庙宇参拜。③ 许多耆那教徒、伊斯兰教徒和琐罗亚斯德教徒朋友经常在他家做客，谈论宗教问题。甘地从小沐浴在这种浓郁的宗教氛围之中，耳濡目染于各种宗教信仰并存的现实中。这种家庭出身环境在甘地心灵深处播下了宗教和谐意识的种子，成为甘地宗教和谐思想孕育、萌芽和成长的温床。

在英国求学期间，甘地极力抵制"美酒、女人和大肉"的不时诱惑，潜心于宗教道德体验，探索宗教和谐的真谛。④ 甘地初次与基督教徒、通神学者以及无神论者广泛接触，并在他们的影响下，悉心研读各种宗教经典和宗教书籍，包括基督教经典《圣经》、印度教经典《薄加梵歌》的英译本《天赖之歌》、佛教祖师佛陀的生平和说教的英译本《亚洲之光》、著名

---

① Glyn Richard, *The Philosophy of Gandhi*, London: Curzon Press, 1982, p.80.

② M.K.Gandhi, *The Selected Works of Mahatma Gandhi*, Volume I, *An Autobiography or The Story of My Experiments with Truth*, Shriman Narayan (ed.), Translated from the Original in Gujarati by Mahadev Desai, Ahmedabad: Navajivan Publishing House, 2011, pp.34–37.

③ 尚劝余：《尼赫鲁与甘地的历史交往》，四川人民出版社1999年版，第157—158页。

④ M.K.Gandhi, *The Selected Works of Mahatma Gandhi*, Volume I, *An Autobiography or The Story of My Experiments with Truth*, Shriman Narayan (ed.), Translated from the Original in Gujarati by Mahadev Desai, Ahmedabad: Navajivan Publishing House, 2011, pp.75–79.

的通神学者安妮·贝赞特夫人的《我为何成了一名通神学者》和布拉娃斯基夫人的《通神学入门》，以及无神论的著作等。甘地从这些宗教典籍和宗教先知的说教与生平中，看到了与他所信仰的印度教共通的东西，获得了宗教和谐的感悟。《圣经》新约山上宝训中的勿以暴力抗恶，要以德报怨、以爱制恨的训诫，耶稣基督的非暴力品格、自我受苦精神和爱的法则，佛陀博大精深的慈悲胸怀，通神学所持的所有宗教是同一宗教的不同分支、所有宗教以同一真理为基础、宗教的核心不是教条和仪式而是道德和伦理的学说，无神论者追求真理和道德的执着精神，深深触动了甘地，在他思想上引起了共鸣。他把印度教的真理和非暴力、佛教的慈悲说、基督教的博爱、通神学的宗教道德、无神论者追求真理的精神，联系在一起，贯穿起来，探求宗教和谐的真理。①

在南非工作的 21 年间，甘地在切身体验殖民压迫和种族歧视、为改善印侨地位不懈斗争的同时，进一步接触和研究各种宗教，深化和拓宽宗教研究领域，将政治斗争与探索宗教真理结合起来，将他的宗教和谐理想付诸实践。除了反复阅读印度教经典《薄伽梵歌》和佛祖的生平与训诫《亚洲之光》、进一步密切与基督教徒的往来外，甘地认真研究伊斯兰教、耆那教和琐罗亚斯德教。他怀着极大的兴趣阅读伊斯兰教经典《古兰经》、卡莱尔的名著《英雄与英雄崇拜》、华盛顿·欧文的著作《穆罕默德的生平和他

① 有关甘地与基督教的论述，参看 Robert Ellsberg ed., *Gandhi on Christianity*, New York: Orbis Books, 1997, p.95；D.K.Dutta, *Social, Moral and Religious Philosophy of Mahatma Gandhi*, New Delhi: Intellectual Publishing House, 1980, p.35；M.K.Gandhi, *The Selected Works of Mahatma Gandhi*, Volume I, *An Autobiography or The Story of My Experiments with Truth*, Shriman Narayan (ed.), Translated from the Original in Gujarati by Mahadev Desai, Ahmedabad: Navajivan Publishing House, 2011, p.30。有关甘地与佛教的论述，参看 M.K.Gandhi, *The Selected Works of Mahatma Gandhi*, Volume I, *An Autobiography or The Story of My Experiments with Truth*, Shriman Narayan (ed.), Translated from the Original in Gujarati by Mahadev Desai, Ahmedabad: Navajivan Publishing House, 2011, Part II, Chapter 22. 有关甘地与通神学的论述，参看 M.K.Gandhi, *My Religion*, Ahmedabad: Navajivan Publishing House, 1958, p.19。有关甘地与无神论的论述，参看 Abid Husain, *The Way of Gandhi and Nehru*, Bombay:Asia Publishing House, 1959, p.3。

的继承者》、耆那教大师马哈维拉的生平和耆那教其他师尊的道德说教、琐罗亚斯德教的经典《阿维斯塔》以及琐罗亚斯德的生平和说教。甘地受到耆那教的很大影响，对耆那教严格奉行非暴力主义和苦行主义推崇备至。[①]甘地也为穆罕默德先知本人的贫穷和谦逊以及他和他的继承者面对侮辱和迫害所表现出来的勇敢精神所震撼，他认为伊斯兰教和其他宗教一样，其本质是和平即非暴力，而不是武力。[②] 甘地还在南非先后建立了"凤凰新村"和"托尔斯泰农场"，将他以印度宗教文化传统为主轴同时吸收融合其他东西方宗教文化因素而形成的宗教和谐思想付诸实践，进行初步的宗教道德实验。实验场的居民来自印度和世界各地，他们具有不同的肤色、不同的种姓、不同的宗教派别。他们共同生活和劳作，和睦相处，一起祈祷。实验场还开办学校，甘地亲自授课，传输他的宗教和谐思想。甘地一方面为不同宗教信仰的学生讲授普遍宗教的道德原理，使他们认识到每个宗教派别的教义精髓和本质是人类共同具有的基本道德原则；另一方面讲授不同宗教的教义和仪式，使学生认识到不同宗教派别有适合自身环境的不同特色。[③]

回到印度后，甘地保持了在南非形成的习惯与传统。他先后在印度建立了萨巴玛蒂修院（Sabarmati）和瓦尔达修院（Wardha），招募志愿者，继续宗教和谐的道德实验。志愿者来自不同教派、不同种姓、不同阶层、不同性别、不同肤色，包括无神论者。他们一起生活、一起劳作、一起祈祷、和睦共处。在每天的集体祈祷中，甘地带领志愿者吟诵不同宗教不同经书中的诗文和圣歌（包括印度教、基督教、伊斯兰教、琐罗亚斯德教、锡克教、耆那

---

① Geoffrey Parrinder ed., *World Religions from Ancient History to the Present*, New York: Facts On File, 1985, p.249.

② N.B.Sen ed., *Wit and Wisdom of Mahatma Gandhi*, New Delhi: New Book Society of India, 1960, p.134.

③ M.K.Gandhi, *The Selected Works of Mahatma Gandhi*, Volume II, *Satyagraha in South Africa*, Shriman Narayan (ed.), Translated from the Original in Gujarati by Valji Govindji Desai, Ahmedabad: Navajivan Publishing House, 2011, pp.248–276.

教），①演奏圣乐和歌唱，不同宗教派别的信徒和无神论者一道，向同一个神灵即真理祈祷膜拜。真理就是神，这是甘地宗教和谐思想实践的一个关键。甘地早年时代主张"神就是真理"，后来经过长期探索和实践转而主张"真理就是神"。这一转变将真理置于首要地位，把宗教崇拜的对象由神转向了真理，从而真理成为宗教的精髓和核心。不同宗教的不同信徒以及无神论者，不可能团结在同一神灵之下，但是却能够团结在真理的旗帜之下。真理为有神论者和无神论者提供了共同的讲坛。②

甘地宗教和谐思想的实践并非仅仅停留在个人生活方面，而是延伸到公共生活领域。他将社会生活视为追求真理和神灵的阵地，力图将个人拯救与服务人类结合起来，将精神体验与实际政治结合起来。他指出："我不是谋求生死无常的地上王国，而是精神解放的天上王国。对我来说，拯救之路在于殚精竭虑地为我的祖国和人民服务。"③因此，在甘地看来，宗教应该和实际事务相联系。不考虑实际事务、无助于解决实际问题的宗教，不是真正的宗教。

甘地宗教和谐思想在公共领域的实践体现在政治和社会两个方面。政治方面的实践体现在"萨提亚格拉哈"运动中，社会方面的实践体现在"建设纲领"运动中。"萨提亚格拉哈"字面意思是坚持真理，通常称为非暴力抵抗。它是实践真理的方式，是非暴力的方法，是奠基在真理之上的灵魂力量和精神力量。甘地解释说："真理（萨提亚）意味着爱，坚持（格拉哈）是力量的同义语。因此，我开始称印度运动为'萨提亚格拉哈'（坚持真理），即诞生于真理和爱或非暴力的力量。"④甘地用这个词语指维护真理和正义，

① 甘地最喜欢的基督教圣歌有《仁慈的光指引我们前行》《神奇的十字架》《与我在一起》《万代岩石》。参看 Vincent Sheean, *Lead*, *Kindly Light*, New York: Random House, 1949, p.363.

② 有关甘地自己的解释，参见 Krishna Kripalani, *All Men are Brothers*, UNESCO: World Without War Publications, 1972, p.66.

③ D.K.Dutta, *Social*, *Moral and Religious Philosophy of Mahatma Gandhi*, New Delhi: Intellectual Publishing House, 1980, p.48.

④ M.K.Gandhi, *The Selected Works of Mahatma Gandhi*, Volume II, *Satyagraha in South Africa*, Shriman Narayan (ed.), Translated from the Original in Gujarati by Valji Govindji Desai, Ahmedabad: Navajivan Publishing House, 2011, pp.118–119.

抵抗非真理和非正义的独特方法。在印度的实践中，"萨提亚格拉哈"分为"个人萨提亚格拉哈"和"集体萨提亚格拉哈"，亦即非暴力不合作运动，或文明不服从运动。甘地将"建设纲领"视为社会的自我纯洁，视为为"萨提亚格拉哈"训练民族工作者的途径，视为通向理想社会的道路和理想社会的要素。甘地写道："正如对武装起义来说，军事训练是必要的，对文明抵抗来说，建设纲领的训练也是必要的。""工作人员应该明确认识到，建设纲领是通向完全独立的非暴力的、真理的道路。建设纲领的全盘实现就是完全独立。"[①]"建设纲领"的主要内容有：教派团结，反对不可接触制，促进手纺手织，戒酒戒毒，农村卫生，提高妇女地位，基础教育和成人教育等。

"萨提亚格拉哈"运动旨在赋予印度民族独立运动以新的道德精神，以非暴力不合作争取民族独立，"建设纲领"运动旨在改革社会陋习，建立以真理和非暴力为基础的和谐社会。这两个运动并不是截然分开的，而是相互结合、彼此交织在一起的。自从1920年甘地正式登上印度政治舞台到1947年印度独立，甘地在人类历史上第一次将非暴力抵抗方法大规模地运用于公共生活，发动了数次史无前例的全国规模的非暴力抵抗运动（即"甘地运动"），[②] 最终经过近30年的斗争，取得了民族独立和自由，在人类历史上写下了浓墨重彩的一笔。甘地宗教和谐思想的实践，贯穿于历次"甘地运动"之中，成为20世纪20年代至40年代印度民族运动的一个不可分割的重要组成部分。

20世纪20年代，甘地宗教和谐思想的实践主要表现在，将非暴力不合作运动与哈里发运动（又称基拉法运动）结合起来，[③] 将教派团结与政治斗争融为一体。第一次世界大战后，以英国为首的协约国帝国主义列强企图肢

---

① Abid Husain, *The Way of Gandhi and Nehru*, Bombay:Asia Publishing House, 1959, pp.76–77.

② 从1920年印度国大党年会确立甘地在国大党中的领导地位到1947年印度独立是印度历史上的"甘地时代"。

③ 参见彭树智:《现代民族主义运动史》，西北大学出版社1987年版，第46页；林承节:《印度民族独立运动的兴起》，北京大学出版社1987年版，第486页。

解和瓜分伊斯兰教圣地土耳其奥斯曼帝国，引起了整个伊斯兰世界的愤慨和印度伊斯兰教徒（穆斯林）反英情绪的高涨。印度著名伊斯兰活动家、国大党人穆罕默德·阿里和绍克特·阿里兄弟，组织了全印哈里发委员会，发起印度伊斯兰教徒反对帝国主义瓜分土耳其奥斯曼帝国和保卫哈里发（土耳其奥斯曼帝国素丹，即伊斯兰教主）的"哈里发运动"。甘地应伊斯兰教代表邀请，参加了第一次全印哈里发会议，讨论如何开展"哈里发运动"的具体事宜。甘地在这次会议上第一次提出了与英国殖民政府"不合作"的设想，倡导穆斯林开展不合作运动反抗英国殖民者，他的倡议得到了全印哈里发会议的热烈响应。[①] 印度伊斯兰教徒保卫伊斯兰教主的"哈里发运动"，转变成了轰轰烈烈的反抗英国殖民者的不合作运动。之后，甘地要求国大党也开展不合作运动，并号召印度教徒积极参加。经过激烈辩论，国大党最终也同意了甘地提出的不合作运动的要求和号召。1920 年—1922 年，甘地发动了全国规模的第一次"非暴力不合作"运动，将印度民族运动推向了一个新高潮。在这次运动中，国大党与全印哈里发委员会组成了反帝统一战线，非暴力不合作运动与哈里发运动相汇合，印度教和伊斯兰教、锡克教等不同教派互相团结，并肩战斗，共同反抗英国殖民统治，谱写了一曲教派团结、宗教和谐的颂歌。

20 世纪 30 年代，甘地宗教和谐思想的实践主要表现在，反对不可接触制，争取不可接触者的权益，实现印度教内部的平等与和谐。种姓制度是印度教的一大特色，而不可接触制（untouchability，也称"贱民制"）则是种姓制度的极端形式，是印度教的一大弊端。不可接触者（untouchables，亦称"贱民"）是种姓制度下受歧视、受迫害最甚者，处在种姓制度金字塔的最底层。[②] 1930 年—1934 年，甘地发动了旨在争取印度独立的非暴力"公

① M.K.Gandhi，*The Selected Works of Mahatma Gandhi*，Volume I，*An Autobiography or The Story of My Experiments with Truth*，Shriman Narayan（ed.），Translated from the Original in Gujarati by Mahadev Desai，Ahmedabad: Navajivan Publishing House，2011，p.539.

② 参看尚会鹏：《种姓与印度教社会》，北京大学出版社 2001 年版，第 66—119 页；邱永辉：《现代印度的种姓制》，四川人民出版社 1996 年版，第 34—38 页。

民不服从"运动（亦称"文明不服从"运动）。[1] 运动后期，甘地将重心转向了废除不可接触制，致力于提高不可接触者的社会地位，掀起了一场轰轰烈烈的纯洁印度教、争取印度教内部平等与和谐的社会运动。甘地认为，不可接触制是印度教的耻辱，是对神的犯罪，印度教内部不应该有歧视，不可接触者应当有做人的平等权利，不应被称为"贱民"，而应称为"哈里真"，意即神的子民。[2] 他将"不可接触者"乐斯美收养为义女，将比哈尔大地震说成是神对不可接触制罪恶的惩罚。为了争取不可接触者的利益，他三次绝食，一次是反对英国政府颁布教派裁决书规定不可接触者单独选举制而"绝食至死"，一次是反对殖民政府拒绝他在监狱中指导哈里真事业而"绝食至死"，一次是呼吁解放贱民而自洁绝食 21 天，这些绝食迫使政府对不可接触者做出让步，也使全印宗教领袖通过决议达成共识，在印度教中不应存在不可接触者，不可接触者享有普通印度教徒平等权利。他穿行全国，行期 9 个月，行程 12500 英里，为哈里真事业募集基金。他号召建立了"不可接触者同盟"和"不可接触者之仆协会"，创办了《哈里真》报。国大党把 1932 年 12 月 18 日定为印度全国反对歧视不可接触者种姓日，把 1933 年 1 月 8 日定为不可接触者进庙日，全国印度教寺庙都破例为不可接触者开放。[3] 废除不可接触制，实现印度教内部的平等与和谐，成为 30 年代印度社会政治生活的一个焦点和亮点。

20 世纪 40 年代，甘地宗教和谐思想的实践主要表现在，宣传印穆和睦，平息教派仇杀，维护印度社会的和谐与统一。印度教徒与伊斯兰教徒占印度人口的大多数，由于种种原因，两个教派之间一直矛盾重重，冲突不断。40 年代，随着穆斯林联盟的壮大和印度独立的临近，穆斯林联盟提出建立独立的巴基斯坦穆斯林国家，并发动"直接行动日"，印度教徒与穆斯林之间的矛盾日益激化，印穆教派冲突愈演愈烈。印度独立前后，印穆教派冲突白热

---

[1] Civil Disobedient Movement，Civil 既可译为"公民"又可译为"文明"。

[2] M.K.Gandhi, *The Selected Works of Mahatma Gandhi*, Volume V, *Voice of Truth*, Shri-man Narayan（ed.），Ahmedabad: Navajivan Publishing House，2011，pp.459–460.

[3] 尚劝余：《尼赫鲁与甘地的历史交往》，四川人民出版社 1999 年版，第 39—43、126 页。

化，新德里、加尔各答、比哈尔、孟加拉、旁遮普等印度教徒与穆斯林混居的城市和省份，陷入了教派仇杀的腥风血雨之中，教派狂热的浪潮四处蔓延，波及全印度。甘地坚决反对和强烈谴责印度教徒与穆斯林的相互仇杀，主张印穆是亲兄弟，应该团结一致，共同对付英国殖民者，而不应该相互残杀，以至分裂。① 甘地满怀宗教和谐和爱的非暴力的真挚信念，放弃其他一切活动，以 78 岁的高龄，在教派骚乱地区作一日一村的独步旅行，走家串户，四处奔波，号召停止仇杀，宣传印穆和睦相处，并以绝食为武器，平息教派仇杀，恢复和平，印度教徒、穆斯林和锡克教徒纷纷来到甘地的面前，放下武器，忏悔自己的罪过。印度最后一任副王蒙巴顿赞叹说，甘地成为"使骚乱地区保持平静的一支单人边防军"。② 为了平息教派仇杀、维护印穆和睦和印度统一，甘地要求占人口多数的印度教徒对穆斯林表示宽容，他甚至提议，只要穆斯林放弃建立巴基斯坦，不从印度分离出去，他和国大党宁愿将独立后的印度交给穆斯林联盟领袖真纳来统治。③ 然而，甘地这位为宗教和谐理想奋斗了一生的非暴力先知，最终被一位印度教狂热分子枪杀，倒在了教派纷争的暴力的血泊之中，为宗教和谐理想献出了生命，成为印度教和伊斯兰教团结和睦的殉道者。

综上所述，甘地宗教和谐思想的实践，既体现在个人生活领域，也体现在公共生活领域，二者相辅相成，互相依存。个人生活领域的实践是公共生活领域实践的准备和铺垫，前者为后者提供了前提和基础，公共生活领域的实践是个人生活领域实践的延伸和升华，后者为前者提供了动力和源泉。甘地宗教和谐思想的实践，不仅在印度民族独立运动史上有其重要的地位，而且也是解析当今世界宗教冲突的一剂良方。

甘地宗教和谐思想的实践将印度民族民主运动的政治内容和社会内容融

---

① 有关印度教和伊斯兰教的冲突以及甘地的态度，参见 [法] 拉皮埃尔、[美] 柯林斯：《圣雄甘地》，周万秀、吴葆璋译，新华出版社 1986 年版，第 21—36 页；徐友珍：《甘地传》，湖北辞书出版社 1996 年版，第 277—303 页。

② B.R.Nanda etc., *Gandhi and Nehru*, Delhi: Oxford University Press, 1979, p.23.

③ M.K.Gandhi, *The Selected Works of Mahatma Gandhi*, Volume IV, *Selected Letters*, Shriman Narayan (ed.), Ahmedabad: Navajivan Publishing House, 2011, pp.222–223.

为一体，富于反帝反封建的双重意义。印度民族解放运动属于资产阶级革命的范畴，具有反对帝国主义和封建主义、争取民族独立和民主建设的双重历史使命。这场运动在政治生活方面表现为，摆脱英国殖民主义统治，实现印度的政治独立；在社会生活方面表现为，反对封建主义因素，实现印度的社会民主。甘地宗教和谐思想的实践，特别是其在公共生活领域的实践，既体现在反对帝国主义、争取政治独立的"萨提亚格拉哈"运动上，也体现在反对封建主义、争取社会民主的"建设纲领"运动上。① 这双重使命的有机结合在甘地反对不可接触制、宣传印穆教派团结的具体实践中体现得尤为淋漓尽致。种姓制度及其极端表现形式不可接触制，是印度传统社会的一个重要特征。这种制度以森严的等级，将社会分割成不同的群体，相互隔离与对立，它窒息了人的创造力，阻碍了生产力的发展，使社会失去朝气，成为社会进步的障碍。印穆教派纷争由来已久，从公元 8 世纪穆斯林入侵印度起就已经存在。印穆之间的分歧和冲突，长期以来成为印度社会动荡分裂的一个重要因素，成为阻碍印度社会进步的一大顽疾。因此，反对不可接触制和争取印穆教派团结成为反对封建主义的社会革命的主要任务。英国殖民主义者征服印度后，为了维持和加强其统治，采取"分而治之"政策，按种姓和教派划分选区，并经常挑拨不同种姓和不同教派之间的关系，蓄意制造矛盾和不和，利用种姓制度和教派纷争分裂印度民族解放运动。因此，反对不可接触制和争取印穆教派团结也成为反对帝国主义的政治革命的主要任务。甘地在实践其宗教和谐思想的过程中，总是将反对不可接触制和争取印穆教派团结联系在一起，将印度民族民主运动的政治内容和社会内容融为一体，将反帝反封建的双重目标结合在一起。如他所说："自主的钥匙不在总督手中，也不在英国的伦敦，而在人民手中。我们坚决相信自主，但是，如果不废除不可接触制度和联合印度教徒与伊斯兰教徒，自主便是少数人的自主，而不是群众的自主。"②

---

① M.K.Gandhi，*The Selected Works of Mahatma Gandhi*，Volume III，*The Basic Works*，Shriman Narayan（ed.），Ahmedabad: Navajivan Publishing House，2011，pp.281–312.

② 彭树智：《东方民族主义思潮》，西北大学出版社 1992 年版，第 190 页。

　　甘地宗教和谐思想的实践为印度民族主义运动奠定了广泛的社会基础，使印度民族独立运动进入了一个新阶段。印度民族独立运动从 19 世纪 70 年代兴起，到 1947 年印度获得独立，大体经历了三个阶段。19 世纪 70 年代至 90 年代，是国大党温和派居主导地位的时期，此期的民族运动脱离广大民众，局限在资产阶级上层，仅限于在报刊上进行宣传，向英国议会提交请愿书，每年召开国大党年会。19 世纪 90 年代至 1920 年，是国大党激进派逐渐居主导地位的时期，此期的民族运动获得了一定的社会基础，得到了民众的支持，使印度民族主义运动出现了第一次高潮。1920 年至 1947 年，是甘地掌握领导权的时期，此期的民族运动获得了广泛的社会基础，得到了全国民众的热情支持和参与，使印度民族主义运动成为名副其实的群众运动，掀起了印度民族独立运动一次又一次高潮，最终取得了民族独立。[①] 从印度民族独立运动的发展轨迹来看，其社会基础一步一步扩大，由脱离群众的运动发展到名副其实的群众运动，最终取得了独立，这是印度民族独立运动获得成功的主要原因和基本前提。而决定印度民族独立运动社会基础扩大的一个主要因素是宗教因素。前面说过，印度是世界宗教的博物馆，印度教、伊斯兰教、耆那教、锡克教、佛教、琐罗亚斯德教、犹太教等世界主要宗教都在印度流行，印度人人是信徒，宗教从古及今顽强地支配着印度人的生活，大到国家的政治经济和文化思想，小到人们日常的衣食住行和婚丧嫁娶，无不与宗教密切相连，息息相关。[②] 因此，宗教因素在很大程度上成为发动印度民众的一个重要手段，也是印度民族独立运动成败的一个关键。国大党温和派主要由西化了的资产阶级知识分子构成，他们忽视传统宗教因素的作用，只限于"政治空谈"和"政治行乞"，使民族运动脱离民众，丧失了社会基础。国大党激进派主要由小资产阶级民主主义者构成，其代表人物是提拉克，他们利用宗教因素发动民众，使民族运动深入民众，获得了一定的社会基础。然而，以提拉克为代表的小资产阶级民主主义者只单纯利用印

---

① 有关印度民族独立运动的三个阶段的论述，参见朱明忠、尚会鹏：《印度教：宗教与社会》，世界知识出版社 2003 年版，第 79—86 页。

② 尚劝余：《印度人》，三秦出版社 2003 年版，第 140 页。

度教因素来发动民众，从而挫伤了其他宗教信徒的斗争热情，限制了民族运动社会基础的扩大。① 甘地虽然和提拉克一样也是一个印度教徒，但是他具有更加广阔的宗教视野，作为印度宗教和谐思想的集大成者，他的宗教实践超越了印度教，他曾这样号召国大党人："对每个国大党人来说，实现教派团结的第一件事是，不管他的宗教信仰如何，他自己要代表印度教徒、伊斯兰教徒、基督教徒、琐罗亚斯德教徒、犹太教徒等，简言之，要代表印度教徒和非印度教徒。他必须觉得他与印度斯坦千百万居民中的每一个人是一家人。"② 甘地宗教和谐思想的实践不仅唤起了印度教各种姓投身于民族运动，而且唤起了其他宗教派别投身于民族运动，使民族运动获得了最广泛的社会基础，呈现出空前的群众性、长期的连续性和内容的多样性的特点，使民族运动进入了名副其实的群众运动的新阶段，最终赢得了印度民族独立。

甘地宗教和谐思想的实践为当今世界提供了一面镜子，是解析当今世界宗教冲突的一剂良方。甘地生活在一个充满宗教冲突的时代，这促使他在宗教和谐中寻求出路。当今世界面临着和甘地时代相同的难题，宗教冲突时时发生，随处可见，许多国内暴力和国际战争都和宗教有关，或源于宗教，或有宗教背景，世界和平与人类生存因之受到严重威胁。朱迪丝博士在其 1997 年的书中写道："人们只需要打开每天的报纸就会知道，宗教分歧是当今世界一个爆炸性的，甚至是致命的因素：卢旺达、波黑、苏联、阿拉伯国家、以色列。在美国，美国土著宗教团体与法庭之间、美籍非洲人与犹太人之间、亲生命与亲选择力量之间等等冲突，都有宗教暗流在起作用。我们经常看到宗教成为将我们划分为敌对阵营的一种力量。对此的反应要么是退回我们自己的团体之中，将藩篱筑得更高；要么是将宗教因素撇在脑后。我们需要寻找某种互相尊重和与不同传统和文化背景的邻居真诚对话的基础，一个我们能够由此出发，共同努力面对困扰人类的深层伦理和精神问题的基

---

① 有关提拉克利用印度教的具体情况，参见朱明忠、尚会鹏：《印度教：宗教与社会》，世界知识出版社 2003 年版，第 86—94 页；林承节：《印度民族独立运动的兴起》，北京大学出版社 1987 年版，第 269—290 页。

② Abid Husain, *The Way of Gandhi and Nehru*, Bombay:Asia Publishing House, 1959, p.77.

础。"①甘地宗教和谐思想的实践无疑提供了这样一个基础。这个基础就是宗教统一、宗教平等和宗教宽容，即以宗教统一的观点看待宗教，不纠缠于宗教表象和外部差异，而是深入宗教底蕴，领会宗教的实质和灵魂，探索宗教的共同基础和目标；以宗教平等的视角审视宗教，不以某一宗教内的某一派别为标准而蔑视或贬低其他派别，或以某一宗教为标准而蔑视或贬低其他宗教，而是对同一宗教的不同派别和所有宗教一视同仁，平等相待；以宗教宽容的心态对待宗教，不是只看到其他教派和宗教的缺点，无视其优点，而是以虔诚的态度学习和借鉴其他教派和宗教的好的东西，克服自己宗教的不好的东西，求同存异，相互补充，和谐相待，和睦相处。这个基础就是宗教实践，宗教和谐不只挂在嘴上，存在脑海，而是体现在实际中，落实到行动上。如果人人都像甘地一样真诚地实践宗教和谐理想，世界将会变得更和平更美好，人类将会变得更幸福更和睦。

---

① Judith A.Berling, *A Pilgrim in Chinese Culture: Negotiating Religious Diversity*, New York: Orbis Books, 1997, p.5.

参考文献

一、中文部分

1. 中文著作

高山等编：《甘地主义》，商务印书馆 1924 年版。

樊仲云：《圣雄甘地》，梁溪图书馆 1926 年版。

王森然：《印度革命与甘地》，文化学社 1930 年版。

李圆净：《甘地的戒杀主义》，佛学书局 1932 年版。

储儿学：《甘地》，大众书局 1933 年版。

徐懋庸：《甘地》，新生命书局 1933 年版。

陈清晨：《圣雄甘地》，神州国光社 1934 年版。

谭云山：《圣哲甘地》，正中书局 1936 年版。

钱实甫：《孙文主义与列宁主义甘地主义》，民团周刊社 1939 年版。

止默：《甘地论》，美学出版社 1943 年版。

曾圣提：《在甘地先生左右》，真善美图书出版公司 1948 年版。

林承节：《印度民族独立运动的兴起》，北京大学出版社 1987 年版。

彭树智：《现代民族主义运动史》，西北大学出版社 1987 年版。

任鸣皋：《圣雄甘地》，商务印书馆 1987 年版。

任鸣皋、宁明主编：《论甘地——中国南亚学会甘地学术讨论会论文集》，上海社会科学院出版社 1987 年版。

培伦主编：《印度通史》，黑龙江人民出版社 1990 年版。

彭树智：《东方民族主义思潮》，西北大学出版社 1992 年版。

刘雨宁：《印度圣雄甘地》，书目文献出版社 1996 年版。

邱永辉：《现代印度的种姓制》，四川人民出版社 1996 年版。

尹子云：《甘地》，国际文化出版公司 1996 年版。

徐友珍：《甘地传》，湖北辞书出版社 1996 年版。

尤利伟：《甘地》，中国国际广播出版社 1996 年版。

孟昭慧：《甘地》，海天出版社 1997 年版。

米克威、胡临春：《圣雄甘地》，时事出版社 1997 年版。

刘雨宁：《印度圣雄：甘地》，北京图书馆出版社 1997 年版。

邱立君、徐景芬：《甘地的青少年时代》，现代出版社 1997 年版。

罗益聪、吴华群：《甘地的故事》，汕头大学出版社 1998 年版。

宋子刚：《甘地》，辽海出版社 1998 年版。

赵贵玉：《甘地》，晨光出版社 1998 年版。

尚劝余：《尼赫鲁与甘地的历史交往》，四川人民出版社 1999 年版。

刘雨宁：《印度圣雄：甘地》，阿布都克力木·马木提译，新疆人民出版社 2000 年版。

张先德：《甘地》，中国少年儿童出版社 2000 年版。

尚会鹏：《种姓与印度教社会》，北京大学出版社 2001 年版。

朱秀芳：《甘地》，北方妇女儿童出版社 2001 年版。

海音：《甘地》，内蒙古人民出版社 2002 年版。

侯书雄：《甘地》，远方出版社 2002 年版。

燔焕强：《圣雄甘地》，浦东电子出版社 2002 年版。

世界人物传记研究促进会：《甘地》，西北大学出版社 2002 年版。

许学东：《甘地传》，内蒙古人民出版社 2002 年版。

尚劝余：《印度人》，三秦出版社 2003 年版。

王国富：《甘地》，延边大学出版社 2003 年版。

朱明忠、尚会鹏：《印度教：宗教与社会》，世界知识出版社 2003 年版。

林承节：《殖民统治时期的印度史》，北京大学出版社 2004 年版。

尚劝余：《圣雄甘地宗教哲学研究》，中国社会科学出版社 2004 年版。

程世杰：《圣雄甘地和独立总统尼赫鲁》，中国戏剧出版社 2005 年版。

吴倩：《甘地》，华夏出版社 2008 年版。

朱秀芳：《圣雄甘地》，北方妇女儿童出版社 2008 年版。

何茂莉：《印度人民的精神领袖：甘地》，吉林人民出版社 2011 年版。

黄迎虹：《感化型政治：以圣雄甘地绝食的理论与实践为例》，上海人民出版社 2012 年版。

皮波人物国际名人研究中心：《甘地》，国际文化出版公司 2012 年版。

邱立君、徐景芬、袁学哲：《甘地　尼赫鲁》，山西人民出版社 2012 年版。

文景：《甘地》，中国人口出版社 2012 年版。

李有成：《在甘地铜像前：我的伦敦札记》，浙江大学出版社 2013 年版。

《名人的真实故事系列丛书》编写组：《林肯　甘地》，未来出版社 2013 年版。

王志艳：《告诉你一个甘地的故事》，天津人民出版社 2013 年版。

章文：《非暴力的"战争"——甘地传》，中国友谊出版公司 2013 年版。

刘光男：《杰出偶像：甘地》，北京联合出版公司 2014 年版。

《图说世界名人》编委会：《甘地：和平变革的代表》，江西高校出版社 2014 年版。

徐琰：《印度圣雄：甘地》，北京师范大学出版社 2015 年版。

朱秀芳：《世界伟人传记　甘地》，陕西人民出版社 2014 年版。

2. 译著

［法］罗曼·罗兰：《甘地小传》，谢颂羔、米星如编译，美以美会全国书报部 1925 年版。

［奥］孚勒普密勒：《列宁与甘地》，伍光建译，华通书局 1930 年版。

［法］罗曼·罗兰：《甘地》，陈作梁译，商务印书馆 1930 年版。

［法］罗曼·罗兰：《甘地奋斗史》，谢济泽译，卿云图书公司 1930 年版。

［印］甘地：《甘地自传》，明耀五译，大东书局 1932 年版。

［印］甘地：《甘地自传》，向达译，中华书局 1934 年版。

［印］甘地：《甘地自传》，吴耀宗译，青年协会书局 1935 年。

［印］甘地：《印度自治》，谭云山译，商务印书馆 1935 年版。

［法］罗曼·罗兰：《甘地奋斗史》，米星如、谢颂羔编译，龙文书店 1935 年版。

［印］甘地：《甘地自传》，南柳如编译，正中书局 1936 年版。

［印］甘地等：《世界名著杰作选》第 1 集，《伦理的宗教》，王昆仑等译，经纬书局 1937 年版。

［印］杜德：《今日印度》上下册，黄季方译，世界知识出版社 1954 年版。

［印］尼赫鲁：《尼赫鲁自传》，张宝芳译，世界知识出版社 1956 年版。

［印］尼赫鲁：《印度的发现》，齐文译，世界知识出版社 1956 年版。

［印］甘地：《甘地自传》，杜危、吴耀宗译，商务印书馆 1959 年版。

［印］南布迪里巴德：《圣雄甘地与甘地主义》，何新译，三联书店 1961 年版。

［印］辛哈、班纳吉：《印度通史》，张若达、冯金辛、王伟译，商务印书馆 1964 年版。

［法］拉皮埃尔、［美］柯林斯：《圣雄甘地》，周万秀、吴葆璋译，新华出版社 1986 年版。

［英］布里利：《甘地》，粟旺等译，中国电影出版社 1988 年版。

［印］克里帕拉尼：《甘地》，陈武俊、李运民译，中国人民大学出版社 1992 年版。

［美］凯夏文·纳尔：《甘地式领导：更高层的人生哲学》，黄进发译，专利文献出版社 1997 年版。

［美］米歇尔·尼科尔森：《甘地传》，侯敏跃译，世界图书出版公司 1997 年版。

［美］伊克纳斯·伊斯沃兰：《圣雄·甘地：非暴力之父》，林东涛译，中国言实出版社 1998 年版。

［德］海默·劳：《甘地》，孙咏梅、张韶光译，河北教育出版社 1999 年版。

［美］史提夫·艾柏赫特、约翰·柯力蒙：《不朽的智慧：领导力的启示：柏拉图、莎士比亚、金恩、克劳塞维兹、邱吉尔、甘地》，李宛蓉译，昆仑出版社 1999 年版。

［印］甘地：《甘地自传》，刘宇来译，北方妇女儿童出版社 2002 年版。

［法］罗曼·罗兰：《甘地传》，Catherin D.Groth 译，北京广播学院出版社 2002 年版。

［印］姆·克·甘地：《博爱圣雄——姆·克·甘地自传》，吉力译，时代文艺出版社 2003 年版。

［印］甘地：《甘地》，鲁良斌译，国际文化出版公司 2003 年版。

［印］甘地：《圣雄修身录——甘地论道德、修养以及健康》，吴蓓译，新星出版社 2006 年版。

［意］索弗里：《甘地与印度》，李阳译，三联书店 2006 年版。

［印］甘地：《圣雄箴言录》，吴蓓译，新星出版社 2007 年版。

［印］甘地：《甘地自传：我体验真理的故事》，叶李、简敏译，长江文艺出版社 2007 年版。

［瑞］贝尔纳德·伊姆哈斯利：《告别甘地：现代印度的故事》，王印宝译，

人民日报出版社 2009 年版。

[韩] 金善姬：《甘地》，林嘉渼译，西安交通大学出版社 2009 年版。

[印] 拉吉莫汉·甘地：《我的祖父圣雄甘地》，邓俊秉、周刚、周巨洪译，国际文化出版公司 2009 年版。

[印] 甘地：《甘地自传》，钟杰译，吉林出版集团有限责任公司 2009 年版。

[美] 凯瑟琳·布什、阿瑟·施莱辛格：《甘地》，董佩琪译，中国工人出版社 2010 年版。

[美] 埃里克·埃里克森：《甘地的真理：好战的非暴力起源》，吕文江、田嵩燕译，中央编译出版社 2010 年版。

[美] 威廉·夏伊勒：《甘地的武器：一个人的非暴力之路》，汪小英译，中国青年出版社 2012 年版。

[印] 甘地：《甘地自传》，钟杰译，安徽人民出版社 2012 年版。

[印] 帕斯卡尔·艾伦·纳扎里斯：《甘地：杰出的领袖》，尚劝余等译，商务印书馆 2012 年版。

[日] 池田大作、[印] 尼拉坎达·拉达克里希南：《走向人道世纪——谈甘地与印度哲学》，李长声译，四川人民出版社 2014 年版。

[印] 甘地：《甘地自传》，启蒙编译所译，上海社会科学院出版社 2015 年版。

[美] 阿瑟·赫尔曼：《甘地与丘吉尔：抗争与妥协的政治史诗》，刘畅译，上海社会科学院出版社 2016 年版。

[印] 甘地：《甘地自传》，吴晓静译，云南人民出版社 2016 年版。

[印] 甘地：《世界风云政治家——甘地自传》，洪晓然译，中国书籍出版社 2016 年版。

[印] 甘地：《甘地——苦行的圣雄》，禾白编译，中华工商联合出版社 2016 年版。

[印] 甘地：《甘地自传》，徐翠荣译，西苑出版社 2016 年版。

3. 中文论文

王存华：《我对"关于甘地的经济思想"一文中的几点意见》，《史学月刊》1957 年第 6 期。

王春良：《有关甘地历史作用评价的几个问题——评王存华先生在论述甘地历史作用方面的几点认识》，《山东师范学院学报》1957 年第 1 期。

王春良：《试论甘地所倡导的"萨特雅格拉哈"》，《山东师范学院学报》1957

年第 1 期。

王春良：《关于甘地的经济思想——对"关于甘地的'手工纺织'运动"一文的意见》，《史学月刊》1957 年第 6 期。

王春良：《对"甘地在印度民族解放斗争中的作用"一文的意见》，《文史哲》1957 年第 12 期。

王存华：《关于甘地的"手工纺织"运动》，《史学月刊》1957 年第 2 期。

王春良：《略谈甘地所倡导的"非暴力抵抗"》，《史学月刊》1958 年第 1 期。

王春良：《甘地的"手工纺织"运动》，《历史教学问题》1958 年第 3 期。

王春良：《略论甘地的历史作用》，《文史哲》1958 年第 4 期。

黄思骏：《苏联印度学家对甘地评价的变化》，《世界史研究动态》1979 年第 9 期。

林凡：《印度作家阿巴斯论托尔斯泰和甘地》，《外国文学动态》1979 年第 4 期。

颜芙：《南非印度人的早期遭遇及在甘地领导下的反抗斗争》，《亚非问题研究》1980 年第 2 期。

吴成平：《论甘地和甘地主义》，《上海师范学院学报》1980 年第 1 期。

高树茂：《在甘地墓前》，《人民日报》1981 年 4 月 27 日。

阮励：《廖侠怀和他的〈甘地会西施〉（提要）》，《广东省戏剧年鉴》1981 年。

程清：《〈甘地〉开拍》，《电影评介》1981 年第 8 期。

贺圣达：《甘地是印度农民的伟大代表》，《世界历史》1981 年第 3 期。

李达三：《甘地是应该肯定的历史人物》，《河北大学学报》1981 年第 1 期。

林被甸：《对几种不同意见的剖析》，《世界历史》1981 年第 3 期。

汤宜庄：《对甘地的一点看法》，《世界历史》1981 年第 3 期。

王藻：《甘地浅议》，《史学集刊》1981 年第 1 期。

吴成平：《再谈对甘地评价的几点看法》，《上海师范学院学报》1981 年第 4 期。

张一平：《对非暴力主义应基本肯定》，《世界历史》1981 年第 3 期。

汤宜庄：《浅析甘地非暴力主义的思想渊源》，《宁夏大学学报》1982 年第 3 期。

王春良：《试论有关甘地主义的两个问题》，《历史教学》1982 年第 9 期。

吴成平：《甘地评价再论》，《世界现代史论文集》1982 年 8 月。

贺璋蓉：《甘地》，《历史教学》1983 年第 11 期。

黄思骏：《甘地与非暴力不合作运动》，《外国历史知识》1983 年第 2 期。

金克木：《略论甘地在南非早期政治思想》，《南亚研究》1983 年第 3 期。

金克木：《略论甘地之死》，《南亚研究》1983 年第 4 期。

李庄藩：《英国影片〈甘地传〉》，《世界电影》1983 年第 3 期。

李庄藩：《轰动世界影坛的〈甘地传〉》，《文汇》1983 年第 6 期。

汤宜庄：《略评二十世纪二十—三十年代甘地的政治作用》，《史学月刊》1983 年第 6 期。

袁伟传：《1917 年印度昌巴兰靛蓝农民的抗租斗争——兼评甘地在比哈尔的一次"坚持真理"运动》，《世界史论集》1983 年。

张治平：《影片再现了印度圣雄的一生，在他遇刺日看〈甘地〉》，《文汇报》1983 年 2 月 12 日。

陈峰君：《关于评价甘地的四次争论》，《世界史研究动态》1984 年第 10 期。

胡少华：《对甘地建设性纲领的一些看法》，《史学月刊》1984 年第 2 期。

罗传芳、张光明：《甘地阶级属性再探讨及其评价》，《史学月刊》1984 年第 5 期。

许瑞闽：《印度圣雄甘地》，《南亚研究》1984 年第 3 期。

林承节：《甘地主义的形成和甘地领导权的确立》，《南亚研究》1985 年第 1 期。

陈光充：《从〈甘地自传〉看甘地主义》，《西南民族学院学报》1985 年第 4 期。

黄思骏：《评说甘地有新意——印度历史讨论会侧记》，《世界史研究动态》1985 年第 5 期。

黄心川：《甘地哲学和社会思想述评》，《南亚研究》1985 年第 1 期。

彭树智：《甘地思想的整体性和独特性》，《历史研究》1985 年第 6 期。

王纯：《试论甘地与国大党的关系问题》，《史学月刊》1985 年第 2 期。

孙兰英：《试论甘地"非暴力不合作主义"》，《洛阳师专学报》1985 年第 1 期。

张一平：《甘地非暴力主义评价问题再探讨》，《河南师范大学学报》1985 年第 2 期。

蔡元土：《略论甘地的非暴力思想主张》，《福州师大福清分校学报》1986 年第 3 期。

贺圣达：《试论莫·卡·甘地的阶级性》，《南亚研究》1986 年第 1 期。

黄思骏：《论甘地的阶级属性——兼论印度资产阶级的性质》，《世界历史》1986 年第 12 期。

培伦、董本建：《论甘地的独特品格》，《史学集刊》1986 年第 1 期。

彭树智：《论甘地的非暴力抵抗运动》，《历史教学》1986 年第 1 期。

任鸣皋：《甘地的绝食斗争》，《外国史知识》1986 年第 9 期。

张东春：《美国学者对甘地的认识和研究》，《吉林大学学报》1986 年第 2 期。

李楠：《访圣雄甘地的故居》，《瞭望周刊》1986 年第 33 期。

王纯：《"非暴力"寓于印度教义之中吗?》，《世界历史》1986 年第 9 期。

王辉云：《甘地宗教思想的主要内容及其特征》，《世界历史》1986 年第 9 期。

杨仁德：《印度近现代经济思想史上的著名人物和甘地的经济思想》，《南亚研究季刊》1986 年第 3 期。

汤宜庄：《关于甘地、国大党评价问题小议》，《苏州大学学报》1987 年第 2 期。

汤宜庄：《论甘地的非暴力主义》，《南亚研究》1987 年第 3 期。

林承节：《"退出印度"运动与甘地非暴力理想的破灭》，《南亚研究》1987 年第 1 期。

罗丽萍：《甘地论账簿》，《四川档案》1987 年第 2 期。

朔望：《电影脚本〈甘地〉与我》，《读书》1987 年第 5 期。

王存华：《甘地并非印度民族资产阶级的政治代表——兼论甘地的阶级属性问题》，《史学月刊》1987 年第 5 期。

袁传伟：《甘地与比哈尔靛蓝农民运动 (1917—1918)》，《南亚研究》1987 年第 6 期。

唐文权：《甘地两次不合作运动在当年中国的反响》，《南亚研究》1988 年第 4 期。

梁漱溟：《读有关圣雄甘地事迹的几本书》，《南亚研究》1988 年第 2 期。

张力：《论甘地思想中的苦行主义因素》，《南亚研究季刊》1988 年第 4 期。

张佩侠：《关于甘地非暴力主义问题的争鸣》，《聊城师范学院学报》1988 年第 3 期。

袁传伟：《甘地研究最近书目简介》，《南亚研究》1988 年第 1 期。

朱平平：《关于甘地的"非暴力"概念的涵义》，《历史教学问题》1988 年第 5 期。

朱明忠：《论甘地的道德伦理思想》，《南亚研究》1988 年第 3 期。

峰均：《甘地主义介评——纪念甘地诞辰 120 周年》，《国际政治研究》1989 年第 3 期。

彭树智：《甘地的印度自治思想及其国家观》，《史学集刊》1989 年第 1 期。

彭树智：《甘地的农村经济思想及其道德观》，《南亚研究》1989 年第 3 期。

彭树智主编：《甘地研究》，《陕西历史学年鉴》1989 年。

杨玉圣：《近十年来甘地研究综述》，《南亚研究》1989 年第 3 期。

杨玉圣：《我国建国后甘地研究论文资料索引》，《南亚研究季刊》1989 年第 3 期。

张倩红、刘银萍：《托尔斯泰对甘地的影响初探》，《史学月刊》1989 年第 3 期。

张倩红、刘银萍：《甘地与托尔斯泰思想之比较》，《南亚研究季刊》1990 年第 3 期。

庄友桂：《印度独立运动的标志和象征——甘地、尼赫鲁与印度国旗》，《国际政治研究》1990 年第 2 期。

尚劝余：《人——甘地思想的精髓》，《南亚研究季刊》1991 年第 3 期。

吴宏阳：《甘地宗教思想与政治思想的关系》，《南亚研究季刊》1991 年第 3 期。

李桔芬：《浅论甘地思想中的宗教与政治》，《上海师范大学学报》1992 年第 3 期。

林立：《甘地、安倍德卡尔与拯救贱民运动》，《南亚研究季刊》1992 年第 3 期。

尚劝余：《甘地教育思想初探》，《南亚研究》1992 年第 3 期。

李平民：《甘地和孙中山所设想的社会主义》，《中国青年政治学院学报》1993 年第 5 期。

李向阳：《试论甘地从"合作主义者"向"不合作主义者"的转变》，《山西大学师范学院学报》1993 年第 2 期。

林承节：《1930—1933 年甘地领导的文明不服从运动在中国的反响》，《南亚研究》1993 年第 4 期。

郭秀如：《甘地的非暴力主义应基本肯定》，《闽江学院学报》1994 年第 3 期。

尚劝余：《尼赫鲁与甘地在未来社会设想方面的分歧》，《南亚研究》1994 年第 3 期。

胡光利：《论甘地与托尔斯泰世界观的二重性》，《辽宁大学学报》1995 年第 1 期。

李义中：《浅谈甘地非暴力主义的宗教性与民族性》，《安庆师院学报》1996

年第 4 期。

尚劝余:《尼赫鲁与甘地在印度民族民主运动方法问题上的分歧》,《南亚研究季刊》1996 年第 1 期。

尚劝余:《尼赫鲁与甘地在印度民族民主运动目标和方法问题上的分歧》,《湛江师范学院学报》1996 年第 3 期。

王尚清:《关于甘地非暴力思想的新认识》,《雁北师院学报》1996 年第 5 期。

方尔加:《论甘地的宗教观》,《中国青年政治学院学报》1997 年第 1 期。

李义中:《托尔斯泰的宗教思想与"南非时代"的甘地》,《安庆师院学报》1997 年第 3 期。

彭树智:《论尼赫鲁与甘地之间的历史交往》,《南亚研究季刊》1997 年第 2 期。

尚劝余:《论尼赫鲁与甘地的思想特征和政治风格》,《湛江师范学院学报》1997 年第 1 期。

尚劝余:《圣雄甘地独特的宗教人生观》,《世界宗教文化》1997 年第 2 期。

尚劝余:《论尼赫鲁—甘地关系的实质及意义》,《南亚研究季刊》1997 年第 2 期。

尚劝余:《尼赫鲁与甘地在印度民族民主运动中的合作关系略论》,《湛江师范学院学报》1998 年第 1 期。

戴家墨、尚劝余:《甘地与凯末尔的经济思想之比较》,《海南师院学报》1999 年第 3 期。

冯春龙:《略论甘地"非暴力主义"的渊源》,《洛阳师专学报》1999 年第 6 期。

何新华:《评甘地主义的反工业主义思想——对世界反现代化思潮的一个分析》,《南亚研究季刊》1999 年第 1 期。

黄灵:《甘地未获诺贝尔和平奖内幕》,《档案与建设》1999 年第 1 期。

肖莎:《圣雄甘地妇女观评析》,《浙江学刊》1999 年第 1 期。

余敏娟、汤晓黎:《影响甘地思想体系形成的诸因素初探》,《台州师专学报》1999 年第 4 期。

尚劝余:《〈尼赫鲁与甘地〉三序》,《湛江师范学院学报》1999 年第 2 期。

车效梅:《从甘地到恩克鲁玛看二十世纪民族解放运动的轨迹》,《山西师范大学学报》2000 年第 1 期。

陈辉宗:《梁漱溟与甘地现代化思想之比较》,《新东方》2000 年第 7 期。

李利安:《南亚研究领域的一部开拓创新之作——评〈尼赫鲁与甘地的历史

交往〉》，《南亚研究季刊》2000 年第 1 期。

摩罗：《甘地的政治智慧》，《读书》2000 年第 7 期。

黄维民：《论甘地与黎萨尔非暴力原则的异同》，《西安教育学院学报》2001 年第 1 期。

尚劝余：《圣雄甘地的神灵观》，《南亚研究》2001 年第 1 期。

尚劝余：《圣雄甘地妇女观初探》，《南亚研究季刊》2001 年第 2 期。

尚劝余、赖海波：《甘地与凯末尔政治思想之比较》，《南亚研究季刊》2001 年第 1 期。

余秋雨：《甘地遗言》，《视野》2001 年第 11 期。

纪立新：《甘地与真纳之比较》，《宁波高等专科学校学报》2002 年第 3 期。

佟延春：《对甘地及其非暴力思想的新认识》，《牡丹江师范学院学报》2002 年第 3 期。

亚佳：《"圣雄甘地"：我心目中的最佳得分后卫——史蒂夫·纳什访谈》，《体育博览》2002 年第 10 期。

祝大同：《格瓦拉、甘地和金——二十一世纪的选择》，《社会科学论坛》2002 年第 2 期。

朱明忠：《甘地的非暴力主义及其影响》，《南亚研究》2002 年第 4 期。

骆娴梅：《人性与兽性的典型——甘地非暴力主义与国际恐怖主义之比较》，《湖南工业大学学报》2003 年第 3 期。

王立新：《甘地：印度民众政治的反对者，还是塑造者——一项对个人魅力型权威与政治发展关系问题的个案研究》，《史学集刊》2003 年第 1 期。

王锁劳：《巴以双方可否学学甘地——从以色列总理访问印度谈起》，《世界知识》2003 年第 19 期。

杨国庆、常利锋：《真理是一切的本质——略论甘地的宗教思想》，《美与时代》2003 年第 5 期。

左婧：《从非暴力抵抗运动看甘地》，《求实》2003 年第 1 期。

郭宇宽：《为什么我们不会追随"甘地"——与一个来自巴勒斯坦被占领土青年记者的对话》，《南风窗》2004 年第 8 期。

欧东明：《近代印度的宗教民族主义——以提拉克和甘地为例》，《南亚研究季刊》2004 年第 1 期。

谌焕义：《论甘地与印巴分治》，《南亚研究季刊》2004 年第 1 期。

尚劝余：《甘地宗教哲学中的神的概念》，《南亚研究季刊》2004 年第 2 期。

尚劝余：《论甘地对世界宗教文化的兼容并蓄》，《甘肃社会科学》2004 年第 6 期。

尚劝余：《圣雄甘地宗教思想探源》，《重庆工学院学报》2004 年第 5 期。

石海峻：《甘地主义、马克思主义和后殖民主义》，《南亚研究》2004 年第 1 期。

尚劝余：《论甘地宗教和谐思想的内涵》，《南亚研究季刊》2005 年第 1 期。

许文龙：《圣雄甘地箴言》，《英语知识》2005 年第 11 期。

柴俊青：《甘地非暴力主义评价问题再探讨》，《安阳师范学院学报》2006 年第 3 期。

胡波：《浅谈甘地的农村经济思想》，《长春市委党校学报》2006 年第 3 期。

田占军：《关于〈圣迹图〉的内容及"圣雄"甘地的年龄》，《中学历史教学》2006 年第 12 期。

谢敏华：《浅析甘地思想的复杂性》，华中师范大学 2006 年硕士学位论文。

陈红梅：《班主任如何化解班内的"甘地主义"》，《中学文科：教研论坛》2007 年第 6 期。

李林涛：《甘地和国大党的博弈》，《社会科学论坛》2007 年第 8 期。

石海军：《甘地的种姓意识与现代印度社会结构的变迁》，《南亚研究》2007 年第 1 期。

游宇明：《公民权利与甘地主义》，《观察与思考》2007 年第 8 期。

刘昱君：《追求真理的一生——〈甘地自传〉评析》，《时代文学》2007 年第 6 期。

游宇明：《公民权利与甘地主义》，《观察与思考》2007 年第 8 期。

余文浩：《〈甘地被刺〉教学思路及课堂实录》，《语文教学与研究：综合天地》2007 年第 8 期。

郭晋平：《甘地主义与孙中山思想形成诸因素之比较》，《沧桑》2008 年第 5 期。

李越：《"非暴力"的历程》，《华中师范大学研究生学报》2008 年第 1 期。

石海军：《甘地主义与印度乡土文学》，《大连大学学报》2008 年第 2 期。

王钊：《试分析甘地非暴力不合作思想的形成及其实践》，《沧州师范专科学校学报》2008 年第 1 期。

张来仪：《宗教和谐：圣雄甘地对世界宗教的不朽贡献》，《世界宗教文化》2008 年第 3 期。

张来仪、尚劝余：《甘地宗教思想特征探析》，《历史教学》2008 年第 4 期。

庄礼伟：《在孟买遇见圣雄甘地》，《南风窗》2008 年第 3 期。

程昱：《"中外历史人物评说"教学的探索与思考——从〈圣雄甘地〉一课的设计与实施说开去》，《中学历史教学参考》2009 年第 12 期。

李开周、叶来舟：《一个人的维和》，《视野》2009 年第 4 期。

林达：《另一个"圣雄"甘地》，《同舟共进》2009 年第 3 期。

尚劝余：《论甘地宗教和谐思想的实践》，《史林》2009 年第 3 期。

王生智：《甘地新闻思想述论》，《安庆师范学院学报》2009 年第 4 期。

王晓建：《圣雄甘地与印巴分治》，华中师范大学 2009 年硕士学位论文。

向蓓莉：《甘地教育思想述评》，《〈教育史研究〉创刊二十周年论文集（16）》2009 年。

乌里雅思泰：《圣雄的落寞》，《视野》2009 年第 21 期。

乌里雅思泰：《走访甘地遗园》，《中国新闻周刊》2009 年第 32 期。

右卫门：《甘地，你永远不会独行》，《数码设计：surface》2009 年第 7 期。

赵文龙：《心会跟爱一起走——教学片段〈对话甘地〉赏析》，《历史教学：中学版》2009 年第 3 期。

张裕伟：《甘地的年龄问题》，《中学历史教学》2009 年第 8 期。

朱生坚：《另一个甘地》，《读书》2009 年第 3 期。

邓俊秉：《好船夫——圣雄甘地扬帆来到中国》，《当代世界》2010 年第 11 期。

杜星、王巍：《非暴力作为解决冲突之法：甘地的政治伦理》，《社会科学论坛》2010 年第 3 期。

黄迎虹：《感化型政治：一种独特的政治变革模式——以圣雄甘地绝食的理论与实践为例》，中山大学 2010 年博士学位论文。

刘倩倩：《梭罗对甘地和马丁·路德·金的政治影响》，北京外国语大学 2010 年硕士学位论文。

吴蓓、朱生坚：《圣雄甘地的禁欲之路》，《看世界》2010 年第 14 期。

徐卫洪：《略论甘地和孙中山在经济思想上的分歧》，《安徽文学》2010 年第 9 期。

尹继武：《非暴力，甘地的精神起源》，《读书》2010 年第 12 期。

庄丽雯：《向圣雄甘地致敬》，《检察风云》2010 年第 16 期。

范君：《试析甘地宗教思想与政治的关系》，《魅力中国》2011 年第 11 期。

姬遇：《歧视引发的非暴力行动》，《世界文化》2011 年第 5 期。

李平民:《甘地的"社会主义"思想》,《历史教学问题》2011年第6期。

梁燕丽:《甘地为什么"非暴力不合作"?》,《福建理论学习》2011年第5期。

杨梓:《论甘地的宗教思想及其对印度民族解放运动的影响》,云南大学2011年硕士学位论文。

赵庆东:《活动助推专业成长 且行且思深化教研——兼谈〈圣雄甘地〉一课的教与学》,《中学历史教学参考》2011年第1期。

赵干城:《甘地的悲剧》,《东方早报》2011年8月31日。

曹红晓:《以"圣雄甘地"为例谈"学趣识一体"课堂教学模式的实践——探究高中历史人文精神目标的有效落实》,《投资与创业》2012年第3期。

顾菡:《为真理而战的勇士和先知——甘地》,《新高考:政史地》2012年第3期。

黄迎虹:《"精神的力量":甘地非暴力反抗运动的理论基础》,《政治思想史》2012年第3期。

刘开梅:《人文素养教育在高中历史课堂教学中的实践与思考——以人民版〈甘地〉为例》,《课程教育研究》2012年第8期。

周骅:《从"斯瓦拉吉"到"罗摩盛世"——甘地印度自治思想的宗教渊源》,《湘潭大学学报》2012年第4期。

尚劝余:《甘地研究领域的一朵奇葩》,《中学历史教学参考》2013年第6期。

4. 外文译文

[苏] 亚历山大·古别尔:《关于甘地在历史中的作用问题》,炳璋译,《国际问题译丛》1956年第7期。

[苏] 叶·茹可夫:《关于甘地的历史作用》,王果爱译,天津《大公报》1956年3月2日。

[苏] 叶·茹可夫:《关于圣雄甘地的历史作用》,于深译,《历史教学》1956年第10期。

[苏] 叶·茹可夫:《甘地在印度民族解放斗争中的作用》,于深译,《历史教学》1956年第10期。

[苏] A.M.狄雅科夫等:《甘地在印度人民民族解放斗争中的作用》,王启民、赵克毅、彭树智译,《史学月刊》1957年第7期。

[苏] 季亚科夫:《甘地在印度民族解放斗争中的作用》,力学译,《国际问题译丛》1957年第4期。

[美] 希弗曼:《印度的朋友:列夫·托尔斯泰——列夫·托尔斯泰同甘地的通信》,老九译,《国际问题译丛》1957 年第 8 期。

[印] 南布迪里巴德:《圣雄甘地》,冯珹译,《史学月刊》1958 年第 5 期。

[印] 维尔加浪卡尔:《1917—1930 年印度解放运动》,旌宿译,《史学月刊》1958 年第 6 期。

[美] J.M. 布朗:《二十世纪的历史人物——甘地》,正一译,《现代外国哲学社会科学文摘》1981 年第 8 期。

[美] 埃德加·斯诺:《圣雄甘地之死》,奘金霖、章彦译,《环球》1982 年第 12 期。

[印] 迪夫拉吉·巴利:《论甘地的人道主义思想》,王辉云译,《哲学译丛》1983 年第 5 期。

[印] 古斯:《圣雄甘地的宗教思想》,石景武译,《南亚译丛》1983 年第 4 期。

劳尔·辛格、唐桂青:《〈甘地传〉———一部与众不同的影片》,《文化译丛》1983 年第 4 期。

[印] 拉尔:《甘地的哲学、宗教和伦理思想》,朱明忠译,《南亚译丛》1984 年第 2 期。

[美] 尤素夫·扎巴拉维:《圣雄甘地》,陈燕译,《文化译丛》1985 年第 2 期。

[印] 特切克:《甘地政治学的心理分析》,张英华、刘笑盈译,《世界史研究动态》1987 年第 1 期。

[美] 埃德加·斯诺:《甘地的教训》,奘金霖、章彦译,《国际政治研究》1990 年第 2 期。

[印] K.P. 帕德玛拉班:《贫困、微型信贷、圣雄甘地:对捐赠者的教益》,舒建军译,《国际社会科学杂志》2002 年第 3 期

[美] 戴尔·卡耐基:《圣雄甘地》,石井译,《中学生阅读:高中版》2004 年第 3 期。

[日] 滨下昌宏:《印度因素的重要性:甘地,森,斯皮瓦克》,李苏晋译,《西北师大学报》2006 年第 2 期。

阿马蒂亚·森:《甘地与泰戈尔对于科学问题的不同态度》,《南亚研究》2008 年第 1 期。

Michael Angier:《如果你想改变世界》,《新东方英语中学版(中英文版)》2010 年第 6 期。

[叙利亚] 阿多尼斯:《要甘地,不要格瓦拉》,薛庆国译,《西部》2011 年

第 10 期。

二、外文部分

1. 外文著作

Gandhi, M.K.*The Collected Works of Mahatma Gandhi,* Volumes 1-100, New Delhi: Publications Division, Ministry of Information and Broadcasting, Government of India, 1956-1994.

Gandhi, M.K.*Truth is God,* Ahmedabad: Navajivan Publishing House, 1955.

Gandhi, M.K.*My Religion*, Ahmedabad: Navajivan Publishing House, 1958.

Gandhi, M.K.*The Selected Works of Mahatma Gandhi,* Volume I, *An Autobiography or The Story of My Experiments with Truth*, Shriman Narayan (ed.), Translated from the Original in Gujarati by Mahadev Desai, Ahmedabad: Navajivan Publishing House, 2011.

Gandhi, M.K.*The Selected Works of Mahatma Gandhi,* Volume II, *Satyagraha in South Africa,* Shriman Narayan (ed.), Translated from the Original in Gujarati by Valji Govindji Desai, Ahmedabad: Navajivan Publishing House, 2011.

Gandhi, M.K. *The Selected Works of Mahatma Gandhi,* Volume III, *The Basic Works,* Shriman Narayan (ed.), Ahmedabad: Navajivan Publishing House, 2011.

Gandhi, M.K.*The Selected Works of Mahatma Gandhi,* Volume IV, *Selected Letters,* Shriman Narayan (ed.), Ahmedabad: Navajivan Publishing House, 2011.

Gandhi, M.K.*The Selected Works of Mahatma Gandhi,* Volume V, *Voice of Truth,* Shriman Narayan (ed.), Ahmedabad: Navajivan Publishing House, 2011.

Donaldson K., *South African Who's Who (Social & Business) 1927-28,* Cape Town: Cape Times Ltd., 1928.

Bose, N.B., *A Study of Gandhism*, Ahmedabad: Navjivan Press, 1947.

Louis Fisher, *Gandhi: His Life and Message for the World,* New York: New American Library, 1954.

Bose, N.K., *Selections from Gandhi,* Ahmedabad: Navajivan Publishing House, 1959.

Diwakar, R.R., *Gandhi's Life, Thought and Philosophy*, Bombay: Vidya Bhawan, 1963.

Tendulkar, D.G., *Mahatma: Life of Mohandas Karamchand Gandhi,* Vol.II, 1921-1929, New Delhi: Publications Division, G.O.I., 1969.

Tendulkar, D.G., *Mahatma: Life of Mohandas Karamchand Gandhi,* Vol.III, 1930-1934, New Delhi:Publications Division, G.O.I., 1971.

Dutta, D.K., *Social, Moral and Religious Philosophy of Mahatma Gandhi,* New Delhi: Intellectual Publishing House, 1980.

Richard, Glyn, *The Philosophy of Gandhi*, London: Curzon Press, 1982.

N.B.Sen ed., *Wit and Wisdom of Mahatma Gandhi,* New Delhi: New Book Society of India, 1960.

Jordens, J.T.F., *Gandhi's Religion: A Homespun Shawl,* New York: St. Martin's Press LTD, 1998.

Chatterjee, Margaret, *Gandhi's Religious Thought,* Indiana: University of Notre Dame Press, 1983.

Robert Ellsberg ed., *Gandhi on Christianity,* New York: Orbis Books, 1997.

Lelyveld, Joseph, *Great Soul: Mahatma Gandhi and His Struggle with India,* New York: Alfred A Knopf, 2011.

Weber, Thomas, *Gandhi As Disciple and Mentor*, Cambridge: Cambridge University Press, 2004.

Adams, Jad, *Gandhi: Naked Ambition*, London: Quercus Publishing, 2010.

Kumar, Girja, *Brahmacharya: Gandhi and His Women Associates*, New Delhi: Vitasta Publishing, 2006.

Shanti Sadiq Ali ed., *Gandhi & South Africa,* Delhi: Hind Pocket Books, 1994.

Sofri, Gianni, *Gandhi and India,* London: Windrush Press, 1999.

Chaudhri, Sandhya, *Gandhi and the Partition of India*, New Delhi: Sterling Publishers Pvt. Ltd., 1984.

Murthy, B.S., *Mahatma Gandhi and Leo Tolstoy Letters,* California: Long Beach Publications, 1987.

Husain, Abid, *The Way of Gandhi and Nehru,* Bombay: Asia Publishing House, 1959.

B.R.Nanda etc., *Gandhi and Nehru,* Delhi: Oxford University Press, 1979.

Dutt, Vishnu, *Gandhi, Nehru and the Challenge,* New Delhi: Abhinav Publications, 1979.

Kripalani, K.R., *Gandhi, Tagore and Nehru,* Bombay: Hind Kitabs, 1949.

Kisshor, Bri, *Gogal, Thoughts of Gandhi, Nehru and Tagore,* Delhi: CBS Publishers, 1984.

Prasad, Bimal, *Gandhi, Nehru and J.P.,* Delhi: Chamakya Publishers, 1985.

Ali, Tariq, *An Indian Dynasty: The Story of the Nehru-Gandhi Family,* New York: G.P. Putnam's Sons, 1985.

Patil, V.T., *Gandhi, Nehru and the Quit India Movement: A Study in the Dynamics of A Mass Movement*, Delhi: B R Publishing Corporation, 1984.

Isa Sarid and Christian Bartolf, *Hermann Kallenbach: Mahatma Gandhi's Friend in South Africa*, Selbstverlag: Gandhi-Informations-Zentrum, 1997.

Nayyar, Pyarelal, *Salt Satyagrah–The Watershed,* Ahmedabad: Navajivan Publishing House, 1995.

Vyas ed., *Self Rule of Village*, Ahmedabad: Navjivan Press, 1962.

Bondurant, J.V., *Conquest of Violence,* Princeton: Princeton University Press, 1965.

Kripalani, Krishna, *All Men are Brothers,* UNESCO: World Without War Publications, 1972.

Basant Kumar Lal, *Contemporary Indian Philosophy,* New Delhi: Motilal Banarsidass, 1978.

Ram Chandra Gupton, *Great Thinkers of the East and West*, Agra: Lakshmi Narain Agarwal Educational Publishers, 1980.

Shivlal, *Indian Political Thought,* New Delhi: Vikas Publishing House Pvt. Ltd., 1989.

Jawaharlal Nehru, *An Autobiography*, New Delhi: Penguin Books, 2004.

Jawaharlal Nehru, *The Discovery of India*, New Delhi: Penguin Books, 2004.

Jawaharlal Nehru, *India and World,* London: Allen and Unwin, 1936.

Jawaharlal Nehru's Speeches, Volume V, 1963-1964, New Delhi: Publication Division, Ministry of Information and Broadcasting, Government of India, 1968.

Sarvepalli Gopal, *Selected Works of Jawaharlal Nehru Vol. 3,* New Delhi: Teen Murthy House, 1972.

Sarvepalli Gopal, *Jawaharlal Nehru: An Anthology,* Delhi: Oxford University Press, 1980.

Sarvepalli Gopal, *Jawaharlal Nehru: A Biography*, Cambridge: Harvard University Press, 1979.

Michael Brecher, *Nehru: A Political Biography,* London: Oxford University Press, 1959.

P.Kalhan, *Kamala Nehru: An Intimate Biography*, New York: Harcourt, Brace & World, Inc., 1973.

M.S.Khan, *J.Nehru: The Founder of Modern India*, New Delhi: Shree Publishers & Distributors, 1989.

Verinder Grover, *Political Thinkers of Modern India, Vol.10, Jawaharlal Nehru,* New Delhi: Deep & Deep Publications, 1990.

R.C.Dutt, *Socialism of Jawaharlal Nehru,* New Delhi: Shakti Malik Abhinav Publications, 1981.

N.G.Rujurkar, S.N.Kurundkar, *Jawaharlal Nehru, The Thinker and the Statesman*, New Delhi: Har-Anand Publications Pvt. Ltd., 1985.

V.T.Patil, *Studies on Nehru,* New York: 1987.

V.T.Patil, *Nehru and the Freedom Movement,* New Delhi: Sterling Publishers, 1977.

Frank Moraes, *Nehru: Sunlight and Shadow,* Bombay: Jaico Publishing House, 1964.

Paul Brass, *The Indian Nationalist Movement, 1885-1947: Select Documents,* London: Macmillan, 1979.

Subhas Chandra Bose, *The Indian Struggle, 1920-1942,* Calcutta: Netaji Research Bureau, 1964.

A.R.Desai, *Social Background of Indian Nationalism,* Bombay: Popular Prakashan, 1980.

A.P.Srinivasamurthy, *History of India's Freedom Movement, 1857-1947,* New Delhi: S.Chand & Co. (Pvt.) Ltd., 1987.

Satyapal and P. Chandra, *Sixty Years of Congress: India Lost; India Regained,* Lahore: Lion Press, 1946.

Satyanarayan Sinha, *1921 Movement: Reminiscences,* New Delhi: Publications Division, G.O.I., 1971.

Bipan Chandra, Mridula Mukherjee, Aditya Mukherjee, K.N.Panikkar, Sucheata

Mahajan, *India's Struggle for Independence, 1857-1947,* New Delhi: Penguin Books, 1989.

B.P.Sitaramaypa, *History of Indian National Congress,* Vol. 2, Bombay: Padma Publications, 1947.

P.N.Chopra, *Quit India Movement: British Secret Report,* Faridabad: Thomson Press, 1976.

S.Bose, *The Indian Struggle, 1935-1942*, Calcutta: Chuckervertty, Chatterjee & Co., Ltd., 1952.

Sarkar Sumit, *Modern India: 1885-1947,* Delhi: Macmillan India Ltd., 1983.

Nicholas Mansergh (ed.), *The Transfer of Power, 1942-1947,* Vol.2, London: HMSO, 1972.

Amba Prassad, *The Indian Revolt of 1942,* Delhi: S. Chand & Co., 1958.

Rakhahari Chatterji ed., *Politics India: The State-Society Interface*, New Delhi: South Asian Publishers, 2004.

Geoffrey Parrinder ed., *World Religions from Ancient History to the Present,* New York: Facts On File, 1985.

2. 外文论文

Amruta Byatnal, "Ban will be a greater insult: Tushar", *The Hindu*, March 31, 2011.

Andrew Roberts, "New revelations about Gandhi", *Wall Street Journal*, March 28, 2011.

Ashish Vashi, "Gandhi-Kallenbach relationship: homoerotic not homosexual", *The Times of India*, April 20, 2011.

Corey Flintoff, "Gandhi Biography Causes Furor In India", *NPR*, April 4, 2011.

Daniel Bates, "Gandhi 'left his wife to live with a male lover' new book claims", *Daily Mail,* March 28, 2011.

Deep K.Datta-Ray, "If it's wrong to discuss sex and Gandhi, I'm guilty: Lelyveld", *The Times of India,* April 6, 2011.

Insiya Amir, "Gandhians slam US author for putting gay tag on the Mahatma!" *Mail Today,* March 29, 2011.

Tripti Lahiri, "New Book Raises Question: Was Gandhi Gay?", *Wall Street*

Journal, March 29, 2011.

R.K.Misra and Aijaz Ansari, "India state bans book for hinting Gandhi had gay lover", *USA Today*, March 30, 2011.

Mandakini Gahlot, "Letters suggest Gandhi was bisexual: Pulitzer Prize author", *Express India,* March 29, 2011.

Girja Kumar, "Bapu and friends", *Hindustan Times,* April 3, 2011.

Akshaya Mukul, "Centre trying to acquire Gandhi's letters to German pal", *The Times of India*, April 3, 2011.

Rajmohan Gandhi, "Looking for the Dust", *Economic & Political Weekly,* Vol.46, No.49, 2011.

K.J. M.Varma, "Book on Gandhi's Leadership to Hit Stands in China", *Outlook*, July 30, 2012.

Matthew J.Franck, "Same-Sex Marriage and the Assault on Moral Reasoning", *Public Discourse*, March 18, 2013.

Ryan T.Anderson, "The Big Same-Sex Marriage Lie", *New York Daily News*, May 7, 2013.

Ryan T.Anderson, "Why Marriage Matters for America and Conservatism", *The Foundry,* February 27, 2013.

Ryan T. Anderson, "In defense of traditional marriage", *Washington Post,* March 20, 2013.

Ryan T.Anderson, "The Consequences of Redefining Marriage: Eroding Marital Norms", *Heritage Report*, March 25, 2013.

Robert Benne, "Why Traditional Marriage Should Be Legally and Culturally Supported", *Juicy Ecumenism,* April 12, 2013.

Ashley Parker, "Young Opponents of Gay Marriage Remain Undaunted by Battle Ahead", *New York Times*, March 21, 2013.

责任编辑：柴晨清

图书在版编目（CIP）数据

甘地热点问题研究／尚劝余，尚沫含 著 . — 北京：人民出版社，2019.8
ISBN 978 - 7 - 01 - 020612 - 7

I.①甘…　II.①尚…　②尚…　III.①甘地（Gandhi，Mohandas Karamchand 1869–1948）- 人物研究　IV.① K833.517=5

中国版本图书馆 CIP 数据核字（2019）第 058112 号

甘地热点问题研究
GANDI REDIAN WENTI YANJIU

尚劝余　尚沫含　著

人民出版社 出版发行
（100706　北京市东城区隆福寺街 99 号）

环球东方（北京）印务有限公司印刷　新华书店经销

2019 年 8 月第 1 版　2019 年 8 月北京第 1 次印刷
开本：710 毫米 ×1000 毫米 1/16　印张：18.75
字数：285 千字

ISBN 978 - 7 - 01 - 020612 - 7　定价：59.00 元

邮购地址 100706　北京市东城区隆福寺街 99 号
人民东方图书销售中心　电话（010）65250042　65289539